# COMMON WEALTH
붐비는 지구를 위한 경제학

* 일러두기
 본문의 괄호 중 큰 것은 저자의 말,
 작은 것은 역자의 말과 원어 병기입니다.

커먼 웰스

# COMMON WEALTH
## 붐비는 지구를 위한 경제학

제프리 삭스 지음
이무열 옮김

www.book21.com

경제학 원론에 '공유자산의 비극'이란 이론이 있다. 예를 들어 어떤 마을 한복판에 마을 전체가 같이 공유하고 있는 호수가 있다면 그 호수의 물고기는 씨가 말라버릴 위험이 크다는 것이다. 그 물고기들은 마을 사람들의 공유자산이므로 사실상 주인이 없는 것과 마찬가지여서 마을 사람들이 서로 앞 다투어 잡아갈 것이고, 그 결과 물고기는 남아 있기 어렵게 될 것이라는 설명이다. 이 이론은 이러한 비극을 막기 위해 마을 사람들이 같이 모여 하루 한 사람이 몇 마리 이상 잡을 수 없게 하는 규범을 정하고 이를 어길 경우 그 대가를 지불하게 하는 법을 마련하는 등의 공동 협력이 필요하다는 함의를 담고 있다.

공유자산의 비극은 마을과 같은 자그마한 단위에만 있는 것이 아니다. 우리 인류 모두가 함께 공유하고 거주하는 이 지구촌에도 이 비극이 펼쳐지고 있다. 인구가 급속도로 증가하고, 많은 나라의 생산이 증가하면서 대기에 $CO_2$ 함유량이 높아지고, 기후가 변화하며, 물이 부족하게 되고, 생물의 종류가 급감하고, 에너지 자원이 고갈되고 있다. 이대로 가다가는 인류의 생존조차 보장할 수 없다는 지적이 일고 있다. 그러나 그러한 경고를 오늘날 우리 세대는 그다지 심각하게 받아들이지 않는 것 같다. 오히려 지금의 세대는 오늘의 안락을 위해 지구촌의 비극을 재촉하고 있다.

심리학 용어 중에 자신이 위기에 처한 것도 모르는 상황을 설명하는 '삶은 개구리 증후군'이라는 것이 있다. 개구리를 찬물이 담긴 비커에 넣고 서서히 물을 가열하면, 개구리는 느린 변화에서 아무런 위험을 느끼지 못한다. 개구리는 자신이 위기에 처한 것도 모르는 채 오히려 따뜻해지는 온기를 즐기다가 결국 죽고 만다. 인류 역시 '삶은 개구리 증후군'을 앓고 있는 것은 아닐까?

이런 비극을 피해야 하고 또 피할 수 있음을 주장하면서 이를 위해 인류가 어떻게 해야 하는지를 보여주자는 것이 이 책의 목적이다. 이 책의 저자 제프리 삭스는 세계적으로 유명한 경제 이론가이다. 그러나 그는 단순한 이론가로 만족하지 않는다. 인류의 공유자산인 지구를 살리고, 그 속에 살고 있는 인류가 당면하고 있는 문제들을 해결해 인류 공동의 평화와 번영을 추구하기 위해 그는 정치경제적 이론을 제시함은 물론, 행동강령을 세우며, 힘을 조직하고 규합하며, 실제로 행동에 나서고 있다. 그는 개구리들에게 조금 후에 다가올 생존의 위기를 경고하며 비커에서 뛰쳐나오도록 만드는 일에 몰두하고 있는 셈이다.

이 책에서 제프리 삭스는 현재 지구를 위협하는 문제들을 과학적으로 분석하고, 합리적 해결 방안을 제시하고 있다. 저자는 환경오염, 기후변화, 인구팽창, 에너지 고갈, 빈곤 등의 인류생존 위협 요소들을 해결하기 위해 시장경제와 복지국가의 조화를 주장한다. '시장경제에는 긍정을, 그러나 시장사회에는 부정(Yes to a market economy, but no to a market society)'을 내세우는 셈이다. 시장에서의 개인적 동기에 의한 경제발전은 인정하되 사회 전체의 커먼 웰스(Common Wealth, 인류 공동의 부)를 위해서는 사회적 협력체제를 마련해야 한다는 것이다. 그는 한걸음 더 나아가, 지구촌을 살리기 위해서는 지구상의 모든 국가가 공동의 노력을 펼쳐야 함을 역설한다. 모든 나라가 하나가 되어 지구촌을 살리는 노력을 함께 펴나가야 인류의 생존이 보장된다는 것이다.

제프리 삭스의 이런 생각은 그로 하여금 유엔을 통한 지구촌 살리기 실천

운동을 전개하게 만들었다. 그가 지닌 지식과 인적 네트워크를 통해 동원될 수 있는 정치·경제적 힘은 유엔의 밀레니엄 빌리지 프로젝트로 구체화되고 있으며, 한국에서는 한림대학교가 이 프로젝트에 참여하고 있다. 온 인류의 관심사인 지구촌 살리기에 대한 한국에서의 관심을 높이고 이 문제를 우리 국민들이 보다 쉽게 이해하며, 지구촌 살리기 운동에 동참할 수 있게 하기 위한 첫걸음으로 이 책이 한국어로 번역된 것을 진심으로 축하하며 또 감사히 생각한다.

2009년 9월
이영선_한림대학교 총장, 경제학 박사

제프리 삭스가 출중한 경험과 지식을 바탕으로 이 시대의 긴급하고도 막중한 실천적 가치를 담은 세계 보고서 한 편을 써냈다. 《커먼 웰스: 붐비는 지구를 위한 경제학》이 전하는 내용은 그 제목이 예고하는 바와 같이, 인간 행복의 기본에 관한 수정처럼 투명한 분석과 종합이고, 참고서이자 필드 매뉴얼이자 안내서이며, 전망과 실무 요약이다. 이 책은 지구상의 66억 인구를 책임지고 있는 사람들에게 딴소리 말고 수치를 들여다보라고 말한다. 지난 수십 년간 세계는 급변해왔고, 앞으로는 더 많이, 더욱 빠르게 변할 것이다. 우리가 과학기술을 통해 성취해온 그 모든 성과에도 불구하고, 아니 사실은 바로 '그 때문에', 우리는 머지않아 곧 한계선을 넘어서게 될 것이다. 지금은 이 순간 무슨 일이 일어나고 있는지 정확하게 파악해야 할 시간이다. 증거는 너무도 명백하다. 이 지구를 난파시키기 전에 우리는 사회경제 정책들을 재설계해야만 한다. 단 한 번뿐인 이 기회를 잘 살리면 인류에게 영원히 밝은 미래가 펼쳐질 것이다.

오늘날의 인류는 대략 1만 년 전쯤 농업의 발명과 더불어 탄생했고, 이어서 마을과 정치적 위계질서가 출현했다. 그 시점까지 우리 인류는 지구상의 거대 포유류와 조류들을 싹쓸이하다시피 할 정도의 사냥 기술을 완벽하게 터득하고 있었으나, 식물이 자라는 지표면의 대부분과 바다 전체는 여전히 인간의 발길이 닿지 않은 상태였다. 이어지는 경제사는 다음과 같이 간명하게 요약할 수 있다. 사람들이 고안해낼 수 있는 수단이란 수단은 죄다 동원해 지구상의 자원들을 자신들의 부로 전환시켜왔다는 것이다. 그 결과는 꾸준한 인구증가와 그에 따른 지리영역의 확장이었다. 그 과정은 사실상 사람들이 살 수 있는 마지막 땅 조각 하나까지도 남김없이 차지할 때까지 계속되었고, 인구밀도는 기술력과 질병 저항력이 허용하는 한도 내에서 계속 높아져왔다. 1500년경 높아져가는 파도의 형태가 분명해졌다. 2000년이 되자 그 파도는 이용 가능한 지구 자원의 한계에 위험하리만큼 근접해가는 세계 인구를 만들어냈다. 인간의 경제적 진보의 중심 속성은 언제나 기하급수적 성장이었다. 진전이 이루어질 때마다 다음번에는 똑같은 양의 진보가 더 빠른 시일 내에 달성되는 식이다. 인간이 순종해온 단순 명령은 본질상 생물학적인 것으로, '생육하고 번성하라 — 수단방법을 막론하고 더 빨리 증식하라'이다. 더 정확히 말하면 성장은 로그함수다. 처음에는 기하급수적으로 성장하다가 환경상의 제약이 닥치면서 성장이 지연되고 둔화되는 것이다.

이 책에 요약 정리된 다량의 데이터가 정신이 번쩍 들 만큼 명료하게 보여주고 있듯이, 우리 앞에 있는 기회의 창은 좁다. 인류는 대체 불가능한 지구 자원들을 한껏 소비하거나 변형시키면서 늘 유례없는 진보를 달성해왔다. 우리는 통일된 하나의 생물종이라는 자각을 하기에 충분할 만큼의 지력과 정보를 갖고 있다. 우리가 지속가능한 발전의 길을 택한다면, 임박한 것처럼 보이는 재앙을 피해가며 그동안 성취한 것을 안전하게 지킬 수 있다.

그러니 이 책에 나오는 수치들을 부디 찬찬히 살펴보시라. 그리고 조금 추론을 해보라. 아직은 진로를 바로잡을 수 있지만, 우리에게 주어진 시간은 그리 많지 않다.

세계경제를 괴롭히는 거의 모든 위기의 궁극적인 연원을 따져보면 바로 환경이다. 널리 알려진 기후변화, 환경오염, 물 부족, 동물의 멸종 위기, 경작지 감소, 해양 어족 고갈, 석유자원 압박, 극심한 빈곤지대 상존, 전염병 위협, 국가 내부 및 국가 간 자원사용의 위험스런 불균형 등이 그것이다.

불행히도 정책결정자들은 이 문제들을 어느 정도 이해는 하면서도, 대개의 경우 하나하나의 문제를 별개의 사안으로 다룬다. 하지만 제프리 삭스는 이 문제들 모두가 그물망 같은 인과관계로 어떻게 연계돼 있는지를 이해하기 전까지는, 세계가 그 어떤 문제 하나도 해결할 가망이 거의 없다는 것을 보여준다. 우리 자신을 하나의 생물종으로 보고, 이 모든 문제들에 종합적으로 접근하는 현실적이고 실용적인 방법을 고안해내는 것이 현명할 것이다.

　왜 우리의 정치, 비즈니스, 언론 지도자들은 이 퍼즐 맞추기 작업을 그렇게 늦춰온 걸까? 그것은 제프리 삭스가 제시하는 사실들이 현실을 잘 묘사하고 있고 이해하기에 그리 어렵지 않음에도, 인간의 유전적 본성의 잔재가 우리 모두의 행동의 밑바탕이 되는 세계관을 왜곡하고 있기 때문이라고 나는 믿는다. 우리는 석기시대의 감정, 중세의 신앙, 신에 비견되는 기술의 괴이한 조합 속에서 살아가고 있다. 요컨대 우리는 그렇게 좌충우돌하는 상태로 21세기 초의 세계에 진입했다. 우리가 〈스타워즈〉 시리즈를 그토록 좋아하는 것은 그것이 미래에 투영된 우리들, 그리고 날 때부터 갖고 있던 우리의 원형을 표현하고 있기 때문이다.

　교육받은 모든 이들이 이 책에 나오는 도해들을 숙지하고 그 속에 들어 있는 정보를 해석하고 활용하는 법에 대해 제대로 알게 되면, 전 세계의 훌륭한 시민들은 모두 지구를 위해 노력할 것이라고 나는 믿는다. 이 책에 제시된 내용들은 나아가 학교에서 보다 훌륭한 과학 및 통계 교육의 강력한 논제로 채택하는 것이 옳다. 이것은 기본적이고 보편적인 주제로서, 종교나 정치 이데올로기의 많은 차이를 초월한다.

에드워드 윌슨(Edward O. Wilson)
_《개미》《인간본성에 대하여》《통섭》 저자
하버드대학 생물학과 펠레그리노 석좌교수

# 1

# 21세기의 새로운 경제학

# 인류 공동의 도전, 커먼 웰스

21세기는 경제생활에 관한 우리의 기본 가정들을 많이 뒤집어놓을 것이다. 20세기는 유럽의 세계 정치경제 지배의 종식을 목격했다. 21세기는 미국 지배의 종식을 목도할 것이다. 중국, 인도, 브라질을 비롯한 새로운 강국들이 계속 성장하여 세계무대에서 자신들의 목소리를 갈수록 높여갈 것이다. 하지만 변화의 깊이는 세계의 다른 지역들 간의 정치경제적 균형을 다시 맞추는 것 이상이 될 것으로 전망된다. 지속가능한 발전(sustainable development)이라는 도전과제, 즉 환경을 보호하고 세계인구를 안정시키고 빈부격차를 줄이고 극단적 빈곤을 종식시키는 등의 과제가 중앙무대를 차지할 것이다. 전 지구적 협력이 전면에 대두될 게 틀림없다. 시장과 권력과 자원을 두고 경쟁하는 국민국가들이라는 개념 자체가 흘러간 옛말이 될 것이다. 미국이 으름장을 놓고 공격을 감행하여 안전을 확보할 수 있다는 생각은 그릇될뿐더러 자멸적이기까지 한 관념인 것으로 입증되었다. 중동이나 그 밖의 다른 어떤 지역에서 더 이상의 '그레이트 게임(great game, 19세기 초부터 100여 년간 영국과 러시아가 벌인 중앙아시아 패권 다툼을 가리키던 말로, 이후 유라시아 대륙의 패권, 세계 패권을 두고 벌이는 다툼을 뜻하는 개념으로 확장되었다)'을 벌이기에는 세계가 너무 과밀해지고 위험해졌다.

21세기의 가장 긴급한 과제는 인류가 '붐비는 지구상에서 공동의 운명'을 맞고 있는 현실에 대처하는 일일 것이다. 공동 운명에 맞서자면 새로운 형태의 전 지구적 협력이 필요한데, 이는 세계의 여러 지도자들이 반드시 이해하고 받아들여야만 하는 단순명료한 기본 관점이다. 지난 200년 동안 기술과 인구통계학은 사회에 대한 보다 깊은 이해를 줄곧 앞질러왔다. 산업화와 과학은 인류 역사상 선례가 없는 급속한 변화를 일구어왔다. 철학자와 정치인, 예술가, 경제학자들이 쉴 새 없이 움직여야만 동시대의 사회상황을 겨우 따라잡을 수 있다. 우리의 사회철학자들은 늘 현실보다 몇 걸음 느리다.

최근 75년간 가장 성공한 나라들은 자기 국민들과 공동의 운명을 같이하고 있음을 차츰 이해하게 되면서 정부의 적극적인 역할을 주문해왔다. 모든 국민에게 공교육, 공공보건, 기본 인프라를 제공함으로써 사회 안에서 생산적인 활동에 참여하면서 자연환경에 대한 사회의 위험한 침해를 억제할 수 있는 기회와 수단을 제공해야 한다는 것이었다. 시장경제의 자기조직력은 그보다 상위인 사회정의와 환경보호 책무의 인도를 받아야만 한다고 주장하는 이러한 행동주의 철학은 아직 세계에 널리 확산되지 못했다.

21세기에 우리 글로벌 사회는 우리가 일련의 공동 목적과 이를 달성할 실질적 수단에 관한 세계적 합의점을 찾아낼 수 있는지 여부에 따라 번영하거나 아니면 쇠망할 것이다. 부족한 에너지 자원의 압박, 점증하는 환경 스트레스, 치솟는 세계인구, 합법 또는 불법적인 대량이주, 변동하는 경제권력, 큰 폭의 소득 불평등은 벌거벗은 시장의 힘이나 고삐 풀린 국가 간 지정학적 경쟁에 맡겨두기에는 너무나도 중차대한 사안들이다. 긴장이 고조되어 문명의 충돌이 일어날 수도 있는데, 그 경우 실로 인류 최후의 괴멸적인 충돌이 될 가능성이 있다. 이러한 난관을 평화적으로 헤쳐나갈 길을 찾기 위해서는, 성공한 사회들이 자신들의 국경 안에서 조금씩 찔끔찔끔 터득해온 핵심 교훈들을 세계 차원에서 함께 알아가야만 한다.

국경 안에서조차 협력을 일구어내는 것은 쉬운 일이 아니었다. 산업화 첫 세기에 영국과 다른 초창기 산업국들의 특징은 개인과 가족들의 태반이 새로운 산업시대에 무방비 상태로 버려지는 척박한 사회 상황이다. 찰스 디킨스와 프리드리히 엥겔스는 당시의 처참함에 대해 불멸의 증언을 남겼다. 초창기 산업사회들은 변덕스럽긴 했지만 그래도 차츰, 가난한 이들을 박탈감과 질병과 굶주림 속에 그냥 방치해두고서는 결코 범죄와 사회불안과 질병에서 벗어날 수 없다는 사실을 깨닫기 시작했다. 대략 1880년쯤부터 점진적으로, 그리고 심각한 정치투쟁을 거치며, 빈자들을 위한 사회보험 및 소득이전 계획이 사회적 평화와 번영의 도구가 되어왔다.[1] 반세기 전쯤에는 많은 나라가 자신들의 공기와 물과 토지 자원 역시 산업시대에 자국민들의 공동선을 위해 보다 치밀하게 관리할 필요가 있다는 사실을 깨닫기 시작했다. 도시의 극빈 지역이 유해 쓰레기의 투기장이 돼가는 판에 부자 동네들이라고 그 위험을 피해갈 수는 없었다. 중공업은 대기와 물을 오염시키고 있었다. 한 지역의 산업공해물질이 바람에 날리고 비에 녹아들고 강을 따라 수백 마일을 흘러내려가, 숲과 호수와 습지와 상수원을 망가뜨릴 수 있었다.

국가 차원의 의무 이행은 국민들이 인종과 종교와 민족과 계급으로 나뉘고 또 자국 출생자와 이민자로 나뉘는 미국 같은 사회들에서 가장 어려웠다. 사회복지제도는 스칸디나비아처럼 자신이 낸 세금으로 '스스로를 돕는다'는 믿음이 사람들 사이에 굳게 자리 잡고 있는 단일민족사회에서 가장 실효성이 높고 인기도 있는 것으로 입증되었다. 국민소득이 높은 나라들 중 인종 간, 민족 간 분열이 가장 심한 미국은 고소득국들 중 국민건강보험제도가 없는 유일한 나라이기도 하다. 한 국경 안에 구분되는 몇몇 사회가 있는 곳에서도, 인류는 자신들이 소득과 종교, 그리고 무엇보다도 인종이 구별되는 이들과 책임, 운명을 같이하고 있다고 믿기까지 커다란 홍역을 치르고 있다.

하지만 이제 사회적 간극을 뛰어넘어 우리 모두가 책임과 운명을 같이하고 있다는 인식이 국제적으로 확산될 필요가 있다. 세계가 하나가 되어 세계의 모든 지역에서 지속가능한 발전을 보장하기 위해서는 그래야만 한다. 세계의 어떤 지역이든 그곳을 극단적 빈곤 상태로 방치해두거나 유해 쓰레기의 투기장으로 이용하면서 나머지 다른 지역들이 위험과 추락으로부터 자유롭기를 기대한다는 건 어불성설이다. 그러한 전 지구적 협력은 후일 어쩌면 유토피아를 꿈꾸었던 것으로 드러날지도 모른다. 미국에 횡행하는 일방주의는 많은 이들에게 세계정치의 불가피한 양상으로 비칠 텐데, 정치인들의 당락을 좌우하는 건 전 세계의 유권자들이 아니라 자국민들의 투표이기 때문이다. 그러나 이 책의 중심 주제는 과거에도 여러 분야에서 세계 협력이 커다란 성공을 거두어왔다는 것이다. 이는 식견을 갖춘 여러 나라의 유권자들이 전 지구적 협력이 곧 자신들의 이해가 걸린 문제이며 자신들의 자녀나 손자들의 건강한 삶을 좌우하는 중요한 사안임을 깨닫고 이를 지지해온 덕이다. 우리 앞에 주어진 과제는 전 지구적 협력을 창출하는 것이라기보다는 이를 쇄신하고 현대화하며 확장하는 것이다.

## 벼랑 끝 피하기

세계는 분명히 스스로를 구할 수 있다. 그러나 그것은 우리 인류가 다 같이 직면하고 있는 위험을 정확히 인식할 경우에 한해서다. 그런 면에서 우리가 안고 있는 공동의 도전과제를 파악하기 위해 냉혹한 경쟁을 잠시 접어둘 필요가 있다. 세계가 현재 택하고 있는 생태, 인구, 경제의 궤도는 지속가능하지 않다. '평소대로 영업을 계속할 경우' 우리는 사회적, 생태적 위기를 맞을 것이고 그 결과는 비참할 거라는 의미다. 우리는 그러한 잠재적 위기의 네 가지 원인을 마주하고 있다.

• 지구 생태계에 대한 인간의 압력을 실질적으로 경감시키지 않는

한, 위험스런 기후변화, 광범위한 멸종 사태, 중요한 생명유지 기능의 파괴를 초래하게 될 것이다.

- 세계인구가 위험할 만큼 빠른 속도로 계속 증가하고 있다. 인구증가를 흡수할 여력이 가장 취약한 지역에서 특히 그렇다.
- 세계의 6분의 1이 전 지구적 경제성장으로도 해소되지 않는 극단적 빈곤의 덫에서 헤어나지 못하고 있다. 빈곤의 덫은 가난한 이들 자신에게는 비참한 역경을, 다른 세계인들에게는 커다란 위험을 안겨준다.
- 우리는 냉소주의, 패배주의, 시대에 뒤진 낡은 제도에 짓눌려 전 지구적인 문제의 해결에 나설 엄두조차 내지 못하고 있다.

이 문제들은 저절로 해결되지 않는다. 고삐 풀린 시장의 힘과 경쟁하는 국민국가들로 이루어진 세계는 이러한 곤경의 증폭에 어떠한 답도 자동으로 제공하지 않는다. 적극적인 공공정책을 통해 자원의 소모를 줄이는 지속가능한 기술로 경제성장의 물꼬를 돌리지 않는 한, 세계의 거의 모든 곳에서 진행되고 있는 급속한 성장으로 인해 생태환경이 개선되기는커녕 더욱 악화될 것이다. 고출산율을 저출산율로 전환시켜 인구증가 속도를 늦추자면, 자유의지에 따른 사적인 출산 선택권의 길잡이 역할을 해줄 공적인 협력 행동이 필요하다. 시장의 힘만으로는 빈곤의 덫을 걷어내지 못한다. 그리고 우리가 전 지구적 문제의 해결에 실패한다는 것은 자신의 코앞에 놓인 명쾌한 답조차도 집어들지 못하고 있다는 뜻이다.

앞을 내다보며 자원을 보다 분별 있게 관리하고 과학기술에서 얻을 수 있는 성과를 극대화함으로써, 우리는 다가오는 몇십 년 안에 세계 구석구석까지 번영을 확산시킬 수 있는 길을 찾을 수 있다. 천연자원을 감소시켜 전 지구적 번영에 제약을 가할 필요도 없고, 세계경제가 반드시 피아간의 생존

투쟁이 돼야 할 이유도 없다. 우리가 협력만 잘 한다면 무서운 위협을 피할 수 있다. 다가오는 몇십 년 안에 우리는 다음 네 가지 목표를 확실하게 달성할 수 있다.

- 극히 위험한 추세를 보이고 있는 기후변화, 멸종, 생태계 파괴를 피해갈 수 있도록 에너지, 토지, 자원의 지속가능한 이용 시스템을 구축하는 일
- 출산율의 자발적 감소를 통해 2050년까지 세계인구를 80억 명 이하로 안정시키는 일
- 2025년까지 극단적 빈곤을 종식시키고 부자나라들 안에서도 경제를 보다 안정시키는 일
- 국가 간 협력 및 비정부 부문의 역동성과 창조성을 기반으로 전 지구적 문제 해결의 새로운 방법을 찾아내는 일

세계 차원에서 이러한 목표들을 달성하는 것은 어쩌면 불가능해 보일지도 모른다. 하지만 세계정치나 기술, 아니면 순수한 지구 자원 이용 능력, 그 어느 것에도 원천적으로 우리의 앞길을 막는 것은 없다. 장벽은 우리의 원대한 목표가 아니라 우리의 제한된 협력 능력에 있다. 우리에게는 당면한 전 지구적 도전과제와 양립할 수 있는 전 지구적 차원의 합의와 세계 전체를 생각하는 마음가짐이 필요하다.

## 신뢰 없는 세계화

전 지구적 협력을 증진시킬 필요가 다급한데도 근래에 와서 그러한 협력이 슬그머니 후퇴하고 있다. 교통, 통신, 정보 분야의 기술 발달로 우리는

전례 없이 긴밀한 경제적 통합을 이루어왔다. 그러한 기술들에 시장의 힘이 결합하여, 비길 데 없이 복잡하고도 생산적인 전 지구적 분업 체제를 형성하면서 수억 인구를 극단적 빈곤 상태에서 벗어나게 하는 데 지대한 역할을 해왔다. 하지만 세계경제가 점점 더 긴밀하게 엮여왔음에도 세계사회는 점점 더 분열하고 반목하는 무서운 곳이 돼가고 있는 것 같다. 상호 연결된 세계경제의 하늘을 수많은 점보제트기들이 쉴 새 없이 오가지만, 비행기에 가지고 타는 치약과 샴푸를 공항에서 직접 지급할 정도로 테러에 대한 우리의 공포는 심각한 수준이다.

통합된 세계경제와 분열된 세계사회의 역설은 우리의 지구에 매우 큰 위험을 지우고 있다. 남은 과제들을 해결하는 데 필요한 협력을 불가능하게 만들기 때문이다. 문명의 충돌이 일어날 경우 우리가 비록 운 좋게 살아남는다 해도 인류가 여태껏 쌓아온 모든 것들이 무너져 내리며 미래의 세대들에게 어두운 그림자를 드리우게 될 것이다. 실제로 과거에도 그런 적이 있었다. 19세기에 있은 세계화의 거대한 첫 물결은 제1차 세계대전 때 유럽의 피에 젖은 참호 속에서 종말을 고했다. 1914년 8월 이전에도 오늘날의 많은 이들이 느끼는 것과 마찬가지로 세계화와 과학의 행진이 미래를 확실하게 담보하는 것 같은 느낌이었다는 것을 아는 순간, 정신이 번쩍 깬다. 당시의 베스트셀러인 노먼 에인절(Norman Angell)의 저서 《유럽의 착각(Europe's Optical Illusion)》에서, 어떤 나라도 공공연한 분쟁을 통해 이익을 얻을 수는 없기 때문에 유럽 정책의 한 방편으로서의 전쟁은 이제 옛말이 되었다고 역설한 것은 옳았다. 하지만 불신과 유럽 기구들의 실패가 결국 전쟁을 낳았고, 그 여파는 20세기 내내 지구를 뒤흔들며 지각변동을 일으켰다. 전쟁 자체도 격렬함과 사상자 수에서 유례를 찾아볼 수 없을 만큼 대규모였고, 그 뒤를 따라 볼셰비즘과 1919년의 유행성 독감(스페인독감), 대공황, 히틀러 등장, 중국 국공내전, 홀로코스트가 연달아 발생했으며, 지금까지도 다방면에 영향을 미치고 있다. 1914년에 세계는 말 그대로 여러 갈래로 찢겨졌고, 그 상처는 여러 면에서 아직까지도 완전히 치유되지 못했다.

오늘날 그러한 격변을 생각한다는 건 불가능해 보일지 모르지만, 가끔씩 미국의 대외정책과 세계 여론의 충돌을 빚어내곤 하는 전쟁과 비난의 확대 양상은 끊임없이 세계 평화에 대한 위협의 증대를 상기시킨다. 오늘날의 걱정거리는 폭력 그 자체만이 아니고 각양각색의 투사들이 전투를 벌일 명분으로 삼는 메시아적 열정도 한몫 차지한다. 조지 부시나 오사마 빈 라덴, 자살폭탄 공격자들은 모두 적들에 대한 공격을 시작하면서 신의 부르심을 주창한다. 세계는 재앙에 점점 더 가까이 다가가고 있다. 미래에는 떠오르는 세력인 중국과 인도가 미국의 자부심과 자신감에 더 큰 상처를 입히며 전 지구적 긴장상태를 더욱 높여갈 가능성도 있다.

## 과거로부터 배우기

세계 각지의 젊은이들에게 '역사'는 9.11이고, 이라크전쟁이며, 폭력과 테러와 분열의 세계다. 역사는 미국이 교토의정서(Kyoto Protocol, 1992년 리우 유엔 환경회의에서 채택한 기후변화협약을 이행하기 위해 1997년에 만들어진 국가 간 이행 협약)를 거부하고, 국제협약에서 밀레니엄개발목표(Millennium Development Goals, 2015년까지 지구상의 불평등을 획기적으로 줄이고 사람들의 삶의 질을 개선하고자 하는 유엔의 구상)를 제거하려 한 것이며, 대외원조에 인색하게 굴면서 "우리 편인가 아닌가를 분명히 하라"고 선언한 것이다. 갈수록 많은 미국인들에게, 그리고 대다수의 세계인들에게 이는 실망스러운 동시에 점점 더 두려워지는 시간이었다.

하지만 제2차 세계대전 말까지 거슬러 올라가는 또 하나의 보다 긴 역사가 있는데, 여기서 우리는 많은 지침과 희망을 얻을 수 있다. 제2차 세계대전이 끝난 후 세계의 지도자들은 냉전의 위험을 무릅쓰고 환경, 인구, 빈곤, 대량살상무기라는 공동 도전과제를 해결하는 데 힘을 보탰다. 그들은 국제연합(United Nations)과 같은 새로운 형태의 세계협력 체제를 창안했고, 천연두를 퇴치하고 아동 예방접종을 실시하며 읽고 쓰기와 가족계획을 보급하고 전 지구적 환경보호에 착수하자는 세계 차원의 운동을 입안했다. 불협화음과 냉소에도 불구하고 그들은 전 지구적 협력으로 좋은 결과를 만들어낼 수 있음을 증명해 보였다.

냉전은 1962년 10월 소련이 쿠바에 공격용 핵무기를 배치했을 때 전쟁 직전까지 갔다. 소련의 핵미사일 쿠바 배치는 그 전 해에 CIA 주도하에 벌어진 쿠바 침공, 즉 실패로 끝난 이른바 피그스 만 침공에 대한 대응이기도 했다. 미국과 소련은 핵 재앙의 벼랑 끝까지 갔다가 결국 소련이 쿠바에서 핵무기를 철수하면서 사태가 종결되었다. 비밀 합의에 따라 미국도 터키 기지의 전술핵무기를 철수하기로 했다. 당시 세계는 덜덜 떨었다. 그때 많은 미국인은 오늘날 미국인 일부가 이슬람근본주의와의 전쟁이 불가피하다고 믿는 것과 똑같이 소련과의 전쟁을 피할 수 없다고 믿었다. 하지만 제2차 세계대전 후 미국 대통령 중 가장 훌륭한 인물이던 존 케네디는 다르게 생각했다. 그는 새로운 협력의 길을 찾아내 부분적 핵실험금지 협상에 착수함으로써 미국인과 소련인, 그리고 세계를 벼랑 끝에서 돌아 나오게 했다.

CIA의 비밀작전에 이은 소련의 핵 도발, 그리고 소련의 핵미사일 배치에 대한 대응으로 쿠바에 선제공격을 못해 안달이 난 성마른 미국 장성들로 인해 핵전쟁 일보 전까지 밀린 상황에서, 케네디는 세계가 그토록 쉽사리 묵시록 같은 대참사에 빠져 들어갈 수 있다는 사실과 생명 자체가 그토록 취약하다는 것에 깊은 충격을 받았다.

1963년 6월 아메리칸대학에서 행한 유명한 평화연설에서 케네디는 용기 있게, 인간이 만들어낸 문제의 해결책을 찾기 위한 전 지구적 노력을 촉구했다.

평화는 불가능하다고 생각하는 사람들이 너무 많습니다. 평화는 비현실적이라고 생각하는 사람들이 너무 많습니다. 하지만 그것은 위험한 패배주의적 믿음입니다. 그 길을 따르면 전쟁이란 불가피한 것이고 인간은 숙명적인 존재이며 우리는 스스로 통제할 수 없는 힘에 붙들려 있다는 결론에 도달합니다. 우리는 그러한 견해를 받아들일 필요가 없습니다. 우리의 문제는 인간이 만들어낸 것입니다. 따라서 인간의 힘으로 해결할 수 있습니다. 그리고 인간이란 존재는 우리가 원하는 만큼 커질 수 있습니다. 인류의 운명을 좌우하는 그 어떤 문제도 인류의 능력 범위 밖에 있지 않습니다. 인간의 이성과 정신은 종종 해결할 수 없는 것처럼 보이는 문제들을 해결해왔으며, 우리는 우리가 다시 한번 그럴 수 있다고 믿습니다. 나는 몇몇 공상소설이나 광신자들이 꿈꾸는 보편적인 평화와 선의 같은 절대적이고 무한한 개념을 이야기하고 있는 게 아닙니다. 나는 희망과 꿈의 가치를 부정하진 않지만, 그것을 우리의 유일하고도 직접적인 목표로 삼을 경우에는 자칫 낙담과 불신만 불러올 뿐입니다.

그러는 대신 인간 본성의 갑작스런 혁명이 아니라 인위적 제도의 점진적 발전, 즉 관계된 모든 이에게 이익이 되는 일련의 구체적인 행동과 유효한 합의에 기초한, 보다 실천적이고 실현 가능성도 더 많은 평화를 확보하는 데 초점을 맞춥시다. 이 평화에 단 하나의 간단한 열쇠란 없습니다. 한두 개의 강대국이 채택할 원대한 마법의 공식 같은 것도 없습니다. 진정한 평화는 많은 나라들의 산물이고 많은 행위들의 총화여야만 합니다. 그것은 정적인 것이 아니라 동적으로 변화하면서 각각의 새로운 세대가 직면하는 과제에 대처할 수 있는 것이어야만 합니다. 평화는 하나의 과정, 문제를 풀어가는 하나의 방식이기 때문입니다.[2]

지구 파괴의 벼랑 끝에 서서 절벽 너머를 내려다본 케네디는 당시 지구상의 어느 누구와도 다른 목소리로 우리가 처한 위태로운 상황과 공동의 운명을 실감나게 표현한 웅변을 토해냈다.

그러니 우리들의 차이에 눈 감지 맙시다. 하지만 그와 동시에 우리들 공동의 이익과 그 차이들을 해소할 수 있는 수단에도 관심을 가집시다. 그리고 우리가 비록 지금 당장 우리들의 차이를 해소할 수는 없다 해도 세계를 다양성이 안전하게 공존하는 곳으로 만드는 데 힘을 보탤 수는 있습니다. 우리의 가장 기본적인 공통 연결고리는 결국 우리 모두가 이 지구상에 살고 있다는 것이기 때문입니다. 우리는 모두 같은 공기를 마시며 삽니다. 우리는 모두 우리 아이들의 미래를 소중히 여깁니다. 그리고 우리는 모두 죽습니다.[3]

미국인들에게 사상 처음으로 화해가 불가능할 것 같은 적과의 협력 가능성에 대한 믿음을 가지라고 호소한 케네디의 연설은 역사를 바꾸어놓았다. 소련 지도자 니키타 흐루시초프는 그것을 프랭클린 루스벨트 이래 미국 대통령의 가장 훌륭한 연설이었다며 케네디와 핵실험금지 협상에 나서겠다는 의사를 밝혔다. 6주 후 모스크바에서 부분적핵실험금지조약(Partial Test Ban Treaty, 1963년 미국과 소련, 영국이 조인한 조약으로, 약칭은 PTBT다. 세 나라는 대기권과 수중에서의 핵실험을 중단키로 했다)이 조인되었고, 소련과 미국은 잠정협정을 맺어 궁극적으로는 냉전 자체가 종식되고 러시아와 다른 옛 소련 14개 공화국이 주권국가로 재등장하는 발판을 놓았다.

미국의 대외정책에는 오랜 기간 두 얼굴이 있었다. 제2차 세계대전 후 미국이 전 지구적 강대국이 된 이래, 미국의 대외정책은 케네디의 부분적핵실험금지조약 같은 꿈같은 협력과 그에 앞서 일어난 CIA 후원하의 쿠바 침공과 같은 무모한 일방주의 사이를 오락가락했다.

미국의 협력 리더십의 위대한 행위로는 유엔과 IMF와 세계은행의 창설,

개방적인 세계무역체제 추진, 유럽 부흥을 재정적으로 지원한 마셜플랜, 천연두 퇴치, 핵무기 통제 추진, 오존층 파괴물질 제거 등을 들 수 있다. 미국의 일방주의의 악명 높은 행위로는 CIA 주도하의 외국 정부 전복(이란, 가이아나, 과테말라, 남베트남, 칠레), 셀 수 없이 많은 외국 지도자와 관리 암살, 재앙을 가져온 일방적인 전쟁 행위(중앙아메리카, 베트남, 캄보디아, 라오스, 이라크) 등이 있다. 미국은 CIA의 은밀한 자금지원을 통해 선거를 뒤흔들었고, 외국 지도자들에게 정기적으로 CIA 자금을 지급했으며, 훗날 부메랑이 되어 돌아오거나 '역풍' 효과를 낳아 미국을 괴롭힌 폭력적인 지도자들을 지원했다(CIA의 자금지원을 받았던 사담 후세인과 오사마 빈 라덴이 좋은 예다). 최근에 폭로된 CIA의 충격적인 역사가 적절하게 명명한 것처럼, 무력에 입각한 은밀한 일방주의는 '잿더미의 유산(legacy of ashes, CIA의 세계정치 개입의 역사를 정리한 팀 와이너의 책 제목으로 CIA의 거듭된 실수와 실패를 빗대어 표현한 말)'이다.[4]

부시 정부의 일방주의는 이처럼 미국 대외정책의 한쪽 측면에 깊이 뿌리를 두고 있지만, 그 노골성과 폭력성은 전례 없는 것이었다. 과거 냉전기의 과도한 월권행위처럼, 부시 정부의 월권행위 역시 폭력적이고 은밀하고 부정직한 수단을 동원해서라도 해외의 악에 맞서 미국의 선을 지킬 수 있고 또 지켜내야 한다는 비뚤어진 신념 체계에 뿌리를 두고 있다. 냉전이나 오늘날 이슬람근본주의와의 전쟁은 공히 세계를 흑과 백으로 보면서, 이슬람 세계를 포함한 세계 모든 지역의 사람들이 같은 지구상에서 같은 공기를 마시며 살고 있다는 기본적인 통찰을 배제하고 있는 메시아주의의 산물이다. 사실 세계에서 생태적으로 가장 심한 압박을 받고 있는 지역인 아프리카의 사헬(사하라 바로 남쪽의 초원지대), 중동, 중앙아시아의 이슬람 건조지대는 세계의 다른 어떤 지역보다도 환경 관련 과제와 극단적 빈곤에 관한 국제협력이 절실한 곳이다. 하지만 미국은 이 지역들과 우리를 잇는 공통의 연결고리를 전혀 인식하지 못한 채, 잘 알지도 못하는 사람들과 사회를 무지막지하게 파괴하는 전쟁을 수행해왔다.

## 세계를 구하는 얼마 안 되는 투자

세계가 맞닥뜨리고 있는 거대한 위험을 피하려면 세계 여러 나라들이 함께 참여하는 전 지구적 공공투자가 몇 가지 필요하다. 기후변화, 생물다양성 감소, 급속도의 인구증가, 극단적 빈곤과 맞서 싸우는 데 필요한 이러한 투자비용은 그리 큰 액수가 아니다. 세계 각국이 비용을 공정하게 나눌 경우에는 더욱 그렇다. 난관은 재앙을 피하는 데 필요한 영웅적 노력의 부족이 아니라 세계가 지금 그러한 소박한 노력에 대한 합의조차 이루어내지 못하고 있다는 것이다. 은행을 깨부술 필요는 없다. 필요한 건 선의의 공유일 뿐이다.

뒤에서 상세히 논하겠지만, 연간 세계소득의 1퍼센트만 투입하면, 현재 치명적인 기후변화를 야기하고 있는 전 지구적 에너지 체계를, 기후변화를 조절할 수 있는 지속가능한 에너지 체계로 여유롭게 전환시킬 수 있다. 그리고 부자나라들 연간 소득의 0.1퍼센트도 채 안 되는 돈이면, 최빈국들이 과감한 인구정책을 채택하여 인구급증 속도를 늦추도록 할 수 있다. 극단적 빈곤을 종식시키는 데도 부자나라들의 연간 소득의 1퍼센트만 있으면 충분하다. 그런 정도의 기금만 조성하여 최빈국들에 투자하면 그들을 빈곤의 덫에서 구해낼 수 있는 것이다. 게다가 빈국들에 대한 그 정도의 소박한 투자는 일시적인 것으로서, 2025년까지면 충분할 것으로 전망된다. 하지만 행동에 필요한 소박한 비용과 행동하지 않을 경우의 무서운 결과 사이의 커다란 차이에도 불구하고, 세계는 여전히 마비상태에 빠져 있다. 최악의 결과를 피하는 데 필요한 단계적 조치들이, 대중들에게는 아직 아닐지라도, 많은 전문가들에게는 또렷이 보인다. 앞으로도 거듭 역설하겠지만, 중요한 문제는 합리적이고 비용도 많이 들지 않는 해결책이 없는 것이 아니라, 그러한 해결책을 행동으로 옮기는 데 필요한 전 지구적 협력을 일구어내기가 어려운 것이다.

## 새 천년의 약속

우리 시대 최대의 경제적, 정치적 도전과제인 지속가능한 환경보전, 세계인구 안정, 극단적 빈곤 종식이 세계적 관심에서 비껴나 있지 않은 것은 분명하다. 지난 20년 동안 세계의 지도자들은 수시로 모여 이런 과제들에 대처할 방법을 모색해왔다. 실제로도 그들은 몇 가지 중요한 성공을 거두면서 상당한 대중적 지지를 받아왔다. 지속가능한 미래의 발판이 될 수 있는 전 지구적 약속의 기본 방침도 채택되었다. 오늘의 과제는 혹여 깨질까 두렵고 아직 이행되지도 않은 그러한 전 지구적 약속을 실질적인 해결책으로 전환시키는 것이다.

1992~2002년의 10년 사이에 부상한 새로운 세계의 발판 마련에 박차를 가하는 한 계기가 된 것은 장대한 새 천년의 도래였다. 1992년의 리우 지구정상회담은 우리에게 매우 귀중한 세 개의 환경협약을 선사했다. 첫째는 '유엔기후변화협약(UNFCCC)'으로, 인간이 초래한 기후변화에 따른 새롭고도 고통스런 위협을 해소하기 위한 것이었다. 둘째는 '생물다양성협약(CBD)'으로, 점점 더 분명하게 드러나고 있는 인간의 활동에 따른 전 지구적 대규모 멸종 사태를 해결하기 위한 것이었다. 셋째는 '유엔사막화방지협약(UNCCD)'으로, 식량생산과 보건 문제에서 생태환경이 다른 곳들과는 비교할 수 없을 만큼 큰 고통을 겪고 있는 수단의 다르푸르 지방이나 소말리아 같은 건조지대에 세계의 정책 초점을 맞추려는 것이었다.

새로운 밀레니엄은 극단적 빈곤과 기아, 질병과 싸우자는 새로운 전 지구적 약속도 함께 가지고 왔다. 1994년 179개국 정부 대표가 카이로에 모여 인구개발국제회의(ICPD)를 열고 전 세계의 사망률과 출산율을 보다 빠른 시일 내에 낮추기 위한 논의를 진행했다. 정부 대표들은 ICPD 행동계획을 채택했는데, 계획에서는 지속가능한 발전과 더불어 출산율, 사망률, 성건강과 출산건강, 교육, 성평등을 비롯한 인구관련 정책의 중요한 연결고리들을 강조했다. 행동계획은 각국 정부에 초등교육 보편화와 유아사망률 및 아동사망률의 대폭 감축을 요구하는 한편, "2015년까지는 누구라도 가족계획과 분만 보조, HIV/AIDS 등 성접촉에 의한 질병 예방 등의 출산관련 진료를 받을 수 있게 하는 데" 역점을 두었다.[5]

모든 형태의 극단적 빈곤에 맞서 싸우자는 전 지구적 약속은 2000년 9월 유엔에서 세계의 지도자들이 밀레니엄 선언, 즉 새 천년의 도래 직전에 세계의 목표를 공개적으로 표명하는 선언을 공식 채택하면서 한층 강화되었다. 이 약속에는 8개 항의 밀레니엄개발목표(MDGs)가 포함돼 있었는데, 이는 2015년까지 소득, 기아, 질병 통제, 교육, 지속가능한 환경 영역에서 세계 극빈층의 생활 상태를 개선한다는, 기한과 분야가 분명하게 적시된 목표였다. 밀레니엄개발목표는 이후 2002년의 몬테레이 합의와 8대 부국들의 모임인 이른바 G8의 수차례 정상회담에서 재정적 추진력을 확보했다.[6]

리우 협약, 인구개발행동계획, 밀레니엄개발목표를 모두 합해서 지속가능한 발전을 위한 우리의 밀레니엄 약속이라고 부를 수 있다. 이는 우리 세대가 새로운 밀레니엄의 벽두에 우리 자신과 미래 세대에 한 약속이다. 이 협약과 약속들을 한 덩어리로 보면 무척 광범하고 포괄적이며 고무적이다. 그리고 그 발판은 인상적이다. 이 합의들의 이행에 성공한다면 세계는 지속가능한 발전의 궤도에 오를 것이다. 하지만 이 밀레니엄 약속들 역시 역사의 잔인한 쓰레기통 속에 던져지는 실패한 염원 신세가 될지도 모를 일이다. 원대한 목표를 든든히 뿌리내린 실질적인 결과로 전환시키는 일은 언제나 큰 도전이다. 목표 달성에 필요한 협력 또한 그렇고, 그 목표가 전 지구적인 것일 때에는 더 말할 나위도 없다.

가장 위험한 것은 계속되는 전 지구적 분쟁으로 인해 그 취약한 발판이 흔들리고 있다는 사실이다. 2001년 1월 1일 시작된 새로운 밀레니엄은 1년도 못 가서 9.11 사태로 세계가 커다란 공포와 불화 속으로 내던져지는 것을 목격했다. 공격 자체도 무시무시했지만 미국의 대응은 더 큰 문제였다. 부시 정부는 새로운 '테러와의 전쟁'에 착수하여 다른 모든 염원을 질식시켜버렸다. 9.11 이전에도 미국은 유엔기후변화협약의 이행을 규정한 교토의정서를 무시해왔다. 밀레니엄개발목표는 백악관 현관 안에서 차디찬 침묵과 냉소를 만났다. 미국 정부는 나아가 새로운 핵무기 구상에 착수했다. 마치 세계의 다른 성원들을 향해 새로운 무기경쟁을 선언하는 듯한 태도였다. 중동 전역에서 격렬한 싸움이 불을 뿜었다. 이스라엘과 팔레스타인이 맺은 오슬로 평화협상은 무효화되었다. 그러는 사이에 지속가능한 발전이라는 공동목표는 거의 배제되다시피 했다. 하지만 미국이 독단으로 추구한 테러와의 전쟁은 실패할 운명으로 치닫고 있다. 세계 협력의 기반을 갉아먹고, 원인 치유보다는 대중요법에만 골몰하며, 새로운 세계경제 구축이라는 기본과제로부터 관심과 자원들을 빼돌려 고갈시키고 있는 것이다.[7]

## 개발 실행에 관한 새로운 접근법

우리는 전 지구적 협력을 달성하는 것과 함께 저비용 고효율의 해결책을 찾는 문제도 소홀히 하고 있다. 우리의 연구와 거버넌스 방법론 자체가 지속가능한 발전이라는 과제에 잘 들어맞지 않기 때문이다.

과학연구가 저마다의 지적 격납고 안에서 진행되면서 상호교류와 접촉이 극히 미미하다. 우리가 해결해야 할 문제들은 매우 복잡하게 얽혀 있어 물리학, 생물학, 공학, 경제학, 보건학 등의 제반 학문이 각기 나름의 역할을 하며 함께 풀어가야 함에도, 이 분야 연구들의 상호교류는 거의 이루어지지 않고 있다. 하지만 문제들은 각 학문 분야의 깔끔한 범주 속에 눌러 앉아 있기를 거부한다.

나아가 문제들은 일반적인 원리와 특정한 환경 및 그 관계를 함께 고려하는 접근방법을 통해서만 해결할 수 있다. 그런데 학술연구들은 마땅히 고려해야 할 구체적이고 복잡한 정황들은 배제한 채 일반원리의 토대 위에서 시작하여 일반원리로 끝나는 경우가 많다. 말리의 극단적 빈곤을 종식시키는 일이나 수단 다르푸르 지방의 사막화와 싸우는 일, 인도의 인구증가를 줄이는 일, 아프가니스탄의 경제적 고립상태를 극복하는 일은 의사가 환자 치료에 임하는 일과 유사한 점이 많다. 임상의가 치료에 성공하려면 생리학과 질병 억제에 대한 일반원리와 더불어 환자의 증상, 검사결과, 병력, 가정환경 등 환자의 특수 상황을 함께 이해할 필요가 있다. 《빈곤의 종말》에서 나는 이론과 실천, 일반원리와 특수한 정황을 함께 고려하는 새로운 '임상경제학'을 주창했다.

30년 전, MIT 교수 도널드 숀(Donald Schön)은 두 권의 아름다운 저서에서 '성찰적 실천(reflexive practice)'에 관해 이와 비슷한 방식으로 기술한 바 있다.[8] 보편적인 교육과 특정한 문제해결 능력을 결합시켜야 한다는 의미였다. 보다 일반화하여, 우리에게는 지금 지속가능한 발전에 대한 새로운 임상학적 접근과 미래의 발전을 이끌어갈 차세대 지도자들을 훈련시킬 새로운 교육방법이 필요하다.[9]

컬럼비아대학 지구연구소(The Earth Institute)에 있는 나의 연구 환경은 복잡다단한 문제해결과 임상경제학을 수행하는 기회라는 측면에서 신이 내린 진정한 선물이자 기쁨이다. 지구연구소에서는 다양한 분야의 자연과학자,

생태학자, 공학자, 경제학자, 정치학자, 경영 전문가, 보건 전문가, 의사들이 한데 모여 지속가능한 발전이라는 전 지구적 과제의 해결책을 찾기 위한 흥미진진하고 실속 있는 공동연구를 수행한다. 이 책에 실린 과학정보 중에는 동료들의 비상한 연구결과와 가르침에서 인용한 것이 많다. 경제학자로서 나는 혹여 경제적 부와 다른 학문 분야의 놀라운 통찰들을 홀대하거나 과소평가하는 우를 범하지 않았기를 희망한다.

이 책을 쓰는 데 힘을 보태준 동료들에게 깊은 존경과 감사의 마음을 전한다.

# 02

# 붐비는 지구

우리는 지구가 아주 붐비는 상태에서 21세기 초를 맞았다. 66억의 인구가 매년 60조 달러의 놀라운 생산을 해내고 있는 상호 연결된 세계경제 속에 살고 있는 것이다.[1] 눈 덮인 툰드라 지대에서 열대우림과 사막 지대에 이르기까지 지구상에서 생명체가 살아갈 수 있는 곳에 인간이 살고 있지 않은 곳은 없다. 일부 지역에서는 인간사회가 과학기술 덕에 대지의 수용역량을 넘어서면서, 만성적인 기아와 환경악화, 절망한 주민들의 대규모 탈출을 빚어내고 있다. 요컨대 우리는 사상 유례가 없을 만큼 서로의 얼굴을 가까이 접한 상태에서, 전 지구적 무역, 이민, 사상과 함께 전염병, 테러, 난민, 분쟁의 위험도 서로 교통하는 사회 속으로 밀려들어가고 있다.

세계는 지금 몇 가지 변화를 동시에 경험하고 있는데, 우리가 전 지구 차원의 한 사회로서 이에 어떻게 대응하느냐에 따라 공동 번영의 길로 나아가느냐 파멸의 위기로 치닫느냐가 결정된다. 인류 역사상 전례를 찾아볼 수 없을 만큼 지구에 커다란 변화를 가져오고 있는 여섯 가지 추세는 다음과 같은 것들이다.

첫째, 지속적인 경제성장 과정이 이제 세계의 거의 모든 지역에 미치면서 평균적인 인류는 1인당 소득 기준으로 급속히 부유해지고 있다. 나아가 유럽과 미국 등 북대서양 지역에 집중된 부유한 나라들과 다수의 발전도상국들 사이의 1인당 평균소득 격차가 빠른 속도로 좁혀지고 있다.

둘째, 세계인구는 계속 증가할 것이고, 그와 함께 세계경제도 전체적으로 크게 성장할 것이다. 우리 개개인의 평균생산량도 늘 것이고, 우리 같은 사람의 수도 21세기 중엽이면 크게 늘어날 것이다. 그에 따라 세계경제는 생산규모가 오늘날의 몇 배에 달할 것으로 전망된다.

셋째, 소득증가는 세계인구의 절반 이상이 살고 있는 아시아 지역에서 가장 크게 이루어질 것이다. 그 결과, 2050년이 되면 세계가 지금보다 훨씬 더 부유해져 있음은 물론, 세계경제의 중심이 아시아로 옮겨가 있을 것이다.

넷째, 사람들의 생활방식도 인류문명 초기부터 지속돼온 농경 기반에서 전 지구적 도시문명으로 근본적인 변화를 하고 있다. 도시기반 사회로 가는 일방통행로 상에서 우리는 도시와 농촌의 중간지점을 넘었다.

다섯째, 인간의 활동이 자연환경에 가하는 총체적인 충격이 사상 유례가 없을 만큼 다종다양한 환경위기를 낳고 있다. 우리가 맞고 있는 환경위기는 과거 어느 때와도 비교할 수 없다. 인간의 경제활동 규모가 기후 자체를 비롯한 전 지구적 차원의 기본적인 자연현상들을 변화시킬 만큼 컸던 적은 역사에 일찍이 없었기 때문이다.

여섯째, 가장 부유한 이들과 가난한 이들 사이의 격차가 대다수의 사람들이 쉽사리 상상하기 힘든 수준으로 벌어지고 있다. 이는 평균적으로 보아 가난한 이들이 점점 부유해지고 있다는 관념과 모순되는 현상이다. 대다수는 나아지고 있지만, 지구상의 밑바닥 10억 인구는 빈곤의 덫에 갇힌 채 지속적인 경제성장의 경험으로부터 차단당해왔다. 위기의 중심지는 사하라 이남의 아프리카다. 이곳은 또한 인구가 가장 빠른 속도로 늘어나는 곳이기도 하다. 현 시점에서 일자리를 만들어낼 능력이 가장 취약한 지역에서 인구가 급증하고 있다는 뜻이다.

이 장에서는 전 지구적 문제의 해결이라는 시각에서 붐비는 지구의 이 여섯 가지 측면을 논한다. 이 장의 첫 부분에서는 여섯 가지 추세를 살펴본다.

중간 부분에서는 지속가능한 발전 전략을 논한다. 마지막 부분에서는 전 지구적 협력이라는 과제를 논한다. 지속가능한 발전을 이루기 위한 실행 가능한 전략은 세계 여러 나라가 공동으로 참여하는 전 지구적 전략일 수밖에 없기 때문이다.

## 21세기를 만들어갈 여섯 가지 추세

### 수렴의 시대

사람들과 경제활동이 지구를 가득 채워온 속도는 우리의 인식보다 훨씬 빨랐다. 세계인구는 1950년 25억 명에서 오늘날 66억 명으로 40억 명 이상 증가했다. 사하라 이남 아프리카의 인구는 1억 8,000만 명에서 8억 2,000만 명으로 4배 이상 급증했다. 중동과 터키, 카프카스 지방을 포함한 서아시아 인구 역시 1950년의 5,100만 명에서 2007년 2억 2,000만 명으로 4배 이상 늘었다. 그리고 지구 환경에 대한 인간 압박의 어림 징표인 세계경제는 물론 그보다 더 빠른 속도로 팽창했다. 인구증가로 1인당 소득이 급증했기 때문이다. 개략적인 추정에 따르면, 세계 각국의 국내총생산의 합인 세계총생산은 놀랍게도 1950년 이래 8배로 증가했다.[2]

경제적으로 중요한 포인트는 앞으로 더 큰 규모의 경제성장이 이루어질 거라는 사실이다. 세계인구도 물론 계속 늘겠지만, 보다 중요한 요인으로는 1인당 소득이 계속 증가할 것이고 오늘날 상대적 빈곤국들의 소득증가율은 더더욱 높아질 것이기 때문이다. 좋은 소식은 지금까지도 여전히 가난한 곳들을 포함한 세계 대다수 나라들이 지속적인 경제성장의 수수께끼를 풀어 냈다는 것이다. 과거에는 유럽, 미국, 일본 등 세계의 얼마 안 되는 지역들의 성공 공식이던 것이 이제 브라질, 중국, 인도 등 광범한 인구의 차지가 되었다. 급속한 경제성장과 번영의 확산이 진행 중이다. 번영의 확산에 기름을 붓는 것은 세계화, 즉 무역, 금융, 생산, 기술, 이민의 네트워크다. 세계화가 세계 구석구석에 깊숙한 상호 연결망을 만들어내면서 생산성과 경제발전을 뒷받침하는 과학기술의 전파를 돕고 있는 것이다.

경제학자들은 수렴(convergence)이라는 개념을 사용하여 상대적으로 가난한 나라들이 부자 나라들을 따라잡는 과정을 묘사한다. 상대적 빈곤 지역의 1인당 소득이 부유한 지역의 1인당 소득보다 퍼센티지 기준으로 더 빠르게 증가하여 부유한 지역 대비 빈곤 지역의 1인당 소득 비율이 1의 방향, 즉 생활수준이 같아지는 방향으로 상승할 때, 수렴 현상은 일어난다. 브라질, 중국, 인도는 세계화를 토대로 시장기반 경제성장을 이룩하면서, 자국민의 생활수준을 향상시키는 동시에 부자나라들과의 1인당 소득격차도 줄일 수 있게 되었다. 이 나라들은 경쟁력 있는 상품을 수출하여 외화를 벌어들여서는 예컨대 통신이나 정보 분야 등의 최신 기술들을 사들인다. 기술의 빠른 흡수는 국민소득의 빠른 증가로 이어지며, 세계시장에서의 경제 경쟁력 향상도 가져온다. 신속한 수출증대를 통해 얻은 신속한 기술발전을 기반으로 신속한 경제성장의 선순환이 이루어진다. 이는 수십억 인구에게 경이로운 현대 과학기술을 이용할 수 있게 만드는 놀라운 과정이다. 세계의 대다수 지역이 이제 이 수렴클럽(convergence club)에 속한다. 수렴클럽이란 세계시장으로의 통합에 성공하여 차츰 수렴돼가는 속도의 경제성장, 즉 부자나라들보다는 빠른 속도의 경제성장을 달성해가는 나라들을 가리키는 경제학자들의 용어다.

미래의 경제적 수렴은 얼마나 빠른 속도로 진행될까? 경험을 통해 얻은 유용한 법칙은 다음과 같다. 수렴의 선결조건을 갖춘 한, 즉 나라가 빈곤의 덫에 걸려 있지 않은 한, 가난한 나라일수록 선발주자 대비 경제성장 속도는 더 빠르다. 오늘날의 기술 선발주자인 미국은 1.7퍼센트 가량의 1인당 연평균 소득증가율을 유지하며, 1인당 연소득 수준은 약 4만 달러다.[3] '후

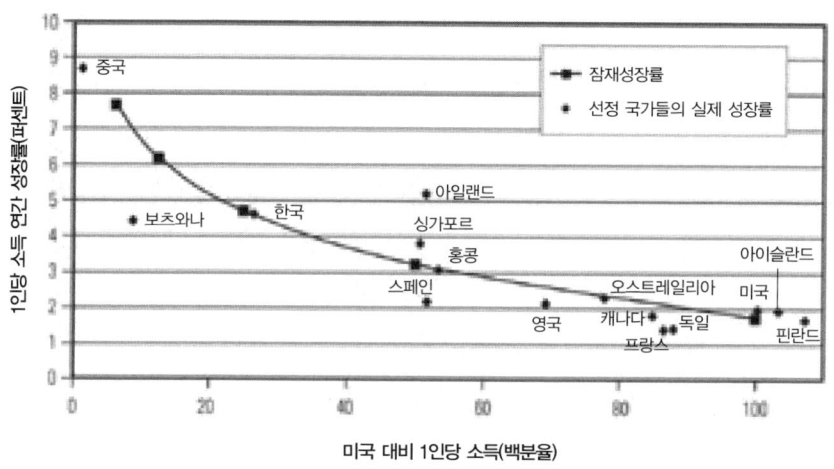

〈그림 2.1〉 1990년 소득수준 대비 1990~2005년 연간 성장률

출처: World Bank (2007) 자료를 이용해서 계산

발주자' 즉 뒤따르는 나라들의 성장률은 미국과의 소득격차에 따라 다르다. 1인당 소득수준이 2만 달러로 미국의 절반인 나라들의 연간 성장률은 미국보다 1.5퍼센트포인트 가량 더 높아 연 3.2 퍼센트(1.7 + 1.5) 정도다. 1인당 소득이 1만 달러로 미국의 1/4 수준인 나라들의 연간 성장률은 거기에 1.5퍼센트포인트가 더 붙어 연 4.7퍼센트(1.7 + 1.5 + 1.5) 정도를 보인다. 전체적인 패턴은 〈그림 2.1〉과 같다. 가로축은 1990년 현재 미국의 1인당 소득에 대비한 후발주자들의 백분비 소득수준을 나타낸다. 세로축은 성장률 수치이며, 굵은 곡선은 수렴된다는 전제하에 추정한 예상 성장률을 나타낸다. 가난한 나라일수록 예상 성장 속도는 더 빠르다.

그림에는 또한 각 소득범주에서 선정한 나라들의 1990~2005년 1인당 소득 성장률을 나타내는 까만 점들도 보인다. 왼편으로는 이례적으로 높은 성장률을 보이는 빈곤국가군이 있고, 가운데에는 빈곤국들보다는 느리지만 그래도 빠른 성장을 하고 있는 중소득국가군이 있으며, 오른편에는 느리지만 그래도 플러스 성장을 하고 있는 부자국가군이 있다. 각 소득범주 내 국가들의 성장 속도는 지리나 기반시설, 정치 등에 기인한 다른 장애물들이 극복될 때 수렴이 어떻게 이루어지는지를 분명하게 보여준다. 대다수 빈곤국들은 잘 알려진 대로 바닥 수준의 기반시설, 보건, 교육, 통치 등에 발목을 잡혀 수렴에 필요한 잠재성장률에 한참 못 미치는 성장을 하고 있다. 최빈국들 중에는 빈곤의 덫에 걸려 아예 성장을 하지 못하는 나라들도 있다.

점점 더 많은 나라가 수렴클럽에 가입하고 있다. 세계인구 거의 전부가 이제 읽고 쓸 수 있게 되었다. 인도와 중국과 수십 개 다른 저소득국의 마을들에 전기가 들어오고 도로가 놓였다. 어디서나 볼 수 있는 이동전화부터 지금 한창 뻗어나가고 있는 무선인터넷까지, 각종 정보기술이 세계에서 가장 외진 곳까지 이르고 있다. 세계경제에 합류하려는 국민적 열망은 이제 거의 보편적이다. 두 세대 전만 해도 식민통치하에 있던 세계의 광범한 지역에서 이제 주권은 예외가 아니라 규칙이다. 요컨대 21세기 전반부에 세계의 거의 모든 곳이 수렴클럽에 가입하지 못할 이유가 전혀 없다. 이는 세계의 총 성장이 앞으로 더욱 가속될 거라는 의미로, 그 추세는 지난 반세기 동안에 이미 입증되었다.

수렴의 기본 틀을 세계의 상이한 지역들의 1인당 소득이 앞으로 얼마나 증가할지에 적용해보면 유익한 결론이 도출된다. 세계의 모든 지역이 수렴클럽에 가입하고 그럼으로써 모두가 고소득국가들과의 소득수준 격차를 줄일 기회를 갖게 된다고 가정해보자. 그런 다음 미국이 종래의 평균경제성장률(연간 1.7퍼센트)을 그대로 유지하는 동안에 세계의 다른 지역들은 미국과의 소득격차 비율에 따른 경제성장을 달성한다고 가정하고서 시계바늘을 2050년으로 돌려보자. 가장 가난한 나라들이 가장 빠르게 성장하다 미국과의 소득격차가 서서히 줄어듦에 따라 성장률이 점점 낮아지면서 연간 1.7퍼센트를 향해 수렴돼갈 것이다. 이러한 가정의 결과로 나타나는 세계의 1인당 소득

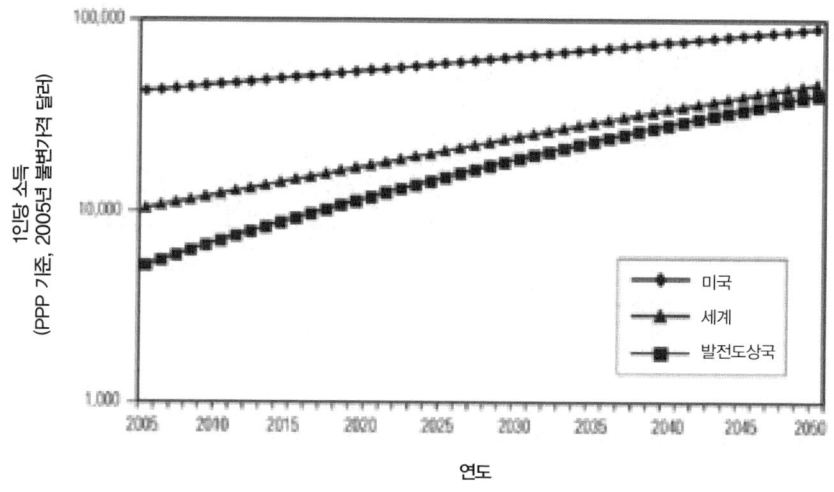

〈그림 2.2(a)〉 2050년까지의 전 세계 1인당 소득 수렴 전망

주: 세로축은 로그눈금. 소득은 구매력지수PPP로 측정하여 나라별 물가수준 차를 보정했다.

출처: World Bank (2007) 자료를 이용해서 계산

추정치 변화가 〈그림 2.2(a)〉에 세계 평균, 미국, 오늘날의 발전도상국의 세 개의 선으로 표시돼 있다. 이 단순한 모형에서 세계의 1인당 소득은 2005년 에서 2050년 사이에 4.5배 증가한다. 2050년이 되면 오늘날의 발전도상국 은 미국의 2005년 소득과 엇비슷한 1인당 4만 달러 수준의 평균소득을 올 리고, 미국은 2050년에 1인당 9만 달러의 소득수준을 보일 것으로 추정된 다. 물론 이 시나리오는 매우 낙관적인 것으로, 세계가 장기간의 위기를 겪 지 않고, 미국은 역사적 평균치 수준의 성장을 계속하며, 다른 모든 나라가 선진국으로 수렴돼가는 성장을 달성한다는 가정하의 시나리오다.

### 인구증가와 소득상승

세계의 대다수 지역이 더 부유해짐은 물론, 보다 높은 소득을 향유하는 사람들이 훨씬 더 많아질 것이다. 세계인구 규모에 대비한 연간 인구증가율

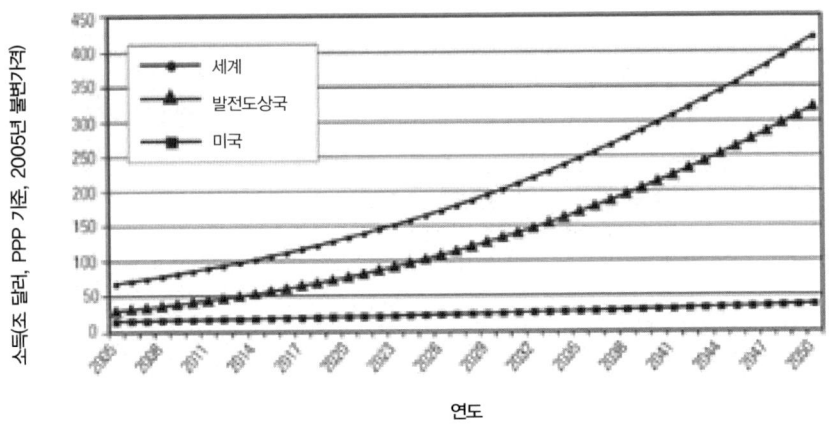

<그림 2.2(b)> 2050년까지의 세계 생산 규모

연도

출처: World Bank (2007) 자료를 이용해서 계산

은 점점 낮아져왔지만, 세계인구는 지금도 빠른 속도로 계속 늘고 있다. 유엔인구국(United Nations Population Division)에서는 여성 1인당 평균출생아수(출산율)에 대한 각기 다른 가정을 토대로 몇 가지 세계인구 예측치를 내놓고 있다. 가능성이 가장 높은 중간 예측치는 세계인구가 2007년 66억 명에서 2050년에 92억 명으로 증가할 것으로 전망한다. 이는 지난 반세기 동안의 인구증가보다는 낮은 수치긴 하지만, 이미 만원인 지구에 26억 명이라는 엄청난 규모의 인구가 더 보태진다는 의미다. 나는 이것이 안전하게 흡수하기에는 너무 많은 인구라는 점을 꽤 상세히 설명할 것이다. 무엇보다도 인구증가의 대부분이 오늘날 가장 가난한 나라들에서 이루어질 것이기 때문이다. 앞에서 언급한 대로, 우리는 21세기 중엽까지 세계인구를 80억 명으로 안정시킨다는 목표를 달성하기 위해 힘써야 한다.

지구상의 경제활동 총규모는 1인당 평균소득에 인구수를 곱하여 계산한다. 우리의 수렴 시나리오에 따르면, 세계의 1인당 평균소득은 2005년에서 2050년 사이에 약 4배로 상승한다. 유엔의 중간 출산율 예측에 따르면, 그

40

동안에 세계인구는 40퍼센트, 즉 1.4배로 늘어난다. 따라서 이 시나리오에 따르면, 세계의 총생산은 〈그림 2.2(b)〉에서 보는 바와 같이 2005년 약 67조 달러에서 2050년에는 약 420조 달러로 6.3배 증가한다. 만일 1인당 소득은 그대로인 채 2050년 인구가 92억 명이 아니라 80억 명이 된다면, 세계 총 생산은 420조 달러가 아니라 약 365조 달러가 될 것이다. 어느 경우든 오늘 날의 세계에는 억눌린 경제성장의 욕구가 팽배한 상태이며, 기술 따라잡기 와 더불어 경제가 빠른 속도로 성장해갈 것이다.

다시 한번 강조하건대, 이 시나리오는 매우 낙관적인 것이긴 하지만 우 리 시대의 세계경제에 작용하고 있는 지배적인 힘, 즉 경제의 저변에 깔린 수렴의 힘을 반영하고 있다. 종합적인 교훈은 2050년까지는 세계경제의 규 모가, 정확히 어느 정도인지는 말할 수 없지만, 무척 커질 거라는 사실이다. 그러한 경제성장은 우리가 그 부작용, 특히 환경에 미치는 부작용만 잘 관 리할 수 있다면 인간의 행복한 삶에 더 없이 좋은 것일 수 있다.

### 아시아의 세기

아시아가 급속한 따라잡기에 성공하면서 세계경제의 무게중심에 역사적 인 변화가 일어날 것이다. 1800년 이후 북대서양 경제는 세계 경제와 정치 를 지배하는 권력이었다. 지정학적 힘의 균형이 유럽을 벗어나면서 영국에 서 미국으로 그 중심이 이동하긴 했지만, 제1차 세계대전과 대공황, 제2차 세계대전 등의 격변도 북대서양 경제의 지배력을 뒤흔들진 못했다. 몇 세기 가 지난 지금, 의문의 여지가 없던 북대서양의 경제적, 정치적 지배가 이제 막을 내리려 한다. 21세기의 2사분기 어느 시점에 미국의 세기는 종말을 고 할 것이고, 아시아가 세계 소득의 절반 이상을 생산한다는 의미에서 세계경 제의 새로운 중심으로 부상할 것이다(〈그림 2.3〉). 미국의 세기의 종말은 미 국의 복지 붕괴가 아니라 아시아의 경제력 증대의 결과로 다가올 것이다.

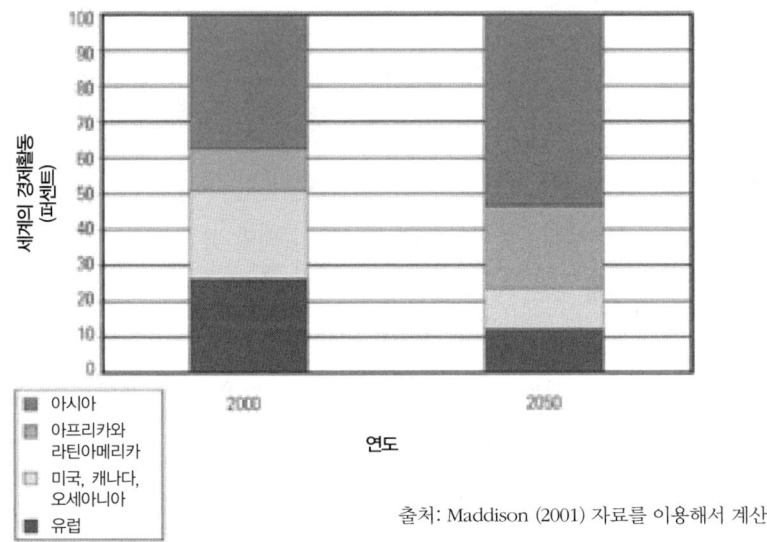

<그림 2.3> 2000년과 2050년의 지역별 경제활동(추정치)

- 아시아
- 아프리카와 라틴아메리카
- 미국, 캐나다, 오세아니아
- 유럽

출처: Maddison (2001) 자료를 이용해서 계산

장기적으로 보아 아시아가 세계경제의 중심이 되는 것은 자연스런 일이다. 세계인구의 무게중심이 아시아에 있기 때문이다. 1820년에 아시아는 세계경제의 56퍼센트 가량을 차지했다.[4] 유럽과 북아메리카의 산업화가 시작된 후, 1900년까지 아시아의 비중은 28퍼센트로 떨어졌다. 1900년에서 1970년 사이에 아시아가 소용돌이를 겪으면서 그 비중은 더욱 떨어져, 1950년에 세계 생산의 약 18퍼센트라는 저점을 찍었다. 이후 대 수렴이 시작되면서, 세계 소득에서 아시아가 차지하는 비중은 1970년에 약 23퍼센트, 2000년에는 38퍼센트로 회복되었다. 수렴 시나리오에 따르면, 세계 소득 중 아시아의 비중이 2025년 약 49퍼센트, 2050년에는 약 54퍼센트로 증가할 것으로 전망된다.

선두열강이 바뀌는 시점에는 심각한 지정학적 알력, 심지어는 유혈 전쟁이 따를 수도 있다는 것을 역사는 보아왔다. 20세기 초에 독일과 일본이 발흥할 때에는 선두열강이던 영국 및 미국과의 목숨을 건 대결과 군비경쟁이 벌어졌다. 지정학적 질서가 불을 뿜었다. 독일과 일본의 군국주의자와 선동가들은 볕이 잘 드는 그들의 자리가 영국과 미국의 그늘에 가려져 있으며, 그 유일한 해결책은 전쟁이라고 주장했다. 그리고 강대국들에서는 정치가들이 예컨대 제1차 세계대전 후 독일을 곤경에 몰아넣은 것과 같은 도발적 조치를 취하는 일이 잦았고, 그것은 결국 전쟁의 불씨에 부채질하는 격이었다.

우리 시대에 미국이 세계 최고의 권력임을 계속 자임하다가는 중국과 인도, 기타 신흥 지역열강들과 위험한 갈등을 빚을 수 있다. 그리고 미국의 힘 자랑이 정당성 없는 이라크전쟁과 같은 비현실적이고 극단적인 행동으로 또 다시 반복되는 날에는, 곧바로 심각한 지역적, 세계적 반작용이 나타날 것 같다. 미국이 세계 유일의 초강대국이고 따라서 뭐든 자기 뜻대로 할 수 있다는 미국 네오콘들의 믿음은 흘러간 옛 노래로서 앞으로는 더더욱 씨가 먹히지 않을 것이다. 그러한 비현실적 관점은 중국과 인도에서 그만큼이나 비현실적인 민족주의를 부추길 게 틀림없다. 21세기의 권력은 이미 폭넓게 분산되고 있다. 세계정치의 새로운 틀은 미국이나 중국의 지배가 아니라 지역을 망라한 전 지구적 협력의 토대 위에서 형성돼야 한다. 일각의 몽상이나 환상과 상관없이 제국의 시대는 갔고, 미 제국의 시대는 분명히 갔다. 우리는 지금 수렴과 통합의 시대에 살고 있다.

### 도시의 세기

앞으로 진행될 경제의 근본적인 변화는 북대서양에서 태평양과 인도양으로의 경제 이동만이 아니다. 인류 역사상 처음으로 세계인구의 대다수가 시골마을이 아니라 도시에서 살아가게 된다. 인류의 기원에서 시작하여 농경의 출현을 거쳐 2007년 직전에 이르기까지, 세계인구의 대다수는 도시가 아니라 농촌 공동체의 주민이었다. 선사시대의 세계는 물론 전원 일색이었다. 1만 년 전쯤 마지막 빙하시대가 끝나고 농경이 시작되면서 도시가 출현하기 시작했다.[5] 도시생활의 본질은 농촌과의 교역을 통해 식량의 대부분을 획득하거나 조세, 노예소유, 조공 등 강압적인 방법으로 농촌에서 식량을 뺏어오는 비농업 사회라는 것이다. 농업생산성이 낮아서 전형적인 농가가 기본적으로 자급자족을 하며 소량의 잉여생산물만을 도시 거주자들과 거래하던 시대에는 인구 대다수가 생존을 위해 식량생산에 종사해야만 했다. 농업생산성이 매우 높아져서 농가 하나가 도시 주민 다수에게 식량을 제공할 수 있게 되었을 때에야 비로소 상당수의 인구가 도시 지역에 살면서 제조업과 서비스업에 종사하게 된다. (제조업과 서비스업의 일부는 농촌 지역에서도 행해지지만, 그런 사업들 역시 일반적으로는 사람들이 모여 사는 도시생활에서 수익을 얻는다. 따라서 농촌생활은 전적이진 않지만 대체로 농업과 동의어고, 도시생활은 전적이진 않지만 대체로 제조업 및 서비스업과 동의어다.) 이와 같이 18세기에 영국, 홀란드, 플랑드르 등 북대서양 지역에서 농업생산성이 상승하기 전까지는, 세계의 거의 모든 지역에서 언제나 인구의 90퍼센트 이상은 농촌 주민이었고, 도시에 사는 인구는 극소수였다.[6]

현대적인 종묘기술, 화학비료, 현대식 관개사업, 기계화, 혁신적인 경작지 관리(윤작, 경운기술, 흑사병 퇴치 등)를 비롯한 과학영농이 발전하면서, 갈수록 적은 비율의 세계인구가 나머지 인구에 식량을 공급할 수 있게 되었고, 그에 따라 점점 더 많은 인구가 도시에 살 수 있게 되었다. 1800년에는 10퍼센트 미만이던 도시 인구가 1900년에는 13퍼센트 가량이 되었고, 1950년에는 29퍼센트, 2000년에는 47퍼센트, 그리고 2007년에는 50퍼센트에 이르렀다. 높은 농업생산성은 경제 전체의 성장을 동반했다. 그로 인해 고소득국들이 먼저 도시화하면서 1950년경에 도시 인구가 50퍼센트에 도달했고 오늘날에는 인구의 75퍼센트가 도시에 살고 있다. 오늘날 인구의 44퍼센트 가량이 도시에 살고 있는 저소득국들은 2017년쯤에 가서야 도시 인구가 50퍼센트에 이를 것으로 전망된다. 하지만 단위경작지당 곡물생산량,

더 중요하게는 농가당 곡물생산량이 날이 갈수록 증가하면서 사실상 세계의 모든 지역에서 도시화가 꾸준히 진행돼왔다. 단위경작지당 생산성이 높고 단위농가당 경작지가 넓은 덕에 농민 1인당 수확량이 매우 많은 미국의 경우에는, 인구의 1퍼센트밖에 안 되는 농가에서 나머지 99퍼센트의 식량을 공급할 수 있다.

2008년, 세계인구의 절반이 도시에 살고 절반이 농촌에 사는, 아마도 되돌리지 못할 역사적 중간점에 도달했다. 이 추세가 계속 유지될 경우, 편차는 좀 있겠지만 2030년이 되면 세계인구의 60퍼센트가 도시에 살고 40퍼센트만 농촌에 살게 될 것이다. 실제로 유엔에서는 지금부터 2030년 사이에 늘어나는 인구 17억 명(중간 출산율로 예측한 수치) '모두'가 발전도상국, 그중에서도 발전도상국 '도시 인구'의 증가일 것으로 추정한다.

도시화율 상승은 저소득국가군을 비롯한 세계에 막대한 이익을 가져다줄 수 있다. 문명 초창기부터 도시는 전문화와 분업에 힘입어 기술발전, 과학, 생산성 향상이 이루어지는 곳이었다. 농업생산성은 도시에서 일할 노동력을 해방시킬 뿐 아니라 도시생활에서 빼놓을 수 없는 기술의 발전도 돕는다. 도시는 또한 높은 인구밀도 덕에 농촌 지역보다 훨씬 적은 1인당 비용으로 주민들에게 도로, 전기, 병원, 학교를 제공할 수 있는 등 다른 이점들도 있다.

하지만 도시생활은 그 자체로 수많은 과제를 유발하는데, 그중 상당수가 지속가능한 발전에 심각한 영향을 끼친다. 가장 심각한 것은 농업생산성 향상이나 도시 일자리의 유혹 때문이 아니라 농촌의 절망과 굶주림 때문에 농촌 인구가 도시 지역으로 흘러들어오는 경우다. 도시의 슬럼가는 농촌의 절망의 다른 표현이다. 굶주림 자체가 도시화하면서, 배회하는 청년실업자들이 폭력과 불안의 기운이 감도는 도시환경을 조성하기도 한다. 고로 농촌의 위기는 도시의 악몽이 될 수 있다.

적정 규모의 도시 일자리 창출, 농업생산성 향상, 농촌 지역의 인구증가율 감소로 그러한 위기들을 피해간다 하더라도, 도시화는 또 다른 과제들을 많이 제기한다. 도시에 인구가 밀집한다는 것은 오염물질을 물과 대기 속으로 분산하여 정화시키는 자연의 힘을 훨씬 초과할 정도로 공해물질이 과도하게 집적된다는 뜻이다. 따라서 적절한 기술과 정책으로 공해를 조절하지 못할 경우, 도시는 미증유의 생태계 파괴의 장이 될 수 있다. 또한 도시는 수백만 명이 가까이에 붙어살게 만듦으로써 오랜 옛날부터 전염병이 창궐하기 좋은 온상이 되어왔다. 게다가 대도시의 인구증가는 홍수, 산사태, 지진 등 다른 자연재해에도 취약하다. 이 문제는 특히 심각한데, 세계의 도시들이 세계무역, 어업, 쾌적한 해변생활 등의 이점을 누릴 수 있는 해안선을 따라 밀집돼 있기 때문이다. 지구연구소의 내 동료들의 계산에 따르면, 해안선에서 100킬로미터 이내이고 해발 10미터 미만인 해안 저지대가 지표면에서 차지하는 비중은 고작 2.2퍼센트에 불과한데도 세계인구의 약 10퍼센트가 그곳에 살고 있다. 해안 저지대의 인구밀도가 지구상의 육지 평균보다 약 5배나 더 높다는 뜻이다. 그리고 해안 저지대 거주자 중 약 60퍼센트는 해안 도시에 살고 있다. 앞으로 지구에 기후변화가 일어나 해수면이 높아지고 열대성 폭풍이 점점 더 강해질 때 세계 각지의 해안 거주지들은 큰 위협을 받게 될 것이다. 허리케인 카트리나가 몰고 온 뉴올리언스의 비극이 거듭 되풀이될 수도 있다.

그리고 걱정은 이런 정도로 그치지 않는다. 요즘 들어 우리는 오늘날의 도시생활 및 교외생활 자체가 건강에 뜻밖의 위협이 된다는 사실을 알아가고 있다. 오늘날의 도시민들은 이전 어느 때보다도 적게 걷고, 많이 먹으며, 특히 건강에 해로운 식품을 많이 먹고 있다. 세계 대다수 지역에서 아직까지도 제대로 인식을 못하고 있지만, 사람들은 지금 눈부신 속도로 한 종류의 영양실조(칼로리, 단백질, 미네랄의 부족)에서 벗어나 다른 종류의 영양실조(칼로리 과다, 산업적으로 합성된 트랜스지방 등 몸에 해로운 지방성분의 과다섭취, 자동차와 텔레비전으로 인해 늘 앉아서 생활하는 라이프스타일)를 향해 질주하고 있다. 그 결과는 오늘날 도시 시대의 불건강한 생활방식으로 인해 생겨나는 생활습관병인 비만, 심혈관계 질환, 성인 당뇨병의 전 지구적 만연이다.[7] 그렇다고 충격을 받아 쓰러질 일은 아니다. 수렵채집 집단에서 마을로, 도시로 인간의 정주 규모가 커질 때마다 새로운 질병은 늘 따라다녔다. 과거에는 그것이 전염병의 형태로 나타났다. 과거에도 그랬듯이 우리는 새로운 위험에 적응하는 방법을 터득해갈 것이다. 그러나 시간 지체가 불필요한 고통을 떠안길 수 있다.

이 모든 것을 감안할 때, 도시 지역의 인간 활동과 자연 환경을 연결 짓는 도시생태학이 앞으로 매우 중요한 학문과 정책 분야로 부상할 것이다. 도시생태학은 적어도 지금까지는 공급부족 상태에 있다. 건축가, 도시계획자, 생태학자, 보건 전문가, 환경공학자들이 아직까지도 대체로 도시의 지속가능한 발전을 추구하는 협력자라기보다는 제각기 단절된 분야의 전문가들로 운신하고 있는 까닭이다. 발전도상국들에서는 다른 중요한 공공관리 영역들도 마찬가지지만, 특히 도시생태학의 공급부족 상태가 심각한 수준이다.

### 환경적 과제

우리는 세계경제의 성장이 순전히 기쁜 일만은 아님을 빠르게 알아가고 있다. 1950년 이후 8배 증가했고 2050년까지 다시 6배가 증가할 것으로 예상되는 인간의 경제활동 규모는 인류 역사의 어떤 단계에서도 불가능했던 규모의 환경파괴를 일으키고 있다. 경제활동의 중요한 근간은 비, 강물, 그리고 물론 우리의 식량공급에 필요한 광합성 등 천연자원과 자연의 흐름을 이용하는 것이다. 하지만 인구와 1인당 소득이 믿기지 않을 만큼 늘어나면서 인간의 활동으로 인해 세계의 주요 생태계 거의 전부가 위험에 처해 있다. 대양의 어장들에서는 물고기와 산호가 고갈되고 있다. 식수 및 관개용 민물이 부족해지면서, 물을 지금보다 훨씬 잘 관리하지 않을 경우 앞으로 몇십 년 안에 수억, 아니 수십억 인구가 심각한 영향을 받게 될 것이다. 인간이 빚어낸 현재의 기후 추세를 완화시키며 그에 잘 적응하지 못할 경우에는, 오늘날의 기후변화로 인해 세계 육지의 상당 부분이 농사에 부적합한 땅으로 변하고 말 것이다. 인간에 의해 다른 생물종들의 서식지가 파괴되면서 동식물들이 대규모로 멸종되고 있다. 생물다양성의 쇠퇴로 인해 세계의 많은 지역이 인간에게도 덜 우호적이고 덜 생산적이며 원상회복도 더 힘든 곳으로 변해갈 수 있다는 증거를 두 눈으로 똑똑히 보면서도, 우리 인간들은 생물들의 서식지를 무참하게 짓이기고 있다.

인간이 환경에 가하는 영향(I)은 세 부분으로 나누어 생각하는 것이 유용하다. 총인구(P), 1인당 소득(A), 소득 1달러당 환경에 미치는 영향(T)이다. 여기서 T는 기술 수준을 나타낸다. T가 높을 경우에는, 사용되는 유형의 기술이 단위 GNP당 더 넓은 토지를 사용한다거나 온실가스를 더 많이 배출하는 등 환경에 더 큰 부담을 안긴다. 인간이 환경에 가하는 영향의 총계는 인구와 1인당 소득과 기술을 곱한 값과 같다. 즉, I=P×A×T이다. 이 등식은 I-PAT(아이팻) 방정식으로 불리기도 한다.[8]

I-PAT 관계는 분명히, 1950년 이래 우리가 겪어왔고 또 2050년까지 계속 경험하겠지만, 기술이 환경을 보호하는 방식으로 바뀌지 않을 경우 인구와 1인당 소득이 극적으로 증가하면 환경에도 그만큼 극적인 영향이 미친다는 것을 의미한다. 여기서 T를 뒤집어서, 단위 환경영향당 소득 산출량을 나타내는 S를 사용하는 편이 보다 유용하다. 여기서 S는 지속가능한 기술을 의미한다. S가 높다는 것은 단위 환경영향당 더 높은 소득을 산출해낼 수 있다는 뜻이다. S가 높을수록 인간이 자연계에 미치는 영향은 낮아진다. 따라서 방정식은 I=P×A÷S가 된다.

이제 우리는 환경 수수께끼를 다음과 같이 고쳐 기술할 수 있다. 세계인구는 앞에서 이야기한 대로 2050년까지 약 40퍼센트 증가하고, 세계의 1인당 소득 역시 앞에서 말한 대로 4배 가량 증가한다. 따라서 세계의 총소득, 즉 P×A는 대략 6배쯤 늘어난다. 인간이 환경에 가하는 영향인 I도 기술에 변화가 일어나지 않는 한 6배로 늘어날 것이다. 오늘날 인간이 환경에 가하고 있는 영향이 이미 지속가능하지 않은 수준이므로, 환경영향이 6배 증가한다는 것은 그야말로 파멸적인 수준으로서 세계의 소득증가에 역작용을 가할 게 거의 확실하다. 다시 말해서, 우리는 환경재앙에 발목을 잡혀 경제성장 목표치를 달성하지 못하게 된다. 많은 환경론자들은 우리가 사실 경제성장을 늦출 수밖에 없는 운명이고, 우리가 할 수 있는 최선의 일은 1인당 소득을 질서정연하고 공평하게 낮추어가는 것뿐이라고 이야기한다. 이렇게 말하는 이들은 부자나라들의 소득을 낮추어 가난한 나라들의 소득을 어느 정도 높일 수 있는 여지를 만들어야만 전 지구적 수렴을 이룰 수 있다고 주장한다. 이 관점에서, 수렴이 이루어지려면 상층의 소득은 떨어지고 하층의 소득은 올라가야 한다.

대안의 전략은 많은 이가 몹시 바라는 대로 A는 상승하되 P는 안정되고 S가 상승함으로써 서로 상쇄되는 것이다. 즉, 세계가 지속가능한 기술을 채택함으로써 단위 소득이 환경에 미치는 영향을 낮추는 방법이다. 일부 환경론자들처럼 부유한 세계의 소득과 소비를 줄이는 데 초점을 맞추는 대신, S, 즉 세계 기술의 지속가능성을 높이는 데 주력하는 것이다. 다음 장들에서 논하겠지만, S를 높이는 기술의 사례로는 새로운 형태의 재생가능 에너지, 석탄 화력발전소에서 나오는 이산화탄소의 포집격리, 지속가능한 양어 기술, 물의 단위 투입량당 작물생산을 극대화하는 점적관수(drip irrigation, 건조 지대에서 작물의 생육에 필요한 만큼의 물을 방울방울 뿌려 정확하게 공급하는 기술), 단위 농지당 농산물 생산량을 높이는 품종개량 등등 많은 것들이 있다. 이와 같은 방식으로 세계는 환경재앙 없이 세계적 소득증대를 추구할 수 있다.

### 최빈층 10억과 빈곤의 덫

우리 시대를 지배하는 마지막 특징이자 미래에 대한 커다란 위협은 수렴 클럽이 아직 미완성 상태라는 사실이다. 세계에는 아직까지도 경제성장의 고리를 풀지 못해 수렴 상태를 향해 나아가지 못하는, 약 10억 인구가 살고 있는 넓은 지역이 있다. 이 지역들은 날이 갈수록 세계의 앞선 지역들에 더욱 뒤처지고 있다. 1820년에 세계에서 가장 부자나라였던 영국은 당시 가장 가난한 지역이던 사하라 이남 아프리카에 비해 1인당 평균소득이 3배쯤 높았다. 2005년 세계에서 가장 부자나라인 미국은 지금까지도 가장 가난한 지역인 사하라 이남 아프리카에 비해 1인당 소득이 20배쯤 높았다. 지난 한 세대 동안 사하라 이남 아프리카의 1인당 소득은 조금도 높아지지 않았다.

격차가 커지는 것은 여러 면에서 위험하다. 최우선적으로는 가난한 사람들에게 위험하다. 극단적 빈곤으로 인해 매년 수백만 명이 죽어가는 것이다. 가장 가난한 사람들은 영양결핍인데다 안전하게 마실 물도 없으며 기본적인 보건 서비스도 받지 못하고 있다. 사하라 이남 아프리카 사람들의 기대수명은 47세이며, 몇몇 나라는 40세도 안 된다. 그에 비해 고소득국가군 사람들의 기대수명은 79세다. 앞으로 그 이유를 살펴보겠지만, 최빈국들이 출산율도 가장 높고 인구증가 속도도 가장 빠르다. 2050년까지 세계에서 늘어날 것으로 예상되는 26억 인구 중 다수는 인구증가분을 흡수할 여력이 없는 최빈국들의 국민이다. 최빈국들은 정치적으로 가장 불안정하고, 폭력과 분쟁에도 가장 취약하며, 종종 그 분쟁이 나라와 지역의 경계를 넘어 세계의 다른 지역들을 분쟁에 끌어들이기도 한다. 그리고 가난한 사람들은 살아남으려는 몸부림에서 기름진 땅을 고갈시키고 호수와 강의 물고기를 남획하며 늘어나는 인구를 부양하고자 숲을 개간하여 새로운 농지를 만듦으로써 지역의 환경을 크게 악화하는 데도 일조한다.

빈곤의 덫은 저절로 풀리기는커녕 오히려 더 강화되고 있다. 따라서 빈곤의 덫을 걷어내자면 특별한 정책과 더불어 세계적인 노력이 필요하다. 아프리카든, 다른 어떤 지역이든 극단적 빈곤 상태에 마냥 머물러 있을 이유는 전혀 없지만, 빈곤의 덫을 종식시키는 데는 맹목적인 시장의 힘만으로는 충분치 않다. 거기에 공공의 의식적인 노력이 더해져야만 한다.

## 지속가능한 발전 전략

지속가능한 발전이란 전 세계가 공유하고 환경적으로 지속가능한 번영을 뜻한다. 실천적으로 지속가능한 발전을 하려면 우리 지구의 통상적인 궤도에 세 가지 근본적인 변화가 가해져야 한다. 첫째, 우리는 높은 수준의 번영과 낮은 수준의 환경영향을 결합시킬 수 있는 지속가능한 (S가 높은) 기술을 전 지구적 차원에서, 그것도 짧은 기간 안에 개발하여 채택해야만 한다. 둘째, 우리는 경제적 번영과 지속가능한 환경을 결합시키기 위해 세계 인구, 특히 가장 가난한 나라들의 인구를 안정시켜야만 한다. 셋째, 우리는 최빈국들이 빈곤의 덫에서 탈출하도록 도와야만 한다. 이 세 가지 기본 목표, 즉 지속가능한 환경, 인구 안정, 극단적 빈곤의 종식이야말로 밀레니엄 약속의 본질이다.

시장의 힘만으로는 이 문제들을 해결할 수 없다. 첫째, 시장의 힘만으로는 세계의 과학자와 공학자들이 S가 높은 기술의 개발에 노력을 집중케 할 수 없다. 중요한 기술 중에는 지속가능한 발전에 사회적으로 크게 활용할 수는 있지만 사적 시장에서는 이윤을 만들어내지 못하는 것들이 많다. 따라서 민간기업에서는 그런 기술을 발굴하고 개발하는 연구개발(R&D)에 투자를 하지 않으려 한다. 둘째, 지속가능한 기술이 개발되었을 때에도 시장의 힘만으로는 그 기술의 폭넓은 채용을 보장하지 못한다. 지속가능한 기술의 채용에 박차를 가하려면 시장의 힘에 더하여 특별한 인센티브가 필요한 경우가 많다. 셋째, 시장의 힘만으로는 단일 국가 또는 세계 차원의 적정한 인구변화 패턴을 만들어내지 못한다. 다양한 인구정책으로 자유시장의 힘을 보완해야 한다. 넷째, 시장의 힘은 세계의 모든 지역이 수렴 상태로 향하는 성장의 길로 순항하는 것은 물론 그 기본적 필요를 충족시키는 것조차도 보장하지 못한다. 시장은 10억 이상의 인구를 팽개쳐두고 가는데, 우리가 행동방식을 바로잡지 않을 경우에는 미래에 그 수가 극적으로 불어날 수도 있다.

### 지속가능한 기술의 개발

시장만으로는 21세기에 필요한 지속가능 기술을 개발하지 못한다. 지속가능 기술의 바탕이 되는 일반적인 과학적 발견은 시장의 힘만으로는 충분히 제공할 수 없는 공공재다. 과학 지식은 어느 누구라도 이용할 수 있고, 그런다고 다른 사람들의 이용 기회가 줄어들 일도 없는 비경쟁재이기 때문이다. 사과나 귤은 당신이 많이 가지면 내 몫이 줄지만, $E = mc^2$이나 DNA 구조와 같은 과학 지식은 당신도 나도 활용할 수 있고 그런다고 다른 누군가가 같은 지식을 활용할 기회가 줄어들지도 않는다. 사실, 지식은 폭넓게 공유되고 그럼으로써 기술체계의 이해와 작동, 발전의 공동기반이 마련될 때 가장 강력한 힘을 발휘한다. 따라서 과학이 제 역할을 하는 것은 세계의 과학계가 새로운 발견을 은밀한 사적 공간에 가둬두지 않고 동료들이 검토하고 평하는 출판물을 통해 신속하고도 자유롭게 그 사실을 알리는 덕분이기도 하다. 과학자들이 자신의 발견에 따른 경제적 수혜를, 설령 조금 누린다 하더라도, 직접 누리는 건 별로 없으며, 그 지식이 인류에게 엄청나게 유익한 영향을 가져다주는 경우에도 그건 마찬가지다.

과학상의 발견은 공공이 이용할 수 있는 상태에 있어야 하므로, 비시장적 수단을 동원하여 과학적 발견에 필요한 재원을 마련해주어야 한다. 과거에는 군주들이 학자들의 후원자였다. 그들은 기초학문 연구에 필요한 기금을 대주거나 과학상의 발견에 포상을 했다. 오늘날 과학은 정부, 그리고 대학이나 공공 또는 민간 과학연구소에 기부하는 자선가들의 지원을 받을 수밖에 없다. 민간재단에서 연구 활동을 고무하는 상을 주기도 하는데, 노벨상이 가장 유명하다. 자유시장 이데올로그들은 충분히 이해하고 있지 못하지만, 미국에서는 공적자금이나 자선기금의 필요성에 대한 인식이 폭넓게 형성돼 있다. 자유시장의 전형인 미국이 연방예산에서 매년 1,000억 달러 이상을 연구개발 기금으로 지출하는 것은 그런 까닭이다. 그중 많은 액수가 쓸데없는 군사무기 시스템의 R&D에 낭비되는 것은 슬픈 일이지만, 연방정부에서 국립보건원의 생명의학 연구에 매년 300억 달러를 변함없이 지출하고 있는 것은 그나마 다행스런 일이다. 만일 그런 노력이 없었다면, 생명의학의 진보는 오늘날의 수준보다 한참 뒤졌을 것이고, 우리의 기대수명과 복지 수준도 지금보다 한참 낮았을 것이다. 생명의학 분야에 대한 이러한 공공투자는 우리에게 그 몇 배의 혜택을 되돌려주었다.

우리는 청정에너지, 가뭄에 내성이 있는 품종 개량, 환경적으로 안전한 양어기술, 열대성 질병의 백신 개발, 생물다양성의 원격 감시와 보전 개선 등등 다양한 지속가능 기술에 필요한 R&D 기금 조성을 위해 그에 필적하는 수준의 세계적 약속을 할 필요가 있다. 높고 낮은 차원의 모든 지속가능한 발전에는 핵심기술들이 필요하며, 이를 뒷받침하기 위해서는 기초학문에 대한 투자가 필수적이다. 그리고 어느 경우든 예외 없이, 세계적인 높은 소득, 극단적 빈곤의 종식, 세계인구의 안정, 지속가능한 환경이라는 목표를 동시 달성하는 데 필요한 신기술의 개발을 고무할 공공재원 마련이 절실하다.

과학에 대한 공공지출과 더불어 특허제도도 중요한 역할을 한다. 특허는 특허 소지자에게 새롭고 유용한 발명에 대해 배타적 사용권을 부여하는 제도인데, 유효기간은 보통 특허출원 후 20년이다. 과학적 원리와 특허권을 받을 수 있는 발명 간의 경계는 때로 모호하여 논란을 빚기도 하지만, 미국과 유럽의 특허법에서는 수학연산이나 자연현상, 자연법칙과 같은 추상적인 아이디어에는 원칙적으로 특허를 부여하지 않는다. 특허를 받을 수 있겠다는 기대는 발명자들이 지적재산의 개발에 발 벗고 나서도록 하는 중요한 시장기반 인센티브인데, 특허제도를 두는 주된 이유가 바로 이것이다. 특허 소지자는 특허권이 유지되는 동안 사실상 독점가격을 매길 수 있다. 그러한 독점권 부여의 잠재적 해악을 완화하기 위해, 특허 출원자에게 발명품을 어떻게 만들어 사용할 것인지 그 계획을 밝히라는 요구가 부과된다. 특허 소지자에게 배타적으로 돌아가기 쉬운 진일보한 지식의 혜택을 다른 사람들도 함께 누릴 수 있게 하기 위해서다.

정책과제는 공공부문이나 자선가의 기금을 지원받아야 하는 대신 누구나 자유롭게 이용할 수 있는 과학정보, 그리고 특허를 받을 수 있다는 기대가 동기로 작용하는 사적 보유 기술, 이 둘 사이에서 적절한 균형을 취하는 것이다. 이 정책과제는 복잡다단하며, 잘 수행될 경우 R&D를 전담하는 복잡미묘하게 얽힌 제도들을 만들어낸다. 이러한 제도들은 흔히 혁신 시스템으로 불리는데, 여기에는 공공예산, 정부 연구소, R&D를 수행하는 사기업, 학술 연구소, (미 국립과학재단 같은) 정부재단, 비정부재단, 개인 자선가, (미 국립과학아카데미 같은) 전문 학회 등이 두루 포함된다.[9]

R&D의 주된 목적이 일반 과학지식이나 가난한 사람들이 필요로 하는 것, 전 지구적인 공동관심사, 신속한 사회통합일 때에는 특허에 의존하는 것보다 공적자금을 투여하는 것이 유리하다. R&D가 주로 부자들이나 사적 이용, 점진적 사회통합을 지향하는 것일 때에는 특허에 입각한 인센티브가 상대적으로 유리하다. 일반적으로 건강한 혁신 시스템은 공적자금과 특허

가 혼합된 제도를 활용할 것이다. 전 지구적 차원의 지속가능한 발전을 꾀하려면, 가난한 이들의 필요와 전 지구적 공동관심사가 세계 각국 정부의 공동 분담으로 적절히 처리되고 기금도 확실하게 마련될 수 있도록 공적자금과 사적 인센티브를 전 지구적 차원에서 조화롭게 결합해야만 한다.

특허제도가 신약 개발을 촉진하는 등 지속가능한 발전에 유용한 장치라는 게 분명하다 해도, 일시적 독점의 해로운 부작용을 줄이는 조치는 취할 수 있다. 예를 들어 HIV/AIDS를 퇴치하는 항레트로바이러스 약품의 경우, 특허를 가진 제약회사가 최빈국들에는 할인가 혹은 실제조가로 약품을 파는 데 동의한 반면에 고소득 시장에서는 특허로 보장받는 이윤을 남겼다. 가격차별화 정책 혹은 시장세분화 정책이라 부르는 방식이다. 고소득 시장에서의 특허권은 이런 식으로 가난한 이들에게 신약의 혜택을 누릴 수 있게 하면서도 R&D를 계속하게 할 수 있는 인센티브를 제공했다.

### 지속가능 기술의 채용

S가 높은 기술을 개발하는 것과 그 기술을 적시에 폭넓게 채용하는 것은 전혀 별개의 문제다. 핵심과제는 회사와 가정에서 지금 사용하고 있는 지속 불가능한 기술 대신에 환경적으로 지속가능한 기술을 채용하기 하기 위한 인센티브를 만들어내는 것이다. 여러 가지 사정이 얽히면서, S가 높은 기술은 이미 존재하더라도 환경에 위해를 가하는 S가 낮은 기술보다 비용이 많이 든다. 지속가능한 기술을 채용하는 데 따르는 추가 비용은 환경에 미치는 해악을 줄임으로써 사회가 얻게 되는 커다란 이익에 비하면 상대적으로 별것 아닐 수 있지만, 시장가격은 그런 신호를 보내지 않는다. 환경이 입는 해는 시장가격에 반영되지 않고, 따라서 기업과 가계에 제공되는 인센티브에도 반영되지 않기 때문이다. 그런 경우 우리는 환경이 입는 해를 '외부효과'라 부른다. 환경에 부과되는 비용이 사회적으로 느껴지긴 하지만, 개별

기업의 좁은 손익계산이나 개별 가계의 선택 범위 밖에 존재한다는 의미다.

근래에 제기된 전형적인 사례를 하나 생각해보자. 1960년대 말 대기학자들과 생태학자들은 석탄발전소 등에서 나오는 이산화황이 빗물과 섞이며 황산을 만들어낸다는 사실을 깨닫기 시작했다. 이러한 시설 쪽에서 불어오는 바람을 맞는 숲이 황산이 섞인 산성비에 파괴되고 있었다. 집진설비를 갖출 경우 배연가스에 석회를 섞어 황산칼슘을 만들어냄으로써 굴뚝 연기에서 이산화황을 제거할 수 있고, 그에 따라 산성비를 미연에 방지할 수 있다. 이 배연탈황 설비는 공장으로서는 추가 비용의 지출을 뜻하지만, 사실 숲을 지킴으로써 얻는 이익에 비하면 보잘것없는 비용이다. 문제는 규제가 없는 자유시장에서 저마다 이윤을 극대화하려는 공장들에 집진설비를 갖추는 데 따르는 인센티브가 없다는 것이다. 커다란 사회적 이익이 발생함에도 회사로서는 집진설비에 투자를 함으로써 자신의 이윤을 갉아먹는 결과를 초래하는 것이다. 공장들에 집진설비를 갖추는 데 따르는 인센티브를 제공하려면 시장가격을 조정하는 공공정책이 필요하다.

사적 인센티브와 사회 환경상의 이익을 조율하는 데 쓸 수 있는 정책 유형에는 네 가지가 있다. 가장 간단한 정책은 환경이 입는 해에 대해 세금, 이 경우에는 황 배출세를 매기는 것이다. 이러면 경제용어로 외부효과가 '내부화' 된다. 배출되는 황의 톤당 세금이 1톤 추가 배출시 숲에 가해지는 높은 사회적 비용과 맞먹을 만큼 높으면, 개개의 공장에서는 집진설비를 갖추어 세금을 내지 않는 길을 택할 것이다. 두 번째 장치는 미국 정부에서 1990년 산성비에 대처하고자 대기정화법(Clean Air Act)을 개정하여 실제로 채택한 방안인데, 한정된 수량의 황 배출권을 발행하는 것이다. 어떤 회사가 일정한 수량의 허가증을 보유하고 있어야만 그에 해당하는 양의 이산화황을 배출할 수 있게 하는 것이다. 배출권은 매매할 수 있고, 시장가격이 형성된다. 배출권의 시장가격이 집진설비 하나를 더 갖추는 비용보다 더 높으면, 회사는 허가증을 팔아 집진설비를 구입한다. 배출권의 가격이 배출세에 상당하는 시장 유형의 인센티브가 되는 것이다. 세 번째 장치는 산업시행기준, 이 경우에는 모든 공장에 미래의 일정한 시점까지 이산화황 배출량을 대폭 줄이라는 기준치를 법으로 정하여 요구하는 방안이다. 이는 유럽에서 1994년 황배출량감축의정서(Sulphur Emissions Reduction Protocol)를 체결하여 시행하고 있는 방식이다. 의정서는 2004년까지 주요 연소시설의 경우 예외 없이 정해진 한도 내로 배출량을 줄여야 한다고 규정하고 있다. 협약은 또한 각 정당에 "황 배출량을 줄이는 효율적인 방법의 채택을 고무할 수 있는 경제정책수단들을 동원하라"고 덧붙이고 있다.

네 번째 장치는 구역지정으로, 특정 구역에는 세금이 됐든 매매 가능한 배출권이 됐든 시행기준이 됐든 일정한 환경조치를 적용하고 다른 구역에는 적용하지 않는 방안이다. 주민이나 생태계에 미치는 영향이 작을 것 같은 곳에서는 공장들의 매연배출 한도를 높게 정하고 피해가 클 것 같은 곳에서는 배출 한도를 줄이는 식으로 구역이 설정된다. 예를 들어 인구가 조밀한 지역이나 생태계가 특히 취약한 곳 가까이에는 오염산업 시설을 허가하지 않는 것이다. 환경에 미치는 영향의 사회적 비용이 그 영향을 받는 곳이 어디냐에 따라 크게 좌우될 때, 일종의 공간중심 정책인 구역지정은 큰 효과를 낸다. 직관적으로 판단하건대 세율이나 매매 가능한 허가증의 가격, 산업기준만으로는 내부화할 필요가 있는 사회적 비용을 포착해낼 수 없는 경우에 이 방법을 병행하는 것이 좋다.

이산화황 같은 오염물질은 공공정책으로 시장의 힘을 조정하지 않을 경우 사적 이익과 사회적 이익이 명확하게 갈린다. 하지만 다른 경우들을 보면, 사적 이익과 사회 환경상의 이익이 갈리는 것 같고 따라서 시장의 힘에 어느 정도 조정을 가해야 할 것 같긴 하지만 그것이 무척 모호할 때가 많다. 그중 오늘날 가장 중요한 것은 말할 것도 없이 화석연료 사용자들에 의한 이산화탄소 배출이다. 이산화탄소는 지구의 기후체계를 변화시키고 있는 가장 중요한 온실가스다. 그러나 이산화탄소는 전형적인 오염물질은 아니다. 유독하지도 않고 냄새도 없으며 아무도 괴롭히지 않기 때문이다. 앞으로 몇십 년 안에 지구를 황폐화할 수 있다는 사실만 제외한다면! 이산화황과 똑같이 이산화탄소에도 시장 조정이 필요하다. 하지만 문제가 전 지구적 범위에 달하고 화석연료 사용이 현대 경제의 핵심을 이루고 있다는 사실을 감안할 때, 그 조정 방식은 훨씬 더 복잡할 수밖에 없다. 이 과제는 4장에서 논할 것이다.

### 자연계에서의 지속가능한 수확

시장의 힘을 수정할 필요가 있는 인간 활동의 또 다른 중요한 범주로는 사회가 자연자본을 이용하는 강도가 있다. 인간사회는 생태계 서비스라는 용어로 불리는 지구의 수많은 작용들을 이용하며 살아간다. 이러한 작용들은 연료용 목재와 건축자재 등을 제공하는 숲의 자연 성장, 관개와 안전한 식수, 산업 생산 등에 이용되는 물의 순환, 물고기의 소비를 충당하는 어족의 증가, 초식동물들을 먹여 살리는 풀의 재생장, 식량생산을 뒷받침하는 경작지 토양 속 질소의 자연고정 등등 수없이 많다. 생태계에서 재생시키거나 재충전할 수 있는 것보다 더 많은 양을 수확할 때 숲이나 민물, 물고기, 목초지, 토양 영양분 등의 기초자원들은 고갈되며, 때로는 완전히 파괴되기도 한다. 시장의 힘을 제어하는 빗장이 풀릴 때, 지속가능한 자원이용 속도를 유지하기보다는 생태계의 전면붕괴로 치닫는 경우가 많다.

자원이 관리자 없는 공유지, 즉 누구나 접근할 수 있는 개방된 자원인 경우, 위험은 가장 크다. '공유지'라는 말의 어원이기도 한 그 전형적인 사례는 원하는 사람은 누구든지 그곳에 자유롭게 가축을 풀어놓고 풀을 뜯어먹게 할 수 있는 개방된 목초지다. 세계적인 공유지의 예로는 국경 바깥의 해저를 들 수 있다. 이곳에서 어선단들은 저인망으로 자유롭게 바닥을 훑으며 자연 생태계를 파괴한다. 이런 경우에 시장이 주는 인센티브는 생산물의 시장가격이 그 한계단위를 추가 수확하는 비용과 맞먹을 때까지 개인이나 기업이 문제의 자원을 수확할 수 있게 하는 것이다. 저인망에 잡힌 물고기 1톤의 가격이 1,000달러라면, 어부들은 물고기 1톤을 더 잡는 비용이 시장가격인 1,000달러보다 더 적게 들거나 같아질 때까지 고기잡이 사업을 확대할 것이다. 개방된 삼림에서 벌목한 목재의 가격이 톤당 1,000달러라면, 나무 1톤을 베어내는 비용이 1,000달러보다 더 적게 들거나 같아질 때까지 숲을 베어낼 것이다. 고기잡이, 벌목, 방목 등의 수확 속도가 물고기, 나무, 풀 등 자연개체군의 자연 재생장 속도를 훨씬 앞지를 수도 있다. 이 경우 공유지는 고갈될 것이다. 개방된 자원이 급속한 고갈 상태를 맞을 거라는 이런 인식은 1968년 개럿 하딘(Garrett Hardin)의 유명한 '공유지의 비극'이라는 용어로 정리된 바 있다.[10]

오염관리와 마찬가지로, 수확 속도를 지속가능한 수준으로 제한할 수 있는 여러 가지 장치가 있다.

한 가지 방안은 매매할 수 있는 오염 배출권과 유사한, 매매 가능한 수확 허가증을 도입하는 것이다. 고기잡이에서 최고의 이윤을 뽑아낼 수 있는 가장 능력 있는 어선단이 보다 많은 어획권을 구입할 것이다. 총어획고는 그 정도면 지속가능할 것으로 판단된 어획량으로 제한될 것이다. 오스트레일리아, 뉴질랜드, 아이슬란드, 캐나다, 나미비아를 비롯한 여러 나라가 그런 제도를 활용하는데, 양도성 개별 할당량(individual transferable quota, ITQ) 또는 개별 어획 할당량(individual fishing quota, IFQ)으로 불린다. 미국에서는 서부 해안에서의 회사별 어획권 배정, 동부 해안에서의 출어일 제한 등 다양한 할당제도를 써왔다.[11] 벌목이나 방목, 수렵, 그와 유사한 재생가능한 자원의 이용에도 비슷한 방안을 적용할 수 있다. 익히 예상된 일이지만, 권리의 할당을 둘러싸고 정치적 분쟁이 격해지면서 이런 제도들은 종종 곤욕을 치르곤 했다.

공유지 문제를 해결하는 또 한 가지 방안은 공유지를 사유화하는 것이다. 방목지에 적용될 당시 '인클로저'라는 이름으로 널리 알려진 방안이다. 풀밭이 한 목장주의 소유가 될 경우, 그는 길게 내다보며 이윤을 극대화하고 싶어 할 터이므로 과도한 방목을 피하는 것이 그에겐 이익이다. 목장주는 자신의 가축을 지속가능한 수준으로 유지하며 풀의 자연생장 속도에 맞추어 목초를 수확할 것이다. 과도한 벌목에 시달리는 개방된 삼림이나 숲도 사유화하면 마찬가지로 안정을 회복할 수 있다. 그런데 공유지의 사유화는 형평성의 문제를 일으키므로 현명하지 못한 방안이다. 희소 자원들이 힘센 부자들의 손에 집중되고 사회의 다른 성원들은 궁핍으로 내몰릴 위험이 있는 것이다. 사유화는 또한 생태계에도 파괴적인 영향을 미칠 수 있다. 예를 들어 방목지를 소규모의 개인농장 단위로 구획 지을 경우 자연 동물군의 삶에 필수적인 이동로를 차단하는 결과를 빚을 수도 있다. 바다, 하늘, 생물다양성이 탁월한 육지 등 오늘날의 공유지들에서는 현실적이거나 생태적인 이유에서 사유화를 금하는 경우가 많다.

그런 경우에도 공유지는 여전히 개방된 자원에서, 사유 자원이 아니라, 공동소유 자원으로 전환될 필요가 있다. 한 가지 검증된 선택방안은 공동체 관리로서, 공동체에서 지역 차원의 정치과정을 거쳐 공동체 내의 자원 이용을 어떻게 할당할 것인지 합의하는 것이다.[12] 공동체 단위에서 예컨대 목초지에 방목할 가구당 가축의 수를 정하는 것이다. 그러면 공동체의 모든 성원은 물론 미래 세대까지도 목초지를 제한 없이 개방하는 경우보다 더 큰 이익을 얻을 수 있다. 숲, 초원, 물, 어장, 그 밖의 공유자원들의 공동체 관리는 여러 정황, 여러 사회에서 큰 성공을 거두며 그 진가를 입증했다. 흥미진진한 최근의 성공 스토리는 과도한 방목과 토양 침식으로 목초지의 대량

손실을 겪고 있던 네이멍구 자치구 바인후슈에 있는 한 목축민 공동체의 사례다. 마을 사람들은 중국과학원의 후원하에 마련한 구상을 채택하고 서로 합심하여 가축의 수를 줄이고, 공유지의 일부를 예비지로 설정하여 동물들의 먹이가 자라나게 하며, 씨를 뿌려 새로운 풀밭을 만드는 데 성공했다. 그 결과 황폐해져가던 목초지가 원상회복되고 마을 소득이 증가했다.[13]

## 시장가치의 극복

사유화나 허가증, 또는 공동체의 합의를 통해 자연자원을 적절하게 관리한다 해도, 사회적 선택은 여전히 지속가능한 관리보다는 자원을 고갈시키는 방향으로 흘러갈 가능성이 많다. 다음과 같은 사례를 생각해보라. 한 호수에 식품으로서의 시장가치가 있는 진귀한 물고기 종이 가득하다. 호수가 공유지라서 누구라도 자유롭게 고기잡이에 나설 수 있다면, 고기 잡는 비용이 그리 많이 들지 않을 경우 그 물고기는 빠른 속도로 고갈돼갈 것이다. 그렇다면 이제 호수의 경제적 가치를 극대화하기 위해 호수를 사유화하거나 공동체에서 관리하고 있다고 가정해보자. 소유주나 공동체 조직이 미래에 물고기를 팔아 얻을 이익을 위해 지금 물고기가 고갈되지 않도록 보호할까? 소유자는 틀림없이 오늘 물고기를 더 많이 잡아 지금 더 많이 파는 것과 미래에 더 많이 팔기 위해 오늘 물고기를 덜 잡는 것 중 어느 편이 더 유리할지 계산해볼 것이다. 오늘 주머니 속에 있는 돈이 미래의 같은 액수의 돈보다 더 값어치가 있으므로(오늘의 돈을 시장이자율로 투자하면 날이 갈수록 돈이 불어나므로), 호수의 물고기를 잡지 않고 그대로 두기로 작정하는 경우는 물고기의 시장가치가 이자율보다 더 빠른 속도로 상승할 것으로 예상될 때뿐이다. 물고기의 톤당 가격에 변화가 없을 것으로 예상되고 또 물고기의 생장 속도가 느린 종인 경우, 호수 속 물고기의 가치는 이자율보다 더 빠른 속도로 늘어나지 않을 것이다. 이윤을 극대화하려는 소유자는 미래에 더 많은 물고기를 내다팔기 위해 기다리기보다는 지금 물고기를 닥치는 대로 잡아 어쩌면 희귀종 물고기를 멸종 상태로 몰고 가게 될 것이다. 사적소유나 공동체 소유만으로는 생물종을 구하지 못한다.

이 사례에서는 두 가지 미묘한 문제가 작용한다. 첫째는 어떤 생물종의 시장가격이 일반적으로는 지구 생물다양성의 일부로 존재하는 그 생물종의 사회적 가치를 반영하지 않는다는 것이다. 시장가격은 어떤 생물종이 다른 종들의 멸종을 방지하고 있는 가치는 반영하지 않고 그 생물종의 직접 소비 가치, 즉 식품이나 최음제, 애완동물, 사냥 기념물, 장식물 등으로서의 가치만 반영한다. 둘째, 이자율이 자원을 지속가능한 속도로 수확하고자 하는 자원 소유자의 인센티브를 감소시킨다. 자원의 가치가 시장이자율보다 더 느리게 상승할 것으로 예상되는 경우, 크게 들려오는 시장의 신호는 자원을 지금 고갈시키고 주머니에 돈을 챙기라는 것이다! 시장이자율에 결정적인 영향을 미치는 것은 미래 세대의 목소리를 완전히 배제한 현 세대의 저축 의사와 선호도이기 때문에, 시장이자율은 미래 세대에 대한 고려 없이 자원을 다 써버리라는 신호를 보낼 수 있다. 현 세대가 참을성이 없을 때, 즉 미래의 소비보다 현재의 소비에 높은 가치를 부여할 때, 시장이자율은 높아지는 경향이 있고 또 자원 소유자 개개인에게는 소유자의 통제하에 있는 자원을 다 써버리라는 시장의 신호가 전달된다. 본질적으로 미래에 대한 현재의 횡포가 자행되는 것이다.

논리에서 예상할 수 있듯이, 오늘날 특히 위험에 처해 있는 것은 느리게 성장하는 동식물들이다. 일례로, 하나의 큰 범주인 천천히 자라는 거대어류를 생각해보자. 느린 생장으로 인해 그들은 관리되는 어장에서조차 투자가치가 변변치 않으며, 덩치가 크기 때문에 포획의 표적이 되기는 쉽다. 새로운 거대어류 프로젝트에서는 중국주걱철갑상어, 메콩자이언트메기, 탕가니카농어, 백철갑상어 등등 수많은 거대어종이 위험에 처해 있음을 확인했다.[14] 육지의 거대동물들도 마찬가지로 궁지에 몰려 있다.

여기서 공공정책이 다시 한번 개입하여 사적 이익과 지속가능한 발전, 특히 오늘날의 시장에서 대표되지 못하고 있는 후대의 이익을 조율할 수 있다. 육지나 바다의 특정 지역을 보호구역으로 정하고 또 특정한 생물종의 사냥이나 고기잡이, 거래를 금지함으로써 자연숲이나 희귀종의 과도한 수확을 막을 수 있다. 두 가지 방법 모두 비록 완전하진 않지만 널리 쓰이고 있으며, 두 가지 방법 모두 불법적인 남획과 자유시장 이데올로그들의 맹공을 받고 있다. 1963년에 채택된 '멸종위기에 처한 야생동식물의 국제거래에 관한 협약(CITES)'은 위험에 처한 생물종의 거래를 규제하거나 금함으로써 그 생물종들을 보호하기 위한 탁월한 국제협약이다. 협약은 위험에 처한 생물종의 위험 정도에 대해 다음과 같이 분류하고 대처하기로 합의했다. (1) 멸종위기에 처해 있어 불가피한 상황을 제외하고는 거래가 전면 금지되는 생물종 (2) 위험에 처해 있어 거래가 규제되는 생물종 (3) 다른 가입국들의 협조를 요청하는 최소 1개국 이상에서 보호를 받는 생물종. 협약에는 현재 172개국이 조인했고, 가입국들은 생물종 분류와 그 후속조치에 대해 의견의 일치를 보았다.

### 지속가능한 인구를 향하여

우리 지구의 인구증가를 억제하는 것이 지속가능한 발전의 두 번째 큰 과제다. 그러나 인구증가 문제에서도 역시 현재의 횡포가 작용한다. 부모들은 종종 자신들의 노년기 안정을 보장하기 위해 여러 명의 자녀를 둔다. 아이들의 유복한 삶을 희생시킬지도 모르는 의사결정이다. 어쨌든 가난한 가정은 예닐곱 아이의 영양, 건강, 교육상 필요한 것들을 제대로 챙겨줄 수 없지만, 가난한 부모들은 자신들을 위해 여러 명의 아이를 가질 수 있다. 현 세대가 미래 세대를 미묘한 방식으로 착취하는 형태다. 마찬가지로, 토지가 공동소유고 가족의 규모에 따라 토지가 재분배되는 곳에서는 각 가정에서 아이들을 지나치게 많이 낳을 가능성이 있다. 공동체에서 그만큼 더 많은 토지를 줄 거라는 기대가 있기 때문이다. 땔감으로 쓰이는 나무와 같은 자연자원들이 공동체의 소유인 곳에서도 역시 가족의 규모를 지나치게 키우는 선택을 초래할 수 있다. 각 가정에서 아이들의 추가 출산이 공유지의 지속가능성에 미치는 사회적 비용을 고려하지 않게 되는 것이다.

한 가정의 출산율을 결정하는 요인들에는 또한 광범위한 문화적 규범, 공공보건 시설의 수태조절 기능 이용 가능성, 아이들의 교육 기회와 비용, 그 밖에 공공정책으로 정하는 다른 많은 문제가 있다. 이 모든 것으로 보건대, 개별 가정들의 분산된 의사결정은 자연환경과 아이들(및 후대)의 복지를 위협하는 속도의 과도한 인구증가를 유발하기 쉽다. 반면에 출산율의 자발적 저하를 유도하는 공공정책은 큰 효과를 내어 현재와 미래 세대 모두를 이롭게 할 수 있다.

### 빈곤의 덫 걷어내기

극단적 빈곤의 덫을 종식시키는 것이 지속가능한 발전의 세 번째 큰 과제다. 빈곤의 덫을 걷어내는 핵심적인 해결책은 가난한 사람들에게 향상된 기술을 이용할 수 있게 하여 세계경제의 생산적인 성원이 되게 하는 것이다. 핵심문제는 극단적 빈곤층이 자신의 힘으로 그러한 기술들을 구입할 수 없다는 것이다. 그들은 모아놓은 돈도 없고 돈을 빌릴 수 있는 신용도 없다. 그 결과가 바로 빈곤의 덫으로, 이 덫에 빠진 이들은 가난이 극심하기 때문에 중요한 기술, 심지어는 생명을 구하는 기술조차도 가질 수 없으며, 또 그러한 기술이 없기 때문에 생산성이 극히 낮아 빈곤의 지속이라는 천형에서 헤어나지 못하는 악순환이 반복되는 것이다. 공적 재원을 빈곤층에 투여해 그들이 필요로 하지만 가질 능력이 없는 기술들을 제공한다면 그 덫을 걷어낼 수 있다. 기술이 그들의 생산성을 높이고, 그럼으로써 그들의 소득이 늘어나 저축과 투자를 할 수 있게 되면, 빈곤의 덫은 해체된다.

발전된 기술이 세계에서 이미 광범하게 쓰이고 있지만 극단적 빈곤층에는 아직 미치지 못하는 네 가지 중요한 분야가 있다. 첫째는 품종개량, 화학비료, 소규모 관개를 비롯한 고수확 농업기술이고, 둘째는 교실과 여학생용 화장실 등 기본적인 것에서부터 원격교육 장비에 이르는 교육 관련 기술이며, 셋째는 모든 종류의 보건 기술이고, 넷째는 사시사철 이용할 수 있는 도로, 정비된 철도, 안전한 식수, 하수도, 전기통신, 인터넷 등의 현대적 기반시설이다. 가난한 사람들이 이런 기술들을 이용할 수 있게 되면 생산성이 눈에 띄게 향상될 것이고, 그 결과 선진경제로 수렴해가는 경제성장 과정에 합류할 수 있을 것이다.

이 과정에서는 외국의 원조가 열쇠일 수 있다. 농업, 보건, 교육, 기반시설 등의 긴요한 수요 쪽으로 목표를 잘 잡을 경우, 외국의 원조는 상황을 타개하는 재원이 되어 가난한 사람들을 빈곤으로부터 탈출시킬 수 있다. 그러한 성공 사례는 과거에도 많이 있었다. 예를 들어 천연두나 홍역 같은 질병과 싸우는 나라들이나 고수확 품종을 채택하여 농업생산량을 늘리려는 나라들을 국제적으로 지원한 경우다. 초창기의 이러한 성공 사례를 뒤에서 몇 가지 자세히 검토한 뒤 거기서 어떤 교훈을 얻어 우리 시대에 유용하게 응용할 수 있을지 살펴볼 것이다.

### 자원은 고갈될까

제아무리 좋은 뜻이라 해도, 공동 번영하는 보다 부유한 세계를 계획하는 건 허황한 꿈으로 비칠지 모른다. 무엇보다도, 중요한 많은 자원이 고갈돼가는 건 틀림없는데 인간사회가 존속하는 동안에 그것이 재생될 가망은 전혀 없다. 예를 들어 화석연료는 수억 년 전에 퇴적된 유기물이 시간이 가면서 석탄과 석유, 가스, 그 밖의 화석연료들로 변해온 것이다. 우리가 석유를 쓰면서 석유는 고갈되고 있다. 아마도 몇십 년만 지나면 전 세계에 매장된 석유가 바닥을 드러내고 말 것이다. 이 말은 화석연료 문명의 확실한 붕괴를 알리는 악몽 같은 소리로 들린다. 그와 유사하게 일부 지역에서는 '화석' 지하수가 고갈되고 있다. 사람들이 깊은 땅 속 대수층에 있는 물을 지표면으로 퍼 올려 사용하는 속도가 빗물이 대수층으로 스며들어 자연 보충되는 속도보다 훨씬 빠르다는 의미다. 우리는 운이 다한 걸까? 보다 정확히 말해서 미래는 없는 걸까?

몇몇 자원이 고갈될 상황에 직면해 있다 해도, 미래 세대들은 생활수준의 붕괴를 면할 수 있다. 첫째, 한 가지 자원, 예컨대 석유가 고갈될 경우 우리는 보다 양이 많은 다른 자원으로 전환할 수 있다. 두 가지 자원이 어쩌면 모두 고갈되겠지만, 한 자원에서 다음 자원으로 전환을 함으로써 최후의 심판일을 늦출 수 있다. 둘째, 우리는 석유처럼 제한된 자원에서 태양력처럼 재생가능한 자원으로 전환할 수 있다. 셋째, 우리는 예컨대 보다 성능 좋은 단열재에 투자하여 난방용 석유의 사용을 줄임으로써 고갈되는 자원을 절약할 수 있다.

'정점'에 이른 석유에 대해 당혹스러워하는 말들이 많았다. 세계가 석유 총생산의 최고치에 근접했고, 따라서 앞으로 몇십 년 안에 석유 매장량과 석유생산이 내리막길을 걷게 될 거라는 생각이었다. 세계 거대 유전의 대부분 혹은 전부가 개발 중이거나 이미 개발됐다는 거였다. 석유생산이 정점에 이른 게 사실이라면 그건 재앙이라는 것이 일반적인 추정이다. 발전도상국들이 다투어 석유를 찾고 있는 지금 세계가 석유공급이라는 난관에 부닥쳤으니 이런 재앙이 또 어디 있겠냐는 것이다. 하지만 일각에서 주장하는 만큼 그렇게 참담한 결말이 날 것 같진 않다. 우리가 몇십 년 안에 전통적인 의미의 석유는 다 쓸지 모르겠지만, 석탄 그리고 타르샌드(tar sand)나 오일

셰일(oil shale) 같은 비전통적 의미의 화석연료들은 앞으로 몇 세기 동안 쓸 양이 남아 있다. 이 이야기가 혹시 가벼운 위로의 말로 들릴지도 모르겠다. 석탄을 연료탱크에 들이붓기는 쉽지 않기 때문이다. 하지만 화학자들은 어떻게 해야 하는지 그 방법을 정확히 알고 있다. 피셔-트롭쉬 액화공정 (Fischer-Tropsch liquefaction)이라는 이름으로 알려진 방식이 바로 그것인데, 비교적 낮은 비용으로 석탄을 가솔린 같은 액체탄화수소로 변환시키는 공정이다. 장기적으로 전체 화석연료의 공급에 대해서는 석유공급만큼 우려할 필요는 없다. 이미 알려진 공정을 거쳐 한 가지 화석연료를 다른 화석연료로 변환시키는 데 별 무리가 없기 때문이다.

화석연료 총량에 관한 최고의 정보는 상당한 수준의 경제성장이 이루어진다 해도 금세기 안에 화석연료가 고갈될 염려는 전혀 없지만 석탄과 비전통적 화석연료에 대한 의존도가 갈수록 높아질 거라는 사실이다. 이 방면의 권위자, 한스-홀거 로그너(Hans-Holger Rogner)는 근래에 다음과 같은 중요한 추정치와 결론을 내놓고 있다.

전 세계의 화석연료 자원 기반은 풍부하여, 대략 5,000Gtoe(toe는 석유 톤수로 환산한 에너지 단위로 Gtoe는 10억 toe다. 5,000Gtoe는 석유 5조 톤에 해당하는 에너지량)로 추정된다.[15] 현재 세계의 주요 에너지 사용량이 연간 10Gtoe 가량임을 감안할 때, 이 정도의 양이면 제아무리 세계 에너지 수요가 급증한다 하더라도 21세기 내내 세계경제를 뒷받침할 연료로는 전혀 부족함이 없다.[16]

금세기의 과제는 화석연료의 사용을 제한하는 것이 아니라, 화석연료를 생태적으로 안전하게 사용하고 또 적시에 투자를 하여 석탄을 액체탄화수소로 변환시킨 것과 같은 적정한 유형의 연료를 적정한 때에 적정한 곳에서 사용할 수 있게 하는 일이 될 것이다. 22세기와 그 이후에는 적정한 시기에 태양력이나 원자력과 같은 대안의 기술로 대전환을 할 필요가 있다.

다행히도 태양력의 장기 전망은 매우 좋다. 지구에 도달하는 태양의 복사에너지 총량은 현재 우리의 상업적 에너지 사용량의 약 1만 배다.[17] 그러한 태양력을 이용할 경우 우리는 마침내 화석연료에 대한 의존에서 완전히 탈피할 수 있다. 우리는 이미 전기를 생산해내는 태양전지판, 태양열을 직접 이용하는 온수난방, 태양의 복사에너지가 공기분자의 운동으로 전환된 바람을 이용하는 풍력, 태양 복사에너지에 의한 물의 순환을 이용하는 수력, 광합성의 산물을 이용하는 생물연료 등 여러 가지 형태의 태양력을 이용하고 있다. 지금은 이렇듯 다양한 형태의 태양에너지를 이용하는 비용이 화석연료의 에너지를 이용하는 비용보다 대체로 더 많이 든다. 그러나 기술이 발전하면서 태양력이 마침내 화석연료와의 경쟁에서 우위에 서고, 그리하여 세계 에너지의 장기적인 미래를 책임지는 든든한 후방 기술로 자리를 잡게 될 것이다.[18]

지하수, 물고기, 열대림, 토양 영양분, 농지 등 위험에 처한 다른 자원들의 경우에도, 인위적 자본을 이용하여 압박받고 있는 유한한 자연자원의 소모를 줄일 수 있는 방법이 많이 있다. 예를 들어 바다에서의 고기잡이를 대체할 수 있는 양어장을 만듦으로써 바다의 어장을 지속가능한 상태로 만들 수 있다. 양어장을 만들고 육지에서 물고기의 먹이를 만들어내는 등 육지를 더 많이 사용하는 대신에 바다는 보전된다. 고수확 품종을 개발하면 같은 양의 식량을 생산하면서도 경작중인 토지의 면적을 줄일 수 있다. 가뭄에 내성이 있는 품종을 개발하면 물의 사용을 줄일 수 있다. 목록은 계속 이어진다.

이렇게 가능한 방법들이 많다고 해서 그러한 지속가능 기술들이 별 무리 없이, 그리고 대규모의 생태적, 경제적 파탄을 피할 수 있을 정도의 규모로 곧장 채용되는 건 아니다. 예를 들어 석탄이 액체연료로 전환될 수는 있지만, 피셔-트롭쉬 장치에 대한 상당한 투자가 선행돼야만 대규모의 전환이 이루어질 수 있다. 지속가능한 발전은 이론상으로는 얼마든지 성취할 수 있을지 모르지만, 공공정책과 시장의 힘이 필요한 투자를 이끌어내지 못할 경우 실제로는 그림의 떡일 뿐이다.

결론적으로 다음과 같이 요약할 수 있다. 세계는 생태적, 환경적으로 커다란 문제에 직면하고 있지만, 자연자원의 고갈로 그 위험을 설명하는 것은 올바른 방법이 아니다. 지구상에는 인류에게 식량을 공급하고 장기간에 걸쳐 모두의 경제적 번영을 뒷받침하는 데 필요한 에너지, 토지, 생물다양성, 물 등의 자원이 있다. 문제는 시장이 그 자원들의 현명하고도 지속가능한 이용을 유도하진 않는다는 것이다. 우리에게 중요한 자원기반을 고갈시킬 운명을 지우는 경제적 강제도 없지만, 우리의 그러한 행동을 막을 보이지 않는 손도 없다. 공공정책과 세계적 협력으로 문제를 풀어가는 선택을 하는 건 우리의 몫이다.

### 자원 쟁탈전이냐 체계의 혁신이냐

비전통적인 화석연료들, 태양에너지, 지열에너지, 원자력을 비롯한 막대한 에너지원이 있는데도 석유의 고갈에서 연유하는 급박한 에너지 위기에 대한 공포가 만연해 있다. 중동의 석유나 서아프리카와 북극 지방 등 세계 다른 지역에서 발견되는 새로운 석유 매장지를 장악하려는 열강들의 쟁탈전이 계속 심화돼온 반면, 대안의 지속가능한 에너지원에 대한 투자는 참담할 만큼 부족했다. 이는 불신의 악순환의 한 사례. 세계는 협력 방식을 채택하여 지속가능한 에너지 공급원을 개발할 수 있다. 여기서 지속가능하다는 건 온실가스 배출량이 적고 저비용으로 장기간 이용할 수 있다는 두 가지 의미에서다. 또 한 가지 방법으로, 우리는 고갈돼가는 전통적 의미의 석유와 가스 자원을 두고 쟁탈전을 벌일 수 있다. 오늘날 빈번히 일어나고 있는 자원 쟁탈전은 세계적 협력의 여지를 줄이고, 폭력을 유발하여 열강 간의 대결을 불러일으킬 위험이 있으며, R&D 기금과 투자를 끌어들여 대안의 연료를 발굴하고 비전통적 화석연료를 이용하는 대안의 방법을 개발하기 위한 성실한 협력을 더욱 멀어지게 한다.

미국의 부시 정부는 장기적인 미래에 대한 세계적인 협력 투자보다는 자원 쟁탈전에 더 신경을 썼다. 정부의 눈과 머리를 지배한 것은 지속가능한 잠재 에너지원이나 보다 일반적으로 세계의 지속가능한 발전에 대한 폭넓은 전망이 아니라, 석유산업이었다. 이라크전쟁의 뿌리는 부시 정부의 잘못된 미국 에너지 안보 추구인데, 전쟁으로 인해 불안정만 더욱 깊어졌다.[19] 하지만 중동 석유에 대한 미국의 집착은 반세기 전인 1953년 이란 총리를 몰아낸 CIA 후원하의 쿠데타와 그 이후 CIA의 끝없는 공작 및 실패한 군사적 모험으로 거슬러 올라간다. 미국을 위해 중동 유전지대의 안전을 지키려는 군사작전에 수천억 달러가 쓰이면서, 장기적인 대안 에너지 개발에 투여돼온 기금들은 수렁에 빠졌다. 올바른 판단과 장기적인 협력 전망이 사라지고 공포가 줄곧 그 자리를 대체해왔다.

### 전 지구적 협력 되살리기

세계는 제2차 세계대전 이후 수시로 이 작은 지구상에서 함께 살아가는 데 필요한 핵심과제들에 대해 협력해왔다. 미국의 단일한 지배에 관한 환상을 품은 미국의 네오콘들은 전 지구적 협력에 대한 믿음을 가진 사람들을 조롱해왔지만, 진실은 세계적 협력을 위해 노력할 때 그 성과가 눈부셨다는 것이다.

- 해외원조는 농업생산성을 증대시킨 녹색혁명, 천연두와 같은 전염병의 억제, 문자해득률과 취학인구의 급증 등 많은 변화를 일으키며 아시아와 라틴아메리카의 경제발전에 공헌해왔다.

- 해외원조와 세계적 합의 덕택에 현대적인 피임과 가족계획 방법이 혁명적이라 할 만큼 극적으로 보급되어 세계 대부분의 지역에서 출산율의 자발적인 급감이 이루어졌다.
- 세계적 협력을 통해 성층권의 오존층 파괴를 막는 데 성공하는 등 지구 차원의 환경 조절에 중요한 진전이 이루어졌고, 기후변화와 생물다양성, 사막화에 대처하는 장치들이 만들어졌다.
- 세계적 협력을 통해 핵무기 확산에 극적인 제동이 걸리고 수십 개국이 핵무기 개발을 포기하기에 이르렀다.[20]

이러한 일들은 가히 역사에 기록될 전 지구적 협력의 성과물들이다. 하지만 반동적인 이데올로기와 수사에 심하게 중독되어 정신이 몽롱해진 미국의 일방주의자나 자유시장 이데올로그들은 오늘날 이러한 성과들을 가져온 뿌리를 거의 까맣게 잊고 있다. 이들은 사실과는 반대로, 그러한 진보적 성과들이 오로지 시장의 힘으로 이루어진 것이며 그러한 노력에 투입된 대규모의 집단행동과 재정적 후원의 결과물이 아니라고 주장한다.

뉴욕대 경제학과 교수 윌리엄 이스털리(William Easterly)는 최근 워싱턴 우익의 편을 들며 대외원조에 강력하게 이의를 제기했다. 그는 지난 50년간의 대외원조 2조 3,000억 달러가 말짱 헛짓이었다고 비난했다. 그것은 잘못된 비난이었지만, 미국의 국민소득 100달러당 70센트의 예산 지출조차도 아까워 어떻게든 책임을 모면해보려는 냉소적인 미국 정치가들은 그 비난을 진정으로 고맙게 받아들였다. 사실 세계 다수 빈곤층의 삶을 향상시키기 위한 그 공적개발원조(ODA) 규모는, 합의는 했지만 이행은 되지 않은 전 세계의 목표치였다.[21]

이스털리의 비난은 두 가지 점에서 거짓이다. 첫째는 원조가 실패했다는 주장 자체가 허위다. 그 비난이 요란스럽게 헤드라인을 장식하는 사이에 이스틸리 자신조차도 그게 사실이 아님을 인정하지만, 그의 인정은 그의 책 속에 파묻혀버린다. 그는 책에서 이렇게 시인하고 있다.

대외원조는 가난한 나라들의 보건 및 교육 지표를 극적으로 개선하는 등 세계 차원에서 거둔 몇 가지 괄목할 만한 성공에 기여한 것 같다. 지난 40년 동안에 전형적인 가난한 나라 사람들의 기대수명은 48세에서 68세로 늘었다. 40년 전에는 가난한 나라에서 태어난 1,000명의 아기 중 131명이 첫돌을 맞기 전에 죽었다. 오늘날에는 1,000명의 아기 중 36명이 첫돌이 되기 전에 죽는다.[22]

게다가 원조가 실패했다는 이스틸리의 암시는 과장됐을 뿐 아니라, 전적으로 워싱턴에 초점을 맞춘 것이었다. 예를 들어 일본의 원조는 동남아시아가 기초적인 기반시설과 기술 역량을 구축하여 일본의 민간투자를 끌어들이고 1960년대 이후 산업수출국이 되는 데 중요한 역할을 했는데, 그의 설명에서는 이에 대한 언급을 전혀 찾아볼 수 없다. 보다 일반적으로는, 9장과 10장에서 보게 되겠지만, 한국, 대만, 중국, 인도 등 오늘날 성공한 신흥시장은 모두 다 소중한 외부 원조의 수혜자들이었다.

두 번째 오류는 2조 3,000억 달러는 실로 엄청난 돈이고 따라서 세세히 계산해보지 않아도 원조는 세계 차원의 막대한 낭비인 게 분명하다는 암시다. 나는 대부분의 사람들이 계산을 해보기 전에는 그 액수가 실제로 엄청난 돈인지 그렇지 않은지 알기 어려울 거라고 장담한다. 그걸 판단하기는 쉽지 않다. 그 액수는 50년 동안 모든 원조 제공자가 모든 나라에 제공한 모든 원조를 뜻하기 때문이다! 그것은 심사숙고하여 정확한 판단을 내리기 어려운 액수다. 계산을 조금 해보면 윤곽은 그릴 수 있다. 50년의 기간 동안 저소득국들에는 평균 30억의 인구가 있었으므로, 한 사람이 1년 동안 받은 원조액을 평균해보면 원조 수혜자 1인당 매년 평균 15달러라는 거액을 받았다는 계산이 나온다(〈그림 2.4〉). 문맹퇴치, 기대수명, 질병 억제, 빈곤 감소, 출산율 저하, 취학률, HIV 치료 등등의 분야에서 세계적으로 커다란 성과가 있었다는 걸 안다면, 연간 1인당 15달러의 원조 지출은 분명히 지구상에서 이루어진 거래 중 최고의 반열에 드는 거래라고 생각할 것 같다. 원조가 적정 규모인지 판단하는 또 한 가지 방법은 원조액수가 현재 원조 제공국 소득의 약 0.3퍼센트, 즉 소득 100달러당 원조액 30센트 가량임을 확인하는 것이다. 미국의 경우에는 국민소득 100달러당 고작 17센트, 즉 0.17퍼센트 수준이다.

2조 3,000억 달러를 같은 기간 미국의 군비 지출과 비교해보자. 군비 지출은 총 17조 달러로 원조 지출의 8배에 가깝다. 그리고 미국은 2007년 중반까지 이라크전쟁에 직접 지출로 5,000억 달러, 간접비용(참전 퇴역군인의 치료비 및 장애 진료비 등)으로 대략 같은 액수의 경비를 썼다. 베트남전쟁에도 오늘날의 달러가치로 최소 5,000억 달러가 들어갔다. 50년 동안 보건, 물, 질병, 문맹퇴치, 가족계획, 도로, 전기, 법정, 민주주의, 기근, 기타

〈그림 2.4〉 모든 원조제공자가 모든 발전도상국에 제공한 공적개발원조(발전도상국 국민 1인당 액수)

출처: OECD (2007) 자료를 이용해서 계산

긴급구제 등 전 세계의 개발에 투입된 2조 3,000억 달러가 갑자기 그렇게 생각해볼 것도 없는 낭비는 아니다.

사실 이스털리의 격앙된 공격은 원조의 대의를 훼손하지 않으면서 원조가 낭비될 수도 있음을 상기시켜주는 역할을 한다. 그와 나는 많은 원조가 낭비돼왔다는 데 대해 분명히 의견을 같이한다. 예컨대 냉전, 이스라엘-팔레스타인 분쟁, 테러와의 전쟁처럼 진정한 개발효과에는 별 관심이 없고 미국의 정치적 목적을 달성하기 위해 행한 원조나, 고액 연봉의 미국인과 유럽인 자문단의 급료로 지불된 원조, 아프리카 자체의 식량증산을 통해 훨씬 적은 비용으로 보다 장기적인 혜택을 제공할 수 있었는데도 농업주 상원의 원들을 만족시키고자 미국산 식량을 비싼 값에 사 보내는 데 쓰인 원조가 특히 그러하다. 나는 이스털리가 원조에 대해 길고도 통렬하게 비난하면서 내리는 결론에 진심으로 우렁찬 박수를 보낸다. 그는 마지막에 다음과 같이 자신의 의견을 적극 개진한다.

초점을 원래 위치로 되돌려보자. 바로 세계의 극빈층에게 백신, 항생제, 식량 부족분, 개량 품종, 비료, 도로, 시추공, 수도관, 교과서, 간호사 등을 제공하는 것이다. 이것은 가난한 이들을 구호품에 의지하게 만드는 것이 아니다. 극빈층에게 보건, 영양, 교육, 그리고 자신의 삶을 향상시키려는 노력에 더 많은 보상이 따르는 여타의 것들을 제공하는 것이다. (내가 국립과학재단의 연구비 지원으로 박사학위를 받아, 더 나은 경력을 쌓으려는 자신의 노력에 대한 보상을 받은 것처럼 말이다.)[23]

이것은 매우 훌륭한 목록으로서, 10장에서 설명하는 밀레니엄 빌리지 프로젝트(Millennium Village Project)에서 뒷받침하고 있는 투자 유형들이 두루 포함돼 있다.

다행히도 새로운 세계 협력의 중요한 초석은 이미 놓여 있다. 각각의 관심 분야에서 우리는 실패의 기록이 아니라 성공의 기록을 갖고서 다시 출발하고 있다. 그러나 우리는 보다 어려운 문제들, 근래에 와서는 의지와 기억의 쇠퇴라는 문제를 마주하고 있다. 몇 가지 핵심과제를 가볍게 정리해보면 다음과 같다.

### 환경

다수의 중소득국들과 부자나라들에서 자국 내 환경오염과 인접국의 국경을 넘어가는 환경오염을 억제하는 부문에서 진전이 이루어져왔다. 세계의 많은 곳에서 대기오염과 수질오염이 억제돼왔다. 휘발유에는 이제 납이 들어 있지 않다. 집진설비들이 이산화황의 배출을 감소시키고, 촉매변환장치가 도시의 스모그를 줄인다. 오존층 고갈이라는 난제도 가닥을 잡아왔다. 그러나 오염이 아직 억제되지 않고 있는 다른 지역들에서는 붐비는 지구와 급증하는 인구가 환경파괴로 이어지고 있다. 동식물의 멸종, 지구 기후의 변화, 사막화, 자연 서식지의 대량 파괴가 진행되고 있는 것이다.

### 인구

열대 아프리카(tropical Africa)[24] 외의 거의 모든 나라에서 출산율이 여성 1인당 자녀 4명 미만으로 감소했다(2005년 기준, 예외는 과테말라 4.3, 라오스 4.5, 몰디브 4.0, 파키스탄 4.3, 솔로몬제도 4.0, 요르단 강 서안과 가자지구 4.6, 예멘 5.9이다). 그러나 열대 아프리카 46개국 중 35개국은 여전히 4명 이상이다(예외 국가는 주로 인구가 적은 소국들이다).[25]

인구 억제가 늦게 이루어지는 곳은 가장 어려운 지역, 즉 문맹률이 가장 높고 보건 체계가 결여돼 있으며 아동 사망률이 높고 대개의 경우 여성의 사회적 조건이 열악한 지역이다.

**극단적 빈곤, 기아, 질병**

산업혁명 개시 이후 세계는 극단적 빈곤의 놀라운 감소를 목도해왔다. 1800년 이전에는 세계인구의 85퍼센트 정도가 우리가 오늘날 극단적 빈곤이라고 여기는 상태로 살았다. 〈그림 2.5〉에서 보는 바와 같이, 1950년 무렵에 이 수치는 50퍼센트 지점에 도달했다. 그때 이후로 극단적 빈곤은 계속 줄어 1992년에 25퍼센트 미만으로 떨어졌고 오늘날에는 15퍼센트 수준이다.[26] 오늘날의 과제는 극단적 빈곤이 가장 모진 곳, 즉 육지로 사방이 막히고 기후는 열대이며 가뭄에 취약하고 말라리아는 들끓고 세계의 주요 교역로에서 멀리 떨어진 지역에 집중돼 있다는 것이다. 오늘날의 극빈 지대가 세계화의 파도에 올라타기가 가장 어려운 지역이었다는 것은 결코 우연이 아니다. 그들이 발전의 사다리에 오르기는 정말 쉽지 않다.

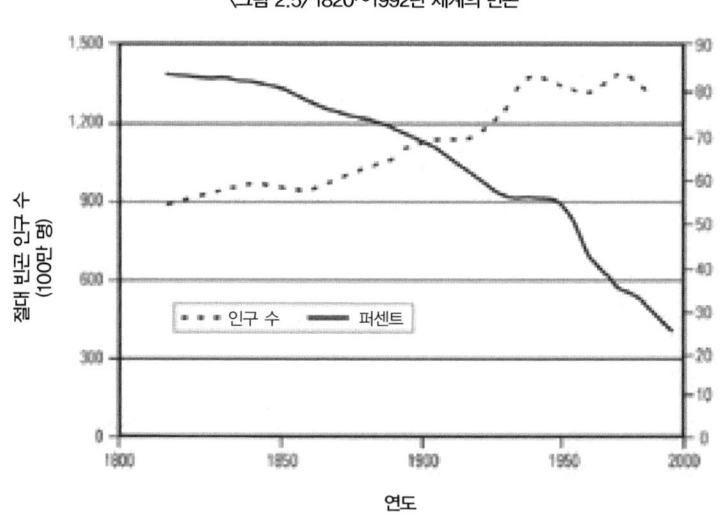

〈그림 2.5〉 1820~1992년 세계의 빈곤

출처: Bourguinon and Morrison (2001)

# 전 지구적 협력의 과제

환경악화, 인구증가, 극단적 빈곤이라는 긴급한 문제를 해결하기 위해서는 21세기의 새로운 협력 모델을 만들어낼 필요가 있다. 과거의 성공을 토대로 하고 오늘날의 만연한 비관주의와 지도력 결여도 극복할 수 있는 모델이어야 한다. 21세기의 전 지구적 협력은 어떤 한 나라가 이끌어갈 수 없다. 밀레니엄 약속을 구성하는 협약과 합의들에서 최우선적으로 규정하고 있는 전 세계적 합의사항과 국제법을 토대로 모두가 협력해나가야 한다. 부자나라들만이 아니라 브라질, 중국, 인도, 남아프리카공화국, 나이지리아를 비롯한 다수의 신흥시장과 신흥열강 등 여러 곳에서 재정지원과 아이디어들이 나와야 할 것이다. 그러한 다극 간 협력을 이루어내는 데는 시간도 많이 걸리고 논란도 적지 않을 것이다. 게다가 해법을 찾는 과정도 복잡할 것이다. 지속가능한 발전의 문제는 여러 전문 영역에 두루 걸쳐 있어, 하나의 부처나 학과에서 사안들을 시의적절하게 정리하여 처리하기는 힘들다. 기후변화에 대처하는 전략을 잘 세우려면 기후학, 환경공학, 에너지공학, 경제학, 생태학, 수문학(水文學), 농업경제학(육종학), 전염병학, 경영학, 재정학 등에서 적절한 정보가 나와야 한다. 아프리카의 빈곤 문제를 해결하려면 빈곤을 구조화하는 수많은 요소들에 동시 대처하는 전략들, 즉 전염병 억제, 농업 현대화, 생태보전, 산아제한, 기반시설 개선 등등이 필요하다. 정부도 그러한 21세기의 문제들에 대처할 수 있도록 재편될 필요가 있다.

새로운 전 지구적 협력을 이루어내기 위해서는 기업과 시민사회단체의 역할도 늘어나야 한다. 오늘날의 기업, 특히 거대 다국적기업들은 지구상에서 가장 발전된 기술의 보고이자 재화와 서비스의 가장 정교한 대량전달 관리기법을 갖추고 있는 곳이다. 민간부문, 특히 거대 다국적기업들의 적극 참여 없이는 빈곤, 인구, 환경 문제를 해결할 수 없다. 그런데 그러한 기업들의 일차 목표는 사회적 필요 충족이 아니라 이윤 획득이다. 두 가지가 절대로 양립할 수 없는 건 아니지만 같은 건 아니다. 기업, 정부, 비정부조직의 리더들을 한데 모아 민간부문의 인센티브와 사회적 필요의 조화를 끌어내기까지는 많은 노력이 필요할 것이다.

정부들이 각자 자기 국민들을 대표하여 행한 약속을 이행하게 하는 데는 세계시민의 역할 또한 매우 중요하다. 개별 정부들이 전 지구적 의무를 회피하고 싶은 유혹은 상존한다. 그러한 의무 회피 행위에 벌을 주고 의무를 회피하는 나라의 세계적인 평판을 실추시킬 수 있어야만 전 지구적 협력은 지속될 수 있다. 각국 정부가 수치심을 느껴 올바른 행위를 할 수는 있지만, 그것은 세계시민들이 관심을 기울이고, 각국의 이해관계를 이해하고, 이행 결과를 점검하고, 의무 회피자를 벌할 수 있는 조직적 힘을 갖출 때에 한해서다. 정부들이 약속을 이행하지 않을 경우, 그들은 세계 여론이 비등하여 의무 회피에 따른 비용이 커진다는 것을 알아야만 한다. 많은 NGO가 지금 그러한 역할을 효과적으로 수행하면서, 원조와 환경관리, 청렴한 정부 운영, 전염병 억제, 빈곤퇴치 약속들에 대한 각국 정부의 이행 실태를 감시한다. 근래에 가동되기 시작한 탁월한 사회적 네트워킹 전략이 세계시민들의 이 중대한 역할을 더욱 강화시킬 것이다.

이 모든 일에는 세계의 부유한 정부들의 재정 지원이 필수적인데, 오래전에 약속하고도 이행을 하지 않고 있다. 좋은 소식은 원조 제공국의 소득 비율로 본 공적개발원조(ODA)가 긴 하락 국면을 지나 다시 상승하기 시작했다는 것이다. 원조국 소득 대비 ODA의 비율은 1990년대 말에 저점을 찍었다. 1960년대 초에 약 0.5퍼센트이던 것이 1980년대에는 0.35퍼센트 안팎, 1997년에는 고작 0.22퍼센트로 떨어진 것이다. 이는 1970년에 서약하고 그 후로도 수없이 다짐했던, GNP 대비 0.7퍼센트의 공적개발원조를 달성한다는 약속의 위반이었다. 2002년 원조국들은 다시 0.7퍼센트 달성을 위해 구체적인 노력을 기울이기로 약속했다. 2005년 유럽연합은 2015년까지 목표치를 달성하겠다는 시간표를 내놓았다(미국은 내놓지도 않았다). 주요 원조국들이 2010년까지 아프리카 원조를 2배로 늘리겠다고(연간 250억 달러를 추가 지원하겠다고) 약속했지만, 2007년 현재 2004년 수준에서 크게 늘지 않고 있다. 약속을 이행하기까지는 아직도 시간이 좀 걸릴 듯한데, 시계는 돌아가고, 의무 불이행으로 인해 매년 수백만 명이 목숨을 잃고 있다.[27]

# 2

COMMON WEALTH

## 지속가능한 환경

# 인간이 지배하는 지구

세계가 장기적인 경제성장과 건강한 환경을 결합시킬 능력이 있는지에 대해 많은 토론이 벌어지고 있다. 하지만 한 가지는 확실하다. 인간의 활동이 현재의 궤도를 계속 유지하는 건 지속가능하지 않다는 것이다. 우리가 기술을 변화시키지 않은 채 지금 지구상에서 벌이고 있는 행태를 그대로 지속한다면 (중국과 인도, 그 밖의 거대한 인구 밀집지들의 경제성장 속도가 빨라짐에 따라 그 규모는 훨씬 커진다) 세계적인 풍요를 떠받치고 있는 환경기반은 무너져 내리고 말 것이다. 환경 자체의 한계로 인해 번영을 추구하는 세계적 열망이 꺾이고 말 것이다. 하지만 늘어나는 우리의 자원과 지식의 상당 부분을 S가 높은 기술에 투입한다면 결과는 매우 달라질 수 있다.

## 자연의 서비스와 인간의 머릿수

성공을 거두려면 우리의 몇 가지 좋지 않은 오랜 습성을 깨부수어야 한다. 우리 인간의 자연사는 단순한 인간 이주와 인구증가의 역사가 아니다. 패턴을 깊숙이 들여다보면 인간의 자연사는 지구 자연계를 인간의 용도에 맞게 전용해온 역사였다. 그 과정에서 다른 생물종들에게 부지불식간에 커다란 희생을 떠안기기도 했고, 인간사회 자체의 장기적인 풍요에도 큰 짐을 떠안겼다. 자연이 우리에게 식량, 물, 연료, 섬유 등의 생활 물자를 제공하고 인간사회는 자연의 서비스를 한정 없이 이용하면서 인구증가와 1인당 소비수준 상승을 뒷받침해왔지만, 대체로 그 장기적인 결과와 영향은 인식하지 못했다. 사실 그 결과와 영향을 대강이나마 관리할 수 있게 된 것은 세계가 인간들과 인간의 고강도 활동으로 몹시 북적거리는 상태가 된 최근에 이르러서였다.

현생 인류인 호모 사피엔스는 대략 10만 년 전쯤에 지금의 우리와 비슷한 모습이 되었다. 인간이 등장한 지 처음 9만 년 동안, 인구수는 복잡한 생태계 안에서 먹을거리를 사냥하고 채집하는 인간 소집단의 능력에 따라 결정되었다. 각각의 환경 수용능력은 저마다 달랐다. 인간집단은 사막이든, 산간이든, 강기슭이든, 바다에 면한 강어귀든, 인간이 존재하는 그 밖의 수많은 곳이든 그 지역 생태계의 기본적인 생산성과 다른 생물종들과의 경쟁 상태에 따라 그 수와 밀도가 다양했다. 인구수는 아마 우리만한 몸집의 포유류의 밀도 추정치와 크게 다르지 않아 제곱킬로미터당 한두 명쯤이었을 것이다. 그리고 고기도 많고 고기잡이도 쉬운 강기슭이나 강어귀처럼 생산성이 높은 환경에서는 인구밀도가 높고, 사막 주변부처럼 생산성이 낮은 환경에서는 낮았을 것이다. 지구 전체로 보아, 1만 년 전 신석기 시대가 시작될 즈음 이 수렵채집자들의 총인구수는 1,000만 명쯤이었을 것으로 추정된다.[1]

인간이 지구상에 출현한 이 초기 단계에서도(실제로는 현생 인류가 등장하기 이전부터) 우리 조상들은 다른 생물종들을 희생시켜가며 대지를 인간의 필요에 부합하도록 변화시키기 시작했다. 인간, 그리고 원인(原人)까지도 숲을 풀밭으로 바꾸고 사냥을 쉽게 할 수 있도록 불을 이용하여 대지의 모습을 변화시켰다는 증거가 있다. 인간들의 이러한 초창기 발걸음은 오늘날 우리가 떠안고 있는 21세기의 생태학적 과제를 빚어낸 행동양식의 예고편이었다.

인구수의 결정적인 돌파구는 불이 아니라, 약 1만 년 전 농경의 발명으로 열렸다. 농경사회로의 변천은 자연 질서의 질적인 변화를 의미했고, 그 영향은 지금까지도 계속 미치고 있다. 농경 체제에서는 인간이 태양에너지를 보다 직접적인 방식으로 이용할 수 있도록 대지에서 동식물의 자연군집들을 들어낸다. 광합성 작용이 인간이 직접 소비하는 먹을거리나 가축들의 먹이를 만들어내는 방향으로 유도된다. 농경법은 정말 새롭고 혁명적인 발명이었다. 인간과 다른 생물권 사이의 균형에 결정적인 변화가 일어났다. 농경이 시작된 후 인구수는 치솟았다. 인간이 거주하는 곳 모두 인구밀도가 증가하는 동시에, 농경법이 거주지의 범위를 대폭 확장할 기회를 열었기 때문이다. 이제 작물을 심고 인간 정착지를 확대할 목적으로 숲을 베어내는 것이 가능했다. 지난 1만 년 동안, 숲의 파괴는 인간사회가 지역 환경의 인간 수용능력을 늘리기 위해 선택한 정책이었다. 그 결과, 농경이 시작되던 무렵에서 AD 1년 첫 번째 밀레니엄이 시작되던 시점까지 인구수가 10배 이상 증가했다. AD 1년, 총인구수는 2억 3,000만 명 정도였던 것으로 추정된다.

농경시대 초창기에 이처럼 급증하던 인구는 아시아의 큰 강들과 이집트 나일 강 수계에 가장 많이 집중돼 있었다. 그러한 강가의 생태환경은 충분한 양의 태양복사열, 관개용 및 가정용 물, 땔감과 건축용 나무들, 상류의 산들이 침식되어 흘러내려온 모래흙이 공급해주는 풍부한 영양분의 토양, 강을 이용한 교통 등 인간의 생존에 필요한 생태계 서비스를 빠짐없이 제공해주었다. 히말라야/티베트의 산지들이 인더스, 갠지스, 브라마푸트라, 에야와디, 메콩, 양쯔, 황하, 살윈 등등의 강변에 강을 기반으로 한 인간사회들을 건설할 수 있게 함으로써 아시아의 방대한 인구 잠재력을 뒷받침해주었다고 해도 무리는 아니다. 또한 중동 지방의 고대 문명을 가능케 만든 것은 오늘날의 터키와 이라크 땅을 흐르는 티그리스 강과 유프라테스 강, 그리고 나일 강이었다.

우리 인간들은 놀라울 만큼 다재다능함을 입증해 보이며, 열대지방에서 툰드라지대까지, 저지대에서 산꼭대기까지, 건조지대에서 우림지대까지, 지구상의 사실상 모든 생태환경에서 틈새를 찾아냈다. 어느 곳에서나 인구밀도는 그 지역의 자원기반이 인간의 기본적 필요를 충족시킬 수 있는 한계치까지 증가했다. 그리고 향상되는 기술을 이용하여 인간사회는 그 생태 기반을 조성하고 또 변형시켜갔다. 산비탈은 계단식으로 바뀌었다. 야생 풀밭은 밀, 쌀, 옥수수 등의 식용작물 재배지로 바뀌어갔다. 소출이 적은 씨앗이 아주 천천히 소출이 많은 씨앗으로 대체돼가면서, 오랜 세월이 흐른 뒤에는 작물의 겉모양에서 먼 조상의 모습은 전혀 찾아볼 수 없는 상태로 변했다. 삼림은 목초지로 개간되었고, 야생동물의 가축화가 체계적으로 진행되었다.

그것은 최소한 운이 좋은 경우였다. 또 다른 경우에는 인간사회가 자연환경을 파괴될 지경까지 갉아먹었다. 가장 충격적인 사례 중 하나는 빙하시대 말기인 1만 3,000년 전쯤 아메리카 대륙에 인간이 도달한 것이다. 이주하던 소규모의 수렵채집자 집단들이 아시아와 북아메리카 사이의 지협을 건너와, 말, 매머드, 들소 등 몸집 큰 포유동물들이 무리지어 살고 있는 대륙을 발견했다. 수렵채집자들은 이내 무차별 사냥에 돌입하여, 채 2,000년도 못 가서 대형동물들을 멸종시켜버렸다.[2] 이 집단 후손들의 미래 역사에 그 결과는 재앙이었다. 말을 멸종 상태로 몰고 가지 않았더라면 아메리카 원주민들에게 쟁기질이나 운반, 물긷기 등의 작업에 동력을 제공해줄 수 있었을 텐데, 이러한 기술의 가능성들을 인식한 것은 말이 사라지고 난 뒤였다. 북아메리카의 다른 거대 포유동물들도 어쩌면 농사용으로 길들여졌을지 모른다.

다음 약 1만 년 동안, 북아메리카 원주민들은 동물의 힘과 가축들을 상실한 상태였다. 실제로 아메리카 대륙을 통틀어 가축화된 대형동물이라고는 안데스의 라마와 알파카뿐이었는데, 둘 다 고도가 낮은 지역에는 적응하지 못하는 종자들이었다. 아메리카 원주민들은 동물들을 일찌감치 멸종시킨 대가를 무섭게 치렀다. 아메리카 대륙에 결국 말을 다시 들여온 것은 스페인 정복자들이었고, 그들은 말의 힘을 동원하여 불행한 원주민들을 군사적으로 정복했다.

## 변덕스런 인구증가

지난 200여 년간의 기준에 비추어보면, AD 1년에서 19세기 초 산업혁명 때까지의 인구증가는 몹시 느리고도 변덕스러웠다. 약 1,800년 동안에 인구는 AD 1년 당시 약 2억 3,000만 명에서 4배가량 늘어, 1830년에 처음으로 10억 명에 도달했다. 다음 175년 동안 세계인구는 10억 명에서 2005년 65억 명으로 6배 이상 늘었다. 산업혁명 이전 시대에 인간사회는 점점 늘어나는 인구를 부양하기 위해 작물 선택, 수리 및 치수, 토양관리, 동물의 가축화, 광물 채굴, 목초지와 땔감을 얻기 위한 토지개간 등 지역의 환경을 다스리는 법을 서서히 터득해갔다. 로마제국 시대 중국과 유럽을 잇는 실크로드나, 콜럼버스 시대 유럽에서 아메리카로 가는 항로 같은 새로운 교역로가 열릴 때마다, 이전 단계와는 다른 큰 폭의 인구증가가 뒤따랐다. 교역이 증가하면서 생산성도 늘어난 덕분이었다. 교역은 농작물, 동물, 기술, 그리고 인간집단의 교환을 가져왔다. 아메리카에 밀과 말을 들여온 것은 유럽인이었다. 감자는 안데스에서 유럽으로 전해졌고, 옥수수는 중앙아메리카에서 유럽과 아프리카로 전해져 그곳의 주요 작물이 되었다. 마찬가지로 바나나나무도 동남아시아에서 아프리카로 전해져 아프리카 대다수 지역의 주식 작물이 되었다. 이러한 교환 목록은 방대하다.

농작물의 교환과 더불어 다른 중요한 기술들도 인구팽창을 뒷받침했다. AD 1000년경 이후 질 좋은 쟁기가 도입되면서 유럽인들은 그 전까지만 해도 로마제국 팽창의 장벽이었던 북유럽의 척박한 땅에 정착하여 살 수 있게 되었다. 도끼의 질이 좋아지면서 무성한 삼림의 벌목도 가능해졌다. 질소를 고정시키는 콩이나 알팔파와 벼과 작물들을 교대로 심는 따위의 윤작이 새롭게 도입되면서 토양의 질소 복원이 가능해지고 그에 따라 평균수확량도 늘었다. 그 밖에 관개시설, 수송, 수력, 풍력, 조리용 화로, 방직 기술 등의 발전도 인구증가에 한몫했다.

인구는 대체로 각 생태계의 수용능력에 맞추어 증가한다. 식량생산을 증대시킬 수 있는 새로운 작물이 들어오면 얼마 안 가서 이주해오는 사람이 늘고 인구의 자연증가율이 높아지면서 인구가 증가한다. 인구의 자연증가율 상승은 출생률 상승과 사망률 하락의 결과다. 영양이 좋아지면 아이들의 생존율이 높아진다. 가계의 부가 늘면 그 사회의 결혼 연령이 낮아지고 아이들의 비중이 늘어날 수 있으며, 아이들 또한 충분한 부의 뒷받침 하에 이른 나이에 배우자를 맞아 새로운 가정을 꾸릴 수 있다.

식량 사정이 좋을 경우 인구는 꽤 빠른 속도로 늘어날 수 있다. 그러나 인구증가는 두 가지 힘의 거듭된 견제를 받아왔다. 첫째는 전염병이었다. 둘째는 전통적인 농장 체계에서의 식량 수확량의 자연적인 한계였다. 이 두 가지 제약 모두 인구의 장기적 증가가 반복적인 위기에 제한되는 동시에 그 영향하에 있었음을 뜻한다.

전염병 문제에는 매우 깊이 관심 가질 필요가 있다. AIDS, 조류독감, 에볼라 바이러스, 그 밖의 새로운 질병들이 속출하는 오늘날에는 더욱 그렇다. 인류 역사 전반에 걸쳐 인구증가는 파멸적인 전염병의 거듭된 방해를 받아왔다. '새로운' 전염병이 인구에 영향을 미친 이유로는 최소한 세 가지를 들 수 있다. 첫째, 전염병은 전에는 동떨어져 있던 두 사회가 정복이나 교역을 통해 접촉할 때 한 집단에서 다른 집단으로 옮겨왔다. 그 전염병에 처음 노출되는 '처녀' 집단은 파멸을 맞을 수도 있다. 예를 들어 로마제국과 중국의 한나라 사이에 실크로드 교역로가 열렸을 때 유럽에 전염병이 옮겨와 로마제국 사람들을 거의 궤멸 직전까지 이르게 했다. 몽골제국의 가혹한 정벌과 통치하에 가능해진 평화로 14세기 아시아와 유럽 간 동서 무역이 증가할 때에도, 유럽에 선(腺)페스트가 들어와 1347~1351년의 흑사병을 비롯한 몇 차례의 전염병 재앙을 일으켰다. 콜럼버스의 항해 후 스페인인들이 아메리카 대륙을 정복했을 때에는, 신세계(아메리카)에 천연두, 홍역 등 구세계(유라시아 및 아프리카) 전염병들이 들어와 아메리카 원주민들의 파멸적 붕괴를 유발했다.

둘째, 전염병이 계속 감염되는 데는 최소 한계치의 인구 규모나 밀도가 필요한 것 같다. 따라서 인구의 규모나 밀도가 증가할 경우, 주민들이 이전의 인구에서는 병원균이 계속 살아남을 수 없었던 질병에 노출될 수 있다. 예컨대 농경이 시작된 결과, 수렵채집사회보다 높은 인구밀도를 필요로 하는 수많은 질병이 전염되기 시작했다. 말라리아는 대량살육자의 한 예일 텐데, 아마도 지금으로부터 5,000년 전 무렵 아프리카에 정착농경이 시작되면서 오늘날의 살육자 같은 모습을 띠게 된 것으로 추정된다. 정착농경이 시작되기 전까지 아프리카의 수렵채집사회는 너무나도 소규모로 분산돼 있어 말라리아를 지속적으로 감염시킬 조건이 되지 않았다. 마찬가지로 도시생활은 농촌보다 높은 인구밀도를 필요로 하는 홍역 등 수많은 질병의 온상이 된다. 역사 전반을 통틀어, 인간사회가 농업기술의 혁신을 이루어 도시민의 증가를 불러왔을 때 일정 기간 전염병이 창궐하며 도시화의 초기 확산을 좌절시킨 경우가 종종 있는 것은 그런 까닭이다.

셋째, 인간의 정주 패턴이 달라지면서 인간사회는 전염성 병원체를 품고 있는 동물종들과 새롭게 접촉하게 되는데, 이 병원체들이 나중에 돌연변이를 일으켜 인간집단에 옮겨질 수 있다. 그리하여 인간에게 동물매개전염병(zoonosis), 즉 동물한테서 인간으로 전염되는 전염병이 발생할 수 있다.

AIDS가 바로 그러한 동물매개전염병이다. AIDS의 역사를 발생학적으로 면밀하게 재구성해보면, AIDS를 일으키는 인체면역결핍바이러스(HIV)가 침팬지가 갖고 있는 유인원면역결핍바이러스(SIV)의 돌연변이라는 사실이 드러난다. SIV는 침팬지에게 해를 입히지 않는 데 반해, HIV는 알다시피 2,500만 명 이상의 인명을 앗아갔다. HIV는 1930년 무렵 서아프리카에서 아프리카의 침팬지 사냥꾼이나 야생동물 고기를 먹는 사람이 우연한 기회에 SIV에 노출되면서 발생한 것으로 추정된다. SIV가 돌연변이를 일으켜 인간에게서 인간으로 감염되는 HIV로 변한 것이다.

결과를 놓고 보면, 국지적인 예외를 제외하고는 어떤 참담한 전염병도 인간집단을 완전히 궤멸시키지는 못했으며, 인간사회가 비교적 짧은 기간 내에 원상회복한 경우도 적지 않다. 유럽에 르네상스가 시작된 것은 흑사병이 유럽을 휩쓴 지 불과 몇십 년 만의 일이었으며, 역사가들 중에는 유럽의 인구밀도 대폭 감소와 그에 따른 중세적 생활방식의 파탄이 실은 르네상스의 창조력 발현에 보탬이 되었다고 추정하는 사람들도 있다. 인류가 살아남게 된 한 가지 장기적인 이유는 인간집단이 새로운 질병을 접하면서 계속 진화하며 조절을 해왔다는 것이다. 자연선택은 질병에 맞서 스스로를 지킬 수 있는 유전 형질을 선호하기 때문이다. 마찬가지로 병원체들도 몇몇 경우에는 오랜 기간이 지나는 동안에 좀처럼 죽지 않는 상태로 진화해왔다. 보다 효과적인 격리 방법과 같은 사회적 대처 또한 현대 의학이 발달하기 이전에 인간집단을 보호하는 데 일정한 역할을 했을 것이다. 이유야 여하튼 선페스트와 같은 역사상 최악의 살육자 중 일부는 시간이 흐르며 무대에서 조용히 사라져갔는데, 그 소멸 이유를 충분히 설명할 수 있는 어떤 뚜렷하고 결정적인 사회적 대응책 같은 것은 없었다.

흉작, 전쟁, 전염병 등 인간의 목숨을 위협할 수 있는 모든 요인을 두루 감안할 때, 흑사병이나 1492년 이후 아메리카 원주민의 격감, 제1차 세계대전 후 최소 2,000만 명에서 최대 4,000만 명을 죽음으로 몰고 간 유행성 독감, 오늘날의 AIDS를 비롯한 재앙들이 거듭 반복되면서 장기적인 세계 인구 증가 추세가 일시적 소강 국면을 맞았던 것은 놀라운 일이 아니다. 1600년 이후의 '작은 빙하기'와 같은 기후적 충격도 마찬가지로 기아와 질병, 일정 기간의 인구감소를 유발했다. 이 모든 난관을 뚫고서 세계의 인간 집단들이 차츰 자기 지역의 생태계를 관리할 수 있게 되고, 또 작물을 기르고 숲을 개간하며 바람과 물의 힘을 이용하고 다른 생물종들의 서식지를 쥐어짜는 능력이 갈수록 향상돼감에 따라, 장기적인 인구증가 추세는 지속되었다. 하지만 그렇게 오랜 기간 점진적으로 불안정하게 증가해오던 인구는 중·근대의 출발과 함께 모든 것이 바뀌기에 이르렀다.

## 산업의 도약

인류 역사의 그 어떤 것도 인간들이나 지구가 1800년 이후에 올 사태에 대비할 태세를 갖추게 하진 못했다. BC 8000년 약 1,000만 명에서 AD 1800년 5억 명으로의 점진적인 인구증가에 뒤이어, 〈그림 3.1〉에서 보는 바와 같이 우리 인간들과 자연환경을 송두리째 바꿔놓은 인구폭발이 일어났다. 1800년을 전후하여 우리는 인간의 활동이 자연환경을 좌지우지하는 인류세(人類世, Anthropocene) 시기에 진입했다.

1800년쯤부터 인구에 가해져온 전통적인 제약이 전례 없는 신기술에 길을 내주었다. 그 이전에 사람들은 주로 식량이나 땔감, 섬유의 형태로 존재하는 동시대의 태양에너지와 수수한 수준의 풍력과 수력으로 살았다. 1800년 이후 사람들은 화석연료로 포장된 축적된 태양에너지의 노다지를 캐내어 살아왔다. 1800년까지는 전염병에 시달리지 않을 경우 식량작물을 기르고 조리용 연료, 동물의 끄는 힘, 물, 주거 등 그 밖의 기본 필수품을 조달할 수

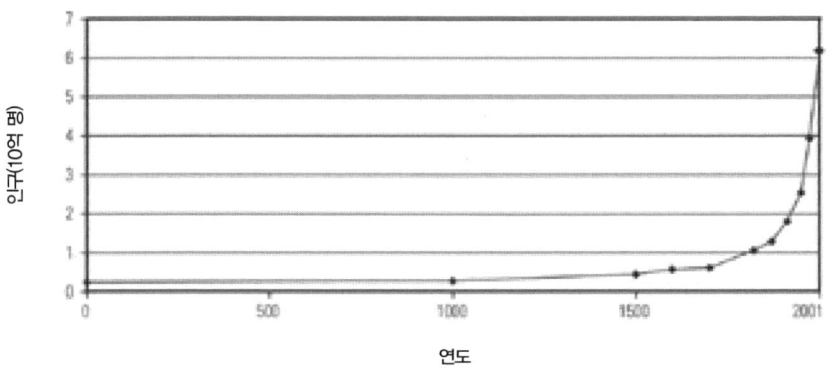

〈그림 3.1〉 AD 1년에서 2001년까지의 세계인구

출처: Maddison (2001)

있는 능력에 따라 인구수의 한계가 지어졌다. 1800년 이후에는 석탄, 석유, 천연가스가 그 한계를 극복했다. 그러한 화석연료는 먼 옛날, 지금으로부터 약 3억 년에서 3억 5,000만 년 전에 이루어진 광합성의 산물이었다. 당시에 지구의 지각 속에 묻힌 식물과 동물의 잔해들이 오랜 동안 인간들한테서 떨어져 있다가 산업시대의 개막과 더불어 광부들에 의해 채굴되기 시작한 것이다. 인간이 화석연료를 이용하기 시작한 후 식량, 물, 운반, 주거를 제약하고 있던 전통적인 한계들이 화석연료를 동력원으로 하는 신기술들에 자리를 비켜주었다.

산업혁명이 방대한 분야의 독창적인 기술발전들을 일구어내며 삶의 모든 영역에 변화를 일으키는 동안에, 혁명의 중추적 기폭제이자 그 상징은 증기기관이었다. 방대한 새 에너지 자원인 석탄을 동력으로 이용하는 것이 다른 모든 산업공정에 꼭 필요한 핵심 단계였기 때문이다. 석탄 덕분에 공장 생산(예를 들면 방직산업), 중공업(철강 생산), 화물 수송(철도나 화물선), 화학가공 공정 등이 가능해졌고, 그로 인해 인간사회에 필요한 물자를 공급하는 큼직한 문제들이 해결되었다. 식량을 먼 곳까지 실어 나를 수 있게 되었고, 아

92

르헨티나의 팜파스 같은 오지가 육류와 곡물 생산지로 변했으며, 상하기 쉬운 것들은 냉장 보관할 수 있게 되었고, 다량의 물을 멀리까지 퍼 나를 수 있게 되는 등 수없이 많은 진전이 이루어졌다. 나아가 19세기 말 전기 관련 과학이 획기적으로 발전하면서 보다 넓은 영역에서 인간의 삶에 화석연료와 수력을 이용할 수 있게 되었다. 그리고 내연기관의 발명과 더불어 또 다른 화석연료인 석유가 20세기의 결정적인 동력을 제공할 수 있게 되었다.

흥미롭게도, 산업혁명기에 이전과는 전혀 다른 규모로 축적되고 동원되었던 그 모든 산업의 힘도 인간의 생존과 인구증가를 가로막는 특정한 장벽을 극복하지는 못했다. 19세기 말엽에도 여전히 기본적인 작물학적 제약이 식량생산에 걸림돌이 되고 있었다. 이제 세계 도처의 방대한 토지를 개발하고, 농사장비와 식량을 바다 건너로 실어 보내고, 과거보다 훨씬 효율적으로 곡물을 수확하고, 면화 등의 농산물을 공업과 같은 규모와 속도로 가공하는 등의 일이 가능해졌음에도, 작물이 성장하는 데 필요한 토양 영양분에 한계가 있어 여전히 세계인구의 먹을거리 공급이 제약을 받고 있었다. 산업화 덕분에 칠레의 천연 질산염 퇴적물을 바다 건너 대규모로 실어와 유럽의 농장에 화학비료를 공급할 수 있게 됨으로써 그 제약이 조금은 풀리기도 했다. 하지만 질산염으로 토양 영양분 문제를 풀기에는 그 양이 지극히 한정돼 있었고 생산비도 만만치 않았다. 19세기 말 영국의 권위 있는 화학자 윌리엄 크룩스(Sir William Crookes)는 지구상의 질소를 이용할 새로운 방법을 찾아내지 못한다면 토양 내의 질소 부족으로 인해 급증하는 세계인구가 대규모의 기아사태를 맞게 될 거라고 예측했다.[3]

화석연료가 다시 한번 구원자로 나섰다. 1908년에서 1914년 사이에 프리츠 하버(Fritz Haber)와 카를 보슈(Carl Bosch)가 이끄는 일단의 산업과학자들이 천연가스와 수력에너지를 이용하여 대기 중의 질소($N_2$)를 식물에 양분을 공급하는 요소 같은 질소화합물로 변환시키는 방법을 개발했다. 질소화합물이 들어 있는 화학비료를 합성해내는 하버-보슈법의 발명으로 또 한 가지의 방대한 전 지구적 산업이 창출되면서 세계의 식량공급을 대폭 늘릴 수 있는 생물학적 가능성이 열렸다. 토양 내 질소라는 제약 요인은 극복되었다. 에너지, 특히 화석연료가 인구의 족쇄를 풀었다. 기술 사학자 바츨라프 스밀(Vaclav Smil)은 20세기의 곡물생산량 증가에 하버-보슈법이 기여한 바가 80퍼센트는 되는 것으로 추정한다.

가장 중요한 결과는 인구의 팽창이었고, 사람들은 평균적으로 전보다 더 잘 먹었다. 두 차례의 세계대전, 여전한 전염병, 대규모의 인구이동, 그 밖에 인구증가를 가로막는 다른 요인들에도 아랑곳없이, 세계인구는 20세기에 15억 명에서 약 60억 명으로 4배 늘었다.

게다가 산업시대는 인간의 생산성을 상상하지 못하던 정도로 끌어올렸다. 인구의 급증과 짝을 이루어 〈그림 3.2(a)〉에서 보는 바와 같이 1인당 평균경제생산량도 함께 도약했다. 산업시대에 인구와 더불어 인간의 생산성도 옥죄고 있던, 극복 불가능할 것 같던 세계적 빗장이 풀렸다. 인구와 생산성의 극적인 증가는 물론, 〈그림 3.2(b)〉에서 보는 바와 같이 지구상에서의 경제활동 총량이 급증하고 있다는 의미였다.[4]

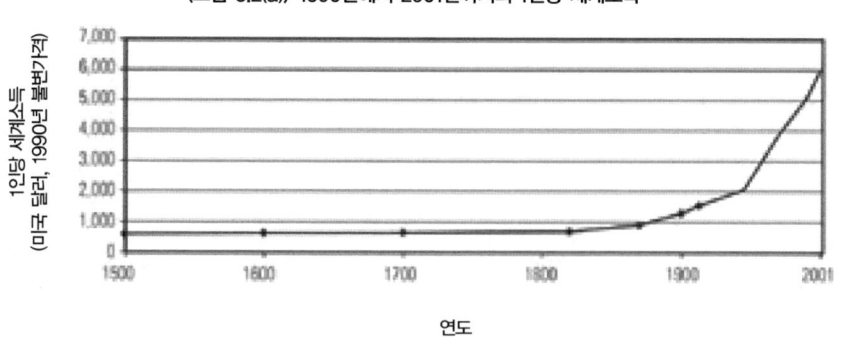

〈그림 3.2(a)〉 1500년에서 2001년까지의 1인당 세계소득

출처: Maddison (2001)

# 인류세

산업혁명에 진입한 지 200여 년이 된 지금, 인간사회는 이 눈부신 기술적 성공으로 막대한 이익을 얻고 있지만, 그와 동시에 커다란 위험을 마주하기에 이르렀다.

우리는 인간의 욕망 충족을 위해 생태 경기장을 청소하는 일에 그야말로 달인이 된 나머지, 다른 생명체들을 아예 경기장 밖으로 밀쳐내 버리는 경우가 종종 있다. 그런 영향들 중 일부는 쉽게 이해된다. 우리가 농작물을 기르고 가축을 방목하기 위해 숲을 개간할 때, 넓은 구역을 차지하고 있던 나무들은 사라진다. 큰 규모의 고성능 동력 어선단이 바다를 헤집고 다닐 때, 바다 어장의 물고기들은 고갈의 위기에 몰린다. 영향들 중 일부는 그보다 훨씬 덜 분명하여, 인간의 행동과 인간이 지구에 미치는 영향 사이의 연결고리가 잘 보이지 않는다. 화석연료가 타면서 눈에 보이지 않는 공기의 화학작용으로 지구 기후체계가 교란되는 부작용을 낳는다. 인위적인 기후변화는 인간의 죄도 아니고, 우리가 쉽게 예측하거나 피할 수 있었던 것도 아니다. 그것은 오히려 화학작용의 우연적 결과, 특히 알고 보니 이산화탄소

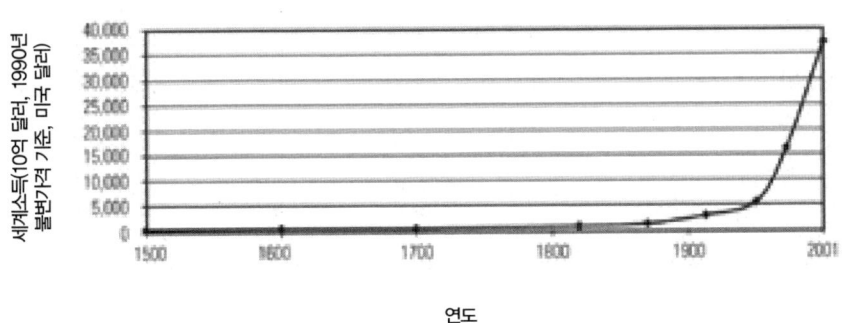

〈그림 3.2(b)〉 1500년에서 2001년까지의 세계소득

출처: Maddison (2001)

에 기후상의 온실효과를 빚어내는 기능이 있어서 생겨나는 우연의 결과라고 할 수 있다(4장에서 자세히 설명할 것이다). 이러한 우연은 너무나도 새롭고 또 극히 최근에 와서야 우리에게 닥친 일이라서, 인류사회는 그에 어떻게 대처해야 할지 거의 모르다시피 하고 지내왔다.

1750년 이후 인구가 10배 늘고 1인당 소득이 비슷하게 늘었다는 것은 인간사회의 경제활동이 산업시대 초기에 비해 100배쯤 증가했다는 의미다. 경제활동이 100배 증가했다는 것은 인간의 소비를 위해 지구의 자연 작용을 징발하려는 활동, 즉 토지개간, 곡물 생산, 에너지 사용, 고기잡이, 화학비료 사용, 강의 댐과 물길돌리기, 도로 건설 등등이 급증했다는 말이다. 그러니 우리의 존재가 의지하고 있는 지구의 시스템이 여러 모로 뒤틀리고 예상치 못했던 방향으로 변해온 것은 놀라운 일이 아니다.

노벨상을 받은 화학자 파울 크루첸(Paul Crutzen)은 오늘날의 시대를 인간이 지구를 지배하는 시대라는 뜻으로 '인류세'라 명명했다.[5] 우리 인간 활동의 규모가 이제 지구상의 기본적인 생명유지 체계를 모조리 망가뜨릴 만큼 커졌다는 것이다.

스탠퍼드대학의 위대한 생태학자 피터 비투섹(Peter Vitousek)과 그의 동료들은 인간이 현재 자연계를 지배하고 있는 정도를 매우 정교한 목록으로 만들어왔다. 그들의 유명한 요약정리 중 하나인 〈그림 3.3〉은 유심히 살펴볼 가치가 있다. 그림은 인간들이 지구 생태계의 중요한 자원들을 어떻게 독차지하며 다른 생명체들은 이전 어느 때보다도 비좁아진 생존의 터전 위에서 어떻게 근근이 목숨을 부지하게 하고 있는지에 관한 놀라운 이야기를 들려준다. 비투섹과 동료들은 지구 자연계의 7가지 범주를 통해 인간의 전유 정도를 보여준다. 그림의 왼쪽에서 오른쪽까지 하나하나 살펴보라. 각각의 막대는 인간들이 핵심 생태작용의 어떤 영역을 어느 정도까지 지배하고 있는지 보여주는 강력한 지표다.

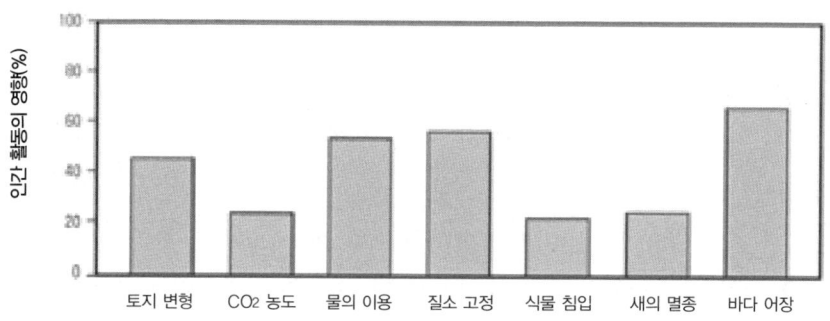

〈그림 3.3〉 지구 시스템의 몇 가지 주요 구성요소에 대한 인간의 지배 또는 개조

출처: Vitousek et al. (1997)

## 토지 변형

농경과 목축을 위한 토지개간은 산업시대나 자본주의시대의 새로운 현상은 아니다. 토지개간의 역사는 인류 역사만큼이나 오래되었다. 우리는 주로 지구상의 광합성 결과를 농경지나 목초지 등 우리 인간의 용도에 맞게 이용하기 위해서, 그리고 보다 작은 규모로는 주택이나 도로, 주차장, 운동장, 그 밖에 인간의 정주에 필요한 부속물들이 들어설 자리를 확보하기 위해서 토지를 개간한다. 방대한 임야와 1억 제곱킬로미터 이상의 토지가 있는 세계에서 지구의 광합성 능력 중 무려 50퍼센트가 인간의 용도에 맞추어 전유되고 있다.[6] 지금 개간되고 있는 토지는 더욱 더 척박한 곳이거나 생물학적 다양성의 별난 보고, 둘 중 하나다. 최근 몇십 년 사이에는 열대우림 같은 곳이 도끼 자루에 베어져 나가고 있다. 요컨대 개간할 곳이 고갈되고 있는 것이다.

인구가 팽창하고 또 갈수록 부유해지는 사람들이 더 많은 양의 고기를 먹고 싶어 함에 따라 (그러자면 가축 사료용 풀과 곡물을 생산해낼 방대한 면적의 토지가 필요하다) 인간들은 토지의 제약에 대한 압박을 계속할 것이다. 하지만 토지에 대한 이러한 압박과 인간의 무자비한 침입으로 이제 다른 생물종들의 서식지가 사라지면서 많은 생물이 멸종 위기에 내몰리고 있다.

## 이산화탄소 농도

이산화탄소는 지구의 대기 중에서 자연적으로 발생하는 미량 기체다. 산업시대 이전의 수십만 년 동안, 대기 중의 이산화탄소 농도는 공기분자 100만 개당 280개 수준이었다(이것을 보통 280ppm이라 표기하는데, 입자 100만 개당 280개라는 뜻이다). 이산화탄소의 자연순환 과정은 복잡하다. 1년 단위의 시간척도로는, 나무들이 광합성 과정에서 대기 중의 이산화탄소를 흡수하여 탄수화물을 만들어내는 동안에 동물 분해자들이 떨어진 잎 따위에 있는 탄수화물을 소화하며 이산화탄소를 대기 중으로 내보낸다. 지질학적 시간척도로는, 화산폭발 과정에서 이산화탄소가 대기 중으로 방출됐다가 바다와 지구의 지각이 대기로부터 다시 이산화탄소를 흡수한다. 하지만 오늘날의 산업시대에는 화석연료를 태울 때 이산화탄소가 대기 중으로 다량 방출되는데, 그 과정에서 연료 속의 탄소(C)가 대기 중의 산소($O_2$)와 결합하면서 이산화탄소($CO_2$)와 다량의 에너지를 방출한다.

〈그림 3.3〉에서 보듯이, 현재 대기 중에 있는 이산화탄소의 약 4분의 1이 근래의 인간 활동의 결과물일 정도로, 인간은 탄소 순환 과정에 꽤 깊숙이 개입해왔다. 산업시대 이전의 이산화탄소 농도가 280ppm이었던 데 비해, 오늘날 대기 중의 이산화탄소 농도는 380ppm이다. 100ppm의 증가는 숲을 벌채하고 화석연료를 태워온 결과다. 우리는 이를 통해 인간의 활동이 기후변화에 결정적인 역할을 하고 있다는 것을 이제 거의 확실히 알게 되었다. 이산화탄소가 태양으로부터 온 열을 가두어 지구의 기온을 높이며, 강수량과 폭풍, 곡물의 작황, 질병의 전염 등등 수없이 많은 생태과정에 변화를 일으키고 있는 것이다.

**물의 이용**

식량생산을 위한 것이든 보다 일반적인 것이든, 광합성을 하려면 토양의 양분, 씨앗, 햇빛과 함께 물이 필요하다. 인간들도 개인적인 용도로든(식수와 위생) 산업공정에든 매일같이 물을 필요로 한다. 물의 수요가 가장 많은 것은 농업으로써, 다른 용도를 모두 합친 것의 2배가량의 물이 농업에 쓰인다. 이산화탄소도 자연순환되는 것처럼, 물 역시 자연순환 과정을 거친다. 태양복사열이 지구를 데우며 육지, 바다, 강 등에서 물을 증발시키고 식물의 잎을 통해 물을 증산시킨다. 증발산된 물은 구름과 비로 변했다가 육지와 바다에 다시 물이 되어 돌아온다. 육지에 떨어지는 물의 일부는 곧바로 증발 또는 증산되고, 일부는 강물이 되어 바다로 흘러든다. 마찬가지로 바닷물의 증발로 생겨나는 수증기의 일부는 바다 위에서 비가 되어 곧장 바다로 되돌아오고, 일부는 바람에 실려 육지로 날아가서는 육지 위에 비가 되어 내린다.

인간들은 물의 순환에 극적으로 개입해왔는데, 주된 목적은 인간의 식량생산에 필요한 적정 수준의 물을 확보하기 위한 것이었다. 〈그림 3.3〉에서 보듯이, 이용 가능한 강물의 무려 60퍼센트가 현재 댐과 관개 시스템, 그 밖의 물길돌리기 사업을 통해 인간의 용도에 맞추어 전용되고 있다. 민물의 징발이 현재 너무나도 광범하게 이루어지고 있는 탓에, 인도의 갠지스, 중국의 황하, 미국과 멕시코 사이의 리오그란데 등 세계의 큰 강 중 다수는 더 이상 바다에 도달하지도 못한다. 게다가 강에 댐들이 계속 지어지면서, 힘이 센 강 상류의 이용자들이 생존을 위해 물을 필요로 하는 강 하류의 사람들과 자연 생태계로부터 물을 빼앗는 제로섬 투쟁이 벌어지고 있고, 앞으로 그 싸움은 더욱 잦아질 것이다. 보다 일반적으로는 인간의 활동이 오래지 않아 심각한 물 위기를 빚어낼 것으로 전망된다. 지하의 대수층에 있는 지하수는 자연 보충되는 것보다 훨씬 빠른 속도로 지상으로 퍼 올려져 관개사업에 쓰이고 있다. 지하수면은 급속히 하강하고 있고, 중국과 인도 등 많은 곳에서 관정이 말라가고 있다. 농지를 조성하고 도시를 확장하는 등의 경제개발을 위해 습지에서 물을 빼면서 생태과정과 생물다양성을 해치는 결과가 빚어지고 있다. 그리고 주요 수로들이 심각하게 오염되고 있는 건 두말할 나위도 없다.

### 질소 고정

질소는 지구 대기의 가장 많은 구성성분으로서, 공기 분자의 약 78퍼센트를 차지한다. 질소는 또한 살아 있는 모든 유기체에 없어서는 안 되는 것이기도 하다. 단백질의 기본 성분이기 때문이다. 하지만 대기 중에 존재하는 질소, 즉 $N_2$는 식물이나 동물들이 생물학적 과정에 직접 이용할 수 없는 형태다. 두 개의 질소 원자를 하나로 붙들어 매고 있는 3중결합은 너무나도 강력해서 대부분의 물질대사 과정에서는 풀리지 않는다. 그런데 특정한 유형의 박테리아를 비롯한 생물계의 일부 질소 '전문가들'은 에너지를 이용하여 $N_2$를 질산염이나 암모니아 등의 다양한 질소화합물로 전환시킬 수 있으며, 이들이 만든 질소화합물을 다른 식물과 동물들이 생물학적으로 흡수, 이용하여 단백질을 만들고 생물학적 기능들을 유지한다. 번개도 질소 분자를 쪼개어 지구상에 자연적으로 질산염과 암모니아를 축적시킬 수 있다.

대기 중의 질소를 활성질소로 변환시키는 과정을 질소 고정이라고 한다. 오늘날의 문제는 자연 상태의 질소 고정 과정이 너무 느리게 진행되는 나머지, 현재 지구상의 66억 인구를 먹여 살릴 식량작물의 재배에 소요되는 방대한 양의 질소를 제공할 수 없다는 것이다. 21세기 중엽의 세계인구 70~90억 명을 생각하면 앞길이 더욱 험난하다. 20세기 초에 하버-보슈법이 나온 것은 그런 상황에서였다. 그리고 농부들은 화학비료를 쓰는 것 외에도, 질소 고정 박테리아를 함유한 뿌리 계통을 가진 알팔파나 대두 같은 콩과 작물을 심어 질소의 자연순환을 돕는다. 〈그림 3.3〉에서 보는 것처럼, 화학비료와 인간의 작물 선택에 의해 고정되는 질소의 양은 현재 지구상의 질소 고정 총량의 약 60퍼센트에 이른다. 질소 비료는 식물 재배에 무척 긴요하지만, 세계의 여러 지역 사례에서 볼 수 있듯이 지나치게 사용할 때는 매우 값비싼 대가를 치를 수 있다. 또한 질소 순환 과정에 대한 인간의 개입으로 질산염과 암모니아, 그 밖의 질소화합물들이 과다 배출되면서 강물과 냇물이 오염되고 있다. 그로 인해 식수가 유해물질에 오염되고, 대규모 농업 지대에서 나오는 물이 흘러드는 강과 강어귀의 광범위한 파괴가 진행되고 있다.

### 식물 침입

농경시대 초창기부터 인간은 씨앗과 식물과 동물들을 지구상의 한 곳에서 다른 곳으로 계속 옮겨왔다. 감자를 안데스에서 유럽으로 들여올 때처럼, 새로운 생물종을 새로운 곳으로 들여오는 일은 의도적인 경우가 많았다. 그러나 가끔은 히아신스가 빅토리아 호에 침입하여 호수면의 햇빛을 차단함으로써 호수를 거의 질식사시키다시피 했을 때처럼, 외래종의 도입이 무심결에 이루어진 적도 있었다. 인간은 부작용이나 예기치 못한 결과에 대한 이해도 별로 없이, 오랜 동안 지구의 생태계를 재조정해왔다. 일부 외래종은 환경을 황폐화하는 잡초처럼 행동하며 적절한 방어력을 갖추지 못한 생태계를 점령해버리기도 한다. 해충과 병원균들은 한 곳에서 다른 곳으로 쉽게 건너간다. 박테리아나 전염병의 병원체가 배 밑바닥에 묻어서 바다를 건널 수도 있다. 비투섹과 공저자들은 "많은 섬에서 식물종의 절반 이상은 토종이 아니고, 다수의 대륙 지역에서도 그 수치는 20퍼센트나 그 이상"이라고 적시한다. 비투섹과 공저자들은 캐나다의 예를 통해 〈그림 3.3〉의 수치를 보여주고 있는데, 캐나다의 식물종 가운데 20퍼센트 안팎이 인간 활동에 의해 다른 곳에서 흘러들어온 것으로 추정한다. 일반적으로 그러한 외래종 도입의 결과는 복잡하고 대체로 예측 불가능하며, 가끔은 토종 생물들과 지역 생태계의 원활한 작동을 파괴한다.

### 새의 멸종

생태학자들은 우리가 현재 지구의 여섯 번째 대멸종기를 맞고 있다고 경고한다. 식물과 동물들이 멸종돼가는 속도가 인간의 지구 생태계 지배 이전의 자연적인 멸종 속도보다 최소 100배에서 최대 1,000배는 빠른 것 같다. 앞서의 다섯 차례 멸종기는 소행성과의 충돌, 화산 폭발과 같은 지질학적 과정에 따른 지구 기후의 변화, 지구 궤도의 특징에 따른 변화 등 지구 생태 과정의 자연적인 대규모 파괴에 기인한 것이었다. 현재의 대멸종기는 한 생물종이 다른 종들을 낭떠러지 밑으로 밀어 떨어뜨려온 유일한 경우다. 〈그림 3.3〉에서 보듯이, 지구상의 모든 조류 종의 약 4분의 1이 지난 2,000년간 인간 활동에 의해 멸종의 길로 내몰려온 것으로 추정된다. 우리는 탄식하며 우리들 스스로의 파괴 행위를 중단시켜야 마땅하지만, 이런 사실에 새삼스레 놀랄 이유는 없다. 인간의 활동은 다른 생물종들의 서식지, 물, 양분, 외래종들, 이 모든 것들이 다른 생물종의 필요보다는 노골적으로 인간의 필요에 부응하게 만드는 데 온전히 투여되고 있으니, 더 무슨 말이 필요할까.

### 바다 어장

농경시대 이전 사회나 오늘날까지 남아 있는 소수의 부족 공동체 등 전통적인 수렵채집사회는 활과 화살, 독화살로 사냥을 했다. 산업시대에 수렵채집 활동의 본산은 전 지구적인 어업이다. 어선단은 자신들이 잡아들이는 물고기를 보충해야 할 책임감 같은 건 전혀 또는 거의 없이, 바다와 바다 밑바닥을 훑고 다니며 값진 바다 생물들을 포획한다. 그 결과는 기관총을 든 수렵채집자들에 비유돼왔다. 자연의 사냥감은 몇 마일 길이의 그물과 바다 물고기떼의 위성추적장치를 완비한 요즘 어선단의 놀라운 힘과 기술에 전혀 상대가 되지 못한다. 최근의 연구에서 볼 수 있듯이, 세계 주요 어장의 3분의 1이나 어쩌면 그 이상이 "충분히 개발되거나 지나치게 개발되거나 고갈되었다."[7]

## 압력의 증대

현재의 기술로 미래에도 지금과 같은 경제활동을 계속한다고 할 경우, 오늘날의 경제활동 속도를 그대로 유지하는 것은 환경적으로 불가능하다. 그런데 인구와 1인당 소득은 모두 급격하게 증가하고 있다. 생태계에 미치는 압력은 강화되고 있고, 지속가능한 기술의 개발과 보급 속도는 너무나도 느리다. 지금 우리의 소비 수준을 조금만 더 높이는 날에는 지구상의 다수 생태계와 수많은 생물종이 붕괴 지경으로 내몰리고 말 것이다.

일찍이 1798년에 토머스 맬서스(Thomas Malthus) 목사가 최후의 심판일에 대한 유명한 예언을 했다. 그는 인구는 기하급수적으로 증가하는 반면에 식량생산은 산술급수적으로 증가한다고 지적했다. 그가 보기에 인구를 억제하는 주된 요인은 곤궁이었다. 생산성 증대는 더 빠른 인구증가에 곧바로 잡아먹힐 것이고, 지속적인 인구증가는 생활수준의 일시적 향상을 그저 목숨을 부지하는 수준으로 되돌려놓을 거라고 토로했다. 이처럼 맬서스가 보기에 인류는 과도한 인구증가로 생활수준의 일시적 향상조차도 깡그리 날려버릴 운명에 처해 있었다. 맬서스의 이 우울한 예언은 끝없는 논쟁거리로 남았다.

맬서스가 생산성의 기하급수적 향상이 인구의 기하급수적 증대를 여유 있게 앞질러온 산업시대를 예상하지 못한 것은 분명하다. 그 우울한 예언이

보기 좋게 빗나간 후, 일부 경제학자들은 타성적인 낙관론자가 되어 자신들과 대중들과 정치인들에게 기술발전이 언제고 변함없는 구세주로 등장할 거라는 전망을 주지시켜왔다. 그들은 맬서스를 거짓 예언의 쓰레기더미 속으로 영구 추방할 길을 찾아왔다. 그리고 아직까지는 그들이 옳았을 수 있다. 그러나 이러한 위험요소들이 멋대로 움직이도록 놔둘 경우에는 분명히 그렇지 않다.

두 가지 큰 포인트가 낙관론자들의 편을 들어준다. 첫째는 금세기 안에 세계인구가 안정될 가능성이다. 맬서스가 오늘날 피임이 크게 늘고 세계 대다수 사회에서 산아제한 정책을 빠르게 받아들이리라는 걸 예상하지 못한 것은 분명하다. 낙관론의 두 번째 근거는 기술발전 속도가 줄곧 빠르게 유지되고 십중팔구 더 가속되고 있다는 것이다. 컴퓨터, 데이터 관리, 생태학, 공간 모델링, 나노기술을 비롯한 소재공학, 그 밖의 학문 분야에서 일어나는 혁명들은 한결같이, 과학기술들이 적어도 잠재적으로는 우리 인간과 지구를 다시 한번 구할 수 있음을 시사한다. 과학기술의 힘을 이용하는 것은 가능하다. 보다 어려운 문제는 우리가 그 기회를 붙잡을 수 있는 체계를 충분히 갖추었는지, 그리고 전 지구적 규모로 협력할 태세가 충분히 돼 있는지 여부다.

하지만 우리는 결코 안주해서는 안 된다. 세계인구는 계속 급증하고, 1인당 평균경제활동도 크게 늘고 있다. 그리고 그에 못지않게 중요한 것으로 토지, 물, 이산화탄소, 질소 등의 생태계 서비스를 인간이 몽땅 독차지하다시피 하는 데서 연유하는 생태계의 심각한 압박이 전방위적으로 이루어지고 있다. 한 분야만의 문제일 경우에는 충분히 도전해볼 만한 일이겠지만, 이제 모든 전선에서 '동시에' 압박이 진행되고 있는 것이다. 지구상의 어떤 서식지를 들여다보더라도, 인간을 제외한 모든 생물종이 여러 가지 이유에서 유례없는 압박을 받고 있는 것을 볼 수 있다. 그들의 서식지가 경작지,

환경오염, 과도한 수렵과 남획, 침입한 외래종, 새로운 해충과 병균들에 점령당하고 있다. 그리고 세계 여러 곳에서 볼 수 있는 양서류의 대량 폐사 같은 재앙의 조짐이 나타날 때는, 한 가지 원인에 책임을 돌릴 수 없을 만큼 수많은 범인이 줄지어 등장한다.

생물종의 생존을 위협하는 커다란 요인은 토지개간이나 물 부족이나 환경오염이나 외래종 침입만이 아니고 이 모든 요인이 결합된 것으로, 여러 요인이 상호작용하며 상승효과를 낸다. 산호초가 21세기에 살아남을까? 아니라면 무엇이 산호초를 못 살게 구는 걸까? 지구온난화로 바다의 수온이 올라가며 광범위한 산호의 탈색을 유발하는데, 그 과정에서 산호들은 자신들에게 찬란한 색깔을 입혀주는 미세조류를 떨어내고는 죽어버리는 경우가 많다. 산호초 안팎에서의 과도한 고기잡이, 환경오염, 열대 폭풍의 세기 증가, 관광객들에 의한 직접 파괴, 대기와 바다 표층수 속의 이산화탄소 농도 증가로 인한 바닷물의 산성화 등도 산호초를 위협할 것이다. 세계 곳곳의 산호초는 이미 심각할 정도로 퇴화했고, 퇴화를 일으키는 여러 원인은 갈수록 강화되고 있다.

해안과 강어귀의 환경악화에 관한 최근의 연구는 환경악화가 단일 요인이 아니라 다수 요인이 작용한 결과라는 증거를 보강해주고 있다.[8] 해안 지대의 환경악화는 매우 심각하여 의문의 여지가 없다. 연구는 다음과 같이 요약하고 있다.

이전에는 다양한 생물종이 살았고 번식도 활발했던 세계의 12곳 강어귀와 근해에서 일어난 변화의 시간대별 추이, 원인, 결과를 재구성해보면, 유사한 패턴이 나타난다. 인간 활동의 영향으로 전에는 중요한 종이었던 생물의 수가 90퍼센트 이상 격감했고, 해초와 습지 서식지의 65퍼센트 이상이 파괴됐으며, 수질이 악화되고 외래종의 침입이 가속돼왔다.[9]

그러나 인간의 영향에 대한 특이한 발견도 일반적인 관찰만큼이나 중요하다.

우리의 조사결과는 인간 활동의 영향이 따로따로 일어나지 않는다는 것을 시사한다. 생물종 격감 사례의 45퍼센트, 멸종 사례의 42퍼센트에서 일반적으로 남획과 서식지 파괴 등 인간 활동의 복합적인 영향이 개입돼 있었다. 육상의 멸종과 강어귀의 생물종 고갈에서 그러한 종합적 영향이 두드러졌다.[10]

심각한 환경악화에 대개 인간 활동의 복합적인 영향이 내포돼 있듯이, 악화된 생태계를 복원하는데도 대체로 복합적인 개입이 필요하다. "필름을 되감아" 상실된 생태계 서비스를 복구하려면, 인간 압력의 원천 하나만을 제거하는 것으로는 충분치 않다.

생태계 회복 사례의 22퍼센트는 인간 활동의 한 가지 영향, 대부분 남획을 제한함으로써 성공한 경우지만, 78퍼센트는 최소 두 가지 영향의 감축, 대체로 서식지 보호와 남획 제한, 환경오염 제거의 성과였다.[11]

그러나 슬프게도 일부 생태계의 악화는 복구가 불가능하진 않을지라도 극히 어렵다.[12] 물론 멸종된 경우에는 (적어도 현재의 기술로는) 복원이 불가능하다. 보다 일반적으로, 연구진들은 생태계 보전 노력으로 해안지대와 강어귀에 몇 가지 긍정적인 영향들이 나타나긴 했지만 "이전 생태계의 구조와 기능을 복원하는 데는 지금까지는 실패했다"는 사실을 발견했다.

## 중국과 전 지구적 환경

중국의 경제성장은 수억 인구의 삶의 질을 증진시키는 한편, 앞으로 몇십 년 안에 전 세계가 받게 될 스트레스를 예고하고 있다. 중국에 부자나라들의 잘 닦인 길을 따르지 말라고 이야기하는 건 어떤 면에서는 불공평하고 환경에 해악을 끼치는 죄로 보면 피차 오십보백보지만, 중국의 경제적 도약의 규모와 속도가 워낙 엄청나다 보니 이 나라가 전 지구 환경에 미치는 영향이 유독 실감나게 다가온다. 중국은 이미 전 지구에 거대한 변화를 일으키고 있고, 앞으로는 더할 것이다.

중국은 현재 일주일에 500메가와트짜리 석탄발전소 두 개에 상당하는 양을 추가로 건설하고 있는데, 1년 단위로 계산하면 그 건설 총량이 영국의 전력망 총계와 맞먹는다.[13] 지구의 기후변화에 미치는 영향은 실로 막대하다. 국제에너지기구는 화석연료 사용으로 발생하는 이산화탄소의 연간 배출량에서 중국이 이미 미국을 앞질렀고 따라서 앞으로 인간이 일으키는 기후변화의 최대 원인 제공자는 중국일 거라고 추정한다. 그 외에도 중국이 지구 환경에 미치는 영향으로는 대규모의 토질 악화로 인한 거대한 황사바람, 대기오염, 그리고 SARS(중증급성호흡기증후군) 같은 신종 전염병의 발생 등이 있다.

중국이 세계 전역에서 충당하고 있는 원자재 수요는 이미 막대한데, 그 수요가 갈수록 급증하면서 지구 환경과 경제에 다음과 같은 심대한 영향을 미치고 있다.

• 주로 육류 소비 급증에 따른 동물 사료를 충당하기 위해 브라질에서 엄청난 양의 콩을 수입하고 있는데, 그에 따라 브라질에서 콩 증산에 필요한 경작지를 확보하고자 아마존 삼림의 벌채 규모를

대폭 늘릴 가능성이 있다.

- 주거용 및 상업용 건축 붐을 떠받치기 위해 동남아시아와 아프리카에서 엄청난 양의 열대 경재(硬材)를 수입하고 있는데, 그에 따라 동남아 전역과 아프리카 일부 지역의 삼림파괴 규모가 크게 증가할 가능성이 있다.
- 중동과 카스피해 지방에서 석유를 대량 수입함으로써 전 세계 에너지 가격의 급등에 한몫을 하고 있고, 고가의 석유를 대체할 에탄올 추출용 옥수수를 재배하기 위해 토지를 개간하는 것과 같은 도미노 효과를 유발할 가능성이 있다.
- 전통 진미요리 재료와 최음제로 많이 쓰이는 이색적인 동물 제품을 합법 또는 불법으로 대량 수입함으로써 아프리카와 아시아의 몇몇 대형동물을 멸종시키는 등의 결과를 낼 수 있다.

이제 중국 경제의 총규모가 7~10년마다 2배로 커지고 있고 그에 따라 소비 수준이 무섭게 급상승하고 있다는 사실을 생각해보자. 한 가지 예를 들어보면, 2003년 현재 중국의 자동차 수는 약 2,400만 대로 인구 1,000명당 약 18대였다. 미국의 자동차 수는 약 2억 5,000만 대로 인구 1,000명당 약 800대였다. 중국의 연간 자동차 생산량은 이제 2000년의 200만 대에서 2006년에는 약 700만 대로 급증하고 있다.[14]

중국의 자동차 보유율이 2050년까지 오늘날의 미국 수준의 딱 절반에 이른다고 가정하면, 약 5억 6,000만 대의 중국인 자동차가 도로에 나다니게 된다! 그 증가분이 현재의 미국인 자동차 총 대수의 2배가 되는 것이다. 갤런당 주행연비가 현재 미국 수준의 2배가 된다고 해도, 그 석유 사용량과 탄소 배출량이 오늘날 미국의 운송부문 전체에서 쓰고 토해내는 양과 거의 맞먹게 된다. 이는 물론 꼭 그렇게 된다는 것이 아니라, 세계가 지금 그 위에 둥지를 틀고 앉아 있는 에너지-기후 화산의 규모를 생생하게 보여주는 또 하나의 예화일 뿐이다.

중국의 급증하는 식품 수요(특히 고기 소비량 증대), 전력 수요, 물 수요 등등에 관해서도 마찬가지로 깜짝 놀랄 계산이 가능하다. 이러한 계산이 뜻하는 바가 중국의 성장(혹은 중국을 포함한 전 세계의 성장)이 전 지구적으로 지속가능한 환경과 양립할 수 없다는 건 아니지만, 만일 지속가능한 기술, 즉 전기를 생산하고 자동차와 그 밖의 수송수단에 동력을 공급하며 식량을 재배하고 민물 자원을 이용하는 등의 새로운 방법들에 대한 넓고 깊은 이해가 따르지 않는다면 정말로 양립할 수 없게 된다.

## 급격한 환경변화

그런데 미래가 염려되는 또 한 가지 이유는, 인간에 의한 강제든 자연의 강제든, 강제력(forcing)이라 불리는 비교적 작은 규모의 밑바닥 동인이 엄청난 규모의 환경변화를 유발할 수 있다는 것이다. 작은 크기의 강제가 최초의 강제력을 증폭시키는 후속 변화를 일으키고 또 그것이 역시 같은 방향으로 힘을 가하는 보다 많은 변화를 유발할 경우, 그 작은 강제는 대단한 변화를 일으킬 수 있다. 일종의 연쇄반응이 일어나면서 전체적인 영향이 최초의 힘보다 훨씬 커지는 것이다.

그에 해당하는 예로, 지구 환경이 변해온 역사상 가장 기념비적인 사건, 즉 과거 200만 년 동안 빙하기와 간빙기가 반복돼왔던 일을 생각해보자. 대략 4만 1,000년 주기로 반복되던 빙하시대의 전성기와 후퇴기는 지구 궤도의 미묘한 변화, 특히 지구의 자전축 기울기와 태양의 둘레를 도는 공전궤도의 미세한 변화와 연관이 있다. 이러한 궤도 변화가 물리적 작용을 일으켜 빙하기의 진퇴를 유발하는 것이다. 과학자들은 지구 궤도의 변화와 빙하기의 진퇴가 일치한다고 이야기한다. 궤도의 변동이 육지와 바다에 들어오는 태양복사량에 영향을 미치고, 그에 따라 지구의 기온이 변한다는 것이다. 그런데 한 가지 흥미로운 사실이 있다. 궤도 변화에 따른 태양복사량의 변화를 꽤 정확하게 계산해낼 수 있다는 것이다. 하지만 이 변화를 보고 지구 기온이 변하는 방향은 알 수 있지만 변하는 정도는 알 수 없고, 따라서 빙하의 확장과 후퇴 주기도 알 수 없다.

지구에 들어오는 태양복사의 작은 변화가 지구의 기후 체계에 다른 변화들을 일으키고 그것이 다시 최초의 태양 강제력을 증폭시키는 일이 지금도 진행되고 있다는 사실을 과학자들은 깨달아왔다. 지구궤도의 변화가 이 과정을 촉발시키기는 하지만, 최종적으로 가장 큰 영향을 미치는 것은 그것이 아니다. 두 가지 피드백 효과가 매우 중요한 것 같다. 먼저, 궤도 패턴의 변화로 지구가 따뜻해지기 시작하면 얼음의 일부가 녹기 시작한다. 태양광선이 얼음에 닿으면, 광선은 대부분 반사되어 우주로 되돌아간다. (얼음이 이제 녹기 시작했으므로) 태양광선이 얼음이 아니라 바닷물이나 육지에 닿으면, 광선은 더 이상 우주로 반사되지 않고 지구에 흡수되어 지구를 더 따뜻하게 한다. 궤도 변화로 인한 최초의 온난화 작용이, 지구 표면이 얼음에서 바닷물이나 육지로 바뀐 변화로 인한 다음 차례의 온난화 작용을 유발하는 것이다. 지구가 태양복사를 흡수하지 않고 반사하는 정도를 지구의 반사율이라고 한다.

학술 용어로 이야기하자면, 궤도 변화로 인한 온난화가 지구의 반사율을 떨어뜨려 양의 피드백(positive feedback)을 유발한다고 할 수 있다. 더 따뜻해진 지구가 태양에서 오는 복사에너지를 더 많이 흡수하고 더 작은 양의 태양복사를 반사하여 우주로 돌려보낸다는 뜻이다. 두 번째 피드백에는 이산화탄소가 관련돼 있다. 궤도 변화가 바다를 따뜻하게 하면 바닷물에 녹아 있던 이산화탄소의 일부가 거품이 되어 대기 중으로 들어간다. 소다수에서 이산화탄소가 방출되는 것과 같은 이치다. 바다에서 방출된 이산화탄소는 온실가스로서, 지구를 더욱 따뜻하게 하는 작용을 한다.

포인트는 지구 궤도의 변화에 따른 최초의 작은 기온 변화가 두 가지의 증폭 피드백, 즉 반사율과 바닷물로부터의 이산화탄소 방출에 따른 지구 기온의 매우 큰 변화를 유발해왔다는 것이다. 작은 강제력이 이와 같이 매우 커다란 결과를 빚어낼 수도 있다. 빙하기의 진퇴 같은 것이 딱 그런 경우다! 생태계에는 그러한 양의 피드백이 충만하여, 지구 작용의 커다란 변화들을 일으키는 데 일조한다. 그리고 빙하시대 절정기에 지구의 반사율과 바닷물에서의 이산화탄소 방출이라는 양의 피드백을 유발한 것은 지구 궤도의 변화였지만, 지금 똑같은 역할을 하고 있는 것은 인간의 강제력이다.[15]

양의 피드백과 밀접한 관련이 있는 중요한 생태 현상이 하나 더 있는데, 바로 문턱효과(threshold effect)다. 자연에는 문턱이 많다. 약간의 기온상승이 죽음이나 흉작, 전염병 감염, 대륙빙하의 융해에 따른 해수면의 대폭 상승을 유발할 수 있다.[16] 백신을 사용하는 인구가 예컨대 50퍼센트에서 70퍼센트로 늘어날 경우 전염병이 완전히 사라질 수도 있다. 어떤 동물의 수가 약간 감소할 경우 멸종으로 가는 일련의 과정이 촉발될 수도 있다.

양의 피드백과 문턱효과가 자연계의 특징이라면, 급격한 변화(abrupt change)도 특징의 하나로 꼽을 수 있다. 자연계가 문턱을 통과한 다음 양의 피드백의 연쇄반응을 유발할 때 일어나는 극적인 변화다. 급격한 기후변화 연구 책임자인 나의 동료 월리스 브뢰커(Wallace Broecker)는 가장 유명한 메커니즘 중 하나를 폭넓게 연구해왔다.[17] 바로 방대한 양의 바닷물을 전 지구적으로 순환시키는 '대양 컨베이어 벨트' 패턴의 갑작스런 변화다. 지구가 최근의 빙하기에서 차츰 벗어나고 있던 1만 2,800년 전 무렵에 시작된 소빙하기, 신드리아스 사건(Younger Dryas event)이 그 중요한 예다. 지구의 점진적인 온난화로 북아메리카의 대빙하가 녹아내렸고, 그로 인해 거센 홍수가 일어나 대서양으로 엄청난 양의 물이 흘러들었다고 브뢰커는 설명한다. 북대서양에 갑자기 민물이 홍수처럼 밀려들자 바다의 열 순환 패턴에 변화가 일었고, 그에 따라 북대서양에 순식간에 대빙원이 형성되었다. 대빙원의 형성으로 지구의 반사율이 상승하는 양의 피드백이 일어나 기온이 더 하강하면서 빙원이 더욱 확대되었다. 그로 인해 결국 몇십 년 사이에 기온이 섭씨 3~5도 떨어지는 놀라운 변화가 일어났다. 이처럼 지구가 빙하기에서 벗어나며 오랜 기간에 걸쳐 서서히 따뜻해지고 있던 때에 갑자기 급격한 냉각기가 찾아왔고, 이 시기는 약 1,000년 동안 지속되었다.[18]

인간이 생태계의 한계를 압박해 들어감에 따라 우리는 때로 갑작스럽게 다가오는 그 결과에 경악할 수밖에 없는 상황에 처하게 되었다. 브뢰커가 이야기하듯이, 인간은 자연이라는 "야수를 무모하리만큼 찔러대고" 있는데, 자연은 처음 몇 번의 찌름은 무시해버리겠지만 이내 인간의 도발에 격렬한 반응을 보이게 될 것이다. AIDS, 멸종, 갑작스런 기상이변 등등이 계속되는 시대에, 압박당하는 자연이 뜻밖의 강력한 반격을 준비할 수도 있다는 사실은 이제 더 이상 낯선 이야기가 아니다.

생태계가 이전에는 전혀 경험한 적이 없는 수준의 복합적인 인간 강제력(인간의 영향)에 위협을 당하고 있는 지금, 우리는 예기치 못한 심각한 결과가 일어날 수도 있음을 예상하고 있어야 한다. 기후 체계는 문턱을 넘어설 때의 급격한 조건 변화에 취약하다. 지구온난화에 따른 기온상승은 어느 정도까지는 별다른 영향이 없을지 모르지만, 거기서 조금 더 상승할 경우에는 파멸적인 결과를 낳을 수 있다. 그린란드와 남극대륙의 거대한 대륙빙하가 해체되는 경계치를 넘어서거나 말라리아나 뎅기열 같은 전염병의 방아쇠를 당기는 때가 바로 그런 경우다. 생물종 개체수의 감소는 당혹스러운 일일 수 있으나, 그 생물종이 살아남을 수 없는 경계치 아래로 내몰리기 전까지는 아직 재앙이 아니다. 그리고 기온상승과 같은 한 가지 변화의 결과는 생태계가 다른 이유들로 동시에 압박을 받고 있지 않는 한 큰 문제가 아닐 수 있다.

또 한 가지 가능성은 우리가 신종 전염병의 연속적인 폭발을 겪게 되리라는 것이다. 어디서 연유했는지도 알 수 없는 질병이 갑자기 세계에 커다란 위험을 안기는 것이다. 근래의 예로는 AIDS, SARS, 유행성 독감, (돼지에서 인간에게 감염되는) 니파 바이러스 등이 있다. 이러한 신종 전염병들은 몇 가지 원인이 상호 연결되어 발생하는데, 모두 생태계에 대한 인간 활동의 압박 증대와 연관이 있다. 전염병은 대체로 동물 병원소에서 인간 병원소로 병원체가 옮겨지는 과정을 거치는데, 그 계기로는 (토지개간이나 야생동물 사냥 과정에서의) 인간과 동물 사이의 강도 높은 접촉, (사육장이나 그 밖의 산업적 목적에서의 집약적인 동물 사육 또는 기후변화로 인한 동물의 이동 패턴 변화 등에서 비롯된) 동물 서식지 변화, 그리고 비행기나 배, 인간에 의한 외래종과 병원체 운반 등을 꼽을 수 있다. 신종 전염병은 또한 기존의 병원체가 약제에 내성을 갖는 형태로 바뀌는 돌연변이 과정을 거치기도 한다. 이런 질병들이 일단 인간집단에 전염되면, 높은 인구밀도와 인간집단의 폭넓은 움직임으로 인해 감염자와 감염 취약집단의 접촉이 빈번하게 이루어지면서 질병의 전파를 촉진하는 경향을 보인다. 죽음을 부르는 신종 전염병의 급격한 변신과 갑작스런 출현이라는 실감나는 위험이야말로, 인간이 유발하는 전 지구적 규모의 변화를 소홀히 여기곤 하는 우리의 행태를 주목하고 재고하게 만든다.

과학적 증거들은 모두 한목소리로, "지금까지 별일 없었잖아"라는 말이 이제 더 이상은 붐비는 지구에 살고 있는 우리들의 지침이 될 수 없다고 절규하고 있다. 신중한 태도, 상호 연결된 지구 시스템에 관한 과학적 관심, 미래를 내다보며 함께 하는 약속이야말로 자연의 급격한 변화가 인간에게 주고 있는 진정한 가르침이다.

# 풍요의 역설

궁극적인 아이러니는 지구의 서비스를 독차지하는 데 성공한 인간의 위업이 한편으로는 인간의 몰락을 예고하는 것일 수도 있다는 사실이다. 우리가 결국에는 너무 좋아하다가 숨 막혀 죽어버릴 가능성은 충분하다. 빙하기 직후의 북아메리카 선조들이 대형동물군을 멸종시키고 다음 1만 년 동안 동물의 힘도 이용하지 못하고 가축 사육도 못하며 살았던 것과 똑같이, 우리 시대 사람들도 어쩌면 산업화의 일시적 성공을 전 지구적인 생태계 붕괴 상태로 몰아갈 가능성이 다분하다. 그러한 남획은 인간의 운명은 아니지만 우리의 잠재적 가능성이며, 국지적으로는 끊임없이 되풀이돼온 역사다. 재레드 다이아몬드가 유명한 연구서 《문명의 붕괴(Collapse)》에서 힘주어 이야기했듯이, 한 사회가 변화를 지속가능한 상태로 관리하는 데 자동적으로 이루어지는 것은 하나도 없다. 다이아몬드는 이렇게 지적한다. "그리하여 인간사회와 소규모 집단들은 별별 이유를 다 대가며 번번이 파멸적인 결정을 내릴 수도 있다. 문제를 예측하지도 못하고, 문제가 발생하는 순간 그것을 인식하지도 못하며, 문제를 인식한 후에 그것을 해결할 시도조차도 하지 못하고, 문제의 해결을 시도한 뒤에도 결국 실패하고 마는 것이다."[19]

복잡한 전 지구적 문제들은 세계 차원의 집단적 목표 설정, 과학적 증거에 대한 신뢰, 기술의 동원, 그리고 가장 중요하게는 앞을 내다보는 사고를 통해 해결할 수 있다는 것을 꼭 명심해야 한다. 생태학적 과제들이 '자가조절' 방식으로 저절로 해결되진 않는다는 것을 시급히 인식해야 한다. 우리가 이제껏 강조해온 시장은 스스로 알아서 이 문제를 풀려 들지 않는다. 사회적 기준만으로는 충분하지 않다. 정부들은 종종 참담할 정도로 시야가 좁다. 지속가능한 환경은 선택이 돼야 한다. 앞을 내다보며 사고하고, 생소할 정도로 협력하며 행동하는 전 지구 사회의 선택이 돼야 한다.

—————————— 04 ——————————

# 기후변화 문제의 해결

　근래에 지구의 기후는 극심한 괴롭힘을 당해왔다. 기록상 세계적으로 가장 기온이 높았던 열두 해 중 열한 해가 1995년에서 2006년 사이에 있었다. 세계 도처에서 심각한 가뭄이 빈번하게 발생했고, 카트리나 같은 거센 허리케인도 잦았다. 2003년 유럽에서 약 3만 명을 죽음으로 몰고 간 혹서와 같은 비정상적인 열파(극심한 이상고온)가 여러 지역을 덮쳤다. 지구가 따뜻해지고 있고 기후가 변하고 있다는 것은 의심할 바 없는 사실이다. 이러한 변화들은 인간이 유발한 것이라는 데 과학자들은 의견을 같이한다. 인류가 유발하는 기후변화는 환경에 닥치는 어떤 위험보다도 더 위험하다. 대규모의 기후변화는 생태계 전반을 파괴하며 세계 곳곳에 재앙과도 같은 곤경을 강요하기 때문이다. 우리가 강력한 대응 조치의 착수를 미루고 있는 사이에 그 위험은 점점 더 분명해지고 있다.

　기댈 언덕은 우리가 강력한 기술을 이용하여 그리 크지 않은 비용으로 기후 충격을 완화할 수 있을 것 같다는 점이다. 멍청하게 손 놓고 있다가 치르게 될 비용에 비하면 정말 헐값이다. 그러나 우리가 위험에 계속 눈을 감는다면 과학기술의 이용 가능성은 한낱 작은 위안에 그치고 말 것이다. 평소나 다름없는 길을 가는 시장의 힘만으로는 우리를 안전한 곳으로 안내할 수 없다.

# 온실가스 효과

온실가스로 불리는 기체들에는 이산화탄소, 수증기, 메탄, 아산화질소 등이 있는데, 이 기체들의 대기 중 농도 증가가 인간 유발 기후변화의 원인이다. 온실효과가 발생하는 것은 이 특정한 기체들이 마치 온실과도 같은 역할을 하기 때문이다. 지구로 오는 태양복사는 통과시키면서 그로 인해 발생하는 열은 가두는 것이다. 온실가스들은 특히 태양에서 지구로 오는 (짧은 파장의) 자외선을 그대로 통과시키는데, 자외선은 대기를 뚫고 들어와 지구에 도달한다. 지구는 태양복사열에 데워지면서 (긴 파장의) 적외선 에너지를 우주공간으로 방사한다. 온실효과가 작용하는 것은 바로 그 지점이다. 대기 중의 이 기체들은 밖으로 나가는 적외선의 일부를 흡수하여 열에너지를 대기 속에 가두고, 그럼으로써 지구의 온도를 높인다.

이 온실효과는 지구 지질학사의 필수 요소이며 지구에 사는 생명체들에게 없어서는 안 되는 것이다. 대기 중의 이산화탄소와 수증기를 비롯한 온실가스들은 수억 년 동안 존재해오면서, 지구의 기온을 이 기체들이 없는 상태보다 섭씨 15도 가량 상승시킴으로써 지구에 생명체들이 살 수 있는 환경을 조성했다. 간단히 말해서 온실가스가 없었다면 인간도 존재할 수 없었다. 인류세의 두드러진 특징은 인간이 이제 온실가스 농도 증대의 중요한 원인을 제공하고 있다는 것이다. 우리는 지구 자연계의 기반을 변화시키고 있다. 우리가 휘발유, 제트연료, 난방유, 천연가스 등의 화석연료를 태울 때마다 이산화탄소가 대기 중으로 배출되며 온실효과를 높인다.

기본적인 화학작용은 단순하다. 화석연료는 다양한 비율의 탄소와 수소로 이루어져 있다. 석탄은 주로 탄소이며, 약간의 수소와 불순물이 함유돼 있다. 석유는 주로 탄소 원자 하나마다 수소 원자 두 개가 결합된 메틸렌($CH_2$)이다. 천연가스는 메탄($CH_4$)이다. 화석연료가 탈 때 탄소(C)는 산소($O_2$)

와 결합하여 이산화탄소($CO_2$)를 만들며 수소는 산소와 결합하여 물($H_2O$)을 만든다. 만들어진 이산화탄소의 일부는 대기 중에 남는다. 삼림파괴도 화석연료 태우는 것과 거의 같은 효과를 낸다. 나무와 풀 속에 있는 탄소를 대기 중의 이산화탄소로 변환시키는 것이다. 불을 질러 숲을 농지나 목초지로 전환시킬 때는 그 효과가 매우 직접적이다.

이산화탄소가 인위적 기후변화의 압도적인 원인이기는 하지만, 인간 활동의 영향으로 발생하는 온실가스가 이산화탄소뿐인 것은 아니다. 수증기 역시 이산화탄소 증가가 일으키는 자연의 양의 피드백에 따라 늘어나고 있는 또 하나의 온실가스다. 더 따뜻한 공기에는 수증기가 더 많이 들어 있는데, 수증기 자체가 온실가스이므로 지구의 온도를 더욱 높이게 된다. 인간이 유발한 이산화탄소 증가로 야기된 온난화현상이 대기 중의 수증기 증가로 크게 증폭된다는 의미다. 그 밖에 메탄과 아산화질소($N_2O$) 또한 인간 활동의 영향을 강하게 받는 중요한 온실가스들이다. 메탄은 주로 탄소화합물을 소화하는 박테리아가 배출하는데, 이들이 메탄을 만들어내는 주된 장소는 다음 세 곳이다. 바로 물을 채워놓은 논, 트림과 방귀로 메탄을 방출하는 (대략 2:1 비율) 가축의 위장, 그리고 쓰레기매립지다. 그러니 인구증가와 생활수준 향상으로 가축 생산량이 크게 늘면서 대기 중의 메탄 농도도 대폭 상승해온 것이다. 메탄은 또한 석탄층, 유전, 가스전에서도 배출되고 바이오매스를 태우는 중에도 발생한다. 아산화질소는 인간의 질소비료 사용으로 발생한다. 그 밖에 인간이 만들어내는 또 다른 온실가스로는 불소화가스(특히, 육불화황SF6과 HFC, PFC)로 알려진 일군의 화학가스가 있다. 이 모든 온실가스의 억제가 중요하지만 가장 중요한 건 이산화탄소 억제이므로 이 장에서는 여기에 초점을 맞추겠다.

화석연료의 시대가 시작된 이래 인간의 화석연료 연소와 삼림개간으로 대기 중의 이산화탄소 농도가 280ppm에서 오늘날의 380ppm으로 증가해

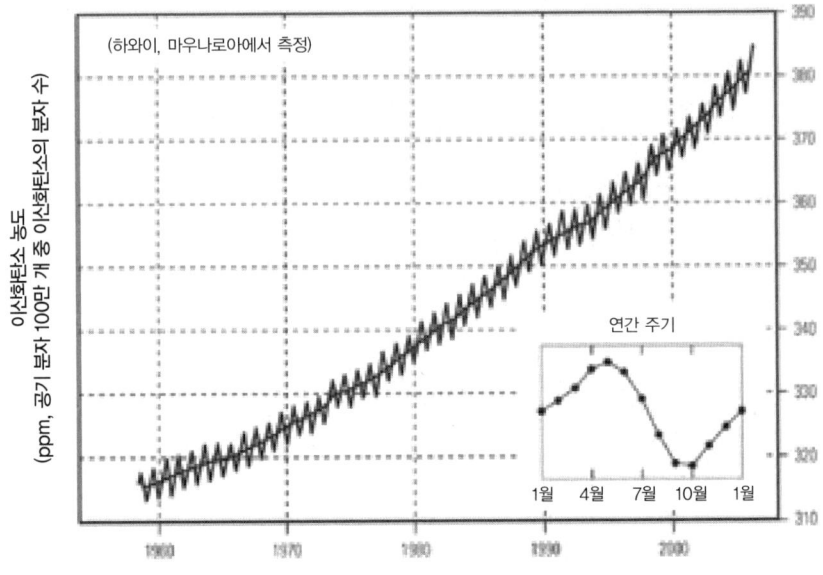

주: 매끄럽게 그려진 선은 연평균 수치

출처: 지구온난화 예술 프로젝트(Global Warming Art Project)의 로버트 로드(Robert A. Rohde)가 만든 이미지, http://www.globalwarmingart.com/wiki/Image:Mauna_Loa_Carbon_Dioxide_png

왔다. 〈그림 4.1〉은 킬링 곡선(Keeling curve)을 보여주고 있는데, 이 곡선에는 화석연료 사용과 삼림파괴에서 비롯된 지난 40년간의 이산화탄소 농도 증가 추세가 잘 나타나 있다. 과학자 랠프 킬링(Ralph Keeling)은 40여 년 전부터 하와이의 마우나로아 산 위 대기의 이산화탄소 농도를 측정함으로써 우리의 지식 확장에 감탄할 만한 공헌을 해왔다. 지역의 산업으로 인해 전 지구적 측정치가 왜곡되지 않을 외진 곳을 찾아 작업을 행한 것이다. 킬링 곡선은 주목할 만하다. 이산화탄소 농도의 장기적인 증가 추세와 더불어 연간 증감 주기를 함께 기록하고 있기 때문이다. 연간 증감 주기는 지구의 호흡으로 불려왔다. 지구상의 육지와 나무들의 대다수가 몰려 있는 북반구에서는 봄마다 삼림과 그 밖의 육상 식물들이 광합성 과정에서 대기 중의 이

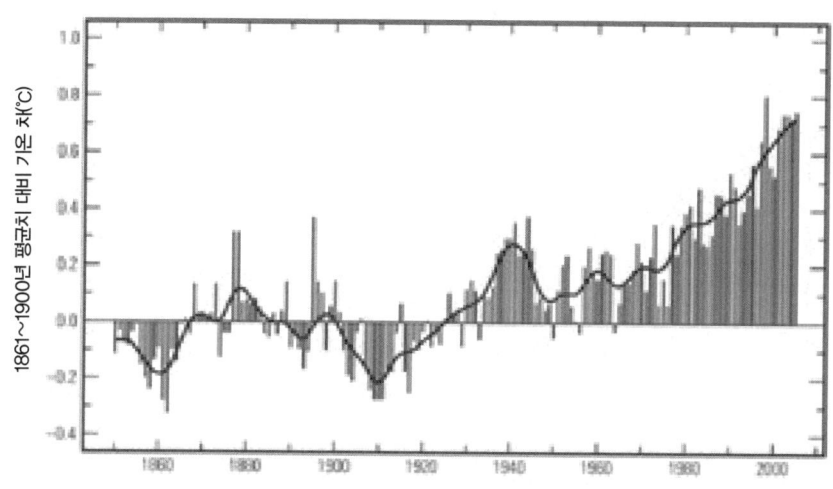

주: 막대는 각 연도의 평균치를 나타내며, 검은 선은 추세를 나타낸 것이다.
출처: Stern(2006)

산화탄소를 흡수하며 그 총량을 불려간다. 그에 반해 가을이 되면 죽은 나무와 마른 잎들이 분해되면서 이산화탄소가 다시 대기 중으로 방출돼간다. 그림에 연간 주기와 더불어 기절할 만큼 생생하게 나타나 있는 것은 이산화탄소 농도의 놀라운 증가 추세다. 킬링 곡선은 탄소 농도의 전반적인 추세(매끄럽게 그려진 선)가 1960년 이후 약 315ppm에서 오늘날의 380ppm으로 꾸준한 상승 곡선을 그려왔음을 보여준다. 1820년 무렵에 시작된 산업시대 이전의 이산화탄소 농도는 280ppm 수준에서 변함이 없었다.

이산화탄소와 여타 온실가스의 증가와 더불어 지구의 기온도 꾸준히 상승해왔다. 기상관측 기록에 따르면 〈그림 4.2〉에서 보듯이, 1850년 이후 지구는 이미 평균기온으로 섭씨 0.8도의 상승을 겪었다.[1] 이는 주로 이산화탄소 농도가 280ppm에서 380ppm으로 증가한 결과였다. 널리 알려지지 않은 것은 이산화탄소의 농도가 오늘날의 380ppm에서 더 이상 증가하지 않는다 해도 지구의 평균기온은 앞으로 섭씨 0.5도 가량 더 상승할 거라는 사실이다. 바다가 아직 오늘날의 이산화탄소 농도 380ppm을 충분히 반영할 만큼 다 데워지지 못했기 때문이다. 육지의 온도는 온실가스의 증가를 곧바로 반영하며 빠르게 상승하는 데 반해서, 바다의 온도가 상승하는 데는 훨씬 더 긴 시간이 걸린다. 이른바 열 관성(thermal inertia)이라는 현상 때문이다. 바다의 온도가 이미 진행된 이산화탄소 증가를 반영하며 차츰 상승해감에 따라 육지의 온도도 계속 올라갈 것이다. 온난화는 지구 전체에서 균일하게 진행되지 않는다. 북극과 남극에 가까운 고위도 지방이 적도 지방에 비해 더 따뜻해지는 경향이 있다. 온난화로 인해 (얼음이 녹는다든가 하여) 고위도 지방의 반사율이 더 크게 변하고, 그에 따라 지구 표면에서 훨씬 더 많은 양의 태양복사를 흡수하게 되는 것이 그 중요한 이유 중 하나다.

## 기후변화의 영향

온실가스의 이러한 효과들을 흔히 '지구온난화'로 요약하는데, 이는 지나친 단순화다. 대기 중의 온실가스 농도가 변하면 기온만 변하는 게 아니라 지구의 화학, 기후, 생물학적 작용의 다른 여러 측면도 함께 변한다. 이 효과들이 정확히 어느 정도인지는 확실치 않지만, 전 지구적으로 작용하며 인간사회에 깊은 영향을 미친다는 건 확실하다. 우리가 지금과 같은 진로를 계속 유지할 경우 그 영향은 더욱 커질 것이다. 대기 중의 이산화탄소 농도가 어떻게 변해갈 때 온실효과가 어느 정도로 나타나는지는 매우 불확실하다. 무엇보다도 양의 피드백 효과가 다양하게 발생하면서 인간이 이산화탄소를 배출하며 만들어낸 최초의 강제력을 극적으로 증폭시킬 수도 있기 때문이다. 하지만 온실가스 증가로 인해 육지와 바다 표면의 온도가 상승하며 강우, 폭풍, 바닷물 순환, 바람의 패턴을 비롯한 기후의 다른 요소들에 여러 가지 복잡한 영향을 미친다는 것은 분명하다. 최근에 이 복잡다양한 효과에 대한 두 가지 중요한 연구가 이루어졌다. 〈기후변화에 관한 스턴 보고서 (Stern Review on Climate Change)〉[2]와 〈기후변화에 관한 정부간 패널 제4차 평가라운드(Intergovernmental Panel on Climate Change Fourth Assessment Round)〉[3]가 그것인데, 그 내용을 요약하면 다음과 같다.

### 해수면 상승

해수면이 상승하는 이유는 다음 두 가지로 추정된다. 바다가 따뜻해지는 데 따른 바닷물의 열팽창과 그린란드와 남극대륙에 있는 거대한 대륙빙하의 융해 및 붕괴다. 해수면이 상승하면 해안지대가 물에 잠기고, 폭풍이 칠 때 일어나는 해일이 더 높아지며, 해안지대의 지하 대수층에 염분이 침투한다. 작은 섬 일부는 당연히 물에 완전히 잠긴다.

### 서식지 파괴

다양한 서식지의 기후와 화학적 조건이 변하면, 서식 범위가 한정돼 있거나 기후변화 시의 이동성이 제한적인 취약한 생물종들의 대량멸종 사태가 일어날 가능성이 있다. 기온이 상승할 때 달리 피할 곳이 없는 북극곰과 고산 생물종들이 일차적 희생물이 될 것이다.[4] 존재가 확인됐거나 아직 확인되지 않은, 크고 작은 생물 수백만 종이 멸종 위기에 처할 거라는 상세한 연구결과가 나와 있다.

### 전염병 증가

많은 전염병이 평균기온과 강수량을 비롯한 기후의 제약을 받는다. 기후 효과는 흔히 복합적이며 상호 영향을 미치는 경우도 많다. 예컨대 강수량이 감소할 경우, 동물종들이 물을 얻을 수 있는 곳이나 번식지가 줄어듦으로써 특정한 곤충매개 전염병이 활개를 칠 수 있다. 기온상승으로 인해 전염병에 감염되는 지리적 범위가 확대될 수도 있다. 예컨대 말라리아가 이제, 예전에는 기온이 너무 낮아서 병이 전파되지 않던 아프리카 고원지대에까지 확산되고 있다.

### 농업생산성 변화

기온상승, 생육기간 변화, 종의 구성 변화, 강수 패턴 변화로 인해 지역적으로 농업생산성에 변화가 일어날 수 있다. 예를 들어 생장기가 늘어나고 이른바 탄소 비옥화(carbon fertilization) 효과를 보고 있는 것 같은 고위도 지방 등 일부 지역에서는 생산성이 높아질 수도 있겠지만, 기온이 높은 건조지대를 위시한 다른 곳들에서는 생산성이 크게 떨어질 것으로 전망된다.[5] 일부 지역에서는 역효과가 심각할 것 같다. 더욱이 기후변화와 대기오염 증가가 상호작용을 하면서 곡물 생산성이 훨씬 더 크게 떨어지는 결과를 낳을 수도 있다.[6]

### 이용 가능한 물의 양 변화

기후변화로 인해 강우, 증발, 강물 흐름의 구조적인 변화가 유발될 것이다. 강우 패턴의 변화는 복잡해서 아직까지도 믿을 만한 모델을 만들기가 어렵다. 하지만 기온이 상승하면 증발산량(물의 증발량과 식물의 잎을 통한 증산량의 합)이 많아지므로 더운 지방에서는 빗물이 증발하기 전에 인간이 사용하거나 곡물 생산에 쓸 수 있는 양이 줄어들 거라는 사실은 알려져 있다. 또 기온이 상승하면 고산지대의 빙하와 눈이 녹는 속도가 빨라진다. 고산지대 아래쪽에 사는 수억 명의 사람들은 봄철과 여름철에 눈과 빙하가 녹은 물에 의지하여 살아가는데, 기후변화는 아시아와 아메리카의 넓은 지역에 사는 이들의 삶을 크게 위협할 것이다. 앞으로 수십 년 동안 산 아래쪽의 마을과 도시들은 빙하의 급속한 융해에 따른 홍수의 위협을 겪을 것이고, 빙하가 다 사라진 뒤에는 홍수 위험이 물 부족 위험으로 급변할 것이다. 해빙이 갈수록 이른 봄에 이루어져 농작물에 관개용수가 필요한 여름철 건기에 쓸 수 있는 물이 줄어들 것이다.

### 자연재해 증가

일반적으로 기온이 상승한 결과 기상이변이 심해질 것으로 예상된다. 태풍이나 허리케인의 전반적인 빈도에는 변화가 없을지라도, 태풍에서 방출되는 에너지가 증가하면서 대형 태풍이 발생하는 빈도가 잦아질 것이다. 지구 일부 지역에서는 홍수와 가뭄이 함께 증가할 것이다.

### 바다의 화학적 성질 변화

이산화탄소 농도의 상승으로 바다의 표층수가 산성화할 것이다. 바다의 화학적 성질이 변하면서 자신의 몸체 안에 탄산칼슘을 축적하는 산호, 조개류, 작은 플랑크톤 일부가 성장을 멈추거나 아예 죽어나갈 것이다. 물고기, 산호, 연체동물 등의 바다 생물과 인간의 삶 전반에 심각한 결과를 초래할 수 있다.

기온이 낮은 고위도 지방 일부를 비롯한 몇몇 지역에서는 이러한 변화들이 전체적으로 보아 긍정적인 영향을 끼칠 수 있다. 하지만 이 문제를 다루는 모든 연구는 예외 없이 다음과 같은 세 가지 중요한 결론에 도달하고 있다. 첫째, 부정적인 영향이 심대한 것 같다. 기후변화로 이득을 보는 층이 일부 있다 할지라도, 기후변화로 피해를 입는 층이 너무 많다. 둘째, 부정적인 영향이 긍정적인 영향보다 크다. 기후변화의 피해를 입는 층이 이득을 보는 층보다 수적으로 더 많을 뿐만 아니라, 피해자들의 피해액이 이득을 보는 이들의 이익보다 더 크다. 셋째, 평균기온이 더 상승하면 할수록, 총액으로 보든 차액으로 보든, 부정적인 영향이 더 큰 규모로 증폭될 것이다.

## 문턱과 급격한 기후변화

산업시대 이전 기준 온도에서 평균 섭씨 1도가 상승하는 데 따르는 전 지구적 비용은 그리 크지 않을 것이다. 다음 1도 상승, 즉 산업시대 이전 기준에서 2도 상승하는 데 따르는 비용은 앞서 1도 상승할 때보다 훨씬 클 것이다. 1도씩 올라갈 때마다 치르게 되는 비용은 정말 기하급수적으로 증가할 것이다. 이는 열병하고 똑같다. 체온이 섭씨 37도에서 37.5도로 상승하면 몸이 편치 않아진다. 0.5도가 더 올라가면 몸이 허약해진다. 0.5도씩 더 올라갈 때마다 그 위험도는 몇 배로 더 커진다. 체온이 3.5도 더 올라 40.5도가 되면 목숨을 잃을 수도 있다. 지구 기온의 변화도 마찬가지다. 미미한 것처럼 보이는 변화가 전례 없이 위험한 변화를 불시에 유발할 수도 있다.

이러한 비선형 효과가 일어나는 것은 자연계와 인체가 특정한 한계 온도에 다다랐기 때문일 것이다. 예를 들어 지구의 기온이 일정한 만큼 상승하면, 그린란드와 남극의 대륙빙하가 해빙, 진동하며 부서져 내릴 것이고, 그에 따라 물과 얼음이 육지에서 바다로 흘러들어 해수면이 높아지면서 해안 저지대에 사는 수억 명의 인구가 삶의 터전을 떠나지 않을 수 없게 된다. 기온이 일정 온도 이상으로 상승하면, 씨앗이 더 이상 싹을 틔우지 못하면서 농작물 수확이 곤두박질칠 수도 있다. 마찬가지로 말라리아 같은 질병이 지금은 이 병의 안전지대인 지역에까지 전염될 수도 있다. 기온이 일정 한계치 이상으로 올라가면, 토양의 수분이 너무나도 빠르게 증발하여 지금의 반건조지대가 경작이 전혀 불가능한 사막지대로 바뀌고 말 것이다. 또한 어떤 생물종이 생존할 수 있는 기온의 상하 한계치가 뚜렷한 경우가 많기 때문에, 기온이 일정 수준 이상으로 상승하면 많은 생물종이 멸종 위기에 내몰리게 된다. 이와 같은 예는 수도 없이 들 수 있다.

## 온실가스에 대한 기후감도

기후체계의 핵심 특징 중 하나는 온실가스 농도의 일정한 변화에 대한 평균기온의 반응이다. 과학자들은 이를 '기후감도(climate sensitivity)'라고 부르며, 이산화탄소가 산업시대 이전의 280ppm에서 560ppm으로 배증될 때 지구의 기온이 얼마나 상승할지에 초점을 맞춘다. 이산화탄소의 배증은 간편하고 쉽게 이해할 수 있는 계산단위일 뿐 아니라, 우리가 빠른 시일 내에 이산화탄소 배출을 줄이지 않고 2050년을 맞았을 때 인간이 일으킨 변화가 어느 정도일지를 보여주는 예상 수치이기도 하다.

기후감도를 측정하기 위해 과학자들이 이용할 수 있는 주요 도구에는 최소한 두 가지가 있다. 첫째는 수십만 년을 거슬러 올라가는 기후에 관한 기록 자체다. 기후학자들은 지구의 옛날 기온의 역사와 더불어 그 당시의 이산화탄소 농도를 밝혀낼 수 있는 독창적인 방법들을 개발해왔다. 얼음 표본과 암석 구성물, 지질학적 징표가 있는 그 밖의 다른 물체들에 미량 동위원소 측정법을 사용하여 데이터를 얻어내는 것이 대표적인 예다. 둘째는 과학의 기본 원리들을 토대로 온실효과가 얼마나 클지를 예측해내는 지구 기후체계에 관한 컴퓨터 모델을 이용하는 것이다. 세계의 과학자 그룹들이 사용하는 대형 기후 모델이 현재 20개 정도 있다. 이 모델들을 끊임없이 검토, 비교하면서 무엇이 우리의 과학 지식으로 삼기에 합당하고 무엇이 불확실한지를 알아낸다. 현재의 판단으로 기후감도의 범위는 현재 이산화탄소가 배로 늘어날 때 기온이 섭씨 2~4.5도 상승한다는 것이며, 섭씨 3도가 최고의 추정치로 인정받고 있다.

앞서 언급했듯이, 온실가스에는 이산화탄소만 있는 게 아니다. 각각의 온실가스는 지구온난화에 저마다 독특한 영향을 미친다. 다른 온실가스들에 대한 이야기를 다 하자면 복잡한데, 인간사회는 단지 이산화탄소만이 아니라 온실가스 모두에 대해 관심을 기울일 필요가 있다. 하지만 이산화탄소가 역시 가장 중요하다. 인간의 이산화탄소 배출량이 워낙 많고 증가 속도도 빠를 뿐 아니라 대기 중의 수증기 증가에 미치는 양의 피드백 효과 등까지 감안할 때 기후에 미치는 영향이 실로 막대하며, 다른 온실가스 중에는 배출을 억제할 경우 비교적 짧은 기간 내에 그 농도를 줄일 수 있는 것들도 있는 데 반해서 인간에 의한 대기 중의 이산화탄소 농도 증가는 오랜 기간 지속될 것으로 보이기 때문이다.[7]

## 온실가스의 궤도

온실가스 배출을 살펴볼 때 중점적으로 고려해야 할 세 가지 수치가 있다. 첫째는 배출량으로, 연간 배출되는 기체의 양이다. 둘째는 그 배출량 중에서 대기 중으로 순수하게 흡수되는 양이다. 이산화탄소가 배출될 때, 그 일부는 흙 속의 식물질이나 이산화탄소의 형태로 육지에 흡수되며, 일부는 바닷물에 용해된다. 현재 수준에서 최종적으로 대기 중에 흡수되는 양은 대략 절반 정도다. 실제 온실효과를 결정하는 것으로서 매우 중요한 세 번째 수치는 대기 중의 온실가스 농도다. 이 세 가지, 즉 배출량, 대기 흡수량과 육지 및 바다 흡수량의 비율, 대기 중의 농도를 두루 함께 추적하는 것을 '온실가스 예산'이라고 한다.

이산화탄소 예산을 살펴보자. 2007년 기준으로, 약 360억 톤(36기가톤)의 이산화탄소가 매년 배출되고 있다. 이 중 약 절반인 170억 톤이 대기 중으로 유입되고, 나머지는 육지와 바다의 '자연 하수구' 속으로 흡수된다.

대기 중에 연간 170억 톤이 추가되는 셈이니, 대기 중의 이산화탄소 농도는 그만큼 증가한다. 78억 톤 추가가 대기 분자 100만 개 중 하나(1ppm) 증가에 해당하므로, 연간 170억 톤이 더해진다는 건 대략 2ppm이 증가한다는 이야기다.[8] 우리가 화석연료 사용과 삼림파괴 예상치를 토대로 미래의 연간 배출량을 추정하고 또 그 배출량 중에서 대기 중으로 유입되는 비율을 계산해낼 수 있다면, 대기 중 이산화탄소 농도에 관한 미래의 시나리오를 작성할 수 있다. 그리고 기후감도를 알고 있으니, 탄소 배출 궤도에 상응하는 기온상승 범위도 알아낼 수 있다.

세계가 연간 약 2ppm의 증가를 유발하고 있는 현재의 이산화탄소 배출 속도를 계속 유지한다면, 지금으로부터 90년 뒤, 즉 21세기가 끝날 무렵에 이산화탄소 농도가 오늘날의 380ppm에서 산업시대 이전 농도의 배인 560ppm으로 증가한다. 이산화탄소가 2배로 느는 것은 종종 사회가 위험 상태로 진입하는 상한선으로 간주된다. 이산화탄소가 그 수위를 넘어서면 기후변화에 따른 피해가 통제 불가능할 정도로 커질지 모른다는 것이다. 그런데 지금까지의 행로를 볼 때 상황은 훨씬 더 나쁘다. 중국과 인도, 그리고 선진 세계경제에 수렴돼가는 여타 국가들의 급속한 경제성장으로 인해 이산화탄소 배출이 가파른 상승 곡선을 그리고 있기 때문이다. 그러한 급성장세를 감안할 경우, 이산화탄소의 배증은 2100년이 아니라 2050년(!) 무렵에 달성될 것 같다.

거기에 커다란 골칫거리가 하나 더 추가된다. 표준적인 계산에서는 배출량 중에서 육지와 바다의 하수구로 흡수되는 비율과 대기 중으로 유입되는 비율이 비교적 일정한 수준을 유지할 것으로 가정한다. 하지만 대단히 중요할 수도 있는 온실효과 예산의 피드백 효과들이 있다. 예를 들어 지구가 따뜻해지면 북반구 고위도 지방의 눈 덮인 툰드라지대가 해빙을 시작할 것이다. 툰드라지대의 눈이 녹으면, 흙에서 방대한 양의 탄소와 메탄이 방출되면서 커다란 양의 피드백 효과를 내게 된다. 마찬가지로 바다가 따뜻해지면 현재 바닷물에 용해되어 있거나 심해의 결빙된 메탄 하이드레이트 속에 갇혀 있는 엄청난 양의 이산화탄소와 메탄이 방출될 수 있다. 온대지방의 숲과 토양이 이산화탄소의 보다 성능 좋은 하수구가 되어 음의 피드백 효과를 내기도 하겠지만, 동시에 중위도 지방의 숲과 땅이 따뜻해져 이산화탄소를 방출하면서 양의 피드백 효과를 낼 것이다. 이러한 불확실성과 위험들에 또 미세한 영향들이 보태진다. 폭풍우와 바람의 증가로 대양의 패턴에 변화가 생겨나며, 대기로부터 이산화탄소를 흡수하는 바다의 능력이 저하될 가능성이 있다. 최근에 밝혀진 바에 따르면, 인간의 아산화질소, 메탄, 일산화탄소 배출의 결과물인 대기권 하층부의 대류권 오존 증가로 식물들과 곡물 작황이 피해를 입고 육지의 이산화탄소 흡수 능력이 심각하게 훼손될 수 있다고 한다.[9]

분석은 갈수록 복잡해지지만, 핵심 결론은 여전히 뚜렷하고 확고하다. 세계는 지금 온실가스가 가파르게 증가하는 추세에 있고, 그에 따라 이산화탄소 농도가 산업시대 이전의 2배로 늘어나는 건 불과 몇십 년 안의 문제라는 것이다. 거기에 만일 한 가지 이상의 양의 피드백이 끼어들 경우, 증가 추세가 예상보다 훨씬 더 빨라질 수도 있다. 그리고 우리는 옛 기후의 기록을 통해, 그중 어느 것이 우리 시대에 등장할 가능성이 높은지 비록 확신할 수는 없지만, 그러한 양의 피드백들이 많다는 걸 알고 있다.

## 인간의 위험한 간섭 예방하기

유엔기후변화협약(UNFCCC)은 전 세계적 행동의 올바른 기준을 마련했다. 협약은 명확하고 설득력이 있다. 협약은 "지구 기후의 변화와 그 역효과가 인류의 공동 관심사임을 인정"하면서 시작한다. 그런 다음 이 과제가 과학적으로 뒷받침된 것임을 알린다.

인간의 활동으로 대기 중 온실가스의 농도가 크게 증가해왔다. 온실가스의 증가로 자연적인 온실효과가 강화되면서, 지구 표면과 대기의 평균온도가 더욱 상승하는 결과를 낳고 자연 생태계와 인류에 그 역효과를 끼치게 될 것이다.

협약은 이어서 기본 목적으로 "기후체계에 대한 인간의 위험한 간섭을 사전 방지할 수 있는 수준으로 대기 중의 온실가스 농도를 안정시키는 것"을 설정한다. 현명하게도 협약의 목적은 단지 온실가스의 증가 속도를 늦추는 것이 아니라 온실가스의 농도를 안정시키는 것이다. 온실가스의 농도를 안정시켜야만 우리는 인간과 지구 생태계에 커다란 위험을 불러오는 기후의 문턱을 넘지 않을 수 있다. 열쇠는 이 목적을 수치화된 목표, 그리고 그것을 달성하는 데 필요한 경제나 그 밖의 정책적 목표들로 바꾸어내는 것이다.

물론, 협약 제정자들이 추후에 더 토론하여 결정할 여지를 남겨둔 UNFCCC의 목표에는 본질적으로 모호한 부분이 있다. 협약은 '위험한'이라는 표현을 쓰고 있는데, 우리는 "누구에게 위험한 것을 말하는지?" 물어야만 한다. 세계에서 가장 큰 타격을 받고 있는 곳? 아니면 평균적인 영향이 위험 수위를 넘어설 때? 아니면 협약 조인국 하나하나에 위험한 영향이 미칠 때? 단지 인간에게 위험한 걸 뜻하는가, 아니면 멸종 위기에 내몰릴지도 모를 북극곰과 같은 다른 생물종들에게도 위험한 걸 뜻하는가? 그 위험은 분명한 것이어야 하나, 아니면 가능성을 말하는 건가? 가능성을 말하는 거라면, 어느 정도의 확률이어야 하나? 최근에 나의 동료 제임스 한센(James Hansen)과 몇몇 공저자가 이 문제 및 그와 연관된 문제들에 대해 탁월한 조사와 분석을 해왔다.[10] 한센의 결론은 인간의 간섭이 우리가 알고 있는 것보다 훨씬 더 위험 수위에 가까워졌다는 것이다.

한센은 기후 모델링 작업과 옛 기후 기록들의 검토를 거쳐 우리가 몇 가지 위험의 잠재적 문턱에 도달해 있다고 주장한다. 그린란드와 남극의 대륙빙하 붕괴가 그 한 예인데, 대륙빙하가 붕괴할 경우 큰 폭의 해수면 상승, 세계 해안지대 인간 거주지의 엄청난 손실, 기상이변 증가, 서식지 변동으로 인한 멸종 사태를 야기할 수 있다는 것이다. 유럽의 정책 결정자들과 여러 과학자들 사이에 지배적인 견해는 지구 평균기온이 산업시대 이전보다 섭씨 2도 상승하는 것이 위험의 문턱이라는 것이었다. 기후 모델들이 암시하는 바를 감안할 때 이산화탄소를 '2 × $CO_2$', 즉 산업시대 이전 수준의 2배 밑으로 안정시켜야 한다. 산업시대 이전 수준이 280ppm이므로, 이들의 권고는 이산화탄소 농도가 560ppm에 이르지 못하도록 450~460ppm 수준에서 저지해야 한다는 것이다.

한센은 보다 엄중한 자세를 취한다. "2000년 수준보다 섭씨 1도를 상회하는 지구온난화가 진행될 경우 매우 파괴적인 영향이 미칠지 모른다"는 증거를 발견하고 있기 때문이다. 그렇다면 안정화 목표치를 2 × $CO_2$보다 훨씬 더 긴박한 수준으로 맞추어야 하고, 한센은 실제로 이산화탄소가 450ppm을 넘지 못하게 해야 한다고 주장한다. 그의 주장 중 한 가지 중요한 것은 그린란드와 남극의 대륙빙하가 종래에 생각했던 것보다 훨씬 덜 안정적일 수 있다는 것이다. 대륙빙하의 전통 모델에서는 이 거대한 빙하가 위에서부터 서서히 녹아내릴 것으로 전망했다. 새로운 연구는 대륙빙하가 보다 복잡하고 가속적인 붕괴 과정을 거치며 사실상 부서져내려 바다 속으로 미끄러져 들어갈 수도 있음을 시사한다. 예를 들어 남극 대륙빙하의 일정 부분은 물속의 빙붕이 떠받치고 있는데, 바다가 따뜻해지면서 이 빙붕이 약해져 도리어 "대륙빙하의 급속한 축소 또는 붕괴를 유발할 수도 있다"는 것이다. 또한 대륙빙하 위에서 얼음이 녹아 생긴 물이 빙하의 크레바스를 통해 얼음이 육지 표면에 맞닿아 있는 빙하 밑바닥까지 흘러내려와, 빙하를 바다 속으로 미끄러뜨리는 윤활유 역할을 할 수도 있다. 서서히 녹아내리는 게 아니라 갑작스런 붕괴라 할 만한 이런 사태가 일어날 경우, 해수면이 몇 미터씩 상승하면서 전 세계에 엄청난 영향을 미칠 수 있다.

2040년 또는 2050년의 정확한 목표를 잡기란 지금으로서는 그리 쉽지 않을 수 있다. 과학적 증거가 아직 불확실하기 때문이다. 신중한 사람들은 안정화 목표치를 낮게 잡지만, 목표치를 지나치게 낮게 설정할 경우 온실가스 안정화에 소요되는 경제적 비용이 엄청나게 늘어날 수 있다. 세계적인 합의는 여전히 450~560ppm이라는 장기 목표치에 가까운 수준에 머물러 있지만, 한센의 경고가 세계에 강력한 영향을 끼치면서, 과학자들과 정책 결정자들로 하여금 스스로의 가정을 다시 돌아보면서 가능하다면 목표치를 훨씬 더 긴박하고 기후학적으로 신중한 수준으로 수정하도록 만들고 있다.

## 탄소 관리

목표치가 정확히 얼마든, 우리는 이제 문제의 핵심에 도달했다. 세계는 한 세대 전에는 생각지도 못했고 몇 년 전까지만 해도 많은 사람이 모르고 있던 새로운 과제를 마주하고 있다. 이름 짓자면 탄소 관리(carbon management)라고 할 수 있는 문제다. 세계는 대기 중의 이산화탄소 농도가 안전한 수준에 머무르도록, 특히 인간사회와 생태계에 파괴적인 영향을 미칠 수 있는 위험한 문턱에 다다르지 않도록, 전 지구의 탄소 예산을 관리해야 한다. 탄소 예산을 관리하려면, 그 구성요소들을 정확히 파악한 다음 인간 활동에 의한 억제 효과가 가장 높은 지점들을 공략해 들어가야 한다.

탄소 예산에 관한 나쁜 소식은 지구상에 살고 있는 우리들 하나하나가 차를 몰고, 화석연료로 생산한 전기를 사용하고, 음식을 먹고, 땔감을 사용하

**〈표 4.1〉 2007년의 이산화탄소 총배출량 (기가톤, 백분율)**

|  | 기가톤(GT) | % |
|---|---|---|
| **총배출량** | 36 | 100 |
| **화석연료** | 29 | 81 |
| 배출원: 전기 | 11.5 | 32 |
| 산업 | 8 | 22 |
| 교통 | 6.5 | 18 |
| 주거 | 2 | 6 |
| 상업 | 1 | 3 |
| **삼림파괴** | 7 | 19 |

출처: 화석연료 사용에 따른 이산화탄소 배출량은 국제에너지기구(International Energy Agency)의 2005 년도 추정치(2007년 발표)를 토대로 2005~2007년 동안에 각 범주가 똑같이 매년 2.3퍼센트 증가한 다고 가정하고 2007년 배출량을 추산했다. 삼림파괴로 인한 배출량은 세계자원연구소(World Resources Institute)의 2000년도 추정치(2007년 발표)를 토대로 연간 7기가톤이라는 수치를 추산해냈다. 산업 부문에는 화석연료 사용에 따른 배출량만이 아니리 원료의 직접 변형에 따른 시멘트로부터의 배출량 도 합산돼 있다.

는 등 수천 가지 행동을 하면서 탄소 순환에 가담하고 있다는 것이다. 탄소 예산 전체를 파악하는 건 너무나도 복잡한 일로 느껴지기 쉽다. 우리들 하 나하나가 자신의 탄소 예산이나 탄소 발자국(탄소와 관계된 우리들의 행동 을 일컫는 용어)의 조절에 나설 경우에는 더욱 복잡해진다. 하지만 탄소 배 출량의 대부분이 몇 가지 범주의 활동 결과물이라는 사실을 알면, 그림을 단순화할 수 있다. 실용적으로 분류하면 〈표 4.1〉과 같다.

탄소 예산을 관리하기 위해 우리 사회 전반을 다 뜯어고칠 필요는 없지 만, 다음 여섯 가지의 중요한 활동에는 정면으로 부딪쳐야 한다.

- 삼림파괴의 속도를 늦추거나 중단해야 한다.
- 전력 생산 시의 배출량을 줄여야 한다.

- 자동차의 탄소 배출량을 줄여야 한다.
- 몇몇 주요 부문(특히 철강, 시멘트, 정유, 석유화학)의 산업공정을 정화해야 한다.
- 자동차, 가전제품, 조명, 난방 등의 전력 효율을 높여 전기를 절약해야 한다.
- 건물 내의 점배출원(예컨대 난로)을 저탄소 전기로 가동되는 전기 설비로 바꾸어야 한다.

  이것은 분명히 커다란 과제들이지만, 모두 관리가 가능한 것들이다. 사실 어느 정도의 경제적 인센티브만 주면, 이산화탄소 배출량을 대폭 줄일 수 있다.

  몇 가지 기술적으로 선택 가능한 것들을 잠시 생각해보자. 흥미롭게도 삼림파괴는 그 속도를 늦추거나 중단시키기가 가장 쉬운 과제 중 하나다. 현재 진행되고 있는 삼림파괴는 대부분 경제적 가치가 크지 않다. 예컨대 아마존 같은 곳의 숲을 개간하여 새로운 목초지를 만들고 있는데, 이곳은 생산성이 낮은 땅이라서 개간 후 얼마 지나지 않아 곧 버려지고 만다. 지역 사회에 숲을 목초지로 만들지 않고 삼림을 보존하는 대가를 지불하는 등의 약간의 경제적 인센티브만으로도 현재 벌채를 유발하고 있는 미미한 경제적 인센티브를 상회할 수 있다.

  전력 생산 시의 배출량을 줄이는 과제는 그보다는 훨씬 복잡하지만, 역시 해결할 수 있는 문제다. 발전 부문에서 배출량을 줄이는 방법으로는 다음과 같이 크게 세 가지가 있다. 첫째는 킬로와트시(kWh)당 생산량을 높이는 등 전력사용 효율을 증대하는 것이고, 둘째는 발전 부문에서 바람, 태양, 물, 지열, 바이오연료, 원자력 등 비화석연료 에너지원의 비중을 높이는 것이며, 셋째는 탄소포집격리(CCS)라는 기술로 화석연료 발전소에서 나오는 이산화탄소를 포획하여 안전하게 저장하는 특수공학처리방법이다.

이러한 옵션들에 대한 전문가들의 평가는 위원회의 몇 가지 결론과 일치한다. 첫째, 소비자들의 의식이 향상되고 정부의 R&D 지원이 증가할 경우 에너지 효율을 대폭 높일 수 있다. 둘째, 에너지 효율만으로는 탄소 배출량을 줄이는 데 충분치 않다. 2050년이 되면 세계경제 규모가 6배로 커질 것이다. 에너지 효율을 높여 전력 사용량 상승폭을 그 절반 수준으로 묶는다 해도, 2050년의 세계 전력 사용량은 지금의 3배로 늘어난다! 셋째, 재생가능 에너지와 원자력 등의 비화석연료 에너지원이 중요한 역할을 하겠지만, 이 역시 지금부터 2050년까지의 전력 생산 시에 배출되는 탄소량을 줄이는 데는 한계가 있다. 넷째, 석탄을 비롯한 여러 종류의 화석연료가 여전히 값싸고 풍부한 에너지원으로 널리 쓰일 것이다. 다섯째, 탄소포집격리 기술이 공학자들의 현재 예측대로 비용효율이 높은 것으로 입증된다면, 이 CCS 옵션이 매우 중요해진다. CCS가 타당성이 있는 것으로 판명될 경우, 세계는 이 기술을 이용하여 석탄과 같은 저가 화석연료를 기후에 해를 끼치지 않는 방식으로 계속 사용할 수 있게 될 것이다.

최고 수준의 공학 예측에 따르면, 전력 생산 시의 탄소 배출량을 현재의 통상적인 수준 아래로 낮추는 데 이산화탄소 1톤당 10~50달러 정도의 비용이 드는 것으로 추산한다. 환산하면 킬로와트시(kWh)당 1~5센트 정도로, 그리 비싸지 않아 감당할 만한 수준이다. 바람이나 태양의 힘을 이용하기에 특별히 유리한 곳이나 탄소 격리에 유리한 지질을 가진 곳에서는 비용이 더 낮아질 것이다. 다른 일부 지역에서는 비용이 더 올라갈 수도 있다. 비용이 전체적으로 얼마나 들어갈지는 이러한 바탕 기술들을 종이 위에서 실천 현장으로 끌어내는 데 필요한 R&D에 얼마나 많은 공적 투자를 하느냐에 따라 달라질 것이다. 초기 R&D 투자가 크면 클수록, 이산화탄소 배출을 줄이는 데 드는 최종적인 톤당 비용은 그만큼 더 줄어들 것이다. 여하튼 우리가 한 걸음 앞서 생각하고 계획한다면 그 비용이 그렇게 많이 들어갈 것 같지 않다.

자동차의 이산화탄소 배출에 관해서는, 최근에 와서 휘발유와 배터리의 힘을 결합하여 사용하는 새로운 하이브리드 기술로 갤런당 주행거리를 대폭 늘릴 수 있다는 사실을 우리 모두 알게 되었다. 그 기술은 이미 동력전달 방식에 따라 달라지는 일부 자동차 모델의 갤런당 주행거리를 2배가량 늘려놓고 있다. 하이브리드 기술을 전력망에 접속시키면, 갤런당 주행거리를 거기서 다시 2배로 연장할 수 있다.[11] 매일같이 처음 40마일 가량은 주로 배터리의 힘만으로 주행하고 배터리가 다하거나 최대 파워가 필요한 경우에 대비하여 휘발유를 예비용으로 싣고 다니는 것이다. 차를 벽에 붙은 콘센트에 꽂아 재충전시키는 것은 배전망에 부하가 덜 걸려 수천만 대의 차를 한꺼번에 재충전할 수 있는 밤 시간대를 이용한다. 이렇게 하면 현재 휘발유 1갤런당 25마일 안팎인 자동차의 주행거리를 머지않아 갤런당 100마일로 확실하게 끌어올릴 수 있다. 이러한 플러그인 하이브리드(plug-in hybrid) 기술은 거의 완성됐고, 배터리 기술만 조금 더 개량되면 실용화된다. 물론 이 기술에 따른 순이익을 좌우하는 것은 매일 밤 하이브리드카를 재충전하는 데 필요한 전기를 어떤 기술로 생산하느냐는 것이다. 만일 자동차의 동력을 휘발유로부터 표준적인 석탄발전소에서 생산되는 전기로 단순 치환하는 것뿐인 경우, 그 이익은 그리 크지 않을 것이다. 휘발유를 재생가능한 에너지원으로 만드는 전기 또는 이산화탄소를 포획, 격리하는 발전소에서 생산하는 전기로 치환할 때, 그 이익은 커진다.

플러그인 하이브리드 옵션은 곧 이용할 수 있을 것 같고, 그 기술을 청정전기와 결합시킬 경우 매우 낮은 비용으로 탄소 배출량을 줄일 수 있게 된다. 예컨대 배터리 추가 비용이나 청정전기 생산 및 송전 비용 등등, 종래의 엔진을 플러그인 하이브리드 엔진으로 바꾸는 데 소요되는 비용 전체를 계산하는 것은 간단한 일이 아니지만, 어림하건대 플러그인 하이브리드 자동차는 톤당 25달러 미만의 비용으로 이산화탄소 배출량을 줄일 수 있다. 사실 배터리 비용만 충분히 낮아진다면, 연료 절감만으로도 본전은 뽑고 남는다. 또한 가벼운 자재와 (생태적, 경제적으로 건강한 방식으로 생산된) 바이오연료 사용과 같은 다른 자동차 기술로도 주행연비를 크게 개선하고, 그럼으로써 저비용 또는 무비용으로 주행거리당 이산화탄소 배출량을 줄일 수 있다는 점도 언급하지 않을 수 없다. 대중교통수단을 더욱 편리하게 만드는 것, 자전거 타기나 걷기를 권장하는 것 또한 마찬가지다. 요컨대 자동차의 탄소 배출량을 줄일 수 있는 대규모, 저비용의 해결책은 많다.

산업 부문의 해결책도 있다. 철강, 시멘트, 정유, 석유화학 등 몇몇 산업 분야에서 배출하는 탄소량이 산업 부문 전체 배출량 중 압도적인 비중을 차지한다. 이 산업들에는 탄소 배출량을 저비용으로 줄일 수 있는 좋은 방법들이 있다. 발전소와 마찬가지로, 큰 공장들에서는 저비용으로 자신들이 만들어내는 이산화탄소를 포획, 격리하고 자신들의 파이프라인을 발전소의 이산화탄소 파이프라인에 연결시키는 방법을 찾을 수 있다. 많은 공장이 또한 석탄이나 석유를 때던 것을 전력망의 전기를 사용하는 방식으로 전환할 수 있는데, 이는 전력망의 전기가 저탄소 방식으로 생산되기만 한다면 당연히 유익한 전환이다. 공장들에서는 또한 화석연료를 태양에너지나 수소연료전지와 같은 현지의 대안 에너지원으로 전환할 수 있다(수소연료전지의 경우, 수소가 저탄소 방식으로 만들어지기만 한다면 유익한 전환이다). 그 조합과 치환 방식은 끝이 없다. 저비용으로 탄소 배출을 줄일 수 있는 가능성은 이처럼 무궁무진하다.

강력한 성과를 낼 준비가 된 또 하나의 영역으로, 그린 빌딩(green building)이 있다. 주택이나 상업용 건물을 화석연료를 덜 사용함은 물론 에너지 사용량 자체를 줄일 수 있는 방식으로 설계하는 것이다. 그린 빌딩은

(태양광 자체와 태양전지판을 이용하여) 태양복사를 효율적으로 활용하고, 쓰레기와 물을 재활용하며, 성능 좋은 단열재를 사용하고, 빗물을 모아 활용할 수 있도록 설계된다. 건물 내의 난로와 보일러는 전력망에 접속되어 (전기가 저탄소 방식으로 생산될 경우) 탄소 배출을 줄일 수 있는 전기설비로 전환된다.

## 탄소포집격리 기술에 관한 추가 설명

우리 앞에 놓인 가장 중요한 에너지 문제는 화석연료가 곧 고갈될 것인지 여부(답은 21세기에는 아니라는 거다)가 아니라 우리가 화석연료를 안전하게 사용할 수 있는지 여부다. 우리가 현재의 화석연료 사용량을 급격하게 줄일 경우, 그 경제적 파급효과가 매우 커서 세계의 일부 빈곤 지역의 경제 발전이 질식해버릴 수도 있다. 따라서 화석연료를 태울 때 만들어져 나오는 이산화탄소를 붙들어서 안전하게 저장할 수 있는 기술을 개발하고 이용할 수 있도록 모든 노력을 다 기울이는 것이 중요하다.

탄소를 포집하여 격리한다는 기본 아이디어는 이미 검증되었다. 발전소의 배연가스에서 이산화탄소를 모아 파이프라인 속에 집어넣은 다음 지질학적 저장소로 뿜어 보내는 것은 가능하다. 그 전 과정이 〈그림 4.3〉(책 중간에 삽입된 컬러 도판 페이지를 보라)에 그려져 있다. 포집이란 발전소나 석유화학, 시멘트 공장 등지에서 이산화탄소를 모으는 과정을 말하고, 격리란 그것을 지질학적으로 처리하는 것을 말한다. 과제에서 가장 어려운 부분은 매년 수십억 톤씩 발생하는 이산화탄소를 수용할 수 있을 만큼 넓고 안전한 저장지점을 찾는 일이다. 공학자들이 탄소를 저장하는 방법을 알고 있고 또 소규모로는 이미 시행하고 있지만, 대규모 저장방법은 아직 검증되지 않았다. 신뢰성이 가장 높은 저장방법은 이산화탄소를 지하 저장소에 주입하는 것인데, 그러한 저장소들로는 버려진 유정, 이산화탄소가 광물과 반응하여 탄산마그네슘 같은 안정된 고체를 형성하는 현무암층과 같은 지질구조, 이산화탄소가 고체 형태를 띠며 가라앉는 대양저 밑바닥, 염분이 있는 물이 갇혀 있어 방대한 양의 이산화탄소를 저장할 수 있는 지하의 염수 대수층 등이 있다.

포집 자체에 관해서는 두 가지 계열의 사고가 있다. 표준적인 생각은 발전소나 시멘트 가마, 제강로 등의 배출원에서 이산화탄소가 대기 중으로 배출되기 전에 붙잡아야 한다는 것이다. 획기적인 기술로 판명될 가능성이 있는 흥미로운 대안의 사고는 특수화학공정을 통해 대기 중에서 직접 이산화탄소를 포집한 다음 그것을 격리시키는 방안이다. 대다수의 공학자들은 발전소나 그 밖의 대규모 산업시설에서 이산화탄소를 포집하는 것이 대기 중에서 이산화탄소를 포집하는 것보다 비용이 훨씬 적게 들 거라고 생각해왔다. 발전소에서 나오는 배연가스의 이산화탄소 농도가 높으므로 거기서 이산화탄소를 추출한 다음 파이프라인을 통해 최종적인 지질학적 저장소로 보내는 것이 상대적으로 값이 싸게 먹힐 거라는 생각이었다. 반면에 나의 공상가 동료 클라우스 래크너(Klaus Lackner)와 몇몇 사람들은 대기 중에서 이산화탄소를 포집하는 편이 훨씬 유리할 거라고 지적해왔다. 첫째 이유는 항공기처럼 배출원에서 원천적으로 이산화탄소 배출을 억제하기가 쉽지 않은 곳으로부터의 배출에도 대처할 수 있다는 것이다. 둘째, 대기 중에서 이산화탄소를 포집하는 것은 탄소 격리에 매우 유리한 조건을 지닌 지질학적 저장소 근처에서도 할 수 있기 때문에, 발전소에서 최종 처리저장소까지 이산화탄소를 운반할 값비싼 파이프라인 같은 것이 불필요해진다. 셋째이자 가장 중요한 이유로, 대기 포집 방식을 채택하면 인간이 어느 때라도 현재 배출하고 있는 것보다 더 많은 양의 이산화탄소를 포집, 격리함으로써 이전의 이산화탄소 증가분을 역류시킬 수 있다! 달리 말해서, 발전소에서 이산화탄소를 포집함으로써 얻을 수 있는 최대의 성과는 새로운 배출을 막는 것이다. 대기 포집 방식을 쓰면 우리가 지금까지 배출해온 이산화탄소도 저장소에 격리시킬 수 있다.

CCS 기술의 채택이 화석연료를 계속 안전하게 사용하는 데 매우 중요하므로, 이 기술을 연구, 개발하고 검증하는 의제를 적극적으로 긴급하게 추진할 필요가 있다. 기후변화에 관한 정부간 패널(IPCC)에서는 2006년 CCS에 대한 중요한 배경연구 결과를 발표하면서, 검증이 거의 끝난 이 기술을 사용할 경우 표준적인 석탄발전소 이상으로 탄소를 포집, 격리하는 데 드는 추가 비용이 전력 1킬로와트시(kWh)당 1~3센트 수준으로 그리 비싸지 않다고 주장했다. 다시 말해서 이산화탄소 1톤을 줄이는 데 대략 10~30달러가 든다는 이야기다.[12] 최선의 선택은 각기 가스화복합발전(IGCC)과 순산소연소(oxyfuel combustion) 기술로 알려진 두 가지 새로운 방식의 발전소가 될 것 같다. 이 기술들은 전망이 매우 밝지만, 아직 실제로 검증되지는 않았다. 발전소 설계 과제와 더불어 CCS 기술이 안고 있는 또 다른 큰 문제는 대규모의 장기적인 이산화탄소 지하 저장소의 타당성이다. 어떤 종류의 지질층이 이산화탄소 격리 장소로 안전하고 튼튼하며 비용도 비교적 적게 들까? 이것이 현재 지질학자, 공학자, 경제학자들의 우선적인 관심사다.

## 화석연료를 대체할 에너지

비화석연료 에너지원이 세계 에너지 공급에서 의미 있는 비중을 차지하고 또 그 비중이 점점 커질 거라고 기대하는 것은 합리적이다. 화석연료가 앞으로도 몇십 년쯤 더 우세하겠지만, 장기적으로 보면 대안의 비화석연료들이 우위를 점하게 될 것이다. 풍력, 수력, 조력, 바이오연료, 지열에너지가 특정 지역에서는 경쟁력이 충분한 것으로 보이지만, 하나하나마다 나름의 한계가 있다. 이 에너지들은 유리한 지역적 조건에 의존하며, 그 자체로 전 지구적 대안의 해결책으로 이용되기에는 무리가 따른다. 대규모의 비화석연료 대안 에너지로 부상할 수 있는 것은 원자력과 태양에너지일 것으로 전망된다. 원자에너지의 제약은 일차적으로는 핵확산 공포를 중심으로 한 안전 문제일 것이다. 또한 핵폐기물에 대한 우려로 인해 환경과 정치의 문제도 대두된다. 가장 크고 안전하며 가장 오래 지속될 에너지원으로서의 잠재력을 지닌 태양에너지는 현재 값이 너무 비싸지만, 몇십 년 동안 대규모로 R&D가 이루어질 경우 실용적이고 매혹적인 대안 에너지원으로서 당당한 위용을 드러낼 거라고 예상하는 건 전혀 무리가 아니다. 행복하게도 지구에 도달하는 태양복사량은 우리 사회의 상업적 에너지 사용량의 약 1만 배 정도 된다. 거둬들일 수 있는 태양에너지는 실로 방대하고, 우리는 아직 그 길에 채 발을 내딛지도 않았다.

태양력의 여러 가지 잠재 형태 중 하나가 광합성의 산물인 바이오연료다. 요즈음 바이오연료에 대한 붐이 일고 있는데, 그중 브라질의 사탕수수나 미국 중서부 지방의 옥수수 같은 곡물에서 추출하는 에탄올이 가장 유명하다. 브라질의 사탕수수-에탄올 생산은 가치가 있는 반면, 훌륭한 에너지 정책의 일환이라기보다 농가의 이익을 위해 추진된 옥수수-에탄올 붐은 가치가 별로 없다. 여기에는 두 가지 문제가 있다. 첫째는 미국 중서부 옥수수가 사실은 극단적인 에너지집약적 농업의 산물이라는 것이다. 천연가스로 만드는 비료부터, 투입물과 산출물의 운반, 에탄올 제조공정까지 곡물의 생애주기 전체를 일별해보면 그야말로 화석연료집약적인 것이다. 다시 말해서 탄소의 순감소가 경미한 수준이거나 계산하기에 따라서는 전혀 없다. 두 번째 문제는 옥수수로 만든 에탄올 및 다른 바이오연료와 식량 수확의 직접 비교다. 미국의 차량 동력원의 상당 비율을 에탄올로 충당한다고 할 경우, 방대한 농토가 에탄올 생산을 위해 전용돼야 한다. 한 분석가가 요약 정리했듯이, "바이오연료 생산에 기여하는 바는 사실 보잘것없으면서도 식량안보, 토지, 흙, 물의 자연자원 기반에 심각한 위협을 초래할 것이다."[13] 그 이상의 성과를 올릴 수 있는 최고의 희망은 (스위치그라스switch-grass 같은) 먹을 수 없는 풀이나 곡물 수확에는 적합하지 않은 땅에서 자라는 나무들에서 바이오연료를 추출하는 것이다. 이른바 셀룰로오스 에탄올을 비롯한 그러한 기술들이 속속 등장하겠지만, 아직까지는 상업적 기준을 충족시키지 못하고 있다.

## 저비용 탄소 관리의 한 사례

다수의 실용적인 저탄소 기술을 사용하여 그리 부담스럽지 않은 비용으로 기후변화 문제를 통제하는 것은 가능하다. 그 비용은 우리가 이 문제를 그대로 방치해둘 경우에 맞닥뜨리게 될 무시무시한 기후상의 위험에 비하면 정말 얼마 안 되는 돈이다. 수많은 연구들이 그 증거를 강력하게 들이대고 또 계속 보강해가며, 지금 바로 공동행동에 착수하여 몇십 년간 꾸준히 지속할 경우 세계 연간 소득의 1퍼센트도 안 되는 비용으로 이산화탄소가 2배로 늘어나는 사태를 피할 수 있음을 보여주고 있다. 기다리는 시간이 길어질수록 예상 비용은 그만큼 더 커진다. 보다 짧은 기간 내에 기초 에너지와 교통 기반시설 부문의 급격한 변화를 더 다급하게 추진해야 하기 때문이다.

어떤 기술이 최종 승자가 될지 지금은 알 수 없지만 (그리고 무엇을 선택하는가에 따라 이 시점까지 언급된 적 없거나 알려지지 않은 관련 기술들이 뒤따라 등장하겠지만) 저탄소 경제로 전환하는 단순한 저비용 전략 한 가지를 꼽아 살펴보면서 우리의 선택이 가져올 결과의 추이를 머릿속에 그려볼 가치는 있다. 2005년에 발표한 한 연구에서 클라우스 래크너와 나는 핵심적이고 계량이 가능한 저비용 기술 두 가지를 골라 검토해보았다.[14] 하이브리드 자동차와 탄소포집격리 기술이다. 연구의 목적은 다른 극적인 신기술의 개발 없이 두 가지 저탄소 기술만 사용해서도 우리가 대기 중의 이산화탄소 배증 사태를 피할 수 있음을 보여주기 위한 것이었다. 사실, 그 연구는 이미 시대에 뒤진 연구가 돼버렸다. 우리는 종래의 차에 비해 갤런당 주행거리가 곧 4배에 이를 플러그인 하이브리드 자동차가 아니라 주행거리가 종래의 차의 2배인 일반 하이브리드카를 생각했던 것이다.

우선, 우리는 세계의 자동차가 서서히 바뀌어 2026년까지는 모든 차가 휘발유−전기 하이브리드카가 되는 세계를 상정했다. 우리는 그것만으로도 2050년에 대기 중의 이산화탄소 농도 전망치를 554ppm에서 534ppm으로 낮출 수 있다는 사실을 발견했다. 적어도 우리 모델에서는 비용은 무시할 수 있는 수준이었다. 대당 3,000달러로 추정되는 하이브리드 배터리 추가 비용이 연료비 절감으로 상쇄되기 때문이었다. 다른 대안으로 우리는 화석연료를 때는 모든 대형 발전소에서 2006년에서 2036년 사이에 단계적으로 탄소포집격리(CCS) 기술을 채택하는 것을 상정해보았다. 이 경우에는 2050년의 이산화탄소 예상 농도가 554ppm에서 508ppm 수준으로 낮아졌다. 휘발유−전기 하이브리드카와 CCS 기술의 단계적 채택을 결합시킬 경우에는 이산화탄소 예상 농도가 488ppm으로 더욱 낮아졌다. 그리고 발전 부문 외에 화석연료를 사용하는 대규모 산업시설들에서도 CCS 기술을 채택할 경우에는 2050년의 이산화탄소 농도를 468ppm까지 낮출 수 있다는 계산이 나왔다. 우리는 CCS 기술 채택에 킬로와트시(kWh)당 1~3센트의 비용이 들 것으로 가정했는데, 그 수치를 근거로 추산해보니 발전 및 산업 부문을 CCS 기반 기술로 전환하는 데 소요되는 비용은 세계총생산(GWP)의 1퍼센트 미만이었고, 2050년 기준으로는 연간 세계총생산의 0.1~0.3퍼센트에 불과했다! 생태계의 재앙을 피함으로써 얻게 될 이익에 비하면 얼마 안 되는 비용이었다.

발전소 및 주요 산업시설에서 대대적으로 CCS 기술을 채택하고 자동차를 하이브리드카 또는 플러그인 하이브리드카로 바꿔나가는 정책을 결합시킨다면, 2050년까지 이산화탄소 농도가 배로 늘어나는 사태를 피할 수 있는 저비용의 기반을 굳건하게 다질 수 있다. 하지만 그것으로 충분하진 않으며, 큰 비용이 들지 않는 다른 방안들도 많다. 우리는 동시에 열대지방의 삼림파괴 속도를 늦추거나 중지해야 하고, 태양력을 비롯한 대안의 비탄소 에너지원 개발을 적극 추진해야 하며, 집 안의 난로나 공장의 보일러 같은 점배출원을 저탄소 발전소에서 생산하는 전기를 이용하는 설비로 바꿔가야 한다.

이 특정한 시나리오에 맞추어 전환하는 데 따르는 비용을 재빨리 어림계산해보면, 세계의 탄소 배출량 조절을 성취하는 데 드는 총비용이 21세기 중엽 기준으로 연간 세계소득의 1퍼센트에도 훨씬 못 미친다는 것을 확인할 수 있다. 2050년까지 세계경제가 2005년의 약 60조 달러에서 420조 달러 규모로 6배 성장한다고 상정해보자. 그리고 에너지 효율이 상승하여 세계경제는 6배 성장함에도 에너지 총사용량은 3배 증가에 그친다고 가정해보자. 그러면 오늘날의 기술과 에너지원 비중이 그대로 유지된다고 할 때, 화석연료 사용에 따른 연간 이산화탄소 배출량 역시 〈표 4.1〉의 290억 톤에서 870억 톤으로 3배 증가할 것이다. 이제 기술들이 새롭게 결합되면서 세계가 톤당 30달러의 비용을 들여 이 배출량 중 최소 3분의 2를 줄일 수 있게 된다고 가정해보자(가능한 시나리오다). 다시 말해서 연간 총 1조 7,400억 달러(580억×30달러)의 비용을 들여 연간 580억 톤의 이산화탄소 배출을 줄인다는 것이다. 또한 이산화탄소 1톤당 10달러, 즉 연간 700억 달러의 비용을 들여 현재 이산화탄소 70억 톤 배출 효과를 내고 있는 연간 삼림파괴 속도를 제로로 만든다고 가정해보자. 이 가정들을 종합하면, 연간 약 1조 8,000억 달러의 비용을 들일 경우 세계가 2050년에도 현재 수준의 이산화탄소 배출량, 약 290억 톤을 유지할 수 있다는 계산이 나온다. 그것은 절대 액수로는 큰돈이지만, 2050년의 연간 세계경제 규모 420조 달러에 비하면 연간 세계소득의 0.4퍼센트에 불과하다. 21세기 중엽까지 290억 톤 수준의 배출량을 유지하고(2007년에 360억 톤이었다), 2050년 이후 기술을 더 발전시켜 배출량을 계속 줄여간다면, 이산화탄소가 2배로 증가하는 사태를 장기적으로 피해갈 수 있다. 비용은 여기서 가정한 것보다 더 낮출 수 있다.

## 시장 인센티브의 창출

기후변화를 이대로 놔둘 경우의 위험은 무시무시하다. 탄소 배출을 줄이는 데 소요되는 비용은 감당한 만한 수준이다. 하지만 아무리 비용이 적게 들어가는 방안이라도 저절로 시행될 가능성은 없다. 발전소든 산업시설이든 집주인이든 자동차 운전자든, 새로운 저탄소 기술이 고탄소 기술보다 비용이 더 든다면 개개의 이산화탄소 배출자들이 스스로 추가 경비를 들여가며 탄소를 격리시키거나 저탄소 기술을 채택할 인센티브는 없다. 마찬가지로 과학자들과 공학자들도 대기를 마치 세계의 공유지처럼 여기거나 이산화탄소나 그 밖의 온실가스 배출에 대한 시장의 제재가 전혀 없는 환경에서는 저탄소 에너지 체계에 대한 과학이나 공학 연구를 수행할 인센티브를 찾기가 쉽지 않다.

우리는 시장의 힘을 증진시키는 데 공공정책이 필요한 핵심 분야들을 지적해왔다. 첫째는 기초 기후학이다. 우리는 세계 시민과 정책집단을 위해 기후문제에 관한 학술연구 평가 작업을 하는 기후변화에 관한 정부간 패널(IPCC)과 같은 과학계의 노력에 대해 공적자금을 계속 지원해야 하며, 지원액을 대폭 늘려야 한다. 그와 함께, 최빈국들이 이미 진행중인 기후변화와 앞으로 일어날 것으로 예상되는 변화에 대처하는 방법을 알 수 있도록 최빈국들의 기후학 관련 자금지원을 시급하게 늘릴 필요가 있다. 또한 이 나라들이 예컨대 삼림파괴 속도를 늦추고 경제발전 과정에서 저탄소 전략을 채택함으로써 전 지구 차원의 이산화탄소 경감 노력에 효율적으로 참여할 수 있게 하는 데도 과학이 필요하다.

공공정책이 필요한 두 번째 분야는 탄소 배출을 대체할 수 있는 실현 가능한 새로운 대안의 개발이다. 가장 시급한 것은 CCS 기술을 검증하고, 성공할 경우 그 기술을 보급하기 위한 세계적인 노력이다. CCS 기술이 성공하면, 대량의 화석연료를 계속 사용하면서도 이산화탄소 배출을 줄일 수 있다. 또한 태양에너지, 원자력, 바이오연료, 지열, 풍력, 그 밖의 대안 에너지원 개발에도 대대적인 과학적, 공학적 노력을 기울여야 한다.

하지만 추가적인 인센티브를 제공하지 않을 경우에는 어떤 곳에서도 이러한 노력들이 이러한 기술의 광범위한 채택으로 이어지지 않는다. 저탄소 기술 대신 고탄소 기술을 선택할 경우에는 어떤 형태로든 비용을 부과해야만 한다. 그러한 비용을 부과하는 방식에는 여러 가지가 있다. 가장 직접적인 방식으로, 세계나 각 나라는 예컨대 일정 시점 이후에 건설되는 모든 발전소에서는 생산전력 1kWh당 일정 수준 이상의 이산화탄소를 배출해서는 안 된다는 산업표준을 제정하자는 데 동의할 것이다. 발전소에서는 자유롭게 수력이나 풍력, 태양력, 원자력 등의 비화석연료 에너지원을 선택할 수도 있고, CCS 기술을 채택할 수도 있다. 자동차에 대해서는 같은 방식으로 주행연비 기준을 부과할 수 있다. 이산화탄소 배출에 대해서는 세금을 매기고 CCS 기술을 채택할 때에는 보조금을 주는 대안의 방식도 가능하다. 탄소가 들어 있는 연료량에 따라 세금을 매기고 격리되는 이산화탄소 톤수에 따라 보조금을 주면 되니, 복잡할 것도 없다. 물론 격리를 검사하는 확인 과정은 필요할 것이다. 또 한 가지 방안은 우리가 앞서 논한 바 있는 매매 가능한 배출권 제도다. 이 방안 역시 이산화탄소 배출단위당 비용을 부과하는 방식으로서, 일정한 양의 배출에 부과되는 비용이 배출권의 가격이 된다. 그러한 제도의 주된 문제점은 일단 매우 번거롭고, 광범위한 감시와 감사가 필요하며, 환금성이 있는 배출권의 할당 시스템을 만들어야 하므로 편파 판정이나 부패를 야기할 가능성이 있다는 것이다. 나는 세계가 이러한 대안들에 대한 논의를 충분히 거친 후, 종국에는 전력, 자동차, 시멘트, 철강, 그밖의 핵심 부문들에 대한 일련의 산업표준 제정에 합의할 거라고 믿는다. 그 산업표준에서는 탄소 배출에 매기는 세금과 이산화탄소 격리에 주는 보조금은 점점 오르고, 매매 가능한 배출권 제도는 아마도 제한적으로 사용될 것이다.

여기서 탄소세나 탄소배출권 공매로 늘어나는 세수가 공공재의 재원 마련이나 다른 왜곡된 세금의 경감에 쓰일 수도 있다는 점은 기억해둘 만하다.

## 기후변화와 함께 살아가기

기후변화는 이미 우리를 덮치고 있고, 또 갈수록 더 악화될 것이다. 지구는 이산화탄소 배출량이 늘지 않아도 계속 따뜻해질 텐데, 배출량은 오히려 갈수록 늘고 있다. 많은 나라가 이미 기후변화의 영향을 받기 시작했다. 혹심한 가뭄(미국 서남부 지방, 아프리카 사헬 지방, 오스트레일리아), 열파(특히 유럽), 강도를 높이고 있는 열대성 폭풍(허리케인 카트리나), 확장일로에 있는 말라리아 감염대 등이 그것이다. 나라들은 이산화탄소 배출을 완화, 경감시키기 위한 긴요한 투자와 더불어 기후변화에 적응하기 위한 투자도 할 필요가 있다. 적응과 완화는 양자택일할 사안이 아니다. 둘 다 필요하다.[15]

삶의 여러 방면에서 기후변화에 적응할 필요가 있다. 해안 지방에서는 해수면 상승, 폭풍과 해일의 강도 증가에 대비해야 한다. 그러자면 물리적 기반시설도 구축해야 하고 방재대책도 세워야 할 것이다. 지금은 고도가 너무 높아 기온이 낮은 탓에 말라리아가 전염되지 않고 있는 열대 고산 지방은 앞으로 전염병 발생에 대비해야 한다. 세계 전역의 농부들에게는 변화하는 기후에 적응된 새로운 씨앗이 필요할 것이다. 씨앗들은 열에 대한 내성이 강하거나, 적도 지방의 폭우와 반건조지대의 혹심한 가뭄, 물 압박을 견뎌낼 수 있는 것이어야 한다. 기후의 불확실성으로 인해 새로운 형태의 보험이 필요해질 텐데, 그럴 경우에는 또한 시대에 뒤떨어진 가정을 근거로 보험료가 책정돼 있을 기존 보험계약에도 압박이 가해질 것이다.

최악의 경우에는, 5장에서 설명하고 있는 것처럼, 물 압박이 심해지면서 일부 지역은 더 이상 농사를 지을 수 없는 곳이 되거나 어쩌면 사람이 살 수조차 없는 곳으로 변할지도 모른다. 절망한 사람들, 특히 농촌지역의 갈 곳 없는 사람들이 도시로 몰려들거나 국경을 넘으면서, 환경 난민들이 내정과 세계정치를 불안정하게 만들 수 있다. 그런 문제들은 곧 닥치게 돼 있다. 하지만 우리가 그와 동시에 기후변화의 완화, 인구 정책, 빈곤 감소에 관한 세계적 협력체계를 만들어내는 데 성공한다면, 그리고 가난한 나라들이 기후변화에 적응해가는 데 쓸 수 있는 특별국제기금이 조성된다면, 그것은 감당할 만한 수준이 될 것이다. 나아가 앞으로 닥칠 변화와 혼란의 규모를 감안하여, 기후변화 적응을 다룰 새로운 학문과 전문 직종을 장려할 필요가 있다.

## 기후변화에 대처하는 세계협력 전략

우리는 지금까지 기후변화가 진정한 전 지구적 문제임을 보아왔다. 이산화탄소 농도가 산업시대 이전의 280ppm에서 오늘날의 380ppm으로 증가한 과정을 돌아보거나 앞으로의 추이를 전망해보면, 정도의 차이는 비록 크지만, 이산화탄소 배출량 증가에 책임이 없는 나라는 없다. 그리고 세계의 어떤 곳도 지구온난화의 영향을 피해갈 길이 없다. 이 진정한 전 지구적 문제는 전 지구적 행동계획을 필요로 한다. 물론 이런 관점에서 새로운 것은 없다. 1992년 세계 각국 정부들이 채택한 유엔기후변화협약(UNFCCC)의 목적이 바로 이것이었다. 미국 대통령 조지 H. W. 부시가 미국을 대표해서 이 협약을 채택했고, 미국 상원이 1994년 온실가스 농도를 안정시켜 기후 체계에 대한 인간의 위험한 간섭을 피해가자는 협약의 목적에 동의를 표하며 기일에 맞추어 이를 비준했다.

문제는 기본 틀이나 목적이 아니라 실행이다. UNFCCC에는 실행 계획안이 필요한데, 그 최초의 계획안이 1997년에 채택되어 2012년까지 효력이 유지되는 교토의정서다. 교토의정서는 세계를 유엔기후변화협약의 부속문서 I에 규정된 고소득 조인국과 부속문서 I에 없는 발전도상 조인국으로 나누었다. 의정서는 부국들에게 2008~2012년의 약정 기간 내에 온실가스 배출량을 1990년 기준치 대비 최소 5퍼센트 이상 낮추도록 요구했다. 빈국들에게는 어떠한 의무도 부과되지 않았지만, 자발적으로 배출량 감축 프로젝트를 채택할 경우에는 의정서에 입각하여 그 경비를 지급받을 수 있었다.

교토의정서에 따른 의무는 매우 온건했고(5퍼센트 감축) 단기간이었다(2012년까지). 협약은 기껏해야 세계를 탄소 관리 궤도 위에 올려놓는 맨 처음 한 걸음일 뿐이었다. 그런데도 의정서는 미국에서 거센 정치적 폭풍을 일으켰다. 교토의정서 협상의 마지막 라운드를 눈앞에 둔 1997년, 이른바 버드-헤겔 결의안(Byrd-Hagel Senate Resolution)이 95:0으로 통과되었다. 결의안은 "… 부속문서 I 해당국과 발전도상국 사이의 차별대우 및 온실가스 감축 요구 수위가 미국 경제에 심각한 해를 끼치는 결과를 낳을 수 있다"고 주장했다. 그러면서 미국은 발전도상국에도 함께 부과되지 않는 어떠한 새로운 의무도 거부해야 한다는 것이 상원의 의견임을 분명히 했다. 버드-헤겔 결의안은 미국 정치인들이 느끼는 전 지구적 책임의식의 쇠퇴가 어느 정도인지를 잘 보여주는 사례다. 세계인구의 5퍼센트밖에 안 되는 미국이 세계 온실가스의 4분의 1을 배출하고 있다는 엄연한 사실을 편의적으로, 그리고 독선적으로 외면하고 있는 것이다! 타의 추종을 불허하는 온실가스 최대 배출국이면서 기아와 가뭄, 말라리아 확산 등 온실가스 증가의 영향을 고스란히 받고 있는 빈국들에게, 발전도상국도 똑같은 의무를 지지 않는 한 미국도 온실가스 배출 억제에 착수조차 하지 않겠노라고 분개하며 말하는 나라, 미국이 여기 있다.

결국 미국이 비준을 거부하는 가운데, 세계의 다른 국가들에 의해 교토의정서가 채택되었다. 미국의 클린턴 대통령은 패배할까 두려워 상원에 비준을 요청하지도 않았고, 조지 W. 부시 대통령은 정부 출범과 동시에 협약안을 폐기해버렸다. 이상하게도 부시는 거기서 훨씬 더 나아가, 자기 아버지도 15년 전에 인정한 바 있는 기후학을 2007년이 되도록 부정하기까지 했다. 이 문제에서 발을 뺀 것은 무모한 짓이었다. 그것은 의정서의 특정한 몇몇 조항에 대한 단순한 불만의 표출이 아니라, 증거와 과학 자체에 대한 용서할 수 없는 공격이었다. 전 세계가 기후변화의 위험에 대한 부시 정부의 뻔뻔스런 무시를 비난했다. 기후변화가 빚어낸 허리케인 카트리나의 재앙을 겪은 후, 대다수의 미국인도 부시 정부를 비난했다.

우리는 지금 새로운 시대를 살고 있다. 기후변화가 우리를 덮치고 있고, 과학자들의 합의는 굳건하다. 열파와 가뭄, 강력한 허리케인 등등을 겪은 뒤, 세계 시민들도 이제 이 모든 것을 알고 있다. 유엔의 기후변화에 관한 정부간 패널(IPCC)의 후원하에 모인 세계 최고의 기후학자들은 최근에 위원회의 4차 평가보고서에서 과학자들의 최신 합의 내용을 발표했는데, 그 메시지가 적나라하다. 위험은 심각하고 시간은 얼마 없다는 것이다. 교토의정서는 한 가지 중요한 진전을 이루어냈다. 비록 유럽에 그치긴 했지만, 탄소 배출의 시장가격을 매매 가능한 탄소 배출권의 형태로 산정하기 시작한 것이다. 우리는 이제, 어쨌든 얼마 안 가서 시효가 다할 교토의정서를 넘어서야만 한다. 나아가 2012년까지 새로운 전 지구적 합의에 도달하려면, 각국이 새로운 실행 계획안을 비준하는 데 필요한 시간을 감안하여 2009~2010년 중에 외교적 합의를 해야 한다.

한시바삐 실천해야 할 일이 있다. 2005년 봄부터 컬럼비아대학의 지구연구소에서는 기업, 정부, 대학, 국제기구들이 한 자리에 모이는 기후변화 세계원탁회의(GROCC)를 후원해왔다. GROCC에서는 기후변화 문제를 해결하기 위한 구체적인 행동계획(기후변화에 관한 GROCC 합의문)을 만들어 채택했다. 전 세계의 유력한 기업인, 과학자, 기구들의 동의를 얻은 행동계획이다. GROCC의 출발점은 지구온난화는 현실이고, 온난화를 유발하는 것은 온실가스 배출이며, 그 주요 원인은 화석연료 소비라는 과학적 합의다. GROCC는 지구온난화를 해결하는 방안으로 세 갈래의 실천을 제안한다. 온난화의 완화, 적응, 그리고 새로운 기술의 연구 · 개발 · 검증(RD&D)이다.

### 온난화의 완화

GROCC 합의문의 핵심은 이산화탄소 농도와 배출 속도에 관한 금세기 중엽의 중간목표를 비롯하여, 미래에 대기 중의 이산화탄소 농도를 어느 선에서 안정시킬 것인지에 관한 전 지구적 목표의 설정이 중요하다는 것이다. 배출 목표치에만 초점을 맞춘 교토의정서와 달리, 새로운 의정서는 전체 온실가스 농도의 한계선을 담아낼 것이다. 앞에서도 이야기했듯이, 온난화의 완화 노력에는 에너지 효율 향상, 탄소포집격리 기술, 비화석연료 기술 개발, 그린 빌딩, 하이브리드카, 그 밖의 유망 기술들이 모두 포함된다. 탄소배출세와 매매 가능한 배출권을 결합해 탄소 배출 가격을 정하고 핵심적인 탄소 배출 부문의 산업표준을 제정하면, 이 작업에 가속도가 붙게 될 것이다. 전 세계가 반드시 공동목표와 개별 국가 간의 책임분담에 합의를 해야 하는 데 반해서, 각 나라에는 목표 달성을 위해 특정한 정책을 선택할 수 있는 재량권이 부여될 것으로 전망된다. 하나의 원대한 계획이 아니라 다수의 다양한 정책들이 등장할 것이다.

## 적응

지구온난화가 이미 진행중이고 또 안정되기 전까지는 계속 악화될 것이기 때문에, 우리는 또한 기후변화의 충격에 대비하고 그에 적응해야만 한다. 그러한 충격 중 많은 부분은 가장 빈곤하고 가장 취약한 인간집단들과 적응 역량이 가장 열악한 발전도상국들에 가장 심하게 미칠 것이다. 특별히 취약하고 소득수준이 낮은 발전도상국들이 갈수록 늘어가는 적응 수요(가뭄과 홍수, 극심한 기상이변, 기후와 관련된 전염병 확산으로부터 사회와 경제를 지키는 데 필요한 일들)에 대처할 수 있게 하려면, 기술과 재정 지원을 제공해야 할 것이다. 온난화의 완화와 적응 노력은 일관된 이중전략이 돼야 한다. GROCC에서 지적하듯이, "기후변화에 효과적으로 적응하려면, 개발기관과 민간 부문, 비정부기구들 사이에 기후에 관한 국제적 합의를 지키려는 노력을 더욱 강화해갈 필요도 있다."

## RD&D

각국 정부는 자금을 직접 제공하거나 민간 부문에 인센티브를 제공하는 방식으로 앞선 비탄소 에너지 기술의 연구·개발·검증(RD&D) 활동이 대폭 신장되도록 지원할 필요가 있다. 현재의 기금 규모는 연간 수십억 달러에 불과하다. 세계 전체의 RD&D에는 아마도 연간 최소 300억 달러 가까운 돈이 투입돼야 할 것이다(비교하자면 미국 정부가 국립보건원의 보건 연구에 들이는 돈이 이 정도 규모다). 확충된 RD&D의 목표에는 태양광전지, 태양열, 지열, 조력, 풍력, 원자력 등의 에너지 기술과 탄소포집격리 기술,

토지관리 개선, 지속가능한 교통수단 등이 포함돼야 한다. 유망한 신기술과 새로운 방법이 시장에 빨리 나올 수 있도록, 혁신을 지원하는 특별 검증 프로그램과 그 밖의 공공정책들이 채택, 시행돼야 한다. 그러한 프로그램들이 특별히 중요한 곳은 발전도상국 중 산업화가 빠른 속도로 진전되어 앞으로 온실가스 배출량이 가장 많이 늘어날 나라들이다. 검증이 최우선적으로 이루어져야 할 분야는 물론, 세계에서 석탄을 가장 많이 사용하는 나라들인 미국, 인도, 중국, 러시아, 오스트레일리아에서 진행되고 있는 일련의 CCS 프로젝트다. CCS 기술이 성공하면, 우리의 전 지구적 행동은 순항을 하게 된다. CCS 기술이 비용이 너무 많이 들고 신뢰성이 떨어지는 것으로 판명된다면, 우리의 선택지는 크게 좁아진다. 그때는 우리의 노력과 창조력에 다시 채찍질을 가해야 한다.

## 누가 돈을 대야 할까

전 지구적 행동 로드맵을 갖는 것은 중요한 첫걸음이다. 두 번째 걸음은 그 계획에 누가 돈을 대야 할지 알아내는 것이다. 발전도상국들을 생각할 때 그 문제는 더욱 중요하다. 세계인구의 약 6분의 5가 살고 있는 발전도상국들이 머지않아 선진국들보다 더 많은 이산화탄소를 배출하게 될 것이다. 1인당 기준으로는 여전히 훨씬 적겠지만 총량 기준으로는 그렇다는 이야기다. 발전도상국들을 배제한 채 세계의 탄소 배출량 감축 방안을 찾는다는 것은 어불성설이다. 하지만 발전도상국들은 여력이 거의 없기 때문에, 온난화의 완화, 적응, RD&D 비용을 스스로 부담할 수 없다. 앞으로도 여전히 1인당 온실가스 배출량이 훨씬 더 많을 선진국들이 반드시 그들을 지원해야 한다.

선진국들이 발전도상국의 기후변화 억제, 적응 노력에 비용을 대주어야 할 이유는 많다. 첫째, 그렇게 하는 것이 선진국들에게도 최선이다. 발전도 상국을 배제하는 해결책은 전혀 해결책이 될 수 없다. 선진국들이 기후변화 의 악영향으로부터 스스로를 지키고 싶다면, 발전도상국들도 스스로를 지 킬 수 있도록 도와주어야 더 나은 결과를 가져올 수 있다. 둘째, 산업시대가 시작된 이후 세계 이산화탄소 배출 추이를 보면, 선진국들의 책임이 압도적 이다. 하지만 무엇보다도 중요한 것은 비용이 행동을 늦추는 구실로 쓰여서 는 안 된다는 것이다. 우리가 기다리면 기다릴수록, 문제 해결 비용은 그만 큼 더 커지고 문제는 더욱 무시무시해진다.

비용분담은 정말 의견이 분분한 문제라서 협상을 몇 년씩 지연시키는 요 인이 될 수 있다. 그러나 비용을 과장해도 안 되고, 공평성과 효율성 면에서 완벽한 기준이 만들어져 나올 때까지 마냥 기다려서도 안 된다. 그런 기준은 존재하지 않기 때문이다. 만일 비용이 예컨대 탄소 고배출국 GNP의 10퍼센 트에 육박할 정도로 막대하게 든다면, 문제가 될 수도 있다. 그러나 앞에서도 강조한 것처럼 좋은 소식이 있으니, 바로 이산화탄소 농도를 산업시대 이전 농도의 2배 밑으로 (혹은 그보다 훨씬 아래로) 유지하는 데 드는 세계 총비용 이 연간 세계소득의 1퍼센트에도 훨씬 못 미칠 것 같다는 것이다. 물론 비용 배분을 둘러싸고 한바탕 싸움이 일겠지만, 큰 전투로 만들 일은 없다.

## 오존 고갈에서 얻는 교훈

지구상 모든 나라의 공유자원(대기)이 개입돼 있고 세계경제 체제의 심장 부를 건드리는 그런 복잡한 문제에 대해 전 지구적 합의에 도달한다는 건 결코 쉬운 일이 아니지만, 불가능하지는 않다. 기후변화는 분명히 해결 가 능한 문제다. 실제로 우리는, 초점이 훨씬 뚜렷한 문제이긴 했지만, 과거에 도 유사한 과제의 해결에 나서 커다란 성공을 거둔 일이 있다. 성층권의 오존 고갈 문제를 해결하는 과정에서 이룬 진보는 지금의 우리에게 중요한 교훈을 전해준다.

1970년대 중반에 세 명의 탁월한 기후학자, 파울 크루첸(인류세라는 개념을 만들어낸 인물), 셔우드 롤링(Sherwood Rowling), 마리오 몰리나(Mario Molina)가 염화불화탄소(CFC)라는 화학물질이 오존층에 영향을 미쳐 인류를 위험에 빠뜨리고 있다는 주장을 개진하는 일련의 논문을 발표했다.[16] CFC가 대기 순환에 의해 대기권 상층으로 올라가면, 태양의 자외선이 CFC 분자에서 염소 원자를 분리시키고, 떨어져 나온 염소 원자가 오존층을 공격한다는 거였다. 오존층은 지구에 도달하는 태양광에서 자외선을 흡수하여 우리를 보호하는 역할을 하기 때문에, 오존층이 고갈되면 인류의 건강에 심각한 위험이 초래될 뿐 아니라 곡물과 바다의 식물플랑크톤에도 위험이 미친다.

크루첸, 롤링, 몰리나의 오존 고갈에 관한 첫 연구가 나온 후, 과학자들은 쟁점으로 떠오른 CFC의 새로운 발견에 관한 논의에 착수했다. CFC를 많이 쓰고 있던 업체의 최초 반응은 새로운 발견에 대한 공격이었다. 냉매제와 분사식 스프레이용으로 CFC를 사용하던 세계 제일의 CFC 제조업자, 듀폰의 회장이 그 이론을 "공상과학소설 같은 이야기… 한 짐의 쓰레기… 완전한 난센스"[17]라고 공박한 것은 유명하다. 그러나 얼마 안 가서 보다 심화된 과학 연구가 최초의 발견이 사실임을 확인하면서 과학적 합의가 이루어졌다. 이어서 대중들이 1985년에 NASA 위성이 우주에서 촬영한, 남극 상공의 오존층에 구멍이 뻥 뚫린 것이 훤히 드러나 보이는 충격적인 사진 등에 자극받아 이 문제를 들고 일어났다. 이때 업계의 선두주자들이 CFC의 안전한 대체물질을 개발하여 채택했다는 사실은 중요하다. 업계의 입에 맞던 해로운 화학물질을 포기할 수 있게 된 것이다. 마지막으로 세계가 국제연합의 후원하에 세계적 실행계획안을 채택했다.

1985년 세계는 오존층보호를 위한 빈 협약(Vienna Convention on the

Protection of the Ozone Layer)으로 첫걸음을 떼었다. UNFCCC와 유사한 기본 협약이었다. 1987년에는 몬트리올의정서로 합의 이행의 첫걸음을 내디뎠다. 기후변화에 관한 교토의정서와 유사한 성격이었다. 몬트리올의정서는 선진국에는 곧바로 CFC의 단계적 사용 금지에 착수하게 한 반면에, 빈국들에게는 일정한 유예기간을 거친 후 단계적 금지에 착수토록 했다. 듀폰은 CFC 대신 다른 화학물질을 사용할 수 있다는 사실을 확인한 뒤 미국 정부에 오히려 더 엄격한 기준을 지지한다는 신호를 보냈고, 몬트리올의정서의 1990 런던개정서에서 보다 엄격한 기준이 채택되었다.

세계는 신속하게, 그리고 거의 아무런 고통 없이, 인간이 빚어낸 커다란 위험 하나를 피했다. 기후변화 문제를 해결하는 데도 똑같은 네 단계를 거쳐야 할 것이다. 과학자들의 합의, 대중들의 인지, 대안 기술의 개발, 세계적 행동계획이다. 우리는 각각의 영역에서 커다란 성과를 일구어왔다. 과학적 합의는 굳건하다. 대중들의 인지도도 극적으로 상승했다. 미래예측도 그럴 뿐 아니라 기후변화가 실제로 시작되었음을 눈으로 확인까지 하고 있기 때문이다. 새롭고 흥미로운 저탄소 기술들이, 아직 널리 사용되고 있진 않지만, R&D 단계에 있다. 마지막으로 세계적 합의 틀인 유엔기후변화협약이 마련되었고, 교토의정서로 합의 이행의 첫 걸음을 내디뎠으며, 훨씬 더 강력한 이행을 촉구하는 결의들이 속속 이어지고 있다. 성격상 빈 협약이 유엔기후변화협약과 같고, 몬트리올의정서가 교토의정서와 유사하다면, 지금 우리에게 필요한 것은 몬트리올의정서의 런던개정서와 같은, 교토의정서를 넘어선 세계적 합의다. 기후변화에 관한 바람직한 국제적 합의는 몹시 제한적이고 결함도 많은 교토의정서와 달리, 문제를 악화시키는 당사자이자 문제를 해결하는 선두주자로서 발전도상국들의 역할이 갈수록 중요해지고 있다는 사실을 인정하고 들어가야 할 것이다.

# 물 수요 확보 방법

세계 전 지역에서 안전하고 풍족한 물을 확보하는 문제가 곧 우리의 가장 힘겨운 과제 중 하나로 대두할 것이다. 많은 지역에서 물 압박은 이미 엄연한 사실이고, 기후변화는 전 지구 차원의 물 순환 체계를 망가뜨릴 것이다. 전 세계의 인간사회에 미치는 충격, 특히 가난한 사람들에게 미치는 충격은 실로 파괴적일 수 있다. 마실 물이 없으면 어느 누구도 며칠을 버틸 수 없다. 농사에 쓸 물이 없으면 식량도 없다. 깨끗한 물이 없으면 전염병, 특히 매년 수백만 어린이의 목숨을 앗아가는 치명적인 전염병이 만연한다. 편리한 장소에서 쉽게 물을 구할 수 없으면, 집 안까지 직접 물이 들어오지 않으면, 전 세계의 가난한 마을들에서 아낙네와 소녀들이 매일같이 몇 마일씩을 걸어 가사에 필요한 물을 길어오는 고역을 치러야 하는 경우가 생긴다. 그리고 농사나 축산, 가사에 쓸 물이 부족한 곳에서는 분쟁이 일어난다.

경제학 용어를 써서 이야기하자면, 스필오버 효과(spillover effect)가 잘 나타나는 것이 물이다. 한 집단이나 한 지역에서 물을 사용하는 것이 다른 사람들이 물을 마음 놓고 쓸 수 있는 가능성에 영향이 미친다. 이것을 일컬어 물의 상호의존성(hydrological interdependence)이라고도 한다. 한 집단이 관개용수로 얼마간의 강물을 길어내면 하류에서 쓸 수 있는 물의 양은 당연히 줄어든다. 상류의 댐이 하류에 사는 사람들에게는 재앙이 될 수도 있다. 그러한 상호의존성이 땅 속의 지하수에서 은밀하게 작용하는 경우도 종종 있다. 한 마을에서 관개용 관정을 많이 뚫으면 이웃마을 우물이나 강 하류의 수량이 줄어들기도 한다. 먼저 판 사람이 임자라는 물 이용의 전통은 만인에게 크나큰 손실을 초래할 수 있다. 공유지의 비극이 가장 극명하게 드러나는 사례 중 하나가 이것이다. 하지만 가난한 이들에 대한 강력한 보호막 없이 물을 간단히 사유화하는 것은 가장 약한 사람들의 생존에 필수적인 안전한 물 접근권을 부정하는 결과를 낳을 수 있다. 수리권의 사유화는 또한, 예컨대 지하수의 과다사용을 초래하는 등 기본 생태계의 합당한 관리에 역행하는 것이기도 하다.[1]

인간사회에서 물 수요가 가장 많은 분야는 단연 농업이다. 강물을 비롯한 지표수의 70퍼센트 남짓이 농업에 쓰이고, 약 20퍼센트가 공업, 10퍼센트가 가정용수로 쓰인다. 대부분의 지역에서, 심지어는 건조지대에서까지도, 가정용수의 확보는 대개 물을 사용할 수 있느냐는 문제가 아니라 우물이나 펌프, 파이프 따위의 물리적 투자를 할 수 있느냐는 문제다. 대량 수요, 즉 공업생산이나 농업을 돌아볼 때 물의 가용성이 문제로 대두된다. 그 경우에는 물의 수요가 그 지역의 공급 능력보다 훨씬 클 수도 있다. 그에 따라 물 압박이 심해지면서 지속가능한 농업의 규모에 제약이 가해지기도 하고, 만일 생태계의 위험을 감안하지 않고 물을 마냥 퍼 쓸 경우에는 심각한 환경악화가 초래될 수도 있다.

상당한 양의 물 사용, 특히 지하수를 마구 퍼 올려 사용하는 것은 고갈되고 있는 자원을 캐내는 것과 유사하다. 심층 지하수의 일부는 고대 호수의 잔존물이다. 이 지하 대수층에 꼭지를 달아 물을 뿜어 올릴 수는 있지만, 뽑아낸 물이 다시 보충되지는 않는다. 빗물이 이 깊은 대수층까지는 침투해 들어가지 못하기 때문이다. 그리고 노다지 광맥이 갑자기 끊기는 것처럼 대수층의 고갈도 예고 없이 닥칠 수 있다. 몇 년 또는 몇십 년 동안 꾸준히 물을 공급해주던 대수층이 어느 순간 갑자기 고갈되면서 사람들을 절망에 빠뜨리고 대규모의 인구이동을 초래할 수도 있는 것이다.

인간사회는 초창기부터 물 압박과 그로 인한 수질 기준을 두고 줄곧 씨름해왔지만, 물 압박의 강도는 새롭게 떠오른 문제다. 이는 또한 그러지만 않았던들 충분히 이용할 수 있었을 많은 양의 담수에 독소를 집어넣고 있는 대규모 환경오염이 빚어낸 결과이기도 하다. 세계는 1992년에 유엔사막화방지협약(United Nations Convention to Combat Desertification)을 채택하여 세계 건조지대의 극심한 물 압박과 관련된 전 지구적 협력의 물꼬를 텄다. 협약은 체계적인 행동계획을 마련해놓고 있지만, 아직까지도 제대로 이행되지 않고 있다. 강대국들이 협약을 거의 무시하다시피 해왔기 때문이다. 물 압박의 본질적 성격과 그에 대응하여 우리가 채택할 수 있는 기술적, 경제적 방안들부터 먼저 살펴본 다음, 협약의 엄청난 잠재력과 이를 부활시킬 방법을 돌아보기로 하자.

## 물의 순환

지구상에 물 순환 없이는 어떤 생명도 존재할 수 없고 어떤 생태과정도 이루어지지 않는다. 널리 알고 있는 것처럼, 바다의 소금물이 지구 표면의 4분의 3을 덮고 있고, 지구의 물 중에서 염수가 차지하는 비중이 97.25퍼센트다. 2.75퍼센트의 담수 중 4분의 3가량은 빙하와 해빙, 그린란드와 남극의 대륙빙하에 갇혀 있다. 나머지 민물의 대부분은 담수호에 있고, 그보다 훨씬 작은 양의 민물이 강이나 습지, 대기 중에 있다. 자세하게 분류해놓은 것이 〈표 5.1〉이다.

인간의 생명, 그리고 생태계 전체는 담수, 그중에서도 특히 물 순환 과정을 따라 육지와 바다에서 대기로 올라갔다가 비가 되어 다시 육지와 바다로 되돌아오는 담수의 흐름 없이는 유지되기 힘들다. 고대로부터 인간사회는

<表 5.1> 물 순환에서 중요한 각 저장지에 담겨 있는 물의 양

| 저장지 | 물의 양(100만km³) | 백분율 |
|---|---|---|
| 바다 | 1,370 | 97.25 |
| 담수 | 38.71 | 2.75 |
| 저장소:빙모와 빙하 | 29 | 2.05 |
| 지하수 | 9.5 | 0.68 |
| 호수 | 0.125 | 0.01 |
| 토양 수분 | 0.065 | 0.005 |
| 대기 | 0.013 | 0.001 |
| 강과 내 | 0.0017 | 0.0001 |
| 생물권 | 0.0006 | 0.00004 |

출처: http://www.physicalgeography.net/fundamentals/8b.html

강가나 그 밖에 식량생산 등에 쓸 민물을 공급받을 수 있는 곳에서 성장해 왔다. 물을 뿜어 올릴 수 있는 디젤이나 전기 동력원이 등장하면서 최근 몇 십 년 사이에 지하수도 많이 뽑아내왔다. 지하수 이용은 아시아에서 특히 활발했는데, 슬프게도 지속가능한 범위를 넘어서는 수준이었다.

　물 순환의 중요한 과정은 다음과 같다. 물이 육지와 바다에서 증발하여 대류작용에 의해 대기 중으로 이동한다. 대기 높이 올라간 수증기가 차가워 지면서 응결한 후 비가 되어 지구로 되돌아온다. 증발한 바닷물 중 꽤 많은 양은 바람에 실려 육지 위로 날아온 뒤 비가 되어 육지에 내린다. 바다에서 육지로 실려온 물의 양은 주로 강물이 되어 육지에서 바다로 흘러들어가는 물의 양과 같다. 육지의 강수량 중 일부는 땅 속으로 스며든 뒤 지하수가 되어 바다로 흘러든다.

　지구 곳곳의 민물 흐름의 양에는 커다란 편차가 있다. 어떤 곳에는 한 해에 몇 미터에 달하는 비가 내리는가 하면, 어떤 곳에는 거의 비가 내리지 않는다. 인간의 거주지 중 어떤 곳은 사철 흐르는 강 가까이에 있거나 지하수를 쉽게 뽑아낼 수 있는 곳인 데 반해서, 어떤 곳은 강에서도 멀고 지하수를 뽑아낼 우물을 파기도 쉽지 않다. 열대우림이 무성한 적도 지방에는 일 년 내내 비가 많이 내린다. 적도에서 남쪽과 북쪽으로 조금 떨어져 있지만 기후대는 여전히 열대인 곳에서는, 연중 강우가 계절 강우로 변하여 우기인 여름철에만 비가 많이 내린다. 뜨거운 여름철에는 강렬한 태양복사로 인해 지표수의 대량 증발이 일어나고 증발한 물이 대류작용에 의해 대기권 높이 올라갔다가 비가 되어 지구로 되돌아오는 것이다. 이 지방의 기후는 습한 여름과 건조한 겨울이 교차하는 양상을 띠는데, 이를 일컬어 사바나 기후라고도 한다. 이런 기후로 인해 사바나, 즉 열대초원이 형성되기 때문이다.

좀 더 북쪽으로 열대의 경계선까지 이동하여 아열대지방(북위 및 남위 약 20~30도 지역)으로 들어서면, 지구의 사막지대가 나타난다. 북반구의 사하라, 고비, 중동 지방의 여러 사막, 멕시코-캘리포니아 사막과 남반구의 칼라하리와 오스트레일리아 사막 등이다. 이곳은 적도 지방의 대류작용에 의해 상공으로 올라가 건조해진 공기가 하강기류를 타고 내려오는 지역이다. 적도 지방의 공기는 상공으로 올라가면서 적도 일대에 비를 뿌린 뒤 건조한 공기가 되어 아열대지방으로 이동한다. 그런 다음 아열대 상공에서 지상으로 내려오면서 건조한 고기압대를 형성하므로 아열대지방은 줄곧 건조한 상태가 된다. 좀 더 북쪽으로 이동하여 중위도 지역에 이르면 미국, 유럽, 일본, 중국 등이 있는 온대지방이 나타난다. 이곳의 강수 패턴은 훨씬 복잡한데, 극지방에서 내려오는 찬 기단과 열대지방에서 올라오는 따뜻한 기단 사이의 복잡 미묘한 상호작용의 영향을 많이 받는다. 대체로 사철 비가 내리며, 사바나지방이나 건조지대보다 강수량이 많다.

물론 지역의 강수량에 영향을 미치는 요인은 위도 외에도 많다. 해안 지방이냐 내륙 지방이냐, 고지대냐 저지대냐, 산맥을 중심으로 바람이 불어오는 쪽이냐 바람이 불어가는 쪽이냐에 따라 강수량도 크게 다르고, 육지에서 바다로 물을 되돌려 보내는 강의 유수량도 차이가 많이 난다. 페루나 칠레처럼 해안을 따라 차가운 물이 솟아오르는 지역에서는 국지적으로 사막 지형이 형성되기도 한다. 대륙의 지질 상태, 인간의 육지 이용 실태도 물이 언제 어떻게 흘러내려올지, 땅 속에 물이 스며든 뒤 지표 위로 흘러내릴지, (인간이 둑을 쌓아 저수지를 만든다든가 하여) 바다에 닿기도 전에 증발할지 등에 영향을 미친다.

## 물과 경제발전

일반적으로 말할 수 있는 것은 강수와 유수 패턴이 지구 생태계의 틀을 짜면서 인간의 거주에 알맞은 곳을 결정해왔다는 사실이다. 식량 재배에 이상적인 곳은 담수를 사시사철 풍족하게 쓸 수 있고, 강물을 이용하거나 얕은 우물로 지하수를 가볍게 뽑아내 관개를 쉽게 할 수 있으며, 양분이 풍부한 좋은 토양이 있고, 지형이 평평하여 토양 유실이나 침식이 적으며, 기후가 온화하여 기온이 적당하고, 허리케인 같은 기상이변이 일어나지 않는 곳이다. 거기에다 말라리아 같은 열대 전염병으로부터 비교적 안전하고 바다나 강을 이용한 항해가 가능한 곳이라면, 거주나 경제활동에 더더욱 좋다. 슬프게도 그러한 지역이 일반적이진 않다. 그런 조건을 두루 갖춘 곳은 미국의 일부 지역, 서유럽의 상당 지역, 중국·일본·한국 등 아시아 온대지방과 오세아니아의 일부 지역이다. 다른 많은 지역은 예컨대 물과 토양 조건은 아주 좋지만 열대 전염병이나 여타 자연재해 등의 난제를 안고 있다. 또 물과 기후 조건은 좋지만 토양이 좋지 않은 곳도 있다.

물 가용성의 견지에서는 중위도와 고위도의 온대지방과 적도의 열대우림지역이 건조한 아열대와 사막지대에 비해 매우 유리한 위치에 있다. 생태학자들은 건조지대를 '잠재증발산(potential evapotranspiration)' 속도, 즉 물이 실제로 있을 때 이루어지는 증발산의 속도보다 비가 내리는 속도가 느린 곳으로 정의한다. 건조지대에는 건조한 정도에 따라 건조한 반습윤지대, 반건조지대, 건조지대, 초건조지대의 네 가지 하위범주가 있다. 〈그림 5.1〉(책 중간에 삽입된 컬러 도판 페이지를 보라)을 보면, 건조지대에는 적도 지방을 제외한 아프리카 지역 대부분, 중동 지방 전체, 남아시아와 중앙아시아 대부분, 멕시코 일부, 안데스 지방, 아르헨티나, 브라질 북동부 등이 포함됨을 알 수 있다. 이집트, 파키스탄 등 일부 건조지대에서는 여전히 집약적인 농업이 유지되는데, 왜냐하면 이들 지역은 나일이나 인더스 등의 강을 이용한 관개가 가능하거나, 일정한 지질학적 장소에 수만 년 전의 물을 모아두고 있는 지하의 화석 대수층을 이용할 수 있기 때문이다(화석 대수층은 땅속 너무 깊은 곳이나 불투수층 아래에 자리 잡고 있어 빗물이 스며들지 못하므로 뽑아낸 물이 보충되지 않는다). 모두 합하면, 지구 육지 면적의 약 41퍼센트가 건조지대에 속하며, 세계인구의 35퍼센트가 이곳에 살고 있다.[2]

물 공급의 적정성을 판단하는 데는 한 해에 이용할 수 있는 평균수량도 중요하지만 강우의 변동성과 예측 가능성도 결코 무시할 수 없다. 아프리카의 사바나지대, 그중에서도 특히 사헬 지방의 특징은 잠재증발산량에 비해 강수량이 적을 뿐 아니라 강수의 변동폭도 무척 크다는 것이다. 따라서 가뭄 위험도가 매우 높다. 심한 경우에는 몇 년 동안 비가 거의 내리지 않아 곡물을 생산할 수가 없다. 나의 동료 케이시 브라운(Casey Brown)과 우프마누 랠(Upmanu Lall)은 물 가용성의 변동폭이 1인당 소득과 강한 부정적 관계가 있다는 사실을 발견했다.[3] 강우의 변동성이 높은 나라는 갈수록 가난해지는 경향을 보이고, 변동성이 낮아 예측 가능성이 높은 나라는 대체로 경제적 번영을 누린다. 브라운과 랠의 연구는 강우의 변동성이 큰 나라에서는 우기에 비를 더욱 신경 써서 모아두었다가 건기에 적절히 관개를 할 필요가 있다는 사실을 부각시킨다.

비가 많이 내려 관개 비용이 별로 안 드는 습윤, 반습윤 열대지방의 주곡은 대체로 인기 좋은 곡물인 쌀이다. 관개를 하기가 어려운 반습윤 지역에서는 주곡이 흔히 관개를 한 논에서 생산되는 쌀에서 빗물로 기르는 옥수수나 천수답에서 나는 밭벼로 대체된다. 더 건조한 땅에서는 농부들이 사탕수수나 기장처럼 가뭄에 내성이 있는 곡물이나 카사바 같은 덩이줄기 작물을 재배한다. 인간이 거주할 수 있는 가장 건조한 땅에서는 곡물 재배는 불가능하고 초원에 가축을 방목하는 목축이 우세해진다. 아프리카의 사헬 지방과 아프리카의 뿔 지역, 중동과 중앙아시아 여러 지역이 낙타, 염소, 양, 소를 기르며 초원의 풀을 다시 길러주는 짧은 기간의 계절 강우를 따라 초원을 옮겨 다니곤 하는 목축 집단의 본고장이다. 목축 집단의 계절 이동을 이동방목이라고 하는데, 오늘날 지구상에서 가장 힘겹고 위태로운 삶을 살아가는 사람들 중 하나가 바로 이들이다.

극빈층은 평균적으로 물을 이용하기가 힘들고, 강우의 변동성이 높으며, 관개가 안 돼 있고, 물 저장역량이 낮은 지역(예컨대 댐이나 저수지도 없고 사철 흐르는 강도 없으며 눈이나 빙하가 녹아 정기적으로 흘러내리는 물도 없는 지역)에서 발견된다. 이런 묘사가 딱 들어맞는 지역이 아프리카의 사바나지대와 사헬 지방이다. 이 지역은 관개도 거의 안 돼 있고, 사철 흐르는 강물도 없다. 비가 내리지 않으면(인류가 유발한 기후변화로 인해 그 빈도가 갈수록 잦아지고 있다) 작물과 가축이 죽고, 이어서 사람이 죽는다. 인간개발지수가 가장 낮은 10개국 모두가 광막한 건조지대의 물 압박이 심한 나라들이라는 건 놀라운 일이 아니다. 니제르, 시에라리온, 말리, 부르키나파소, 기니비사우, 중앙아프리카공화국, 차드, 에티오피아, 부룬디, 모잠비크가 바로 그런 나라들이다. 초원지대인 아프리카의 뿔 지역에서는 물 사정이 너무 심각한 나머지 수단, 차드, 우간다 북부, 에티오피아, 소말리아 일대에 폭력이 난무한다. 유목민과 농부들이 얼마 안 되는 남은 물을 두고 전투를 벌이며, 큰 가뭄이 닥친 지역에서 도망쳐 나온 물 난민들이 이미 빈곤과 물 압박에 시달리고 있는 곳에 들이닥쳐 폭력적인 분쟁을 일으키기도 한다.

## 물 위기의 확산

오늘날 세계 여러 지역에서 이미 물 위기를 겪고 있고, 앞으로 위기는 더 증폭될 것이다. 세계 전역의 인간사회에서 유례없이 많은 양의 물을 쓰고 있고 그 양이 갈수록 늘어나고 있는 데 반해서, 이러한 소비가 미래에 미칠 영향에 대해서는 거의 관심이 없다. 우리가 지속가능성과 연관된 다른 과제들에서도 보아왔듯이, 인구증가와 자연자원의 지속가능하지 않은 발굴(이 경우에는 지하수의 고갈과 강에 댐을 계속 쌓는 것)이 기후변화와 맞물리면서 이 위기를 더욱 심화시키게 될 것이다.

세계 여러 지역에서 우리는 이미 지하의 대수층과 강에서 물을 지속적으로 끌어올 수 있는 한계치를 초과했다. 대수층에 물이 다시 채워지는 것보다 더 빠른 속도로 지하수를 과다 사용하는 것은 이미 세계적인 문제가 돼 있는데, 세계에서 인구가 가장 밀집된 몇몇 지역도 이 문제를 겪고 있다. 지하수의 주된 사용처는 다름 아닌 관개다. 미국의 대평원에서 인도 북부의 갠지스 평원, 오스트레일리아 평원에 이르기까지, 세계 전역의 농부들은 수백만 개의 관정을 뚫어 한때는 차고 넘치던 지하의 대수층에서 깜짝 놀랄 속도로 물을 퍼 올려왔다. 관정은 인도 등지의 녹색혁명에 필수적인 것이긴 했으나, 지하수 자원을 분별없이 이용하고 접근에 아무런 규제도 가하지 않음으로써 세계의 대수층이 심각한 위험에 처하고 있다. 지하수를 과다하게 퍼 올리면 자원이 사라지는 데 그치지 않고 더욱 무서운 결과가 초래될 수도 있다. 대수층 위쪽의 땅이 말 그대로 꺼져 내리는 지반침하가 일어날 수 있는 것이다. 북경 같은 대도시들에서 이미 빈발하고 있는 현상이다. 나아가 대수층의 염분 오염, 토양의 염화와 중독, 대수층 붕괴로 인한 저장 용량 감소 등의 사태를 초래할 수 있다.

20세기 초 이래로 댐 건설이 공업과 농업, 수력발전에 쓸 물을 모으고 물길을 돌리는 인기 있는 방법으로 이용돼왔다. 한 추정치에 따르면, 오늘날 세계에는 4만 5,000개의 대형 댐이 있고, 소형 댐은 무려 80만 개에 이른다! 콜로라도 강의 후버댐이나 나일 강의 아스완댐, 최근에 논란이 일고 있는 중국의 산샤댐의 사례에서 보듯이, 댐은 흔히 지역개발의 요술 탄환으로 여겨져왔다. 댐의 매력은 이해하기 쉽다. 커다란 댐은 수력발전, 관개용수, 가뭄에 대비한 물 저장, 하류의 홍수 조절 등 여러 가지 중요한 서비스를 한 몫에 제공하는 것처럼 보인다.

지금까지 세계 주요 강의 수계에는 대부분, 좋든 나쁘든, 이미 댐이 쌓여 있다. 아무리 바람직하다 하더라도, 새로운 댐을 쌓거나 그와 유사한 공법을 써서 댐을 대폭 제거해갈 방법은 사실상 없다. 유엔개발계획에서는 최근에 다음과 같은 보고를 하고 있다.[4]

14억으로 추정되는 인구가 현재 물 사용량이 최소 물 보충 수준을 초과하는 '폐쇄된' 강 유역 또는 폐쇄 직전의 유역에 살고 있다. 그러한 강 유역이 세계 육지 표면의 15퍼센트가 넘는다. 널리 알려진 사례를 보면 다음과 같다.

• 중국 북부의 경우, 황하의 약 4분의 1에서 환경을 유지할 필요가 있다. 인간이 물을 계속 끌어 씀으로써 황하의 수량은 현재 10퍼센트 미만으로 줄어들었다. 1990년대에 해마다 강 하류의 물이 말라가더니 1997년에는 226일 동안이나 바닥을 드러냈고, 내륙에서도 물이 없는 강이 600킬로미터나 이어졌으며….

• 오스트레일리아의 머리-달링 강 유역에서는 이용 가능한 강물의 80퍼센

트 가까이가 관개농업에 사용된다. 환경 유지에 필요한 최소 수량 추정치가 약 30퍼센트이므로, 그 결과는 염화, 부영양화, 범람원과 습지의 손상을 비롯한 광범위한 환경파괴다.

• 남아프리카의 오렌지 강은 환경 압박이 심해지고 있는 곳이다. 강 유역의 총 저수량이 강의 유수량을 초과할 정도로 강 상류의 흐름에 많은 변화와 제약이 가해져왔다.

나아가, 댐이 생태계에 부과하는 복잡한 비용이 이제야 보다 명확한 모습을 드러내고 있다. 20세기에 댐이 크게 늘어나면서, 강은 동강나고, 습지는 파괴됐으며, 넓은 땅덩어리가 물에 잠기고, 모래흙의 흐름이 막혀 범람원의 비옥도가 떨어지고, 저수지에서의 증발로 막대한 양의 물 손실이 초래되었다. 댐과 강의 물길을 돌리는 여타의 행위들은 다음 두 가지의 교란, 파괴 현상에도 책임이 있다. 호수 및 내륙해의 소멸, 그리고 강물의 흐름이 막혀 더 이상 바다에 이르지 못하는 현상이다. 미국 남부와 멕시코 북부 사이를 흐르는 유명한 리오그란데 강에 댐이 계속 건설되면서 강물이 너무 넓게 분산되는 바람에 멕시코 만에 더 이상 강물이 흘러들지 않는 달이 많다. 앞에서도 이야기한 것처럼, 황하는 농촌과 도시에서 물을 줄기차게 끌어 쓴 결과 계속 말라가면서, 한때 중국의 거대한 곡창지대였던 곳을 황사의 새로운 진원지로 만들어가는 데 일조하고 있다. 그와 유사하게, 어리석은 대단위 기반시설 공사가 진행되면서 내륙해에도 커다란 재앙이 닥쳤다. 중앙아시아의 몇몇 공화국 지역에 물을 들이부으며 면화를 생산하는 거대한 기지가 만들어지면서 옛 소련의 아랄 해는 거의 말라붙었다. 나이지리아의 차드 호에 있는 하데지아-응구루 습지도 빠른 속도로 말라붙어가고 있다. 풍성한 물고기 떼와 호수가 범람하며 만들어내는 기름진 토지로 100만 가까운 사람들을 먹여 살리던 습지였다. 비운의 관개 및 댐건설 계획이 추진된 후,

습지는 마르고 수십만 명이 삶의 터전을 잃었다.

　직접적인 환경 영향 외에, 강물의 흐름을 바꾸는 계획들이 거듭 유발하는 또 한 가지 문제는 제로섬 상황을 만드는 경향이 있다는 것이다. 강 상류지역의 프로젝트들은 흔히 하류 지역에 심각한 악영향을 미친다. 강 상류에댐을 쌓거나 물길을 돌리면, 하류 지역에서는 생태계의 다양한 서비스들을받지 못하게 된다. 강이 한 나라 안에서만 흘러갈 때에도 그것은 충분히 심각한 상황이지만, 여러 나라를 관류할 때에는 노골적인 대결 양상이 전개될수 있다. 세계 전역에서 물은 이미 국가 간 분쟁의 잠재 요인으로 부상하고있다. 국가의 물 공급량의 상당 부분 또는 전부를 다른 나라에서 발원하는강에 의존하고 있는 나라가 수십 개국이다. 예컨대 방글라데시의 경우에는물 공급의 91퍼센트를 인도에서 흘러오는 강에 의존한다. 1인당 물 접근성이 세계에서 가장 낮은 지역 중 하나인 이스라엘 점령 팔레스타인 땅은 물이 대단히 불평등하게 분배되는 곳이다. 팔레스타인인의 2배도 채 안 되는이스라엘인들이 팔레스타인 사람들보다 7.5배나 많은 물을 사용한다. 이스라엘인들이 강과 지하의 대수층을 장악하고 있기 때문이다.

　지하수 고갈과 강물의 과도한 사용에 이어, 세 번째 문제는 물 오염의 확산이다. 주된 오염원은 화학비료에서 나와 지하수나 강물에 흘러들어가는질소와 암모니아다. 화학합성비료가 널리 쓰이기 전과 비교했을 때, 많은강의 질소 함유량은 충격적일 정도로 증가해왔다. 특히 유럽과 북아메리카,동아시아와 동남아시아 여러 지역에서 크게 늘었다. 인간의 배설물도 또 하나의 주된 오염원이다. 발전도상국들에서는 하수의 85~95퍼센트가 처리되지 않은 상태로 강물이나 바닷물에 쏟아부어진다. 그것이 수인성 질병의전염에 미치는 영향은 지대하다. 중금속을 비롯한 산업 쓰레기, 그리고 비누나 세제, 농업용 살충제 속에 들어 있는 인산염 같은 화학물질 또한 수질과 환경, 인간의 건강에 악영향을 미치는 주요 오염원들이다.

부자나라들은 규제와 안전한 처리를 통해 중금속 오염을 줄여왔지만, 인도나 중국처럼 산업화가 급진전되는 나라들은 여전히 위험한 속도로 물을 오염시키고 있다. 중국의 큰 강들은 근래에 번갈아가며 오염 참사를 겪어왔다. 2005년에는 산업이 폭발적으로 성장한 동북지방의 쑹화 강에서 심각한 벤젠 오염 사태가 일어났다. 2006년에는 공업도시인 란저우 근처에서 공업용 염료가 대량 배출되어 황하가 붉게 물들었다. 몇몇 경우에는 오염물질 배출자가 국내 기업들이었으나, 다른 많은 경우에는 자국의 엄격한 규제를 피해 진출국에서 법적, 윤리적 의무를 회피하고 있는 거대 다국적기업들이었다.

## 기후변화와 물 압박

세계의 수자원 압박은 이미 심각한 수준인데, 인간이 유발한 기후변화가 이러한 어려움을 더욱 가중시킬 것이다. 인간이 유발한 기후변화가 물 순환에 미치는 정확한 영향에는 아직 알려지지 않은 게 많지만, 몇 가지는 확실하다. 첫째, 기온이 상승함에 따라 증발과 강수 주기가 빨라질 것이다. 평균 강수량이 많아지겠지만, 단기간의 집중 폭우가 잦아질 것이다. 기온상승으로 증발산량이 많아지면서 폭풍우의 강도가 세질 것이다.

보다 상세한 몇 가지 결론은 다음과 같다.

• 건조지대는 더욱 건조해지는 경향을 보일 것이다.
• 습한 적도 지방이 더욱 습해지면서 홍수나 다른 기상이변이 빈번해질 것이다.
• 일 년 단위로 녹는 눈이나 장기간의 빙하 융해에 물 공급을 의존하고 있는 인구밀집지역은 빙하가 소멸하고 산에 쌓인 눈의 완충효

과가 사라지면서 물을 안전하게 확보하지 못하게 될 것이다.

- 가뭄이 눈에 띄게 잦아질 것이다.
- 더욱 건조해지고 더욱 변덕스러워지는 기상 조건이 기온상승과 결합되면서, 곡물 수확량이 줄고 작황이 더욱 들쭉날쭉해질 것이다.

최근의 연구에서 인간이 20세기의 강수 패턴에 미치는 영향이 확인되었다. 적도대와 고위도대는 더욱 습해지고 아열대지방은 더욱 건조해진다는 것이다.[5] 최근의 또 다른 연구에서는 매우 건조한 날씨에 시달림을 받는 육지 면적의 비율이 1970년 15퍼센트에서 21세기 초에는 30퍼센트 가량으로 증가했다는 사실을 발견했다.[6]

한 가지 확고한 결론은 눈과 빙하가 녹는 물에 의존하고 있는 세계의 모든 지역에 기후변화가 악영향을 미치리라는 것이다. 남아시아와 동아시아를 비롯한 세계의 수억 인구가 건조한 봄철과 여름철에 거대한 산맥들의 눈이 녹아 때맞추어 흘러내리는 물에 의지하여 삶을 영위하고 있다. 인도 아대륙의 많은 인구, 중국의 2억 5,000만 인구, 안데스 산맥 부근의 도시 주민들이 모두 그러한 유수에 의존하고 있다. 기온이 상승하면 눈이 더욱 빨리 녹을 것이며, 그에 따라 홍수가 잦아지고 강물의 유속이 빨라질 것이다. 갈수록 이른 봄에 물이 많아지고 여름철에는 물이 부족해질 것이다. 얄궂게도 많은 지역에서 앞으로 몇십 년 동안은 빙하의 융해로 인한 대홍수를 겪을 것이고, 몇십 년 후 빙하가 사라진 다음에는 극심한 물 부족 사태가 뒤따를 것이다.[7]

## 물 위험 지역

우리가 예방 및 개선 노력을 하기 위해서는, 앞으로 물 문제로 골머리를 앓게 될 몇몇 지역에 초점을 맞추는 것이 유용하다. 이곳들은 지하수를 발굴하고 있거나, 한시적으로 빙하가 녹아내리는 물에 의지하여 살고 있거나, 장기간에 걸친 기후변화의 결과로 강수량의 감소를 겪고 있는 지역들 중 그 정도가 특히 심한 곳들이다. 여러 사례를 보면, 인구증가나 극단적 빈곤, 민족분열, 그 밖에 문제 해결을 매우 복잡하게 만드는 정치적 분열 등이 있을 경우 물의 가용성은 더욱 악화된다. 큰 곤란을 겪고 있는 몇몇 지역을 살펴보면 다음과 같다.

### 사헬 지방[8]

사하라 사막의 남쪽 가장자리인 사헬 지방 여러 곳에서 강수량이 급속히 감소하고 있다. 지난 30년 동안 연평균강수량은 20세기 전반기의 절반 내지 4분의 3정도로 줄어왔다. 기후가 건조해지는 것은 장기간에 걸쳐 인간이 유발한 인도양 표층수의 온난화와 관련이 있는 것 같고, 또 열대성 강우가 내리는 지역에 영향을 미치는 게 분명한 전 지구적 대기오염과도 관련이 있는 것으로 여겨진다.

사헬 지방의 골칫거리는 물 압박과 급속한 인구증가, 극단적 빈곤 문제가 한데 얽혀 있다는 것이다.

### 아프리카의 뿔

에티오피아, 수단, 에리트레아, 소말리아, 케냐 일부 지역을 포괄하는 이 지역은 불안정의 온상으로, 강수량 감소 문제에 목축사회의 인구, 환경, 경제, 농업 위기가 두루 얽혀 있다. 그렇잖아도 가축들이 지나치게 풀을 뜯어먹는 초원지대가 가뭄으로 파괴되고 있다. 줄어드는 식수, 경작지, 방목용 초원을 둘러싼 싸움이 벌어지면서 부족, 인종, 종교 간 분쟁이 격화되고 있다.

### 이스라엘-팔레스타인

진행중인 이스라엘과 아랍 팔레스타인 사이의 전투가 물 위기의 심화와 더불어 더욱 격해지고 있다. 이스라엘이 오랜 기간 불균형하게 점유하고 있는 요르단 강의 물이 지속 불가능한 수준으로 사용되고 있다. 요르단 강의 종착지인 사해로 유입되는 강물이 사해의 증발량을 감당하지 못하면서 사해가 차츰 사라지고 있다. 지하의 대수층도 고갈되고 있다. 가자 지구는 지구상에서 물 압박이 극심하고 인구밀도가 높은 거주지 중 하나다. 지하수의 과도한 사용으로 가자 지구의 대수층은 위험할 정도로 염분이 증가하고 있다. 그럼에도 팔레스타인 인구는 계속 급증하고 있고, 환경에 대한 압박은 그만큼 더 가중된다.

### 중동, 파키스탄, 중앙아시아

아라비아 반도에서 이라크와 이란, 파키스탄을 거쳐 중앙아시아의 초원으로 뻗어 있는 건조지대 전역이 인구증가와 장기간에 걸친 강수량 감소로 힘겨워하고 있다. 석유가 많이 나는 지방에서는 바닷물을 민물로 만드는 해수담수화 기술에 의존하는 비중이 갈수록 커지고 있다. 그러나 이 해결책은 예멘처럼 가난한 나라나 아프가니스탄처럼 육지로 둘러싸인 나라가 감당하기에는 너무나도 비싼 해법이다.

### 인더스-갠지스 평원[9]

인도 농업혁명은 고수확의 키 작은 밀 품종, 관개, 비료의 강력한 결합을 기반으로 한 것이었다. 소규모의 자영농들은 관정을 뚫고 지하수를 뽑아 올려 자신의 밭에다 물을 댔다. 녹색혁명 기술로 인도는 끝이 보이지 않던 기근의 굴레에서 벗어나는 동시에 빈곤의 덫을 깨부수고 탈출할 수 있었다. 하지만 이제 물 위기가 인도의 인구증가와 맞물리고 있다.[10] 인도의 농지에 관개용수를 퍼 올리는 2,000만여 개의 관정이 지하의 대수층을 고갈시키면서 일부 지역에서는 지하수면이 100미터에서 150미터로 내려가고 있다. 파키스탄의 인더스 강 계곡에서도 비슷한 위기가 닥치고 있다. 몇십 년 뒤 히말라야의 빙하들이 완전히 녹아 사라지면, 지금 빙하에서 흘러내리고 있는 물도 그치고 말 것이다. 그리고 대규모의 물 오염도 시작되었다. 공업용수나 생활용수로 쓰고 버린 물이 호수나 강, 바다에 이르기 전에 처리되는 비율이 10퍼센트 정도밖에 안 되는 것이다. 곧장 내놓을 수 있는 답이 보이지 않는 상황이다.

### 중국 화베이 평원

건조한 양쯔 강 북쪽의 중국 땅이 갈수록 더 건조해지고 있다. 그와 동시에 지하의 대수층도 고갈되고 있다. 황하의 물을 너무 많이 끌어 쓴 탓에, 강은 더 이상 바다에 이르지 못한다. 그리고 지하의 대수층에서 물을 너무 많이 뽑아 쓴 나머지, 도시의 대수층 위쪽 땅이 말 그대로 꺼져 내려앉으면서 주택과 상업용 건물, 도시 기반시설에 심각한 구조적 손상을 입히고 있다.

### 미국 서남부

미국 서남부의 반건조지대가 갈수록 더 건조해지면서 몇 년 혹은 몇십 년 안에 먼지폭풍지대가 될 가능성을 비치고 있다. 고(古)기후 기록과 대규모의 기후 모델이 공히 인간이 유발한 건조화가 앞으로도 더 진행되리라는 것을 확실하게 예고하고 있다. 지금까지 이 지역의 늘어나는 인구 중 다수는 콜로라도 강을 비롯한 강들의 물을 끌어 쓰면서 살아왔다. 하지만 강물을 끌어 쓰는 것이 한계에 다다르고 있는 지금, "물 한 방울당 수확량을 늘리는 (more crop per drop)" 농법을 더욱 개량해가야 할 것이고, 앞으로는 어쩌면 꽤 넓은 지역에서 농업의 대체수단을 찾아야 할지도 모른다. 대처 능력이 훨씬

취약한 국경 너머의 멕시코 북부 지방에서도 같은 문제가 일어나고 있다.[11]

### 머리-달링 강 유역

이곳은 오스트레일리아에서 가장 넓은 강 유역이자 이 나라의 농업 잠재력을 보여주는 본고장이다. 2003년에서 2007년까지 이 유역은 천년에 한 번 닥치는 가뭄을 겪었다. 인간이 유발한 기후변화가 있기 전까지는 천년에 겨우 한 번이나 닥칠 법한 큰 가뭄이었다는 뜻이다! 이 가뭄으로 곡물 수확량이 격감하면서 많은 돈을 써가며 물 보전 긴급대책을 마련하고 있다. 기후변화에 관한 정부간 패널(IPCC)은 지구온난화로 인해 이 강 유역과 오스트레일리아 다른 지역들의 건조화가 더 심해질 가능성이 있다고 강조하고 있다.

## 물 압박과 분쟁

이 모든 지역에서 물 압박의 심화가 다른 압박 요인들과 결합되면서 식량 사정이 더욱 악화될 것이다. 가뭄으로 인한 흉작은 훨씬 더 잦아질 것이다. 농가들이 식량을 공급해주기는커녕 자신들의 먹을거리도 챙기지 못하게 될 것이다. 적어도 빈곤이 심한 지역에서는 물 압박이 전쟁으로 귀결될 수 있다. 실제로 〈그림 5.1〉(책 중간에 삽입된 컬러 도판 페이지를 보라)에서 보는 바와 같이, 건조지대와 2007년에 격렬한 분쟁이 일어난 곳 사이에는 겹치는 부분이 많다. 그것은 한낱 환경론자들의 악몽이 아니라 최근의 엄연한 기록이다. 이 연결고리를 확인하는 데 남다른 기여를 한 학자는 에드워드 미구엘(Edward Miguel)과 그의 동료들이다. 그들이 발견한 바에 따르면, "아프리카의 강우량 감소와 분쟁 증가 사이에는 연관관계가 있다. … 아프리카에서 강우량이 증가하면 분쟁이 발생할 가능성이 크게 줄어든다는 강력한 증거가 있다."[12] 핵심 연결고리는 강우량이 줄면 수확과 식량공급에 악영향이 미쳐

경제가 위축되고, 그로 인해 분쟁이 발생하는 것 같다는 것이다. 중요한 것은 이들이 아프리카에서 분쟁이 일어난 장소와 일시를 꼽아보면서 강우 변수와 정치적 변수(민주주의, 민족분열, 종교 차이, 식민지 유산 같은) 중 어느 쪽이 더 설득력이 있는지를 비교해보니, 강우 변수가 정치 변수보다 더 중요한 것으로 드러났다는 사실이다. 연구팀은 다음과 같이 결론짓는다. "이 연구에서 분명하게 확인되는 사실은 아프리카 분쟁의 유발 원인으로는 경제적 요인이 가장 크고, 제도적·정치적 요인의 영향은 그보다 훨씬 작다는 것이다."[13]

극심한 물 압박이 어떤 작용을 하는지는 지난 30년간 인구급증과 함께 큰 폭의 강우량 감소를 겪어온 수단의 다르푸르 지방에서 확연히 드러난다. 극단적 빈곤, 민족 간 충돌 등의 요인이 만들어낸 죽음 제조장에 이 두 가지 요인이 보태졌다. 10장에서 다르푸르의 위기를 다시 돌아볼 것이다.

물 부족은 이제까지는 주로 국가 간 분쟁보다는 국내 분쟁의 원인이었으나, 물 압박이 심해지면서 앞으로는 국가 간 대립으로 비화할 가능성이 커지고 있다. 프레드 피어스(Fred Pearce)가 다음과 같은 사실을 상기시켜준다.

모두 합해서 20여 개국이 절반 이상의 물을 이웃나라에서 흘러오는 강물에 의존하고 있다. 여러 나라에 지금 받고 있는 것보다 더 많은 양의 물을 받을 권리가 주어져야 마땅하다. 멕시코는 미국에서 흘러내려오는 콜로라도 강의 물을 사실상 전혀 받지 못하고 있다. 요르단 강의 물은 대부분 이스라엘 영토 안에서 사라지고, 그 강에서 국명을 따온 나라에는 아예 도달하지도 않는다. 일리 강은 중국을 떠나 카자흐스탄에 이르는 사이에 3분의 1로 줄어든다. 이란에서 서쪽으로 흐르는 카르케 강물은 이제 이라크 땅에 거의 발을 들여놓지도 못한다. 반면에 이란은 1990년대 이래로 아프가니스탄의 국경을 넘어 서쪽으로 흘러오는 헬만드 강물을 거의 구경도 못하고 있다. 강물의 자연스런 흐름이 그렇게 중단됨으로 해서 입는 피해의 규모를 감안하면, 국경을 넘는 전쟁이 더 많이 일어나지 않은 것이 신기할 정도다.[14]

다르푸르나 소말리아 같은 분쟁지역에 평화를 정착시키거나 여타 건조지역의 긴장상태가 전면전으로 비화하는 것을 막기 위해 일하는 외교관들이 그 지역들에 긴장을 더해가는 생태학적 배경을 이해하고 그에 적절히 대처하는 것이 무척 중요하다. 가장 중요한 중재사항 중 하나, 즉 생활용수와 농업용수에 대한 접근권을 예측 가능하고 적절한 수준으로 보장해주는 작업이 분쟁 회피와 중재 과정에서 간과되는 경우가 많다.

## 기본 행동계획

물 압박 증대와 강우 불안정을 해결할 수 있는 단 하나의 방안은 없다. 각 국가에서 종합적인 행동계획을 마련해야 하고, 그것을 실행하기 위한 국제적 지원도 필요할 것이다. 계획에서는 다음 다섯 가지 영역을 다루어야 한다.

- 모두에게 안전한 식수와 위생
- 가뭄에 내성이 있는 품종과 새로운 관개 전략의 개발을 비롯한, 농업 분야의 물 효율 증대
- 물 저장방법 개량을 통한 치밀한 가뭄 대비
- 강우 보험을 이용한 경제적 위험 줄이기
- 강우 의존도를 낮추기 위한 경제 다각화와 국제무역

이 영역들을 하나하나 살펴본 다음, 변화를 만들어낼 수 있는 전 지구적

협력 방법을 돌아보기로 하자. 그와 함께, 각 나라가 극단적 빈곤을 종식시키기 위한 싸움에서 전반적인 진전을 이루어내고 자발적인 출산율 저하를 통해 높은 인구증가율을 끌어내리는 행동을 취해간다면, 이 과제들 하나하나가 한결 수월해질 거라는 점을 강조하지 않을 수 없다.

### 식수와 위생

밀레니엄개발목표는 안전한 식수와 위생을 제공받지 못하는 사람의 수를 절반으로 줄이라고 요구한다. 이것은 모든 목표 중에서 사실상 가장 쉬운 것이다. 모든 마을과 도시에서 우물, 샘, 급수관, 공동 유수지 등의 적절한 물 대책을 세우는 건 필수지만, 기본적인 문제는 자연에서 물을 끌어올 수 있는 가능성이라기보다는 공법과 자금이다. 먹고 마시고 위생을 유지하는 데 쓰이는 가정용수는 전체 물 수요에서 작은 부분을 차지할 뿐이고, 물이 많이 필요한 부문은 농업이기 때문이다. 2006년 UNDP는 세계 전체의 물과 위생 목표 달성에 소요되는 비용이 연간 100억 달러쯤 될 것으로 추산했다. 연간 35조 달러에 달하는 부자나라 국민소득의 0.03퍼센트밖에 안 되는 돈이다.[15]

워싱턴에서 선호하는 식수 수요에 대한 한 가지 유명한 해결책은 도시의 물 공급 체계를 민영화하는 것이었다. 민간 운영자가 공공기관보다 더 효율적이고 투자도 더 많이 하며 어쩌면 더 양심적일 거라는 믿음의 발로였다. 그러나 역사는 그렇지 않다는 걸 입증해왔다. 민영화는 어설프게 추진될 경우, 공적 독점이 사적 독점으로 전환되는 결과를 초래할 수 있다. 사적 독점 자본가에게는 다음 선거에서 이겨야 한다는 제약조차도 따르지 않는다. 사적 독점기업은 가난한 사람들, 특히 독점자본가가 이윤을 극대화하기 위해 매긴 물값을 지불할 능력이 없는 가구들에 물 접근권을 보장해주는 따위에는 전혀 관심이 없을 것이다.

공영과 민영 간의 한 가지 유력한 타협안으로서, 민간 운영자가 각 가구에 가구원들이 마시고 조리하고 위생을 유지하며 생존하는 데 필요한 일일 고정급수량의 무상공급을 보장하는 평생사용권을 제공하는 방안이 있을 수 있다. 최소치를 초과하는 물 사용에 대해서는 미터 단위로 시장요금이 부과되지만, 이렇게 하면 극빈층을 포함한 모든 이들에게 평생사용권이 보장된다. 이런 종류의 멋진 보조금은 물 외의 다른 것들, 예컨대 전기, 비료, 고수확 품종, 모기장 등 다른 기본 필수품들에도 유익하게 활용될 수 있다. 대량 구매자, 특히 부자들은 시장가격을 지불해야만 한다. 그러나 극빈층은 시장에 신경을 쓸 필요가 없다. 공과 사의 정확한 제휴 방식과 가격결정 방식에 따라, 공공부문의 예산으로 물 공급자가 평생 동안 무상으로 물 공급을 해주는 데 소요되는 비용을 변제해줄 수도 있다.

### 물 한 방울당 수확량 늘리기

물 사용량 대비 농업생산성 증대, 즉 물 한 방울당 수확량을 늘리는 것은 훨씬 더 위대한 도전이다. 유엔식량농업기구(FAO)에서는 인구증가 및 1인당 소비량 증가로 인해 2030년경에는 세계의 곡물 수요가 10억 톤 가까이 늘어날 거라고 추산했다.[16] 세계 곳곳에서 기후조건이 갈수록 악화되는 상황에서 이만큼의 곡물 증산을 이루어내야 한다.

농업생산성 향상에 기여할 수 있는 기술은 많다. 한 가지 핵심 기술은 물을 덜 필요로 하고 가뭄에 취약한 지역에서도 잘 자랄 수 있는 작물 품종을 개발하는 것이다. 그러한 품종들은 전통적인 육종법으로도 개발할 수 있지만, 한 종의 유전자를 다른 종에 이식시켜 가뭄에 대한 내성을 향상시키는 유전자 이식법으로 개발할 수도 있다. 다양한 과학자 팀들이 가뭄을 잘 견뎌내는 자연 식물종의 유전자를 식량 작물에 이식시키는 유전자 이식 작물을 연구하고 있는데, 초기의 시도에서 눈부신 성과들이 만들어져 나오고 있다.

두 번째 방안은 빗물 한 방울당 수확량을 극대화하는 물리적 장치 또는 작물재배법을 도입하는 것이다. 점적관수(drip irrigation)가 대표적인 사례다. 점적관수에서는 들판에 아예 물을 가득 채우거나 물이 고이기도 하고 증발도 하는 수로를 통해 물을 끌어오는 대신에, 저압의 호스를 이용하여 작물의 뿌리에다 미량의 물을 직접 뿌린다. 식물의 뿌리 가까운 지면에 미세한 구멍이 뚫린 호스를 깔아놓고 물을 직접 공급하는 것이다. 이렇게 간단하고 저렴하며 검증된 방법으로 토양에서의 증발량을 최대 90퍼센트까지 줄일 수 있다. 작은 플라스틱 병을 이용하여 물을 공급하는 인도 펩시 시스템(Indian Pepsee system)과 같은 지역적 혁신이 이루어지면서, 점적관수에 드는 비용이 매우 낮은 수준으로 떨어져왔다.

또 한 가지 중요한 방안은 빗물 모으기다. 농부들이 작은 웅덩이를 파거나 땅 속에 작은 용기들을 묻어두고 빗물을 모아 저장한 다음에 일시적인 건기에 저장해둔 물을 사용한다. 빗물은 지속적인 관개에는 충분하지 않지만, 며칠 정도 건조한 날이 이어질 때의 보완재로는 충분하다. 이 방법은 보급관개(supplemental irrigation)라고도 한다. 예를 들어 중국 간쑤 성에서는 빗물 모으기로 물 공급량당 수확량이 20퍼센트 늘었고 밀 수확량이 50퍼센트 증가했다는 보고가 있었다.[17] 빗물의 생산성 높이기도 효과를 거둘 수 있는 또 하나의 방안이다. 이는 작물의 생육기 초기에 나무심기나 덮어주기, (작물들 사이사이에 다른 작물을 심는) 간작 등의 방법으로 소중한 그늘막을 만들어주어 수분의 증발을 억제하는 방식이다.

세 번째 혁신방안은 저경운이나 무경운 재배처럼 경운 방식을 바꾸는 것이다. 경운이란 농부가 땅을 갈아 작물을 심을 준비를 하는 것을 말한다. 일반적으로는, 쟁기질 같은 방법으로 땅을 갈아엎어 잡초 뿌리를 제거하면서 씨앗을 뿌리고 거름이나 비료를 칠 수 있도록 흙을 고른다. 저경운 재배, 즉 토양보전 경운법은 땅을 갈지 않거나 최소한으로 갈고서 씨앗을 심는 방식인데, 거기엔 몇 가지 이점이 있다. 토양 수분의 증발량이 감소하고, 토양의 구성성분이 잘 보전되며, 토양 침식이 줄어드는 것이다. 그리고 지렁이나 지네처럼 토양의 생산성을 향상시키는 흙 속의 동물들도 고스란히 남아 생산성을 높이는 작용을 계속한다. 저경운 농법에는 한편으로 반드시 해결해야 하는 숙제도 있다. 잡초가 제거되지 않기 때문에 작물이 잡초들과 치열한 경쟁을 벌이게 된다. 그리고 갈지 않은 땅에 작물을 심는 데 필요한 특수 장비 같은 것도 필요할 것이다. 토양보전 경운법의 타당성은 각각의 실정에 맞게 면밀하게 검토해야 하며, 가난한 농부들은 이 농법을 도입하기 전에 특별 지도를 받아야 할 것이다.[18]

이 모든 경우에 물 사용료나 평생사용권은 농부들이 물을 과다하게 사용하는 방식에서 물 사용량당 수확량을 높이는 등 지속가능하게 사용하는 방식으로 전환하는 것이 더 유리하다고 느끼도록 책정할 필요가 있다. 저탄소 기술과 마찬가지로, 물 효율이 더 높은 품종이나 보다 효과적인 관개방법을 개발하는 것과 그런 기술이 널리 보급되는 것은 전혀 별개의 문제다. 지하수를 지속 불가능한 수준으로 끌어 쓰는 곳에서 이런 방안들을 채택하게 하려면, 농부들에게 시장 인센티브를 줄 필요가 있다. 극빈층이 진일보한 기술을 사용할 경우에는 보조금이나 장려금을 줄 수 있을 것이다. 부유한 농부들에게는 반대로, 지하수나 강물을 지속 불가능한 수준으로 끌어다 쓰는 데 따른 사회적 비용 일체를 충실하게 반영한 물 사용료를 부과해야 할 것이다.

### 물리적 인프라

우리가 바닷물로 민물을 만들어내고 그 비용을 부담할 수 있다면야 지구 상에서 담수가 부족할 일은 없을 것이다. 해수담수화 기술을 이용하여 바닷물을 민물로 바꿀 수 있다. 역삼투(reverse-osmosis) 방법과 같은 해수담수화 기술이 발전하면서, 전통적 증류 방법을 이용할 때에 견주어 담수화 비용이 극적으로 낮아져왔다. 물론 담수화 기술은 많은 에너지를 필요로 한다. 세계의 총 에너지 사용량의 급격한 감소를 기대하는 게 비현실적인 것은 바로 그 때문이다. 물 확보와 같은 중요한 과제들을 해결하는 데 더 많은 에너지를 들여야 하는 것이다. 하지만 담수화 과정에 풍력이나 태양력, 수력을 이용함으로써 물 공급량을 청정한 방법으로 그리 비싸지 않은 가격에 대폭 늘려가는 것은 가능하다. 그런데 불행히도, 해수담수화는 바닷가에 가까우면서 (중동의 석유 같은) 에너지 자원이 풍부한 지역에서만 경제성이 있는 방안인 것 같다. 물을 퍼 나르는 비용이 많이 드는 내륙 지방, 특히 고지대에는 해수담수화 기술이 구원책이 될 것 같지 않다.

물리적 인프라는 소규모 농장의 연못에서 큰 강 일대의 거대한 저수지까지, 물의 저장에도 핵심 역할을 할 수 있다. 앞으로 강우의 변동성이 점점 더 커지고 빙하가 녹아 흘러내리는 물도 멈출 것이 예상되는 상황에서, 물을 저장해두었다가 가뭄과 건기 때 관개에 이용할 수 있게 하는 데 따른 경제적 이익은 더욱 커질 것이다.

### 강우 보험

또 한 가지 유익한 도구가 될 수 있는 것은 물리적 설비가 아니라 금융장치다. 강우 보험(기술적으로는 날씨와 연계된 파생상품)은 가뭄에 대비할 수 있게 하는 금융수단이다. 보험회사에서 비가 평소와 다름없이 내릴 때에는 한 푼도 주지 않고 가뭄 때에는 큰 액수를 지급하는 보험증권을 파는 것이다. 증권의 가격은 가뭄이 닥칠 확률과 가뭄 때 지급하는 보험금 액수를 감안하여 정한다. 예를 들어 보험증권의 가격을 10만 달러로 책정하고, 10년에 한 번 오는 심각한 가뭄이 닥치면 100만 달러를 지급하는 식이다. 영농조합 같은 데서는 가뭄 때 조합원들이 겪게 될 흉작에 대비하여 그런 증권을 사둘 것이다. 시장에서 고소득국들에 이러한 보험 서비스를 제공하는 한편,

최빈국들에 강우 보험금을 제공할 공적 재원은 따로 마련해둘 필요가 있다.

## 경제 다각화와 국제무역

농부들은 일상적으로 작물을 나누어 심어 강우에 따른 위험을 조절한다. 가뭄에 잘 견디는 품종을 가뭄에 취약한 품종과 함께 심어 재난에 대비하는 것이다. 강우량의 직접적인 영향을 받지 않는 상업이나 소규모 공업 같은 비농업 활동을 농촌 사회의 사업 목록에 보탤 수도 있다. 또한 국내와 세계의 장거리 교역을 활용하여, 예컨대 단기간의 건기를 잘 견뎌내는 깊은 뿌리를 가진 수목 작물을 심는 등 가뭄을 타지 않는 농사에 주력하면서 그 수입을 갖고서 먹을거리들을 수입하는 길을 택할 수도 있다.

기후변화에 따른 건조지역의 압박이 갈수록 더 심해짐에 따라, 늘어나는 무역의 역할이 더욱 중요해질 것이 틀림없다. 너무 건조해진 일부 지역에서는 아예 식량을 생산하지도 못하게 될 것이다. 그러면 다른 지역들에서 국제무역을 통해 식량을 공급하게 된다. 몇몇 지역, 특히 미국이나 캐나다, 러시아의 고위도 지방에서는 지구온난화로 생육기간이 길어지고 강수량이 늘어나면서 농업생산성이 오히려 증대할지도 모른다. 이러한 몇몇 고위도 지방이 세계의 새로운 주요 빵바구니로 부상할 가능성도 있다. 하지만 국제무역이 그 자체로 세상을 구하게 될 거라고 믿어서는 안 된다. 자급자족 농민들이 살고 있는 지역에서 더 이상 식량을 생산할 수 없게 될 경우, 그들이 다른 대안의 소득원을 찾아내 일하면서 식량을 사먹을 수 있게 될 거라는 보장은 없다. 매우 가난한 이들이 하고 있던 일을 그냥 접어버리고 다른 생산적인 노동을 시작할 수단도 갖지 못한 상태로 버려지는 경우가 많다. 그들은 그대로 굶다가 속수무책으로 죽어가기도 한다. 무역이 세계의 농업 재배치에 중요한 역할을 할 수 있는 건 분명하지만, 국제시장 자체가 모든 사람이 그에 의지하여 기후변화의 충격을 견뎌내고 살아남을 수 있는 장치는 아니다.

# 전 지구적인 물 협력을 향하여

국제연합 체계 안에는 물 관리나 물에 관한 기술 개발을 종합 조정하는 기관은 없다. 최소 12개의 국제기구나 협약기구가 각기 일정한 역할을 하고 있을 뿐이다. 유엔아동기금(UNICEF), 세계은행, 식량농업기구(FAO), 유엔교육과학문화기구(UNESCO), 유엔공업개발기구(UNIDO), 유엔개발계획(UNDP), 유엔환경계획(UNEP), 유엔사막화방지협약(UNCCD), 유엔기후변화협약(UNFCCC), 생물다양성협약(CBD), 국제수자원관리연구소(IWMI), 반건조열대지역을 위한 국제작물연구소(ICRISAT) 등이 그것인데, 거기에 또 헤아릴 수 없이 많은 지역기구가 보태진다. 문제는 이 엄청나게 많은 기구의 총 활동성과가 부분의 합보다 훨씬 적다는 것이다. 기후변화와 농업 압박, 수자원 기술이 뒤얽힌 문제를 어떻게 해결할 것인지, 세계적 기금을 어떻게 조성하여 계획을 실행할 것인지, 물 관련 계획과 빈곤퇴치 등의 다른 발전구상들을 어떻게 결합시킬 것인지에 대한 포괄적인 책임이나 의무, 비전도 제시된 게 없다. 더욱이 물 문제를 건전하게 해결하려면 지역에 대한 전문지식과 더불어 강 유역을 공유하는 이웃나라들 사이의 꽤 긴밀한 협력이 필요하다. 이것은 어려운 주문이다. 세계에는 둘 이상의 나라가 공유하는 강 유역이 273곳 있는데, 관련 국가는 145개국으로 세계인구의 90퍼센트 이상이 이 나라들에 살고 있다.

과제의 막중함과 그것이 기술, 경제, 외교가 맞물린 문제임을 감안할 때, 물에 관한 종합적인 국제기구의 필요성은 절실하다. 최소한의 첫 단계는 고통이 극심한 땅, 특히 세계의 건조지대에 관심을 집중하는 것이다. 다행히도 이 문제는 191개국 정부가 조인한 유엔사막화방지협약에서 다루고 있다. 불행한 일은 발효중인 이 협약이 거의 알려져 있지 않은 데다 영향력과 재정지원도 거의 없다는 것이다. 하지만 협약을 다시 만드는 것보다는 협약을 소생시키는 편이 한결 낫다. 건조지대에 초점을 맞추고 세계의 물 사정에 대한 국제적이고 과학적인 전문 평가작업을 수행할 UNCCD 과학기술위원회가 그 출발점이 될 것이다. 위원회에는 다음 각 사항을 조사하는 특별한 임무가 부여된다.

- 물 관련 기술 향상을 위해 우선적으로 해야 할 일
- 농업 분야의 물 효율을 높이기 위해 우선적으로 해야 할 일
- 기후변화에 따른 물 위험
- 최빈국의 가정용, 농업용 물 확보 방법
- 식수 및 위생 관련 밀레니엄개발목표(MDGs) 달성에 필요한 자금 규모

하지만 조사연구 결과가 또 하나의 공염불에 그친다면, 그 어떤 것도 큰 관심이나 열정을 불러일으키지 못할 것이다. 건조지대에 필요한 것은 가뭄을 이겨내는 농법(씨앗, 물 관리, 경운법, 작물 선택, 토지 관리)의 연구개발기금 마련, 효율적인 관개와 안전한 식수, 물 저장 능력 향상을 위한 자금확보 등 실질적인 문제해결방안을 실행하는 데 필요한 자금의 지원이다.

2003년 환경계획을 지원하는 국제기금인 지구환경기금(GEF)이 UNCCD의 재정후원기관으로 수임되었다. GEF는 훌륭한 선택이다. UNDP, 세계은행, UNEP가 공동운영하는 세계의 중요한 환경기금이기 때문이다. 하지만 자금지원 규모가 진정으로 임무 수행에 필요한 액수의 10분의 1에도 못 미친다는 것(비록 100분의 1은 아니지만)이 문제다. GEF의 건조지대 관리 배정액은 최근 2002~2006년의 4년간 2억 5,000만 달러로 정해진 바 있다. 1년에 약 6,000만 달러다. 그런데 다르푸르, 소말리아, 에티오피아 등 건조지대의 위기를 타개하려면 연간 수십억 달러의 자금지원이 필요하다.

# 06

# 지구는 모든 생물종의 삶의 터전

    지난 2세기 동안의 거대한 인구팽창과 경제활동은 우리와 지구를 공유하는 다른 생물종들을 희생시키며 진행돼왔다. 우리 인간은 자원을 집요하게 갈구하면서 지구상에서 다른 생명들을 참혹하게 파괴하는 단 하나의 존재가 되었다. 200여 명의 과학자들이 여러 해 동안 공들여 수행한 세계의 생태계 현황에 관한 포괄적인 연구인 밀레니엄생태계평가(MEA)는 지난 50년간 인간들이 세계 생태계의 대부분을 악화시키면서 다른 생물종들의 개체수를 급격하게 감소시키고 일부는 멸종 상태로까지 몰고 갔다는 사실을 밝혀냈다.[1] 인간은 식량, 물, 에너지, 원자재 등등의 용도로 자연을 착취할 수 있는 능력을 충분히 활용하며 커다란 이익을 누려왔지만, 우리 인간의 자연 서비스 전유는 결코 잘한 일이 아니었다. 우리는 우리 자신의 생명유지 장치를 게걸스럽게 갉아먹어가면서도 별것 아닌 듯 애써 무시할 구실을 찾고 있다.

    우리는 생물다양성의 위기를 맞고 있고, 셀 수 없이 많은 생물종에게 이미 회복 불가능한 피해를 입혀왔다. 그 대부분은 자료가 없는 건 말할 것도 없고 아직 채 알기 시작하지도 못했다. 우리의 공격은 자연계가 미처 적응할 수 없을 만큼 다면적으로 행해지고 있다. 생물다양성과 종의 발견빈도 감소가 확산되고 있다. 1970년 이래 광범위한 생물종의 개체수 감소 현황을 보여주는 세계자연보호기금의 지구생존지수(Living Planet Index)에 그 실

## 〈그림 6.1〉 1970년부터 2000년까지의 지구생존지수

이 지수는 세계 척추동물종의 발견빈도 자료를 갖고서 만든 것이다. 이 중 555종은 육상종이고 323종은 민물종이며 267종은 해양종이다. 1970년에서 2000년 사이에 총지수는 약 40퍼센트 하락한 데 비해서, 같은 기간에 육상종 지수는 약 30퍼센트, 민물종 지수는 약 50퍼센트, 해양종 지수는 약 30퍼센트 떨어졌다.

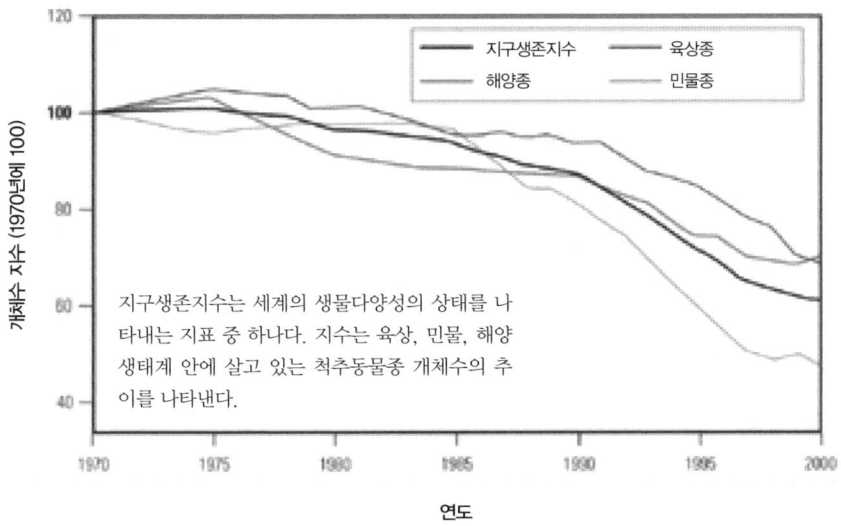

출처: Millennium Ecosystem Assessment (2005)에서 WWF, UNEP-WCMC

상이 요약돼 있다(〈그림 6.1〉). 위대한 진화생물학자 에드워드 윌슨은 이러한 다방면의 공격, 즉 서식지 파괴(habitat destruction), 외래종 침입(invasive species), 환경오염(pollution), 인구증가(population increase), 남획(overharvesting)을 묘사하는 약어 HIPPO를 만들어냈다.[2]

기후변화로 인해 이 모든 변화가 크게 격화될 것이다. 기후가 변함에 따라, 수없이 많은 생물종의 현재 서식지가 더 이상 살기에 적합하지 않은 곳으로 바뀔 것이다. 기온이나 강수량, 화학적 성질(이산화탄소 농도 상승으로 인한 바닷물의 산성화 따위), 폭풍의 빈도가 변하거나, 그 생물종의 포식자이거나 먹이거나 병원체인 다른 종의 서식범위가 달라지기 때문이다. 지구가 따뜻해지면서 일부 종은 자신들이 살기에 적당한 기온대를 찾아 북극이나 남극 쪽으로 이동할 수 있겠지만, 일부는 그러지도 못할 것이다. 이동로가 막혀 있거나 단절돼 있을 수도 있고, 이동속도가 너무 느린 나머지 기후변화를 따라가지 못할 수도 있으며, 경우에 따라서는 갈 곳이 아예 없을 수도 있기 때문이다. 탈출로가 없는 마지막 상황은 열기를 피해 산기슭을 따라 계속 위쪽으로 올라가다가 마침내 정상에 다다르게 될 고산종과 지구상에서 그들의 서식지가 완전히 사라져버릴지도 모를 북극곰 같은 극지방 생물종에 해당한다.

최근의 연구는 이러한 기후변화의 결과 엄청난 비율의 생물종, 심지어는 3분의 1에서 절반까지의 생물종이 멸종 상황으로 내몰릴 수도 있음을 보여주고 있다.[3]

## 피해의 확산

이 다면적인 공격의 결과는 도처에서 확인된다. 지구상의 사실상 모든 생태계가 악화되고 있고, 일부는 붕괴 직전의 상태에 있다. 동식물의 모든 대범주에서 종의 발견빈도가 줄어들고 있다. 가장 널리 알려진 몇 가지 사례를 들면 다음과 같다.

### 어장

최근의 연구에서 시간이 갈수록 어장 붕괴 속도가 빨라지고 있다는 사실이 밝혀졌다.[4] 현재 잡히는 어종의 29퍼센트가 2003년 현재 소멸중인 것으로 판단된다.

어장 소멸에 따른 한 가지 큰 우려는 그것이 비선형적으로 진행되는 경우가 많다는 것이다. 어장 속 어종의 개체수는 어장의 개척 수위가 일정한 티

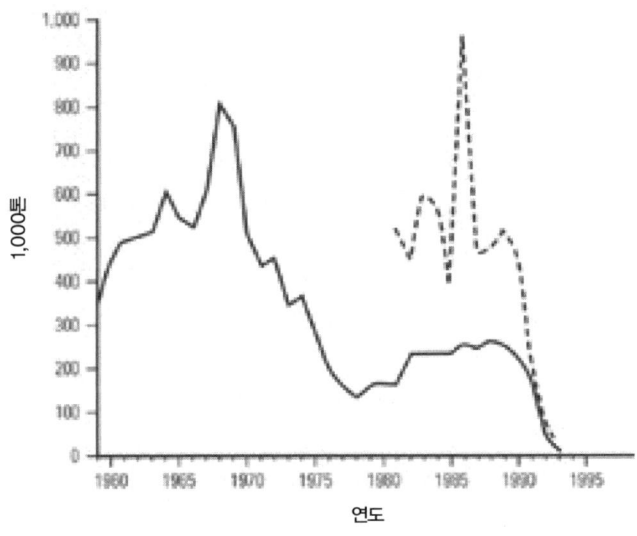

실선은 1,000톤 단위의 연간 어획량, 점선은 대구 개체군의 크기를 나타낸다.
출처: Roughgarden and Smith (Copyright 1995 National Academy of Sciences, U.S.A.) 자료 변용

핑포인트에 이르는 순간, 갑자기 격감하는 경향을 보인다. 〈그림 6.2〉와 중간에 삽입된 컬러 도판의 〈그림 6.3(a)〉 〈그림 6.3(b)〉는 널리 알려진 1990년대 초의 북대서양 대구 어장 사례에서 대구 개체군의 갑작스런 붕괴가 얼마나 극적으로 진행되었는지를 극명하게 보여주고 있다.

### 산호

산호초는 다방면의 공격과 위협의 확산을 겪고 있다.[5] 산호로 하여금 산호초 속에 사는 공생 해조류를 떨어져나가게 하는 해수면 온도의 상승, 관광과 어획, 뱃놀이 등으로 인한 산호초의 물리적 파괴, 바닷물의 산성화와 그에 따른 탄산칼슘 성분의 파괴, 해양 오염, 장식용 산호의 광범한 남획 등이 그것이다.

### 양서류

세계는 현재 여러 종의 개구리와 두꺼비류를 비롯한 양서류 개체군의 급격한 감소로 시름에 잠겨 있다.[6] 여러 가지 원인이 동시에 작용하고 있다. 주범으로는 습지와 숲의 서식지 파괴, 올챙이를 잡아먹는 외래 물고기를 비롯한 외래종의 침입, 살충제와 제초제의 사용 확산, 양서류에게 해를 끼치는 병균, 기생충, 균류의 도래 등이 꼽힌다. 오존층의 부분 파괴와 그에 따른 자외선 노출 증대도 영향을 미치는 것 같다.

### 꽃가루매개자[7]

과일과 채소, 꽃 피우는 나무들 중에는 꿀벌과 같은 꽃가루매개자들의 도움을 받아 생식을 하는 것들이 많다. 실제로 과일산업에서는 벌과 같은 매개충에 거액의 돈을 들인다. 일례로 캘리포니아에서는 매년 봄마다 아몬드의 수분을 위해 약 100만 개의 벌통을 들여온다. 현재 꿀벌을 비롯한 많은 꽃가루매개자의 야생 개체수가 크게 줄고 있고, 일각에서는 토종 매개자를 풍토에 맞지 않는 외래종으로 대체하고 있는 실정이다. 그에 따라, 작황은 나빠지고 식료품비는 올라가게 된다. 생물다양성의 급격한 쇠퇴로 신음하는 다른 영역과 마찬가지로 여기에도 상호작용하는 요인들이 많은데, 그러한 요인들이 두루두루 영향을 미치고 있는 것 같다. 예컨대 숲과 같은 꽃가루매개자의 서식지 상실, 꿀벌을 공격하는 진드기나 불개미 같은 외래 기생충의 침입, 타지에서 전파돼온 바이러스 감염, 매개자를 죽이는 살충제의 대량 사용 등이 그것이다.

### 유인원[8]

고릴라, 보노보(피그미침팬지), 침팬지 등의 유인원 개체군에 미치고 있는 위협은 광범하고 심각하다. 그러한 위험 중 다수는 유인원들의 서식지인 숲을 인간이 점점 더 깊숙이 밀고 들어오는 데서 생겨난다. 유인원 개체수의 급격한 감소와 심각한 멸종 위험의 원인으로는 원래부터 얼마 안 됐던 유인원의 개체수, 인간의 벌목과 격렬한 분쟁 등으로 인한 숲 서식지의 파괴, 야생동물 포식자들의 영장류 사냥, (환경, 기후, 서식지 변화 등이 복합적으로 작용하는 것 같긴 하지만) 이유가 확실치 않은 유인원들 사이의 에볼라 바이러스 대량 감염 등이 꼽힌다.

생태학자들은 이처럼 뚜렷한 위협들을 인간에 의한 대멸종 사태가 현재 진행형임을 보여주는 사례로 여긴다. 인간의 활동은 오래전부터 쉽게 사냥할 수 있는 대형포유동물의 멸종에 중요한 역할을 해왔다. 약 1만 년 전 북아메리카에서 사냥꾼들(그리고 어쩌면 기후변화)에 의해 멸종돼간 아메리카 말, 낙타, 매머드, 검치호(칼이빨호랑이) 등등이 그 좋은 예다. 도도새와 (2006년 멸종이 선언된) 양쯔강돌고래, 그 밖의 많은 새와 해양생물 등의 멸종 기록을 관리하고 있는 세계자연보전연맹(IUCN)에서는 지난 500년 사이에 최소 750종 이상의 생물이 멸종했다고 기록하고 있다. 수많은 다른 종 역시, 아마도 수백만 종의 생물이 멸종돼왔겠지만, 멸종된 생물의 대부분은 사라지기 전에 기록조차도 되지 않은 아주 작은 생물들이다. IUCN은 2006년 지구 전역의 위험에 처한 생물종에 관한 가장 최근의 조사기록에서, 조사 대상 2만 4,284종의 척추동물 중 5,624종이 위협받고 있고, 3,978종의 무척추동물 중 2,101종이 위협받고 있으며, 1만 1,901종의 식물 중 8,390종이 위협받고 있는 것으로 평가했다. ('위협받는다'는 범주는 심각한 멸종 위험에 처해 있거나, 멸종 위험에 처해 있거나, 멸종할 가능성이 높은 종들을 포괄한다.)

대멸종의 추정에는 직접 관찰만이 아니라, 주어진 지역 안에 얼마나 많은 생물종이 존재할 가능성이 있는지를 추정하는 생물종-지역 관계라는 중요한 도구도 활용된다. 서식지가 파괴될 때는, 이 생물종-지역 관계를 이용하여 서식지와 함께 사라져가는 생물종의 수를 추정할 수 있다. 《생명의 미래(The Future of Life)》에서 에드워드 윌슨은 HIPPO와 기후변화로 인해 21세기 중에 거의 상상할 수 없는 비율인 모든 생물종의 절반까지가 멸종 위험에 처할 것으로 추정했다.

## 세계에서 가장 중요한 미지의 목표

인간의 생물다양성 공격에 대한 인식은 하고 있었다. 공격의 규모와 강도, 임박한 위험에 대한 인식까지는 아니었어도 말이다. 1992년 세계는 유엔생물다양성협약(CBD)을 맺어 생물의 다양성을 보호하기 위한 기본행동 방침을 마련했다. 협약의 목적은 "생물다양성의 보존, 그 구성요소들의 지속가능한 이용, 유전자원(genetic resources, 유전적 변이가 풍부한 생물집단의 총칭)을 이용하여 얻는 이익의 공정하고 공평한 분배"로 기술돼 있다. 협약의 핵심은 각 나라가 생물다양성을 보존하기 위한 적절한 행동을 취해야 한다는 것이다. 부자나라들은 이러한 노력을 위한 추가 재원 조성을 약속했다. 협약에서는 다음과 같은 폭넓은 범위의 자연보전행동을 구상했다.

- (1) 생물군계(biome, 생활상과 환경조건이 비슷한 동식물의 주요 군집), 서식지, 생태계 (2) 생물종과 개체군 (3) 유전적 다양성 등을 두루 포괄하는 생물다양성의 상실 속도를 늦춘다.
- 생물다양성의 지속가능한 이용을 촉진한다.
- 외래종 침입, 기후변화, 환경오염, 서식지 변화로 야기되는 위험들을 비롯하여, 생물다양성을 위협하는 중요한 요인들을 처리한다.
- 전통적인 지식, 혁신, 관습을 보호한다.

- 유전자원을 이용하여 얻는 이익의 공정하고 공평한 분배를 보장한다.
- 특별히 발전도상국, 그중에서도 특히 저발전국과 발전 중인 작은 섬 나라, 과도기 경제 국가들의 협약 및 전략계획 이행에 필요한 재정 및 기술 자원을 동원한다.

협약의 구체적인 목표가 실제로 채택된 것은 10년 뒤인 2002년, 협약 조인국들이 "2010년까지 세계, 지역, 국가 차원의 생물다양성 파괴 속도를 현재 수준보다 현저하게 낮추어 빈곤을 경감시키고 지구상의 모든 생명을 이롭게 하는 데 기여하기로" 약속했을 때였다. 이 목표는 2002년 지속가능한 발전을 위한 세계정상회의에서도 채택되어 유엔총회에서 밀레니엄개발목표의 한 목표로 통합되었다.

그러나 슬프게도, 2010년까지 생물다양성의 파괴 속도를 늦추기로 한 약속은 지구상에서 가장 잘 지켜진 비밀로 간주되었던 게 분명하다. 목표는 적어도 조용한 팡파르와 함께 등장했으나 지금은 세계의 레이더스크린에서 완전히 사라져버렸다. 이유는 여러 가지인데, 모두 세계 전 지역의 정치적 리더십 결여와 관계있었다. 목표를 덮어 가린 것은 전쟁과 단기간의 위기, 무시의 확산, 그리고 CBD 자체에 대한 터무니없이 빗나간 논쟁이었다. 세계 각국은 유전자원을 상업적 용도로 공유하는 방법과 그 자원을 누가 소유할 것인가 하는 문제에 논쟁의 초점을 맞추고 그에 분개하며 날을 지새웠다. 그들은 또한 유전자 변형에 관한 논쟁에도 지나치게 많은 시간을 할애했다. 그러나 그보다 훨씬 더 중요한 이유는 미국이 협약에 조인은 했으나 비준은 하지 않은 것이었다. 1994년 지구의 생물다양성 보존보다 자신들의 방목할 권리를 옹호하는 목장주와 농장주 연합집단이 상원에서 비준안이 부결되도록 한 것이다. 로비에 열을 올리던 이들 집단에게도 건강한 목장과 농장 관리가 장기적으로는 이익이라는 명백한 사실에도 불구하고, 클린턴 정부는 농장의 로비를 이겨내지 못했다.

## 생물다양성 보존의 커다란 이익

에드워드 윌슨은 최근에 생물다양성 보존은 천지창조 자체의 보호나 다름없다고 묘사해왔다. 실제로 그는 과학적 관점과 종교적 관점 양쪽 모두에서 천지창조 보호의 공동명분을 찾기 위해 과학자의 선을 넘어 종교사회에 접근했다. 이것은 한낱 수사가 아니다. 생물다양성 보호는 생명 자체가 존재할 수 있는 환경을 보호하는 것과 다를 바 없다. 생태학은 모든 생명계는 상호 연결돼 있음을 강조하면서, 생물다양성이 지금 속도로 상실돼갈 경우 정신적 피해를 입게 됨은 물론 인간의 식량생산, 병원체로부터의 보호, 우리의 생명과 생활의 유지에도 실질적인 위험이 닥치게 된다고 경고한다.

이는 또한 세계 생태계의 상태와 생태계에 미치는 인간의 영향 목록을 작성하는 지구촌 역대 최대의 작업이던 밀레니엄생태계평가(MEA)의 주제이기도 했다. 평가보고서는 생태계의 기능이 우리의 행복을 얼마나 다양하게 좌지우지하며 인간의 활동이 그 중요한 기능을 어떻게 갉아먹고 있는지 개요를 정리함으로써 오늘날의 생태학을 인간의 행복 서비스 영역으로 불러온다. 연구는 생태계의 기능을 기반 서비스, 공급 서비스, 조절 서비스, 문화 서비스의 네 영역으로 범주화한다. 이 서비스들은 다시 여러 가지 방법으로 인간의 행복을 지원한다. 기반 서비스는 인간의 필요를 충족시켜주는 생태계 능력의 원천이 되는 생태계의 핵심적인 기본 작용이다. 기반 서비스에는 생명에 필수적인 질소와 탄소 순환 등의 영양순환, 토양 형성, 광합성을 통한 일차 생산 등이 포함된다. 이러한 기본 기능들이 이어서 보다 높은 단계의 서비스를 가능케 한다. 생태계는 인간사회에 식량, 민물, 나무와 섬유, 연료의 형태로 필요한 것들을 공급한다. 생태계는 자연환경을 조절함으로써 홍수를 예방하고, 질병을 전염시키는 종을 억제하여 전염병의 확산을 저지하며, 습지의 물을 정화하고, 기후를 안정시킨다. 그리고 생태계는 아름다움, 다른 생물종과의 관계, 과학 탐구, 예술 활동에서 문화적, 윤리적 가치를 지속시킨다.

우리의 유복한 삶이 이 생태계 서비스에 근간을 두고 있는 것은 분명하다. MEA는 이러한 다양한 서비스로 지탱되고 있는 행복의 네 가지 귀착점인 안전, 물질적 필요, 건강, 사회적 결속을 논한다. 안전은 홍수, 가뭄, 맹수 등 자연적 위험으로부터의 보호 같은 것을 말한다. 물질적 필요에는 먹을거리, 건축자재, 의류용 섬유, 에너지 공급 등이 포함된다. 건강은 깨끗한 물과 공기, 병원체로부터의 상대적 안전 등이다. 사회적 결속은 건강한 환경에 대한 믿음직한 사회적 약속을 공유할 때 생겨나는 사회적 신뢰와 행복 등이다. 이 모든 것들이 개인과 사회에 물질적, 정신적으로 바라는 목적을 달성할 수 있는 힘을 부여한다.

생태학의 주된 가르침은 생태계의 다양한 부분들이 상호 연결돼 있다는 것과 작은 강제력이 유발하는 돌발적이고 비선형적이며 파멸적이기까지 한 변화들이 위험하다는 것이다. 우리는 이미 기후변화의 사례에서 이러한 위험들을 보아왔다. 생물다양성 상실의 영역도 마찬가지다. 생물다양성이 생태계의 생산력과 복원력을 향상시킨다는 것은 기본적인 발견이다. 일정한 지역의 보다 많은 틈새를 보다 많은 생물종이 가득 채우고 있는 생물다양성이 풍부한 생태계가 외부충격 완화도 더 잘하고, 영양순환과 태양복사 포착, 수자원 이용, 그리고 단일한 포식자나 잡초, 병원체의 생태계 장악 예방 능력도 더 탁월하다. 다시 말해서 생물다양성의 보존은 생태계의 기능을 두루 보전하는 데 도움이 된다.

예컨대 나무나 물고기, 동물들을 선별적으로 수확 또는 사냥함으로써 생태계에서 하나 또는 일부 생물종을 제거할 경우, 연쇄적인 생태변화를 유발하여 생태계에 대규모의 비선형적인 역작용을 가할 수 있다.

불행히도 인간의 활동은 보통 생태계를 정교하게 '단순화' 하는 방향으로 고안되는 나머지 생태계를 심각한 위험에 빠뜨리곤 한다. 오늘날의 농업에서는, 흔히 단일경작이 다양한 작물과 품종의 혼작을 대체하면서 생물다양성, 생물종 내에서의 유전변이, 기후변화나 식물병해에 대한 저항력의 감퇴를 유발한다. 어선단은 보통 값어치가 높은 특정한 물고기, 특히 먹이사슬 꼭대기의 가장 크고 성장 속도도 느린 육식성 물고기를 겨냥하는 경우가 많은데, 먹이사슬의 한 부분을 제거하면 생태계 전체에 파급효과가 미친다. 잡아들이는 물고기는 (큰 물고기를 골라 잡아온 탓에) 점점 작아지고, 갈수록 낮은 영양단계의 물고기로 집중되고 있다(육식성 포식자보다는 초식성 먹잇감이 많아진다는 뜻이다). 일부 어장에서는 영양단계 꼭대기의 종이 사라지면서 생물종의 연쇄적인 변화가 일어났다. 한 예로, 미국의 태평양 연안에서는 해달의 남획으로 해달의 먹이인 성게가 늘어났고, 그에 따라 성게의 먹이인 대형해조 숲이 많이 사라졌다.

MEA에는 "점점 빨라지고 있고, 돌발적이며, 회복 불가능할 수도 있는 변화"가 몇 가지 정리돼 있는데, 다음과 같은 것들이다.

- 전염병 발병 – 동물과 인간이 접촉할 때 생겨나는 HIV/AIDS(침팬지 바이러스가 돌연변이를 일으켜 인간에게 감염됨), SARS(감염된 사향고양이에서 인간에게 전염되는 것으로 추정), 조류독감, 웨스트 나일 바이러스, 리프트계곡열 등.
- 조류 대번식 – 질소 부하가 커지면서 일어나 물고기의 떼죽음을 유발하고 멕시코 만 같은 데드존을 만들어냄.
- 어장 붕괴 – 캐나다 연안 뉴펀들랜드 대구 어장의 소멸 등.
- 산호가 조류로 대체되는 현상 – 여러 지역에서 부영양화와 바닷말

을 먹고 사는 물고기 개체수의 감소가 원인이 되어 일어나, 장기간
에 걸쳐 산호초의 물고기 개체수 감소, 생물학적 생산성의 전반적
감퇴를 불러옴.

- 사막화 – 기후변화와 그 밖의 영향으로 토지의 상태가 심각하게 악
  화되면서 초원, 보습 기능, 토양구조의 붕괴를 일으킴.
- 자연재해의 급증[9] – 홍수, 산사태, 해일 등의 자연재해가 크게 늘어남.
- 흉작 – 해충, 병균, (꽃가루매개자 소멸과 같은) 생물다양성 파괴,
  토양 침식, 물 오염, 대류권 오존 증가 등이 그 원인.

## 생물다양성 보존 전략

HIPPO와 기후변화라는 코끼리를 사회적으로 추방하는 것이 장기 전략
의 핵심이다. 자연 서식지에 대한 인간의 영향을 줄이기 위해 대규모의 행
동이 필요할 것이다. 예컨대 대양을 횡단하는 배의 밑바닥에 들러붙거나 불
법 무역을 통해서 이국적인 생물종이 국제적으로 운반되는 경로의 통제를
강화함으로써 외래종의 침입을 억제해야 한다. 인구증가 속도를 낮추고, 환
경오염을 줄여야 한다. 바다 어장이나 호수, 야생동물 서식지, 열대우림 등
공유지에서의 남획을 규제해야 한다. 그리고 물론 기후변화를 완화해야 한
다. 생물다양성 보존이라는 의제는 길게 보면 바로 지속가능한 환경을 만드
는 것이다. 하지만 무척 광범하고도 중차대한 이 범주 안에는, 큰 과제를 해
결하기 위한 전 지구적인 노력을 차근차근 쌓아나가는 한편으로, 당장의 피
해를 줄이고 회복 불가능한 손실을 막기 위해 우리가 취할 수 있는 특정한
행동들이 있다. 여기서는 단기간에 현격한 차이를 만들어낼 수 있는 특정한
여섯 가지 분야에 초점을 맞추겠다. 생물다양성 보존의 영역에서 2010년까
지 세계의 방향을 전환시키기 위해 지금 당장 해야 할 일들이다.

## 서식지 보호

우선적으로 보전해야 할 곳에 대해 취할 수 있는 한 가지 표준적이고 성공률이 높은 조치는 보호 대상 서식지를 법규로 정하는 것이다. 이러한 대상지에는 국립공원과 보호구역, 해상보호구역, 공동관리로 전환된 개방공간, 그리고 특정한 상황에서 이윤동기를 이용하여 생물다양성을 보존할 수 있는 민영 생태관광지까지도 포함된다. 지상 공원과 보호구역 부문에는 오랜 경험이 있다. 해상보호구역을 설정하고 있는 최근의 동향은 새롭고 흥미롭다. 조업권과 상업적 이용권이 크게 제약되는 해상구역을 설정한다는 아이디어다. 미국도 최근에 하와이에 그러한 보호구역을 두자는 안을 채택했다.

## 삼림파괴 방지

새롭게 추진되고 있는 강력한 방법은 국제 기금을 마련하여 열대우림국가들에 더 이상의 삼림파괴를 하지 않는 데 따른 인센티브를 주자는 것이다. 세계가 이 나라들에 (목재를 사면서) 숲을 베어내는 비용을 지불하는 대신, 생물다양성을 보존하고 숲에 탄소를 격리시키는 비용을 지불하는 것이다. 열대우림국연합은 자기들에게 삼림파괴를 하지 않는 대가로 탄소배출권을 주어야 한다고 주장해왔다. 교토의정서에 따르면, 열대우림국들이 재조림 사업이나 조림 사업(전에는 숲이 없던 곳에 숲을 조성하는 일)을 할 때에는 탄소배출권을 받을 수 있지만, 삼림파괴를 하지 않는 대가로 배출권을 받을 수는 없다! 새로운 방안이 채택되면, 이 나라들이 현재와 같은 삼림파괴를 중지하는 데 동의하고 일정 수준의 임상도를 유지하겠다고 약속할 경우 그 대가를 지불받게 된다.

## 농업생산성 향상

생산성이 높은 농업이 흔히 생물다양성 보존의 적으로 여겨지고 있고,

사실 나쁜 농법을 쓸 경우 농업이 생태를 파괴하는 작용을 할 수 있다. 하지만 보다 근본적인 차원에서 보면, 생산성이 높은 농업은 생물다양성 보존에 아주 중요한 역할을 한다. 경작지의 단위면적당 수확량이 높을수록 사람들에게 먹을거리를 공급하는 데 필요한 경작지의 면적이 그만큼 줄어들기 때문이다. 아시아의 녹색혁명은 단위면적당 수확량을 3배로 늘림으로써 넓은 대지를 구했다. 하지만 녹색혁명은 동시에 비료의 과다사용(보조금을 후하게 주는 경우가 많다), 지하수의 과다사용(물 값이 공짜이거나 개발 보조금을 후하게 주는 경우가 많다), 점적관수와 같은 개량된 관개기술의 낮은 활용, 살충제와 제초제의 지속적인 대량 사용 등 환경에 피해를 입히는 몇 가지 관행도 만들어냈다. 그럼에도 녹색혁명의 핵심 개념은 여전히 중요하며, 실제로도 아프리카의 극단적 빈곤 탈출에 핵심적인 역할을 하게 될 것이다. 하지만 21세기의 녹색혁명은 처음부터 친환경적이고 친생태적이어야 한다. 생산성이 높은 농업과 지속가능한 토지관리를 결합시키는 새로운 농업생태학의 교훈을 받아들여야 한다는 뜻이다. 농업생태학의 대표적인 기술에는 수자원을 보존하는 점적관수, 화학 살충제의 수요를 줄이거나 없애는 해충 통합관리, 토양 뒤섞기와 그에 따른 토양 침식을 줄이는 저경운 재배, 물 효율이 높은 작물 및 품종 경작 등이 있다. 그러한 농법으로 수확량을 늘리고 환경 피해를 줄임으로써 얻는 이익은 엄청날 수 있다.[10] 또한 가난한 농부들에게는 보조금을 주어 비료 사용을 장려하고 비료를 과다하게 사용하는 부자들에게는 보조금을 주지 않는 똑똑한 보조금 정책을 다음에 설명할 비료관리 기법과 병행하여 시행해야 한다.

### 질소순환 관리
농지에 뿌려진 질소의 절반 이상은 보통 물이나 공기 속으로 유실된다. 다행히도, 비료를 관개용수에 용해시켜 지표면 밑에 살포하는 방법처럼 그렇게 유실되는 양을 줄이는 기술들이 있다. 그러한 비료관리 기법을 대규모로 활용하면 엄청난 차이를 만들어낼 수 있다. 또한 질소비료가 호수나 지하수, 바다로 씻겨 내려가는 양을 대폭 줄일 수 있는 저경운법과 같은 경작법도 있다.[11] 습지와 수변구역(육지와 강이나 내의 경계를 이루는, 식물이 있는 구역)은 질소의 자연 하수구지만, 거기서 물길을 돌려 경작지로 되돌려 보내는 경우도 종종 있다. 그러한 지역을 보존하거나 인공습지를 조성하면, 질소가 존재 자체로 오염물질이 돼버리는 수역에 도달하기 전에 질소를 가두어두는 효과를 거둘 수 있다. 혼농림업 기술(특정한 종의 수목을 작물들과 나란히 심는 방법)도 토양 속에 질소를 고정시키고 질소의 지하수나 강 유입을 막는 데 도움이 될 수 있다.

### 지속가능한 식량체계 구축

사회가 점점 번영하고 도시화돼감에 따라 고기 소비는 늘어나는 경향이 있다. 바츨라프 스밀 등이 이러한 식습관 변화를 상세히 탐구해왔다.[12] 기본적인 문제는 고기가 에너지 효율이 매우 낮은 방식으로 먼 길을 우회하여 인간집단에 영양분을 공급하는 수단이라는 것이다. 소를 1킬로그램 살찌우려면 약 8킬로그램의 곡물사료를 소에게 먹여야 하는데, 소의 상당 부분이 뼈와 지방이라는 사실을 감안하면 식육 1킬로그램을 만들어내는 데 약 13킬로그램의 사료가 들어가는 셈이다. 고기 소비가 토지 사용에 막대한 부담을 지우는 건 명백하다. 그 많은 양의 먹이를 길러내려면, 소가 풀을 뜯어먹을 경우에는 방대한 목초지가 필요하고, 소가 곡식이나 콩 등으로 만든 곡물사료를 먹고 자랄 경우에는 방대한 경작지가 필요하다.

현재의 고기 소비자들은 생물다양성 상실의 견지에서 자신들의 행동이 환경에 미치는 영향을 반영한 가격을 부담하고 있지 않다. 토지 사용, 담수 공급 비용, 곡물사료 및 가축의 생산과 관련된 환경 피해(강이나 바다의 부영양화와 그에 따른 해양생물의 파괴 등)에 모두 생물다양성의 파괴가 내재돼 있다. 고기 생산에 들어가는 환경 비용을 감안할 경우, 고기 값은 식물성 식품에 비해 터무니없이 낮게 책정돼 있다. (예컨대 물 사용과 목초지 방목에 적정 가격을 부과하는 등) 환경 비용을 가격에 보다 정확하게 반영하고 소비자들에게 보다 정확한 정보를 전달할 경우, 오늘날의 고기 소비량은 눈에 띄게 줄어들 수 있고, 중국이나 인도 등의 고속성장 국가에서도 그렇게 급증하진 않을 것이다. 적색육류(red meat)가 많은 식단이 건강에 미치는 악영향을 감안할 때, 이러한 정책을 쓸 경우 공공보건도 획기적으로 향상될 것이다. 바츨라프 스밀은 한 가지 손쉽고 현실적인 조치로서, 분쇄육이나 소시지 같은 가공처리 육제품에 식물성 단백질을 섞어 넣음으로써 단백질을 충분히 섭취하면서도 고기 소비량은 줄이는 방안을 제시한다.

식습관의 또 한 가지 중요한 변화는 위험에 처한 생물종을 잡아먹는 식도락을 추방하는 것이다. 중국은 특히 희귀한 개구리, 거북, 뱀에서부터 위험에 처한 물고기와 바다동물, 곰과 호랑이에 이르기까지, 치유나 회춘 효과가 있다고 믿는 이색적인 맛을 유난히도 즐기는 나라다. 국내 수요가 엄청난 중국의 소득이 상승한다는 것은 위험에 처한 생물종을 찾는 시장이 계속 커져간다는 의미인데, 전 지구적인 감시제도는 중국의 점증하는 소비 수요를 견제할 수 있을 만큼 정비되지 못했다. 정치적 조치를 취하고 법규를 제정하며 대중적 인식을 높이기 위한 캠페인을 펼쳐 그러한 파괴적 식도락에 제동을 걸어야 한다.

### 세계 어장의 보호

세계의 주요 어장들 다수는 물고기의 씨가 마르기 전에 구원의 손길이 닿기를 절실히 바라고 있다. 어장은 대체로 한 나라의 해안선에서 200마일 거리 이내인 배타적 경제수역(EEZ)과 본질적으로 전 세계에 개방된 자원으로 취급되는 공해 지역으로 나누어 관리된다. EEZ 내에서는 각 나라에 지속가능한 어장 관리의 책임이 있으나, 그럴 역량이나 관심이 없는 나라들이 많다. EEZ 바깥 지역은 여전히 무법지대다. 우리는 몇 가지 경제적 규제수단을 이용하여 붕괴된 어장을 복원하고, 쇠퇴하는 어장을 부흥시키며, 여전히 건강한 몇몇 어장을 보존할 수 있다는 것을 지적해왔다. 예를 들어 각 어장에서의 어획량을 제한하는 매매 가능한 어획쿼터 또는 어획권 제도 같은 것이다. 나아가 각국 정부는 붕괴 가능성이 보이는 특정 해역에서의 상업적 활동을 전면 금지하여 그 수역을 보호해야 한다. 정부는 또한 어획량을 지속가능한 수준으로 유지하기 위해 조업을 중단하는 기존 어선단에 자금지원을 해줄 수도 있다. 과거에 어선단의 어로활동에 상당한 보조금을 주던 것과는 정반대의 조치다.

오늘날 공해상에서 취할 수 있는 중요한 조치를 한 가지만 꼽으라면 저인망 어로의 불법화를 들 수 있다. 저인망 어로는 트롤어선이 그다지 비싸지 않은 가격의 물고기를 얼마간 잡으려는 목적에서 거대한 그물로 바다 밑바닥을 훑고 가면서 그 경로상의 해양 생태환경을 짓이기는 대단히 파괴적인 행위다. 이런 어로 행위가 행해지는 이유는 한 가지, 단 한 가지다. 아무도 지켜보지 않고, 아무도 그 중요하고도 유별난 생태계의 끔찍한 파괴행위에 제동을 걸지 않기 때문이다. (책 중간에 삽입된 컬러 도판 〈그림 6.4〉에서 그 파괴행위의 심각성을 확인할 수 있다.) 스페인과 포르투갈 등의 어선단 국가들은 온갖 외교술을 두루 동원하여, 세계의 모든 생태계 중 가장 풍부하면서도 많은 부분이 미지의 영역으로 남아 있는 대양저를 약탈할 권리를 지키려고 기를 쓰고 있다. 지구상에서 이보다 더 악명 높고 사회적 이익에 이보다 더 큰 피해를 입히는 생태파괴행위는 찾아보기 힘들고, 설령 있다 하더라도 소비자나 생산자에게 무거운 비용을 지우지 않고서도 이보다 더 쉽게 근절시킬 수 있는 행위는 거의 없다.

위험에 처한 물고기와 그 밖의 바다생물들을 보호하는 또 한 가지 중요한 방법은 물고기나 다른 수산물을 바다나 강에서 잡지 않고 양식하는 것이다. 인류가 1만 년 전쯤 수렵채집사회에서 농업사회로 이행한 것과 마찬가지로, 이제 수산물 수확에서도 똑같은 이행을 할 필요가 있다. 이 청색혁명은 녹색혁명에 비견되는 것으로, 바다가 받는 압박을 경감시킬 수 있다. 물론 수산물 양식을 환경적으로 건강한 방식으로 관리한다는 전제하의 이야기다. 수산물 양식은 민물 물고기(잉어, 틸라피아, 메기 등)나 바닷물고기(연어 등)를 대체로 연못에서 기르는 양어장 양식, 새우나 연체동물, 바닷물고기를 바닷물에서 기르는 해양양식, 조류나 갈조류를 기르는 바닷말 양식 등 여러 가지를 포괄한다. 기르는 물고기가 초식성이라면, 물고기를 양식할 경우 바다에서 잡는 물고기의 수요는 양식하는 만큼 줄어든다. 물고기가 육식성인 연어라면, 연어 1킬로그램을 길러내는 데 바다에서 잡은 물고기 1~3킬로그램이 필요하므로 바다의 순수한 부담은 줄지 않는다.

　수산물 양식은 급증하고 있는데, 경제학적으로 유리한 측면뿐 아니라 양어장의 생산성과 신뢰성을 높여온 눈부신 발전의 결과이기도 하다. 수산물 양식의 선두주자는 중국인데, 중국에서 양식하는 물고기는 대부분 잉어를 비롯한 초식성 물고기이며, 중국의 총 물고기 양식량은 1980년의 약 2톤에서 오늘날 약 3,500만 톤으로 급증했다. 세계의 물고기 양식량은 현재 연간 5,000만 톤 정도인데, 이는 현재 약 1억 톤으로 정점에 이르러 있는 세계 바다 어획량의 절반 수준이다. 지난 10년간 세계 물고기 소비의 증가분 전체가 물고기 양식에서 나온 것이었다.

## 2010년 이전에 전 지구적 협력 복원하기

　충격적일 만큼 무시돼온 생물다양성 보존에 관한 2010년 목표를 일부나

마 구해낼 시간이 아직은 있다. 미래의 운명을 생각할 때 아무런 진전 없이 2010년을 맞는다는 것은 실로 참담한 일이지만, 지금 우리는 그 길을 따라가고 있다. 하지만 다음 10가지 방면의 행동들을 결합시켜, 세계가 그 발판을 다시 놓는 것이 아직은 가능하다.

1. 미국은 생물다양성보존협약(CBD)을 비준해야 한다. 미국이 협약에 가입하지 않은 것은 수치이자 비극이다. 신임 대통령은 2009년 초에 미국 상원에 CBD 비준안을 제출해야 한다.
2. 세계는 인구 억제, 밀레니엄개발목표, (UNFCCC에서 협의중인 교토의정서 이후 협정을 포함한) 기후변화에 관한 갱신된 세계협약을 체결한 상태에서 2010년을 맞아야 한다. 이 모든 것이 생물다양성 보존에 꼭 필요한 것들이다.
3. 2010년까지 생물다양성이 특별한 위험에 맞닥뜨리고 있는 곳을 중심으로 지상과 해상의 중요한 신규 보호구역들을 지정해야 한다.
4. 생물다양성 보호지역을 위한 국제 자금 지원을 연간 수십억 달러씩 증액해야 하며, 늘어난 자금은 지구환경기금(GEF)을 통해 최빈국에 지원해야 한다.
5. 교토의정서 이후의 새로운 전 지구적 기후전략에서 삼림파괴를 하지 않는 대가로 제공하는 자금지원을 제도화해야 한다.
6. 공해상에서의 저인망 어로를 전면 추방해야 한다.
7. 현재 남극협약으로 남극대륙의 서식지를 보호하고 있는 것과 똑같은 방식으로, 갈수록 위험이 커지고 있는 남극해도 해상보호구역으로 지정해야 한다.
8. 원양선의 선박 평형수(平衡水)를 열처리하여 잠재적인 외래 침입종을 죽여 없애거나 선박 평형수를 항구가 아니라 공해상에서 교환

함으로써 외래종 침입의 주요 원천 중 하나를 제거할 수 있다.

9. CBD 아래에 수산물 양식시설에서 지속가능한 방법을 쓰게 하는 규정을 마련해야 한다. 외래종의 침입을 막기 위해 해안이나 바다에서 토종 생물을 양식하게 하는 것, 바다가 받는 압박이 늘지 않도록 양식 어종을 초식성으로 전환하고 먹이를 바꾸는 것 등이다.

10. 세계의 과학자들이 지구의 생물다양성 보존을 위해 지속적인 노력을 기울일 수 있게 해야 한다. 그러자면 다음과 같은 몇 가지 장치가 필요하다.

- 생물다양성 및 거시경제 위원회. 세계 차원의 적정가격 책정, 세계적으로 중요한 생태계 서비스 규제의 가이드라인을 권고한다. 생태계 서비스의 규제에는 위험에 처한 생물종의 보존, 외래종을 불러들인 데 따른 책임 이행, 위험에 처한 생물종의 거래 제한 강화, 다양한 오염원에 대한 세계 차원의 환경 과세 또는 사용 제한 등이 포함된다.

- 밀레니엄 생태계 기금. 지구환경기금 안에 설치하여, 발전도상국이 전반적인 발전전략을 수립하면서 환경의 지속가능성을 감안하도록 지원한다. 각 나라의 과학자들은 이 기금을 이용하여 전국에 걸쳐 종합적인 생태계 서비스 평가를 실시하고 그 추이를 지속적으로 감시할 수 있게 된다. 지구 환경의 지속가능성을 보장하기 위한 비용 때문에 은행이 파산할 일은 없다. 환경보전단체인 컨서베이션 인터내셔널(Conservation International)이 내린 결론에 따르면, 300억 달러를 1회 투입하여 아마존, 콩고 강 유역, 뉴기니 등 열대우림이 아직 무성한 곳을 비롯하여 생물다양성의 관점에서 지구상에서 가장 중요한 25개 지역만 지켜낸다면 육지

동식물상의 70퍼센트는 사실상 보호된다.[13] 또 다른 연구에 따르면, 바다 전체의 20~30퍼센트에 해당하는 전 지구적 바다 네트워크를 보전하는 데 연간 50~190억 달러의 비용이 소요된다는데, 이는 어업 보조금만 삭감해도 충당할 수 있는 액수다.

- 밀레니엄생태계평가는 계속 사업으로 제도화해야 한다. 기후변화에 관한 정부간 패널에서 기후변화 추이를 잘 살피고 있듯이, 제도화된 이 기구에서 최소한 5년에 한 번씩 지구 생물다양성의 상태에 관한 최신 보고서를 작성, 제공하는 임무를 수행해야 한다.

- 웹을 기반으로 한 생명백과사전(Encyclopedia of Life)은 에드워드 윌슨의 창안이다. 우리가 세계의 생물종 백과를 비롯한 성공도구들도 함께 만들어 필수적인 보전활동의 목표와 범위에 대한 이해를 갖추지 못하는 한, 생물다양성 보존에 성공하지 못할 거라는 윌슨의 주장은 현명한 생각이다.[14]

# 3

## 인구학적 문제

# 세계인구의 추이

세계의 인구증가 속도가 감소하긴 했지만, 세계 인구증가에 행여 마음을 놓는 것은 잘못이다. 세계인구는 지금도 큰 폭으로 증가하고 있는데, 주로 주민들의 건강과 안정, 번영을 보장할 수 있는 능력이 가장 취약한 지역의 인구가 계속 늘고 있다. 그럼에도 대부분의 주류 경제학에서는 이제 이 문제가 나오면 입을 쩍 벌리고 하품을 한다. 세계의 권위 있는 경제주간지 〈이코노미스트〉는 최근에 인구증가에 대한 우려를 다음과 같이 일축했다.

> 맬서스의 재앙과 같은 커다란 위험은 없을 것 같다. 인류는 지구상의 순기초생산(net primary production, 광합성을 통해 식물유기물로 전환된 태양에너지의 순량)의 4분의 1가량을 전유하고 있는데, 그 양은 많지만 다 써서 모자랄 정도는 전혀 아니다. … 원재료는 갈수록 줄어드는 게 아니라 더 풍족해져왔다. 사람들이 기후에 미치는 영향은 분명히 문제다. 그러나 그 해결책은 인구 규모를 만지작거리는 것이 아니라 화석연료를 덜 소비하는 데 있다.[1]

하지만 우리는 인구증가를 염려하며 문제를 해결하기 위한 전 지구적 행동을 공개적으로 펼칠 필요가 있다. 내 의견은 이렇다.

• 세계인구의 증가 속도는 여전히 너무 빠르다.

- 자원 부족은 매우 현실적인 문제다. 증가하는 인구가 지구 생태계와 생물다양성에 미치는 영향을 감안하면 더욱 그렇다.
- 최빈국의 인구급증은 경제발전을 저해하고, 가난한 나라의 어린이들에게 계속해서 빈곤의 굴레를 씌우며, 세계의 정치적 안정을 위협한다.

공공정책은 가난한 가구의 자발적인 출산율 낮추기 지원에서 중요하고 유익한 역할을 할 수 있다. 다행히도 오늘날의 고출산율 국가들, 특히 아프리카 국가들이 최근에 인구증가 속도 줄이기에 성공한 나라들의 교훈을 따르게 된다면, 그리고 국제기구들이 그러한 노력에 대한 지원을 늘려간다면 이 나라들은 자발적인 출산율 감소를 신속하게 성취하여 경제발전, 다음 세대의 삶, 세계안정에 큰 이익을 돌려줄 수 있다. 세계는 자유의사에 따른 선택을 통해서 세계인구를, 현재 추세대로라면 2050년에 90억 명 이상이 될 것으로 전망되는 수준이 아니라 80억 명 정도에서 안정시킬 수 있는 일련의 정책들을 채택해야 한다. 이것은 별것 아닌 차이로 보일지 모르지만, 그 차이에 따른 영향은 크다. 인구 억제가 실현될 곳이 세계에서 가장 가난한 지역들이기 때문에 더욱 그렇다.

## 인구 논쟁

경제학자들은 세 진영으로 나뉘는 경향을 보인다. 오늘날의 인구증가는 성장에 이롭거나 최소한 중립적이라고 말하는 인구 낙관론자가 한 진영이고, 인구증가는 이미 재앙을 피할 수 있는 수위를 넘어섰다고 말하는 인구 비관론자가 다른 한 진영이며, 인구변천(demographic transition)을 고무하여 최빈국의 출산율을 낮추는 것이 중요하다고 믿는 (나를 포함한) 사람들이 마지막 한 진영이다.

'인구 낙관론자들'은 기술이 계속 발전할 것이기 때문에 지구상의 인구에 사실상 한계는 없다고 주장한다. 이러한 낙관론의 한 분파는 경제학자 사이먼 쿠즈네츠(Simon Kuznets)와 마이클 크레머(Michael Kremer)의 생각과 맥을 같이하는 사람들이다.[2] 그들은 더 많아진 세계인구가 늘어난 인구의 삶을 떠받치는 데 필요한 기술발전을 유발하게 될 거라고 주장해왔다. 그들의 관점에서 볼 때, 경제적 진보의 주축은 사회의 천재들의 과학적, 기술적 발견이다. 이러한 탁월한 개인들은 인구 중 소수이긴 하지만 언제나 비교적 일정한 비율을 차지하고 있다. 따라서 10억 인구를 가진 세계는 1억 인구를 가진 세계보다 천재의 수도 10배쯤 많다. 쿠즈네츠, 크레머 등의 경제학자들은 경제적 진보의 전반적인 속도를 좌우하는 것은 고정치인 인구 100만 명당 천재의 수가 아니라 일정 시점의 천재들의 총 수라고 주장한다. 한 천재가 내놓는 훌륭한 아이디어 하나하나를 모든 사람들이 수용할 수 있기 때문이라는 것이다. 앞에서도 이야기한 것처럼, 아이디어는 한 사람이 그것을 이용한다고 해서 다른 사람들이 그 아이디어를 이용할 가능성이 줄어들지 않는다는 점에서 비경쟁재이다. 그러므로 10억 인구를 가진 집단은 1억 인구를 가진 집단보다 훌륭한 아이디어와 새로운 기술을 훨씬 더 많이 창출하게 된다. 이것이 사실이라면, 인구가 더 많은 쪽이 인구가 적은 쪽보다 더 빨리 성장하게 된다. 예컨대 오늘날의 경제성장을 일구어낸 대도약도 세계 인구가 1830년에 10억을 찍을 때까지 서서히 증가해왔다는 사실에 기인한 것일 수 있다. 그 즈음에 이르러서야 세계적인 기술혁명을 일으킬 수 있는 인구가 됐다는 것이다.

'인구 비관론자들'은 인간이 아이디어만으로 사는 것이 아니라 자연자원, 특히 민물과 서식지, 동식물 수확과 같은 생태계 서비스의 심각한 고갈에도 영향을 받는다고 믿는다. 그들은 우리가 붕괴를 일시 지연시킬 수 있을 정도의 속도로 자원을 고갈시켜가는 것일 뿐, 기술을 이용하여 자연자원의 한계를 극복할 수 있다는 것을 아직 입증하지 못했다고 주장한다. 비관론자들에게 현재의 낙관론은 건물 30층에서 떨어져 내리는 인간이 10층을 지나면서 "지금까지는 괜찮아" 하고 말하는 것과도 같다. 이 해석에서 문제의 관건은 처음 200년간의 경제성장이 아니라 금세기의 연착륙 가능성이다.

나와 같은 '인구변천 옹호자들'은 조심스러운 낙관론을 유지한다. 논쟁에서 중도적 입장인 이 그룹은 훌륭한 아이디어와 인위적 자본이 고정된 양의 생태자원을 불완전하게나마 대체할 수 있다는 것을 인정한다. 예를 들어 고수확 품종과 개량된 관개기술로 단위면적당 식량생산을 늘려 면적이 일정한 경작지에서 더 많은 인구를 부양할 수 있다. 그럼에도 늘어나는 인구는 일정하거나 고갈돼가는 자원기반, 특히 생태계 서비스에 여전히 무거운 짐을 지운다. 따라서 경제발전은 생태계에 대한 압박이라는 부정적 측면과 기술 및 인위적 자본이 가져다주는 이익이라는 긍정적 측면 사이에서 맴돌게 된다. 최종 성과는 인구증가에 대비한 기술발전의 속도와 인위적 자본의 자연작용 대체 능력 (예컨대 관개설비와 같은) 에 좌우된다.

인구변천의 가속을 주장하는 사람들은 자발적인 출산율 감소 속도를 최대한 높여 세계 주요 지역들의 인구는 물론 세계인구를 안정시키기 위한 공적인 노력이 필요함을 강조한다. 기술발전이 세상을 구원해줄 날을 기다리고만 있을 게 아니라 세계가 직접적인 인구정책을 통해서 직접적인 인구증가 압력을 경감시켜야 한다고 그들은 믿는다.

## 합계출산율과 인구증가

지난 2세기 반 동안 세계는 식량생산과 질병통제 부문의 눈부신 기술발전에 힘입어 인구폭발을 경험하며 살아왔다. 1750년 이후의 1단계 인구폭발 시기에 인구가 크게 증가한 곳은 오늘날의 고소득국들이었다. 이 나라들은 무엇보다도 식량생산과 산업화에서 가장 먼저 기술적 진보를 이루어냄으로써 풍족해진 식량으로 사망률도 줄이고 급증하는 인구도 부양할 수 있었다. 이러한 기술적 진보가 점차 세계의 다른 지역으로 확산되었다. 그 결과 인구급증 지역도 고소득국들에서 발전도상국들로 옮겨갔다. 최근 몇십 년 동안 발전도상국들의 인구증가가 고소득국들의 인구증가를 크게 앞질러왔다. 증가율도 높았고, 절대 수치의 차이는 더욱 크게 벌어졌다(〈그림 7.1〉). 1950년에서 2005년 사이에 부자나라들의 인구는 대략 4억 증가했고, 증가율은 50퍼센트 정도였다. 발전도상세계의 인구는 35억 증가했고, 증가율은 200퍼센트였다. 1950년 선진세계(미국, 캐나다, 유럽, 일본, 오스트레일리아, 뉴질랜드)의 인구는 세계인구의 약 3분의 1이었는데, 2005년에는 세계인구의 6분의 1정도로 떨어졌다.

우리 사회와 문화는 아직도 아동사망률 하락과 기대수명 상승이라는 행복한 놀라움에 적응해가는 중이다. 사망률 감소와 출산율 감소 사이에는 얼마간의 시간 지체가 있었고, 그 사이에 인구가 급증했다. 대다수의 나라에서 이러한 일시적인 인구증가는 생태적 한계와 양립할 수 있었으나, 세계인

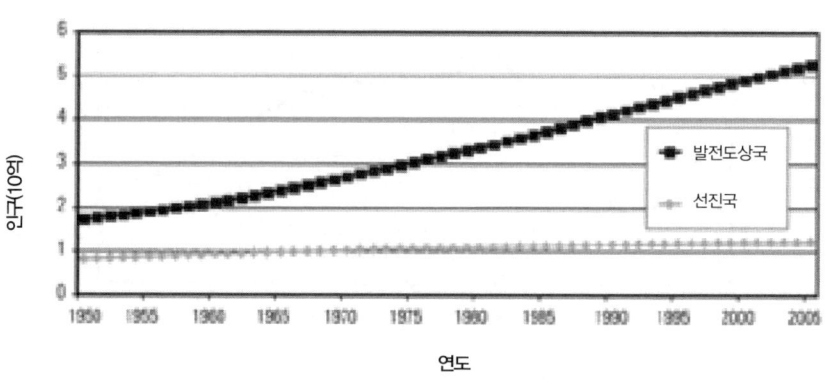

〈그림 7.1〉 1950~2005년 선진국과 발전도상국의 인구

출처: United Nations Population Division (2001)

구가 계속 늘어나면서 인구증가가 인간의 행복에 미치는 위협도 증폭되었다. 많은 발전도상국의 경우, 인구증가 속도가 하도 빠르고 또 예기치 못한 수준이었던 까닭에 늘어나는 인구로 인해 나라의 정치와 경제가 불안정해질 정도였다.

최근 몇십 년 사이에는 대다수의 나라에서 인구증가율이 하락해왔다. 1960년대에는 세계인구가 해마다 약 2퍼센트씩 늘어났던 데 비해서, 오늘날의 증가율은 1.2퍼센트 정도다. 속도가 느려졌음에도 세계인구의 절대 증가치는 여전히 매우 높은 수준이고, 따라서 지구의 수용능력에 가하는 압박도 여전히 무척 크다. 1965년에 33억 명이던 세계인구가 해마다 약 2퍼센트씩 증가하고 있었으므로, 당시 일 년에 늘어나는 인구는 대략 7,000만 명 수준이었다. 따라서 오늘날의 66억 인구가 연간 약 1.2퍼센트 늘어나는 수가 오히려 조금 더 많은데, 그 수는 해마다 약 7,800만 명이나 된다!

〈그림 7.2〉는 인구증가율(오른쪽 세로축의 수치)은 크게 낮아져온 데 반해서 해마다 늘어나는 절대 인구수는 여전히 많음을 보여준다. 증가율은 계속 둔화하겠지만, 증가하는 절대 인구수는 2020년까지 7,000~7,500만 명

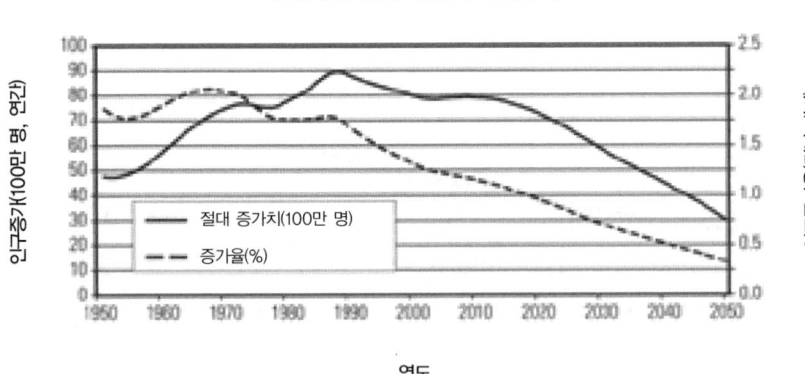

〈그림 7.2〉 1950~2050년 인구증가

연도

출처: United Nations Population Division (2007)

수준을 유지할 것으로 보인다.

세계인구의 증가율 저하는 여성이 가임기간 중에 갖는 아이 수의 평균치를 나타내는 합계출산율(TFR)의 하락에 따른 것이다. 세계 대다수 지역의 여성들이 과거보다 아이를 덜 갖는 선택을 함으로써 인구증가율 저하에 기여한다. 합계출산율 하락의 가장 중요한 원인은 아동 사망률의 하락이었다. 신생아가 성년이 될 때까지 생존하는 비율이 매우 높아지면서 각 가정에서 전보다 아이를 덜 낳게 된 것이다. 출산율이 낮아진 또 다른 요인들로는 여권신장, 여성의 경제활동 참가, 피임기술 향상, 그리고 각 가정에 아이를 덜 낳도록 고무하고 지원하는 가족계획 프로그램의 도입과 보급 등이 있다. 하지만 세계의 특정 지역, 특히 가장 가난한 지역들은 빈곤의 덫과 함께 인구학적인 고출산율의 덫에 갇혀 있다.

세계인구의 미래 추세는 TFR에 놀라울 만큼 민감하다. 출산율이 일정한 추세에서 조금만 올라가거나 내려가도 인구 수십억이 왔다갔다하는 것이다. 왜 그런지 예를 하나 들어서 알아보자. 어떤 사회에서 여성 1인당 다섯 명의 아이를 낳는데, 그중 한 명은 어릴 때 죽고 네 명이 성장하여 성인이 된다고 가정해보자. 그 경우에 각 여성은 생존한 아이를 넷 갖게 되는데, 평균적으로 그중 둘이 여자아이일 것이다. 따라서 각 어머니는 두 명의 여자아이를 키워 성인으로 길러내게 된다. 그러면 우리는 각 어머니가 다음 세대에 두 명의 딸로 '대체' 된다고 말할 수 있다. 이는 인구가 한 세대를 거칠 때마다, 다시 말해서 대략 25년이 지날 때마다 2배로 늘어난다는 것을 의미한다. 어머니 1인당 생존한 딸의 수를 순재생산율(NRR)이라고 한다. NRR이 1일 때에는 세대가 지나도 인구 규모가 안정된 경향을 보이게 된다. NRR이 1보다 클 때에는 인구가 증가한다. 위의 예에서는 NRR이 2이다.

TFR이 대략 2이고 아이들이 거의 생존할 때에는 각 여성이 평균적으로 여자아이 하나를 성인으로 길러내게 된다. 이 출산율이 계속 유지되면 인구는 안정된다. 좀 더 명확히 해서, TFR이 2.1이고 1,000명의 여자아이 중 50명(5퍼센트)이 분만 시에 죽는다고 가정해보자. 각 어머니는 1.05명(2.1의 절반)의 딸을 낳는데, 그중 0.05명이 죽는다. 따라서 NRR은 1이다. 이때의 출산율을 '대체출산율'이라고 부른다. 각 어머니가 다음 세대에 한 명의 딸로 대체되기 때문이다. 이러한 이유에서 2.1의 TFR이 흔히 대체출산율로 간주된다(물론 실제로는 아동사망률에 따라 정확한 수치가 달라진다). 이렇듯 인구증가율을 결정하는 가장 중요한 변수는 출산율이다. 오늘날의 아프리카 상당수 지역처럼 TFR이 5를 넘는 곳에서는 세대가 바뀔 때마다 인구가 대략 2배로 늘어난다. 출산율이 2나 그 아래로 떨어지면 인구가 안정되거나 심지어는 줄기 시작한다.

〈그림 7.3〉은 세계 여러 지역의 현재 TFR 수준과 미래에 가능성이 가장 높을 것으로 추정되는 수치를 보여준다. 추정을 한 곳은 세계의 '공식'인

**〈그림 7.3〉 1950~2050년 세계 합계출산율 및 발전단계별 합계출산율 추이 (중간 전망치)**

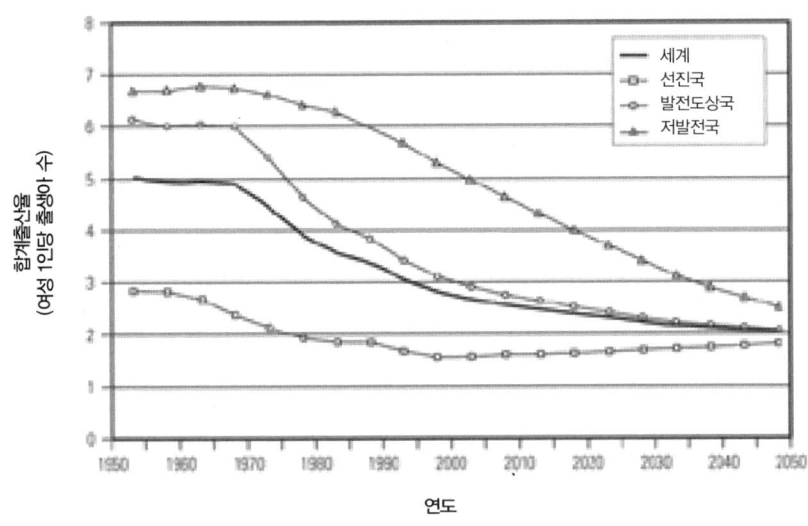

출처: United Nations Population Division (2007)

214

구예측 기관인 유엔인구국이다. '선진국', 즉 부자나라들의 TFR은 대체출산율보다 낮은 1.6인 데 비해서, (아프리카 국가들을 비롯한) 저발전국의 TFR은 약 4.6이다. 이 중 0.8명 정도가 성년이 되기 전에 죽으므로, 이 나라들의 순재생산율은 약 1.88(생존한 3.84명의 아이를 남녀로 나눈 수치)이다. 대략 30년이 지날 때마다 인구가 2배로 늘어난다는 의미다. 유엔인구국에서는 세계의 모든 지역이 점차 대체출산율로 수렴돼갈 것으로 추정한다. 선진국의 TFR은 현재의 낮은 수준에서 아주 조금씩 올라가 2050년에 1.8에 이를 것으로 전망한다. 발전도상국의 TFR은 2050년경에 정확히 대체출산율 수준인 2.05로 하락할 것으로 추정한다. 그리고 저발전국의 TFR은 2050년 무렵에 현재보다는 훨씬 낮지만 대체출산율보다는 여전히 높은 수준인 2.5까지 떨어질 것으로 전망한다.

## 2050년의 세계인구

2050년 시점에 세계인구가 어느 정도가 될지를 결정할 중심 요인은 가난한 나라들의 TFR 추이다. 출산율이 오늘날의 높은 수준에서 하락하지 않고 현 추세를 그대로 유지한다면, 세계인구는 상상하기 힘들 정도로 치솟아 맬서스가 이야기한 '적극적 제어' 수단(전쟁, 전염병, 기근)을 불러들일 게 거의 틀림없다. 출산율이 중간 전망치 혹은 낮은 전망치 수준으로 떨어진다면, 세계인구는 반세기 이내에 안정을 찾을 수 있다.

유엔인구국에서는 미래의 TFR과 인구에 대해 네 가지 전망치를 내놓고 있다. 중간 전망치가 실현될 가능성이 가장 높고, 그 양옆으로 저출산 전망치와 고출산 전망치, 그리고 현재의 TFR이 미래에도 변하지 않을 것으로 가정하는 제4의 전망치가 있다. 낮은 전망치는 중간 전망치보다 0.5 가량 낮은 TFR을 가정하며, 높은 전망치는 0.5 가량 높은 TFR을 가정한다. 제4

의 전망치를 제외한 모든 예측치에서, 가난한 나라들의 TFR은 시간이 가면서 오늘날의 높은 수준에서 차츰 하락하여 21세기 중엽에 대체출산율에 근접할 것으로 가정한다.

이러한 TFR 예측치들과 관련된 세계인구의 추이를 〈그림 7.4〉에서 볼 수 있다. 가능성이 가장 높은 중간 전망치에서 세계인구는 2050년 91억 명에 달하는데, 이 전망에서는 이 정도가 세계인구의 최대치일 것으로 예측된다. 이 예측을 2050년 이후까지 연장해보면, 세계인구가 미세하게 증가했다가는 이내 안정을 찾은 뒤 서서히 91억 명 수준으로 되돌아온다. TFR이 중간 전망치보다 고작 0.5 높은 고출산 전망치에서는, 출산율의 차이가 얼마 안 됨에도 세계인구는 91억 명이 아니라 106억 명으로 증가한다! 발전도상세계의 TFR이 대체출산율 수준으로 빠르게 줄어드는 저출산 전망치에서는, 세계인구가 '고작' 78억 명 수준까지 증가하는 데 그친다. 현재의

〈그림 7.4〉 네 가지 전망치에 따른 1950년부터 2050년까지 세계인구

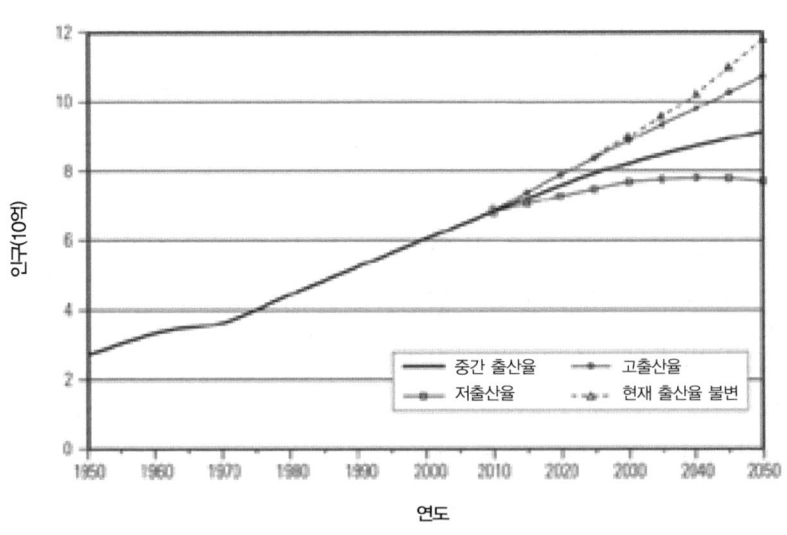

출처: United Nations Population Division (2007)

TFR이 2050년까지 그대로 유지될 경우에는 세계인구가 기절초풍할 수준인 117억 명으로 증가한다. 중요한 것은 중간 전망치에서 세계인구는 2070년쯤 92억 명 수준에서 안정되고, 낮은 전망치에서는 2035년쯤 약 78억 명에서 안정된다는 사실이다.

놀라운 것은 세계의 인구증가분 전부가 오늘날의 발전도상국에서 늘어나는 인구일 거라는 사실이다(이들 중 많은 나라가 경제발전의 성공을 기반으로 선진국이 될 것이다). 오늘날의 고소득국들은 인구변화가 거의 없이 12억 인구를 그대로 유지할 것이다. 발전도상세계의 인구는 중간 전망치로 52억 명에서 78억 명으로 크게 늘어날 것이다. 세계인구 증가 추정치와 거의 똑같은 26억 인구가 발전도상국에서 늘어나는 것이다. 그리고 증가하는 26억 명 중 10억 명이 놀랍게도 아프리카 인구이고, 13억 명이 아시아 인구다. 세계인구가 증가하고 인구구성이 변하면서 세계가 재구성될 것이다. 오늘날 세계인구의 약 12퍼센트를 차지하고 있는 아프리카의 인구비가 중간 전망치로 21세기 중엽까지 20퍼센트로 급증하고, 2070년에는 약 24퍼센트에 이를 것이다. 인도가 중국을 따라잡으면서 세계에서 인구가 가장 많은 나라가 될 것이다.

이러한 전망은 좀 찬찬히 새겨볼 필요가 있다. 세계인구가 중간 전망치나 고출산 전망치로 26억 명 이상 급증하는 데 그치는 것이 아니라, 그렇게 인구가 치솟을 것으로 예상되는 곳이 바로 오늘날 세계에서 극단적 빈곤, 전염병, 기근, 폭력과 사투를 벌이고 있는 지역들이라는 것이다. 원인과 결과가 함께 작용하고 있다. 빈곤이 고출산율을 낳고, 고출산율이 빈곤을 연장시킨다. 세계에서 가장 가난한 나라들은 빈곤의 덫과 함께 인구의 덫에도 걸려 있다. 다행스러운 것은 우리가 관심을 갖고서 전 지구적 노력을 조율해간다면 이 나라들에서 자발적인 출산율 감소를 신속하게 이루어낼 수 있는 훌륭한 해결책들이 있다는 것이다.

# 인구 모멘텀

어쨌든 우리가 인구증가 문제를 완전히 해결하기 전에 세계인구는 상당히 늘어나게 돼 있다. 실제로 요술 같은 일이 일어나서 모든 나라의 TFR이 별안간 대체출산율 수준으로 뚝 떨어진다고 해도, 세계의 총인구는 10억 명 이상 늘어날 것이다! 인구 모멘텀이 작용하기 때문이다. 설명하자면 다음과 같다. 예를 들어 TFR이 5이고 아동사망률이 인구 1,000명당 200명이며 따라서 순재생산율(NRR)이 2로서 세대마다 인구가 2배로 늘어온 한 나라를 상정해보자. 현재 이 나라에는 노인이 200만 명이고, 아이를 가질 수 있는 성인이 400만 명이며, 아이들이 800만 명으로서, 총인구는 1,400만 명이다. 그런데 지금 TFR이 별안간 대체출산율 수준으로 하락하여 NRR이 갑자기 1이 된다고 해보자. 오늘날의 아이들이 부모가 되면 그들은 자신들을 대체하는 데 그친다. 다음 세대에 이 나라에는 노인이 400만 명(현재 아이를 가질 수 있는 성인 400만 명과 같은 수), 아이를 가질 수 있는 성인이 800만 명(현재의 아이들 800만과 같은 수), 아이들이 800만 명(새롭게 성인이 된 인구가 낳은 아이들) 있게 된다. 따라서 TFR이 한 세대 동안 대체출산율 수준으로 떨어졌음에도, 다음 세대의 인구는 1,400만 명에서 2,000만 명으로 늘어나게 된다! 그 다음 세대에 인구는 한 차례 더 증가한다. 그때가 되면 이 나라는 노인 800만 명, 아이를 가질 수 있는 성인 800만 명, 아이 800만 명, 모두 합해서 2,400만 명의 인구를 갖게 된다. 그리고 그때부터 인구 모멘텀은 소멸하고, 인구는 2,400만 명에서 안정을 찾게 된다. TFR이 대체출산율 수준으로 떨어진 뒤에도, 인구 모멘텀만으로 1,200만 명이던 인구가 2,400만 명으로 2배가 된 것이다. 이유는 간단히 말해서, 원래 인구가 아이를 많이 낳는 구조였고, 그 속에서 태어난 아이들이 자라나서 아이를 가질 수 있는 성인이 되고, 또 노인이 된 것이었다.

이것이 오늘날 우리 세계의 현황이다. 현재 세계인구는 66억 명이다. 여기서 지금 어떻게든 기적을 부려 TFR을 대체출산율 수준으로 뚝 떨어뜨린다 해도, 세계인구는 대략 10억 명이 더 늘어나게 돼 있다(치밀한 가정하의 추산이다). 그러면 지구는 결국 75억 명 정도의 인구를 갖게 된다. 선진국들의 출생률 격감을 감안해도 사정은 달라지지 않는다. 앞으로 몇십 년 동안은, 아동 인구가 많은 발전도상국들의 인구증가 모멘텀이 고소득국들의 인구감소 추세 정도는 간단히 압도해버릴 것이다. 우리가 그들을 위해서, 그리고 세계를 위해서, 그 지역들의 출산율을 낮추는 데 훨씬 더 많은 노력을 기울여야 하는 이유가 여기에 있다.

## 출산율과 연령구조

TFR은 인구증가율만이 아니라 인구의 연령구조에도 지대한 영향을 미친다. TFR이 예컨대 5 이상으로 높을 때에는 성인들에 비해 아이들이 무척 많아진다. TFR이 2에 근접하면 성인과 아이들의 수가 비슷해질 것이다(적어도 인구 모멘텀이 소멸한 후 장기적으로는 그렇게 될 것이다). 인구연령구조는 이른바 성별, 연령별 인구 피라미드로 요약 정리되는데, 인구 피라미드는 보통 5년 간격으로 나누는 각 연령집단별 남녀 인구수를 보여준다. 세 가지 유형의 성별, 연령별 인구 피라미드가 〈그림 7.5〉에 그려져 있다. 가로축에는 5년 단위 각 연령집단의 남녀 인구수가 총인구 중 백분율로 표시돼 있다. 세로축은 연령별 인구수다. 콩고민주공화국은 TFR이 약 6.7이고, 아이 다섯 중 하나 남짓이 어릴 때 죽는다. 각 어머니는 살아남은 아이 네 명 남짓을 기르는데, 그중 딸은 두 명 남짓이다. 연령별 인구 피라미드는 아래쪽은 넓고(아이들이 부모들보다 2배가량 많다), 위쪽은 좁다(노년까지 생존하는 사람들이 적다). 출산율이 2이고 15살 생일을 맞기 전에 죽는 아이들의 수가 1,000명당 10명 미만인 미국은 연령별 인구구성이 피라미드가 아니라 사각형에 가깝다. 부모와 아이들의 수가 비슷하다. TFR이 재생산율보다 낮아 1.4밖에 안 되는 독일은 부모들보다 아이들이 적다! 1950년 이후 출생 인구를 보면, 연령별 인구구성이 역삼각형 비슷한 꼴을 하고 있다. 미래에 인구가 차츰 줄어들 것을 예고하는 모양새다.

다음 장에서 살펴보겠지만, 콩고민주공화국과 같은 연령별 인구 피라미드는 국가의 안정과 세계 안정에 시사하는 바가 크다. 청년 인구가 많은 지역은 노년 인구가 많은 지역보다 덜 안정적이다. 성인 인구에 비해 청년의 수가 매우 많다. 특히 사회적으로 보다 성숙하고 평화를 추구하는 경향이 있는 장년층에 비해 전사가 될 가능성이 있는 15~30살의 남성 청년층이 매우 많다. 젊은 남자들, 특히 안정된 직장이 없는 가난한 청년들은 정치꾼들의 저주스런 야망의 좋은 먹잇감이다. 이는 곤경에 빠진 가난한 나라들을

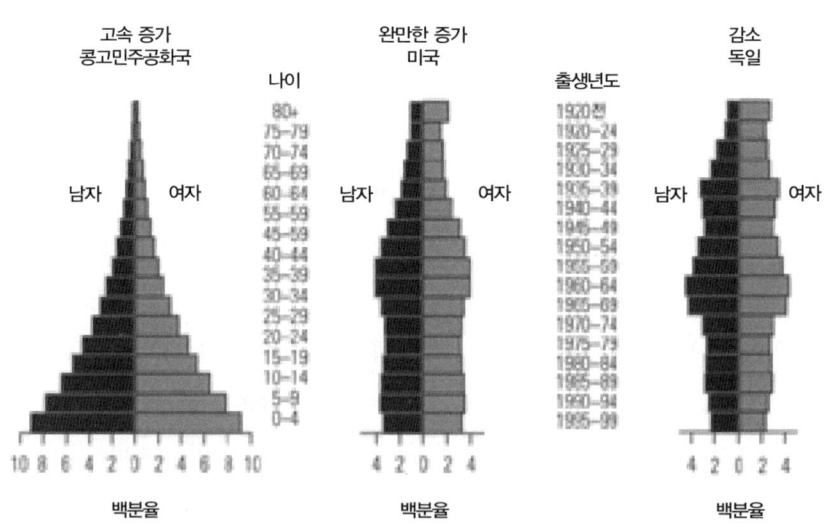

〈그림 7.5〉 2000년 세 가지 유형의 인구연령구조

출처: United Nations Population Division (1999)

비난하는 것도 아니고, 그들이 두렵다는 것도 아니다. 그들 그리고 우리들에게, 너무 높은 수준의 TFR을 낮추는 것이 그들 자신의 안정과 우리 모두의 안정을 찾아가는 길이라고 제안하는 것이다.

## 인구변천의 속도

세계인구는 일정한 틀에 갇혀 있는 게 아니라 변화하는 과정에 있다. 변화과정은 오랜 동안 계속돼왔고, 지역에 따라 그 차이도 크다. 그 핵심 개념은 〈그림 7.6〉에 그려져 있는 인구변천이다. 한 사회는 매우 높은 사망률(특히 높은 유아사망률)과 매우 높은 출산율로 시작한다. 높은 사망률이 높은 출산율을 상쇄하므로 인구는 대체로 안정적이다. 한 예로, TFR이 5이지만 다섯 아이 중 셋이 어른이 되기 전에 죽는 사회를 상정해보자. 그러면 높은

**〈그림 7.6〉인구변천모형**

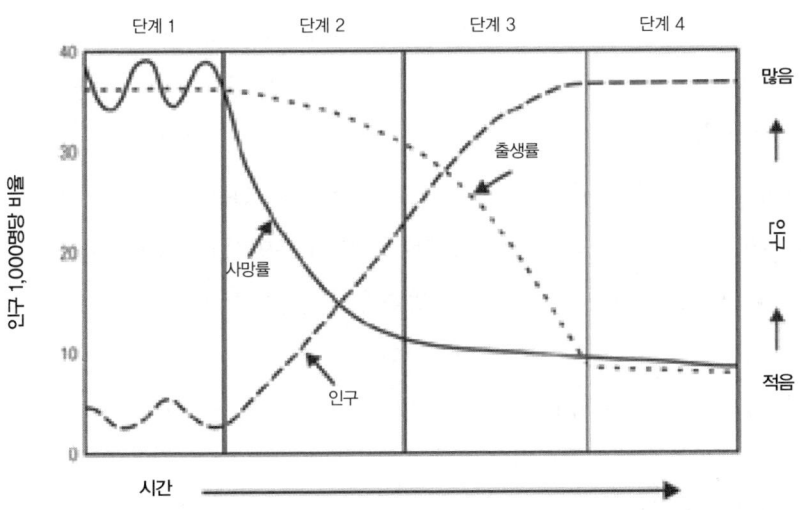

출처: Haggett (1975)

출산율에도 불구하고 순재생산율은 1이 된다. 그림에서 높은 출산율과 사망률이 TFR과 출생자 1,000명당 사망자 수가 아니라, 인구학자들이 조출생률과 조사망률이라 부르는 것, 즉 인구 1,000명당 출생자 수와 사망자 수로 표시돼 있는 것에 유의하라.

인구변천 이론에 따르면, 출산율 하락에 앞서 아동사망률이 낮아진다. 예컨대 예방접종 보급, 식량생산 향상, 보다 안전한 물 공급, 말라리아 예방약과 항생제 이용 등에 힘입어, 다섯 아이 중 셋이 죽던 아동사망률이 다섯 아이 중 하나가 죽는 수준으로 떨어진다(오늘날의 공공보건 기준으로 보면 여전히 매우 높은 수준이다). 그림에는 조사망률이 인구 1,000명당 40명에서 1,000명당 10명 수준으로 떨어지는 것으로 그려져 있다. 거기서 얼마간의 시간이 흐른 뒤에야 합계출산율이 같은 정도로 하락한다. 단계 2로 표시된 중간단계에서는, 조출생률과 조사망률의 차가 1,000명당 최고 30명 수준까지 벌어진다. 그 시기에는 인구가 연간 3퍼센트의 비율로 급증한다. 연간 3퍼센트의 인구증가율이 23년 동안 이어지면 인구가 2배로 늘어난다. 연간 3퍼센트의 인구증가율은 순재생산율 2와 대략 일치한다.

2005~2010년 케냐의 사례를 예로 들어 살펴보자. 5세 미만 사망률이 아이 열 명 중 하나 수준으로 하락했다(유엔인구국 추정으로 2005~2010년에 아이 1,000명당 104명이다). 이는 조사망률로는 인구 1,000명당 12명에 해당한다. 합계출산율은 여전히 5로 높은 수준인데, 조출생률로는 인구 1,000명당 39명에 해당한다. 조출생률과 조사망률의 차이, 39-12가 연간 순인구증가로서 인구 1,000명당 27명이다. 다시 말해서 연간 인구증가율이 2.7퍼센트다. TFR이 5이고 5세 미만 사망률이 1,000명당 104명일 때의 순재생산율은 2에 근접한다(1.96).

인구변천 이론의 결론은 한 사회가 고출산율과 고사망률에서 저출산율과 저사망률로 변천하는 과정에서 사망률 하락과 합계출산율 하락 사이에 시간지체가 생김으로써 한동안 인구가 크게 늘어난다는 것이다. 인구변천의 시작과 마지막 단계에서는 총인구증가율이 낮지만 중간단계에서는 인구가 급증한다. 지난 200년 동안 세계는 그러한 인구변천 과정에 있었다고 이론은 주장한다. 50년 뒤에는, 아니 훌륭한 정책을 쓸 경우에는 그보다 조금 더 일찍, 세계는 인구변천 과정을 마무리하고 인구 안정기에 접어들게 된다. 인구변천 단계 4에서 출생률이 사망률 아래로 내려가는 것에 유의하라. 이는 TFR이 대체출산율보다 낮은 수준을 유지할 때 나타나는 현상이다. 그것은 가능하다. 그 경우에는 근 300년 동안 팽창을 계속해오던 세계인구가 오히려 줄어들기 시작한다. 세계 총인구의 점진적이고 자발적인 감소를 막는 인구법칙 같은 건 없다. 유럽 인구의 장기적인 감소세는 이미 시작된 것 같다.

다음 장의 정책적 판단의 바탕이 되는 핵심적인 물음은 사망률 하락과 출산율 하락 사이에 왜 시간지체가 일어나며 그 대책은 무엇이냐는 것이다. 세 가지 종류의 답이 있는데, 모두 사실적인 그림을 그리는 데 보탬이 된다. 첫째, 출산 선택은 문화에 각인돼 있다. 결혼연령, 한 가정의 아이 수에 대한 사회적 기대, 첫아이를 갖는 나이, 피임법 사용, 출산간격 등은 경제적 선택인 동시에 문화적 선택이다. 사회적 기준과 기대는 선택을 할 때 일정한 역할을 한다. 예컨대 아동사망률이 급락하는 등 출산 선택을 결정하는 기본 요인들이 변한다 하더라도, 실제 출산율이 변화하기까지는 한 세대 이상의 시간이 걸릴 수도 있다.

둘째, 부모가 아동사망률이 실제로 하락했는지 확신하지 못하는 동안의 인식시차가 있을 수 있다. 부모들은 확신이 설 때까지 높은 출산율을 유지한다. 사망률이 감소했다는 믿음이 확고해지는 순간, 출산율 하락 속도가 빨라진다. 세 번째이자 어쩌면 가장 중요한 답은 아동사망률이 하락했다고 해서 자동적으로 출산율에 변화가 일어나는 건 아니라는 것이다. 출산 선택은 아버지들과 어머니들의 각기 다른 견해와 이해관계를 포함한 각 가정의 능동적인 의사결정의 표현이다. 사망률이 낮아지는데도 높은 출산율을 계속 유지하는 것은 가정의 사회경제적 조건을 감안한 부모들의 합리적 계산의 반영일 수 있다. 가족들이 자급자족 농경으로 살아가고 아이들이 노동력을 제공하며 노후를 보장하고 어머니와 딸들에게 다른 생계수단이 없을 때, 높은 출산율은 여자들이 선호하는 선택지 혹은 남편들과 사회가 그들에게 은근히 강요하는 결심으로 수용되기도 한다. 나아가 자급자족 생활을 하는 가족에게는 피임법 자체가 과중한 부담일 수도 있다. 또한 건강관리나 가족계획에 대한 조언을 받을 수 있는 곳이 전혀 없을 수도 있다.

한 가지 실례를 더 들어보자. 아이들이 (특히 시골에 사는) 부모들의 중요한 노후 보장수단인 경우를 상정해보자. 각 가정에서는 노후를 보장받기 위해, 성년이 될 때까지 살아남는 아들 하나를 매우 높은 확률로 확실하게 챙기고 싶어 한다. 예를 들어 97퍼센트의 확률은 돼야 안심한다고 해보자. 그러면 각 가정에서는 생존하는 아들 하나를 최소 97퍼센트의 확률로 확실하게 챙기는 데 필요한 아이의 수를 고르게 된다. 각각의 아이가 죽을 확률이 다섯 중 하나(20퍼센트)라면, 아들을 하나만 가져서는 97퍼센트의 생존율이 확보되지 않는다. 한 아들의 생존 확률은 80퍼센트밖에 안 되므로 부모의 안전을 확보할 수 없다. 아들 둘을 두어도 여전히 충분하지 않다. 두 아들이 모두 죽을 확률은 20퍼센트 곱하기 20퍼센트, 즉 4퍼센트다(두 아들의 생존 확률이 각기 독립적일 경우의 이야기다). 따라서 최소한 한 명의 아들이 살아남을 확률은 96퍼센트(100퍼센트 − 4퍼센트)밖에 안 된다.

아들을 셋 두면 된다. 아들 셋이 모두 성년이 되기 전에 죽을 확률은 20퍼센트 곱하기 20퍼센트 곱하기 20퍼센트, 즉 0.8퍼센트다. 따라서 최소한 한 명의 아들이 생존할 확률은 99.2퍼센트다. 한 가족이 아들을 셋 두려면, 아들딸 평균 반반씩, 여섯 명의 아이를 낳아야 한다. 그러므로 아동사망률이 20퍼센트(출생아 1,000명당 200명 사망)인 이 예에서 TFR은 6이 된다. 그러니 인구는 급증한다. 여섯 명의 아이 중 평균 4.8명이 살아남는다(여섯 아이 중 20퍼센트인 1.2명이 죽으므로). 각 어머니는 평균 2.4명의 여자아이를 길러내게 된다. 한 세대가 지날 때마다 인구는 배 이상으로 늘어난다!

이제 아동사망률이 20퍼센트에서 3퍼센트(출생아 1,000명당 30명 사망)로 하락하는 것에 담긴 의미를 생각해보자. 이 경우에 한 아들이 생존할 확률은 97퍼센트다. 부모들은 평균적으로 아들 하나, 즉 아이를 둘만 낳아 기르는 데 만족하게 된다. 그러면 TFR은 2가 되고, 인구는 안정된다. (이 경우, 실제로는 인구가 약간 줄어든다. 여자아이의 97퍼센트만이 살아남아 NRR이 0.97이 되기 때문이다.)

결국 내포된 의미는 이것이다. 아동사망률이 큰 폭으로 하락하여, 위험을 회피하려는 부모들이 아이의 수를 줄이도록 유도할 정도가 돼야 한다는 것이다. 아동사망률이 출생아 1,000명당 300명이면, 부모들은 (방금 설명한 이유로) 여섯 명의 아이를 갖는 길을 선택하게 된다. 사망률이 1,000명당 300명에서 200명으로 떨어져도, 부모들은 여전히 여섯 아이를 두는 길을 택하게 된다. 출산율은 떨어지지 않고, 인구증가율은 더 치솟는다! 사망률이 더 낮아져 1,000명당 30명 수준이 되면, 부모들은 아이를 둘만 갖는 길을 택하게 된다.

## 출산율을 낮춰야 하는 이유

가난한 나라들은 인구변천을 가속시켜야 하고 우리는 그러한 노력을 도와야만 하는 네 가지 분명한 이유가 있다. 그 첫 번째이자 가장 중요한 이유는 출산율을 낮추지 않고서는 가난한 가족들이 극단적 빈곤에서 탈피할 수가 없다는 것이다. 부모들은 자신들의 노후 보장을 준비하고 있다고 생각할지 모르지만, 그 과정에서 아이들에게 극단적 빈곤을 대물림하는 값비싼 비용을 치르게 된다. 아프리카 농촌 마을에서 자급자족하며 살아가는 빈곤 가구들은 여섯 명의 아이를 건강하게, 교육도 시키고, 잘 먹이며 기를 수 없다. 부모들은 경제학자들이 질량교환(quality-quantity tradeoff)이라 부르는 상황에 직면한다. 여섯 명의 아이가 있는 빈곤 가구는 아이들에 대한 투자를 인색하게 쪼갤 수밖에 없다. 아마도 아이들 중 하나만 (보통은 장남이고 딸은 제외) 중등학교에 진학할 수 있을 것이다. 종종은 아이들 모두가 심각한 영양결핍 상태에 놓이기도 한다. 몇몇은 말라리아나 다른 전염병에 걸려 죽기도 한다. 기본적인 건강관리를 할 여유도 없고, 환자를 병원으로 싣고 갈 비상수송 수단도 없기 때문이다. 연구들에 따르면, 식구가 많은 대가구는 빈곤 가구다. 가난이 대가구를 유도하고 대가구가 가난을 더욱 악화시키는 인과관계가 양방향으로 작용하면서, 대가구가 아이들의 복지에 역작용을 미친다는 것이 의심할 수 없는 사실로 입증되고 있다.

둘째, 가족 상황에서 사실이면 사회에서도 대체로 사실이다. 가난한 나라는 그 지역사회들에 학교와 병원, 새로운 도로, 그 밖에 한 세대가 지날 때마다 배가되는 인구를 수용할 수 있는 공공시설들을 갖춰줄 여력이 없다. 인구가 급증하는 나라는 경제발전은 고사하고 늘어나는 인구를 건사하기에도 벅찬 심각한 재정문제를 겪고 있다.

셋째, 그러한 인구급증이 몰고 오는 생태파괴 및 그와 밀접한 관련이 있는 소득수준 문제는 참담할 정도다. 최빈국들은 농촌 국가로 보통 생태계가 취약한 곳, 특히 건조지대에 몰려 있다. 인구가 급증하는 곳의 찢어질 만큼 가난한 자급자족 농부들의 농지 규모는 계속 줄어들고 있다. 최고의 기술을 이용한다 해도 한 가구의 생계를 꾸려가기에는 턱없이 작은 규모였는데(아프리카 일부 지역의 경우 0.25헥타르 이하), 그나마도 줄어들고 있는 것이다. 아프리카의 평균농지 규모는 이미 세계 최소이다(〈그림 7.7〉). 단위면적

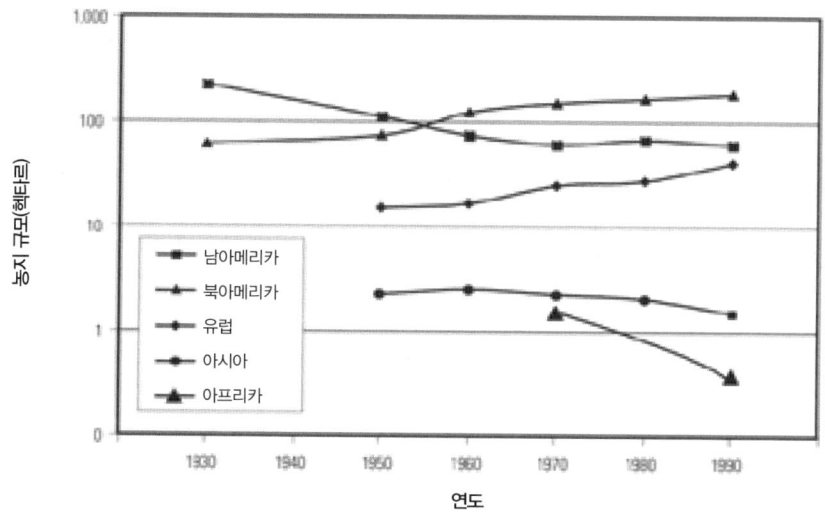

〈그림 7.7〉 1930~1990년 대륙별 평균농지 규모

주: 세로축은 로그 척도임

출처: Eastwood et al. (2004) 추산

당 생산량과 가치를 크게 늘려 줄어드는 농가당 토지 비율을 어떻게든 벌충하지 못하는 한, 농지 규모의 축소는 농가 소득의 하락을 의미한다. 오늘날 아프리카의 여러 지역만큼 농지 규모가 작아질 경우에는, 농업 소득으로 가난을 극복하기가 무척 어려워진다. 이러한 사회들에서는 또한 지역 환경도 크게 훼손된다. 땔감용 나무 채집(에티오피아의 경우 현재 80퍼센트의 삼림이 파괴되었다), 지하 대수층으로부터의 과도한 펌프질, 토양 영양분 고갈, 목초지에서의 과도한 방목 등 생존을 위한 처절한 몸부림이 계속되면서 환경이 전반적으로 악화되는 것이다. 토지가 너무 귀하다 보니, 농부들은 땅을 몇 년 동안 묵혀 지력을 회복하는 따위의 일은 더 이상 꿈도 꿀 수 없다. 이런 문제들은 가난한 농부들이 개량된 기술을 이용하고 소득 다각화 전략을 취할 수 있도록 도와줌으로써 아직은 극복할 수 있지만, 그에 성공

한다 하더라도 한 세대가 지날 때마다 배가되는 인구를 건사하기에는 역부족일 것이다!

넷째이자 마지막으로, 세계의 다른 지역들에 대한 위협이 있다. 인구가 급증하면 대량이주와 지역분쟁 압력이 상승한다. 오늘날 아프리카의 분쟁은 대부분 굶주리고 가난한 사회들의 질서 붕괴의 산물이다. 폭력은 가난의 문제만이 아니라 연령구조의 문제이기도 하다. 앞에서 보았듯이 출산율이 높으면 아랫부분이 넓고 꼭대기는 좁은 연령별 인구 피라미드가 만들어진다. 그런 사회에는 청소년층은 많고 노인층은 적다. 그런 경우 폭력 위험이 증가하고 심지어는 전쟁 위험도 높아진다. 그 연결고리에 관해서는 다음 장에서 더 상세히 살펴보겠다.

## 높은 출산율과 낮은 경제성장

우리는 미시적으로든 거시적으로든 높은 출산율이 개인의 경제성장에 저해가 된다는 것을 보아왔다. 가구 차원에서 출산율이 높다는 것은 각 아이의 영양, 보건, 교육 등 인적자본에 대한 투자가 적어진다는 의미다. 국가 차원에서 인구증가율이 높다는 것은 오로지 학교와 병원, 포장도로, 그 밖에 증가하는 인구를 챙기기 위한 기반시설들의 수를 늘려가는 데 더 많은 자본을 투자할 수밖에 없고, 따라서 개인당 평균 서비스의 질을 높이는 데 투여되는 자본은 적어진다는 의미다. 경제학 용어로는 그런 경우에 저축이 개인당 자본투입량을 늘리는 '자본의 심화(capital deepening)' 보다는 인구증가를 따라잡기 위한 '자본의 확대(capital widening)' 에 쓰일 수밖에 없다고 이야기한다.

이를 시험하는 한 가지 방법은 국가별 경제성장 검증이다. 우리는 출산율이 높은 나라들이 실제로 1인당 소득증가율이 낮은지 조사해볼 수 있다.

그 표준적인 검증작업을 수행한 사람은 경험적 경제성장모형의 선구자인 로버트 배로(Robert Barro)와 사비에르 살라이마르틴(Xavier Sala-i-Martin)이었다.[3] 그들이 만든 통계모형은 각 나라의 1인당 소득수준, 평균학력, 기대수명, '법치'의 지표, 그리고 합계출산율을 포함한 기타 변수 등의 다양한 특징에 따라 각국의 연평균 1인당 소득증가율이 어떻게 달라지는지 설명한다.[4] 거기서 TFR은 경제성장에 통계학적으로 중요할 만큼 강한 부정적 영향을 미치는 것으로 나타난다. 한 나라는 합계출산율이 6이고 다른 나라는 2라는 것만 빼고는, 다른 모든 면에서 똑같은 두 나라를 비교해보자. 배로와 살라이마르틴의 연구결과에 따르면, 출산율이 높은 나라의 1인당 소득증가율이 출산율이 낮은 나라에 비해 연간 1.3퍼센트 낮다. 높은 출산율이 그렇게 엄청난 부정적 영향을 미치는 것이다.[5]

## 인구정책과 출산율 감소

출산 선택은 모든 의사결정 중 가장 개인적인 것이고 정부의 행동에도 사람들이 순순히 따르지 않을 일이라고 생각할 수 있다(강제 시행할 경우는 예외겠지만). 사회가 인구변천 과정을 거치는 건 분명하지만, 그것은 정부의 정책이 아니라 개인의 선택에 따라 결정할 수 있고, 결정해야 하며, 결정될 그런 종류의 일인 것 같다. 실제로 서유럽과 미국 등 오늘날의 부국들에서 20세기에 진행된 인구변천은 대체로 각 가정의 그러한 의사결정을 통해 이루어졌다.

하지만 가난한 나라들은 그런 과정을 거치지 않았다. 일부 변화가 일어난 곳의 인구변천을 가속시키고 심지어 유발한 것은 정부의 적극적인 정책이었다. 정부가 예컨대 예방접종을 보급하고 안전한 식수를 공급하여 유아 사망률을 빠르게 낮추는 데 핵심적인 역할을 해왔으니, 사망률 하락과 동시에 출산율을 빠르게 낮추도록 촉진하는 조치도 마땅히 취했어야 했다. 경험을 통해 확인되는 것은 각 가정이 예컨대 피임과 같은 자신들의 법적 권리와 기술적 수단들을 알고 있어야 한다는 것이다. 최근 몇십 년 동안 경구피임약, 자궁 내 피임링, 좌약, 주입액 등의 피임법에 엄청난 발전이 이루어졌다. 정부의 계획은 각 가정에 이러한 방법들의 안전성과 편의, 효과를 알리는 데 중요한 역할을 했고, 그러한 방법들을 알아서 챙길 수 없을 만큼 가난한 발전도상국의 많은 가구들에는 피임 서비스를 직접 제공하기도 했다. 정부의 지원이 없을 경우, 출산율은 여전히 바람직한 수준을 크게 상회할 것이다. 이 또한 출산 선택에 사회적 기준이 미치는 영향이 크기 때문에 일어나는 현상이다. 정부 주도의 권장활동이 일반적으로 대가구를 선호하는 오랜 관습을 변화시키는 데 중요한 역할을 할 수 있다. 이러한 관습은 전염병으로 인한 높은 아동사망률이 수세기 혹은 수천 년 동안 지속되면서 생겨난 것이니, 그걸 바꾸기가 쉽지 않은 것이다.

식민지였던 곳들이 독립을 달성하고 한 나라의 가족계획 성공이 다른 나라로 확산되면서, 정부나 공공기관에서 출산율 감소를 주도하는 사례가 1960년 이후 세계 전역에서 차츰 수용돼갔다. 가족계획 프로그램을 처음 시작한 것은 1951년 인도의 자와할랄 네루 총리였다. 파키스탄이 곧 그 뒤를 이었다. 1952년 인구위원회(Population Council, 1952년 록펠러 형제 기금의 지원으로 설립된 비영리 비정부 국제기구로, 피임 등의 생식 관련 연구를 진행하며 발전도상국의 가족계획사업을 지원한다)가 설립되고, 1959년 포드 재단이 인도의 인구계획에 자금지원을 시작하는 등 민간재단과 비정부기구들이 이러한 노력에 힘을 보탰다. 1960년대에는 가난한 나라들의 계속된 인구급증이 세계를 위협하는 것으로 여겨지고 있었다. 미국 정부는 매우 높은 출산율이 청년층의 팽창을 유발하여 정치안정을 위협하고 빈곤, 기아, 농촌지역의 방대한 실업 등의 부담을 낳는다는 사실을 제대로 이해하기에 이르렀다. 나아가 세계의 인구급증이 식량공급을 앞지르면서, 맬서스의 예언이 처음 나온 지 한 세기 하고도 4분의 3세기가 더 지난 지금에 와서 마침내 실현될지도 모른다는 공포가 갈수록 커지고 있었다.

미국 정부가 수태조절을 우선적인 정책과제로 채택할 수 있으려면, 미국 정치지도자들에게 부담도 크고 문화적으로도 논란이 예상되는 물 속에 뛰어드는 걸 불사하는 강건한 의지가 있어야만 했다. 1959년 말, 미국 대통령 드와이트 아이젠아워는 미국의 발전도상국 수태조절 지원을 요구하는 미국 원조특별위원회의 권고를 거부했다. "이 정부는… 수태조절과 관련된 이 프로그램에 대해 명확한 정치적 견해를 가진 내가 있는 한은… (지원을) 하지 않을 겁니다. 그건 우리 일이 아닙니다."[6] 하지만 3년 뒤, 존 케네디 대통령은 미국의 가족계획사업 지원활동을 확대해야 한다는 고문단의 견해에 동의를 나타냈고, 미국 최초의 가톨릭 대통령으로서 미국 정부의 그러한 행동을 비난하고 나설 게 분명한 교회 지도자들의 반발을 미연에 방지하기 위한 노력도 기울였다. 미국 정부의 지원에 힘입어, 1967년 유엔인구활동기금(UNFPA)이 설립되었다(뒤에 유엔인구기금으로 개칭되지만 약칭은 그대로다). 유엔은 가족계획 전문가와 인구학자 양성에 큰 힘을 쏟았고, 여러 곳에 지역 인구센터를 세워 세계적으로 전개된 이 활동을 지원했다.

1960년대에 아시아 여러 지역에서 출산율이 급락하기 시작했고, 10년쯤 뒤 북아프리카도 같은 과정을 거쳤다. 문자해득률, 여성의 권리, 1인당 소득이 높은 나라들이 상대적으로 일찍 인구변천을 이루어냈지만, 농촌에 빈곤이 만연하고 성역할이 엄격하며 문맹률이 높은 나라에서도 가족계획 프로그램은 급속한 변화를 야기했다. 저출산으로의 변천이 매우 급속도로 진행된 곳도 많았다. 한 예로 태국의 TFR은 1960~1965년의 6.4에서 1980~1985년에는 2.9로 줄었다. 이집트, 인도, 인도네시아, 네팔은 사회경제적 발달 수준이 비교적 낮았음에도 국가의 열성적인 가족계획 노력에 힘입어 출산율의 자발적인 급락을 이루어냈다.

그리하여 몇몇 나라의 소수 전문가들의 노력으로 시작된 가족계획이 이윽고 세계적인 활동으로 확산되었다. 1950년대에 국가 차원에서 가족계획 프로그램을 시행한 나라는 인도와 파키스탄, 두 나라뿐이었으나, 1960년대에는 십수 개 나라에서 가족계획 프로그램을 마련했고, 1970년대에는 100개국 가까운 나라에서 이 계획을 시행했다.

인구를 주제로 한 대규모 국제회의들이 연달아 열리면서, 세계적으로 전개된 이 획기적인 공공정책의 변화를 고무하고 뒷받침했다. 1954년 로마에서, 1965년 베오그라드에서 열린 세계 규모의 처음 두 차례 인구회의 참가자들은 대부분 정치인이 아니라 학자들이었다. 1974년 유엔은 루마니아의 부쿠레슈티에서 세계 최초의 대규모 정부 간 인구회의를 개최했다. 35개국을 대표하는 정부의 공식대표들은 각 나라가 국가 차원의 인구행동계획을 마련하여 실행해야 하며 그러한 활동에 필요한 국제적 지원을 요청할 수 있다는 것을 골자로 하는 20년간의 세계인구행동계획을 채택했다. 행동계획은 출산 선택이 각 가구의 자발적인 결정에 맡겨져야 한다는 것, 인구정책은 출산율, 사망률, 교육, 연구 관련 정책들을 두루 포괄해야 한다는 것, 결국 그러한 정책들은 국제적으로 강제할 게 아니라 각국이 독립적으로 결정할 사안이라는 것을 강조했다. 부쿠레슈티에서 미국은 대담한 인구정책의 광범한 채택을 촉구하는 중요한 역할을 하면서, 그에 따른 미국의 후원을 다짐했다.

10년 뒤 세계 각국 정부는 멕시코시티에서 다시 만나 부쿠레슈티 행동계획의 진전 상황을 검토하고 중간 수정작업을 했다. 성취한 것이 많았다. 발전도상세계의 많은 나라에서 출산율이 급속도로 떨어지고 있었다. 하지만 정치 상황이 조금 변해 있었다. 로널드 레이건이 대통령에 당선된 뒤, 미국 대표단은 출산율 감소는 발전에 따른 자연적인 결과이며 가족계획은 그다지 중요하지 않다고 주장했다. 그들은 또한 인구증가가 전반적인 경제발전에 미치는 영향은 '중립적'이라고 주장했다. 높은 출산율이 장기적인 발전에 유해하다는 이전의 (보다 정확한) 견해를 바꾼 것이다. 하지만 다른 나라 대표들은 대부분 장기적인 지속가능한 발전을 가능케 하려면 출산율의 감소가 필요하다는 입장을 견지했다. 그러한 견해차가 있고 낙태할 권리라는 특정 사안을 두고 치열한 논전이 벌어지기도 했지만, 회의는 결국 가족계획 사업, 특히 부쿠레슈티 행동계획에 관한 전 지구적 약속을 재확인했다.

1994년 세계는 카이로에 모여 다음 번 인구회의를 열었다. 정치 상황이 다시 바뀌었다. 세계의 활동가 집단이 주축이 되어 제기한 이번 회의의 중심 주제는 인구정책이 출산율이라는 좁은 틀을 뛰어넘어 성건강과 출산건강 전반에 관해서 훨씬 더 종합적인 접근방법을 취하는 방향으로 확장돼야 한다는 것이었다. 여권신장의 강력한 뒷받침을 받은 제안이었다. 인구개발 국제회의(ICPD)에서는 분명히 가족계획 자체를 부정하진 않았으나, 안전한 임신과 출산, 성접촉을 통해 감염되는 질병의 통제를 포함한 보다 일반적인 성건강 등 훨씬 더 넓은 범위의 성건강 및 출산건강(SRH) 서비스를 제공하는 사업의 일환으로 가족계획 문제를 다루었다. 사실 이 문제는 오랜 기간 논란을 빚어온 사안이었는데, ICPD의 수사와 강조점에 결국 변화가 일어났다. 가족계획과 관련하여 가장 주목할 만한 ICPD의 약속은 2015년까지는 만인이 가족계획 서비스를 포함한 SRH 서비스를 받을 수 있게 한다는 약속이었다. 최빈국들에 대한 개발원조 증액 요청, 특히 2015년까지 보편적인 SRH 서비스를 보장할 수 있는 수준의 원조 요청이 이 약속을 뒷받침했다.

이름난 인구학자들은 반세기 동안의 가족계획 권장, 기금조성, 조직사업의 결과를 요약정리하며, 세계적으로 전개된 이러한 활동들 모두가 매우 중요한 역할을 했다는 사실을 강조했다. 존 콜드웰(John C. Caldwell)과 공저자들은 이렇게 적고 있다.[7]

국가 차원의 가족계획 프로그램들은 세계의 출산율 하락 속도를 높이고 최종적인 세계인구를 필시 100억 미만 수준으로 제한하는 데 중요한 역할을 했다. […]

오늘날의 가족계획 프로그램을 추진해온 우리 모두는 이 프로그램들의 영향력을 믿어 의심치 않았다. 우리의 고객들은 이 프로그램의 지원이 없었더라면 출산율을 억제할 수도 없었을 것이고, 자기 부모 세대들이 출산율을 억제하지 않은 것은 당시에는 그러한 프로그램들이 존재하지 않았던 데 따른 불가피한 결과였다고 믿는다.

가족의 규모나 피임법 사용 및 정부의 피임기구 공급 합법화에 관한 변화된 생각이 확산된 것은 결코 우연이 아니었다. 국제기구들이 […] 갈수록 중요한 역할을 했다.

## 출산건강에 관한 밀레니엄 약속의 이행

ICPD 행동계획(카이로 행동계획)은 가장 중요한 밀레니엄 약속 중 하나다. 계획은 인구정책이 지속가능한 발전이라는 전체 과제의 중요한 일부임을 강조한다. ICPD 행동계획의 유엔 요약본은 "인구증가 속도를 늦추고, 빈곤을 줄이며, 경제적 진보를 달성하고, 환경을 더욱 보호하고, 지속가능하지 않은 소비 및 생산방식을 줄이려는 노력들이 상호 간에 상승작용을 일으킨다"고 지적한다. 계획은 한 가지 목표는 "인구비와 사회적, 경제적, 환경적 목표들 사이에 불균형이 있는 나라들에서 되도록 빨리 인구변천을 촉진하고" 그럼으로써 "세계인구의 안정"에 일조하는 것임을 분명히 하고 있다. ICPD 행동계획은 또한 출산건강의 다면적 성격을 강조하면서, 만인에게 출산건강 서비스를 제공한다는 목표에 대해 다음과 같이 이야기하고 있다.

모든 나라가 되도록 빨리, 늦어도 2015년까지는, 적정 연령의 모든 개인이 이용할 수 있는 기본적인 보건체계를 통해 모두에게 출산건강 서비스를 제공하기 위해 노력해야 한다. 그러한 관리 시스템에는 다음과 같은 것들이 꼭 포함돼야 한다. 첫째는 가족계획에 관한 자문, 정보, 교육, 커뮤니케이션, 서비스이고, 둘째는 산전 관리 교육과 서비스, 안전한 분만, 모유 수유 및 아기와 엄마의 건강관리를 비롯한 산후 관리이고, 셋째는 불임의 예방과 치료이고, 넷째는 8.25절에 정한 사유에 해당할 때의 낙태이고, 다섯째는 생식기 감염 및 성접촉 감염 질병(STD), 기타 생식기관 건강이상의 치료이고, 여섯째는 남녀의 성별 특징, 출산건강, 부모의 책임에 관한 정보와 교육, 자문이다.

또 한 가지 중요한 점은 회의에서 출산건강 서비스를 모두에게 제공한다는 목표를 달성하기 위한 부국의 빈국 지원 등 세계협력의 필요성을 강조하면서, 꼭 필요한 기금 조성 목표치를 분명하게 설정했다는 점이다.

국제사회는 GNP의 0.7퍼센트로 합의한 바 있는 전체 공적개발원조(ODA) 목표 달성을 위해 노력해야 하며, ICPD 행동계획의 목적과 목표 달성에 필요한 활동 범위와 규모에 걸맞게 인구와 발전 프로그램 기금의 몫을 증액하기 위해 힘써야 한다. […] 각국의 인구와 발전 프로그램의 자금 수요 규모를 감안하고 원조수혜국들이 국내 창출 재원으로 일정액을 충당할 수 있을 거라고 가정할 경우, 원조제공국들이 지원해주어야 할 자금은 (1993년 기준 미국 달러로) 2000년에 약 57억 달러, 2005년에는 61억 달러, 2010년에는 68억 달러, 2015년에는 72억 달러 정도가 될 것이다.

성건강과 출산건강에 관한 유엔 밀레니엄프로젝트 특별보고서(2006)에는 가난한 나라들에서 모두에게 안전한 출산, 긴급 산부인과 진료, 가족계획 서비스 등의 기초적인 성건강 및 출산건강 서비스를 제공하는 데 필요한 원조액 추정치가 실려 있다. 추정치는 2015년 기준 연간 약 250억 달러인데, 이는 원조제공국 소득의 약 0.06퍼센트에 해당하는 액수다. 이 정도의 돈이면 피임이나 가족계획만이 아니라, 2015년까지 임산부 사망률을 4분의 1수준으로 낮춘다는 밀레니엄개발목표를 달성하기 위한 핵심 조치인 안전한 출산까지도 보장할 수 있다. 슬프게도, 지금까지 이러한 기금조성 목표는 달성되지 못했다. 이제 가족계획과 출산율 감소 분야의 세계협력을 부활시킬 방안을 돌아볼 차례다.

# 08

# 세계인구 안정시키기

금세기 벽두부터 시야가 좁은 이념이 인구정책을 공중 납치했다. 미국의 우파 종교 지도자들이 미국의 가족계획 지원 종식을 요구했다. 부시 정부는 유엔인구기금 원조를 뭉툭 잘라버리고, 미국이 직접 제공하는 가족계획 서비스 기금의 대폭 삭감을 제시했다. 그것을 한 번의 크게 잘못된 정책으로 치부해버리기는 어렵다. 그것은 분쟁과 테러를 줄이려는 미국의 이해관계와 직접 충돌하고, 보다 일반적으로는 경제발전과 지속가능한 환경 지원 정책에도 역행한다.

미래의 세계인구 추세는 운명이 아니라 선택의 문제다. 미국을 비롯한 부국들이 카이로 약속을 존중하여 빈국들의 가족계획과 출산건강 투자 지원액을 조금만 더 늘린다면, 세계인구는 대략 80억 명 선에서 안정될 수 있다. 〈표 8.1〉은 이것이 어떻게 달성되는지를 보여주는 간단한 스케치다. 현재 유엔의 중간 출산율 전망치로는, 세계인구가 2050년까지 92억 명으로 늘어났다가 이후 그 선에서 대강 안정된다. 가능성이 충분한 대안의 정책은 발전도상국의 인구변천 속도를 높이는 것이다. 유엔의 저출산율 전망이 바로 그것인데, 이 저출산율 시나리오는 중간 전망치보다 TFR이 0.5 낮은 상황을 가정한다. 이 대안의 시나리오에서는 세계인구가 약 80억 선에서 안정되는데, 92억과 80억 인구 차의 거의 절반이 인도와 사하라 이남 아프리카 인구로 이 지역의 인구가 그만큼 덜 늘어난다는 이야기다. 그러면 현재

<표 8.1> 인구변천 속도가 빨라질 때의 세계인구(10억 명)

| 지역 | 2005 | 2050(중간 출산율) | 2050(저출산율) |
|---|---|---|---|
| 선진국 | 1.22 | 1.25 | 1.25 |
| 저발전국 | 5.3 | 7.95 | 6.73 |
| 세계 전체 | 6.52 | 9.2 | 7.98 |
| 인도 | 1.13 | 1.66 | 1.39 |
| 사하라 이남 아프리카 | 0.77 | 1.76 | 1.52 |

자료: 저출산율은 저발전국에만 적용했고,
선진국 인구 전망치는 두 칸 모두 중간 출산율을 적용한 것이다.
출처: United Nations Population Division (2007)

높은 출산율을 보이고 있는 아프리카와 여타 지역의 1인당 경제성장률이 크게 높아질 것이다. 일차적으로는 빈곤 지역, 그리고 세계의 지구환경 보전도 훨씬 더 잘 될 것이다. 미국이 가족계획과의 전쟁을 계속하거나 전 지구적인 노력을 무시하며 기금도 잘 내지 않는 행태를 지속한다면, 실제로 전쟁이 일어날 가능성이 훨씬 더 커진다.

인구가 계속 급증하면서, 아프리카의 고통을 보면 맬서스의 예언이 들어맞는 것 아니냐는 말들이 돌았다. 많은 사람이 아프리카의 질병통제나 식량 증산에 아무리 도움을 주어봤자 먹는 입이 그만큼 늘어나 그 효과가 간단히 상쇄돼버릴 거라고 생각한다. 최근에 셀 수 없이 겪은 일인데, 강의가 끝난 뒤 누군가가 내게 다가와서는 무척 심란하고 당혹스럽다는 투의 물음을 조용히 던지곤 한다. "우리가 그 아이들을 모두 구한다면, 그들이 자란 뒤에 결국 굶주림을 겪게 되는 거잖아요? 우리가 인구폭발을 조장하는 것 아닌가요?" 이러한 물음들은 알게 모르게 깊이 배어 있던 사고가 자연스럽게 터져 나오는 것인데, 그 추론에 결함이 있다. 아프리카든 다른 어느 곳이든, 높은 출산율이 고정적이거나 불가피한 경우란 없다. 내가 세 가지 점을 설명해주면, 이런 물음을 던진 사람들은 대체로 크게 안도한다. 첫째, 세계의 다른 지역들과 꼭 같이 아프리카의 출산율도 자유의지에 의해 빠른 속도로 하락할 수 있다. 둘째, 공공보건 서비스나 영양 공급을 늘려 아이들을 구하는 것이 실은 출산율을 끌어내리는 효과적인 촉진제다. 아이들이 생존할 거라는 확신이 들면, 부모들이 먼저 아이를 덜 낳는 길을 선택할 것이다. 셋째, 아프리카나 출산율이 높은 여타 지역의 상식적인 개발정책은 예외 없이 보건, 농업, 교육, 기반시설 등의 경제개발 원조와 가족계획 원조를 통합 운용해야 한다. 출산율 변천과 경제발전은 한 묶음으로 보아야 한다.

## 인구변천을 마무리하는 9가지 요인

1950년대 이래 모든 가정이 수태조절 및 보건 서비스를 받을 수 있게 하여 출산율 하락을 유도해온 세계 차원의 정책적 노력인 가족계획은 근래의 최대 성공 스토리 중 하나다. 그러한 노력이 없었더라면, 세계의 인구압(population pressure)이 오늘날 우리가 느끼는 것보다 훨씬 더 심했을 것이다. 세계 전역의 충분한 경험과 연구를 통해, 우리는 세계를 중궤도나 고궤도에서 저궤도로 이동시켜 빈곤을 종식시키고 세계의 정치적 안정을 기할 수 있는 전략에 대해 이미 많은 것을 알고 있다. 지금 이 시점의 표적은 〈그림 8.1〉(책 중간에 삽입된 컬러 도판 페이지를 보라)의 지도에서 확인할 수 있는, TFR이 여전히 높은 지역들이다. 아직까지 출산율이 높은 지역(4 이상)은 사하라 이남 아프리카, 남아메리카 내륙국(볼리비아와 파라과이), 이란을 제외한 페르시아만의 몇몇 나라, 남아시아와 동남아시아 일부 지역이다. 전국 평균 TFR이 현재 약 3인 인도 같은 나라에서도 빠르게 인구가 늘고 있는데, 이들 나라의 농촌 지역 출산율은 4 이상이다.

출산율의 신속하고도 자발적인 하락은 여러 가지 노력을 패키지로 묶어

경주함으로써 달성할 수 있다. 그중 일부는 저소득국들에 피임기구를 무료로 제공하는 것과 같은 전형적인 가족계획 수단이고, 일부는 보다 일반적인 것으로 아동생존율 향상, 노동시장에서의 여권신장, 정치인이나 저명인사나 기업가의 대중적 리더십 (모두 다 가족 규모가 작은 편이 아동생존율을 크게 높일 수 있는 등 부모들에게도 경제적으로 더 나은 투자이고 아이들에게는 훨씬 좋다고 역설한다) 같은 것들이다. 출산율의 빠르거나 완만한 하락을 이끌어내는 데 중요한 것으로 거듭 입증된 아홉 가지 요인이 있다. 아홉 가지가 모두 필요한 건 아니고, 각각의 요인이 나름대로 출산율의 신속하고도 자발적인 하락에 일조할 수 있다.

### 아동생존율 향상

가난한 가정에서 출산율을 낮추도록 고무하는 가장 중요한 요인을 한 가지만 들라면 아마도 유아사망률 및 아동사망률의 하락일 것이다. 한 가정에서 자기 아이들이 살아남을 거라는 확신이 설 경우, 그들은 가족 전략에서 양보다는 질을 선택할 가능성이 훨씬 높다. 〈그림 8.2(a)〉에서 150개국을 가리키는 점들은 낮은 5세 미만 사망률이 낮은 합계출산율과 관련이 있음을 보여준다. 〈그림 8.2(b)〉의 점들은 낮은 5세 미만 사망률이 낮은 총인구

**〈그림 8.2(a)〉 2005년도 아동사망률과 합계출산율**

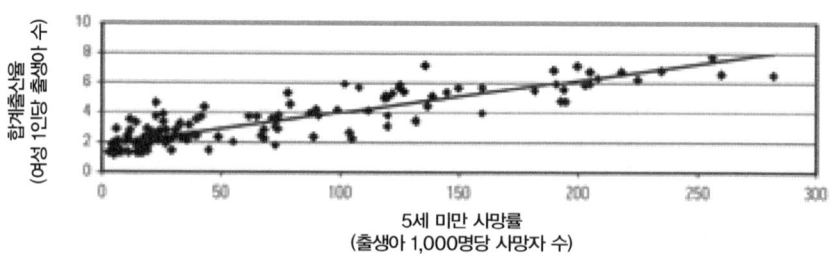

출처: World Bank (2007) 자료

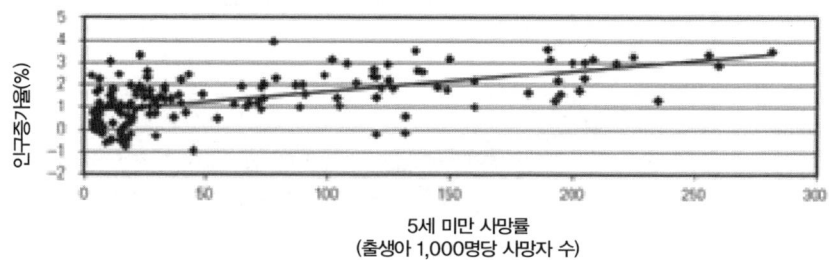

〈그림 8.2(b)〉 2005년도 인구증가율과 아동사망률

출처: World Bank (2007) 자료

증가율과 관련이 있음을 보여주면서, 사망률 하락이 그에 따른 출산율 하락으로 상쇄되는 수준 이상임을 시사한다. 상관관계가 인과관계를 입증하는 것은 아니지만, 충분한 경험과 보다 정교한 통계 검정을 통해 인과관계가 입증된다.[1] 아이들의 생명을 구하고 낮은 출산율의 혜택을 입음으로써, 사회는 아이들을 구하는 동시에 인구도 안정시킬 수 있게 된다.

### 여아 교육[2]

여아 교육은 인구변천의 결정적인 진입 포인트 중 하나로 거듭 꼽혀왔다. 여아 교육은 여러 가지 효과를 내는데, 그 모든 효과들이 한결같이 출산율 저하에 일조한다(TFR이 낮은 나라들이 여아 취학률이 높음을 보여주는 〈그림 8.3〉을 보라). 가장 직접적인 효과는 학교에 다니는 소녀들, 특히 중등학교에 다니는 소녀들이 늦게까지 미혼 상태로 남아 있을 가능성이 많고, 따라서 아예 학교에 가지 않은 여자아이들보다 아이를 갖는 시점이 훨씬 늦어지는 경향을 보인다는 것이다. 교육받는 내용도 물론 중요하다. 소녀들은 성건강과 출산건강, 그리고 피임법에 관한 교육을 받을 수 있고 또 받아야 한다. 그들은 가족 규모 결정 시의 질량교환 분석법을 배우고, 그럼으로써 기존의 문화적 편견을 보다 쉽게 극복할 수 있다. 이는 매우 중요하다. 문화

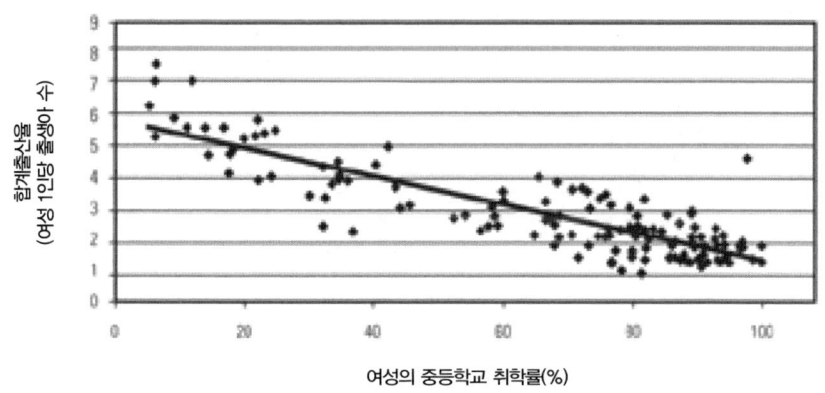

〈그림 8.3〉 2005년도 여성의 중등학교 취학률과 합계출산율

주: 2005년도 자료가 없는 나라는 이용 가능한 최근 자료를 이용했다.

출처: World Bank (2007) 자료

적 편견이 예컨대 매우 높은 아동사망률처럼 지금과는 딴판인 일련의 인구 조건하에서 생겨났을지도 모르기 때문이다. 교육을 받고 자라난 젊은 여성 들은 가족의 규모를 비롯한 여러 문제에 대해 자신의 배우자와 보다 원활하 게 협의를 할 수 있는 능력을 갖추게 된다. 마지막이자 장기적으로 어쩌면 가장 중요할 듯싶은 효과는 교육이 노동시장에서 여성들의 입지를 강화하 고, 노동시장에서 필요로 하는 기능들을 가르침으로써 여성들의 시간의 가 치를 높인다는 것이다. 어머니의 숙련도가 높아질수록, 노동시장에서의 그 녀의 가치는 그만큼 더 높아지고, 육아에 전념하는 시간의 기회비용도 더 커진다. 시장가치가 높은 여성, 따라서 육아로 보내는 시간의 기회비용이 높은 여성은 평균적으로 아이를 덜 갖는 길을 선택한다.

여성 교육은 또 한 가지 묘한 효과를 낼 가능성이 매우 높다. 교육받은 여 성은 딸들의 미래 시장 소득도 높이게 된다. 그러면 저소득 사회에 만연한 남아선호 풍토가 약화된다. 어떤 가구가 아들 셋을 두고자 할 때에는, 평균 적으로 절반은 딸이고 절반은 아들인 아이 여섯을 낳아야 한다. 만일 그 가구가 그 대신에 딸아들 구별 없이 아이 셋을 두고자 할 경우에는, 출산율을 절반으로 낮추고도 목표를 달성할 수 있다. 그러므로 남아선호 풍토가 약화되면서, 그에 따라 전체 출산율도 하락하게 된다.

### 여권신장

법적 보호(폭력으로부터의 보호 등), 소유권 부여(토지와 유산), 소액금융(영세사업자금 대출), 노동시장에서의 입지 강화(차별철폐) 등을 통한 여권신장은 두 가지 기능을 한다. 여권이 신장되면 노동시장에서 기회가 많아진다. 그러면 육아 시간의 기회비용이 커지므로, 여성들이 자녀 양육을 양에서 질로 전환하게 된다. 남편도 아내가 노동시장에서 돈을 벌 때에는 아이를 덜 갖는 데 동의할 가능성이 훨씬 커진다. 또한 이런 식으로 여권이 신장될 경우, 부부간에 의견이 다를 경우 남편을 상대로 한 어머니로서의 협상력이 강화될 가능성도 있다.

### 출산건강 서비스

가구들이 출산율을 낮추고 싶다고 해도, 희망을 현실로 전환시키려면 가족계획과 피임기구를 비롯한 출산건강 서비스를 받을 수 있어야 한다. 하지만 아프리카 여러 지역과 그 밖의 빈곤 지역들에서는 그러한 서비스가 가정에 전달되지 않는다. 가구들은 책정된 가격에 피임기구를 구입할 여력이 없고, 수태조절 서비스를 받으러 병원에 갈 수도 없다. 빈곤 가구의 경우 보조금이 지급된 가격에 피임기구를 구입할 수 있게 하는 사회적 마케팅 계획이 일부 빈곤 지역에서 시행될지도 모르지만, 보조금이 지급된 가격이 아무리 낮다 하더라도 돈이 전혀 없는 극빈층에게는 그림의 떡일 수 있다. 경험을 통해 확인된 사실은 마을 병원이 큰 차이를 가져올 수 있고, 거기에다 훈련받은 지역사회 보건 일꾼들의 가가호호 방문 서비스까지 곁들인다면 결정적인 효과를 거둘 수 있다는 것이다. 가난한 사회의 여성들 중에는 지역 내 공공병원을 찾아가 보건진료를 받을 수 있는 권한조차 없는 사람도 많다. 하지만 복지보건 일꾼들이 찾아온다면, 그들은 자기 집이라는 사적 공간 안에서 중요한 선택을 할 수 있게 될 것이다.

### 녹색혁명

농업생산성 형상은 두 가지 효과를 낸다. 하나는 자명한 것이고, 하나는 조금 미묘한 것이다. 직접 효과는 농부의 시간의 가치를 높이는 것이다(아프리카 대다수 지역에서 농부는 어머니다). 어머니의 시간 가치가 높아지면, 그 가구는 질량교환에 따라 아이를 덜 갖고 아이 하나당 투자를 늘리는 방향으로 전환하게 된다. 두 번째 효과는 아이의 취학기간을 연장하여 경제적 이익을 증대시키는 것이다. 농촌사회에서 개량된 기술을 이용하고 있을 때, 아이의 취학기간 연장으로 이익을 얻을 수 있는 가능성이 더 커진다. 따라서 어떤 사회에 녹색혁명 기술이 도입되면, 그 사회는 아이의 취학기간을 연장할 수 있는 혜택을 누리게 된다. 하지만 공부를 더 시키려면 돈이 더 들어가므로, 부모들은 아이를 덜 갖고 아이들 하나하나에게 교육을 더 시키는 길을 택할 것이다. 다시 한번, 각 가정은 양에서 질로 옮겨가게 된다. 인도의 녹색혁명은 고수확 기술이 보급된 지방에서 출산율을 낮추는 견인차 역할을 했다. 같은 일이 아프리카에서도 일어날 수 있고 또 일어나야 한다.

### 도시화

도시 가구들이 농촌 가구들보다 아이를 덜 갖고 가구의 다른 사회경제적 특징들도 일정한 경향을 보인다는 것이 공통된 관찰이다. 농촌 지역에서는 아이들이 경제적 자산이다. 어릴 때부터 농사 허드렛일을 도우며 자라기 때문이다. 하지만 도시에서 아이들은 대체로 가내 생산에 기여하는 바가 거의 없는 훨씬 더 순수한 비용이다. 도시화 자체가 정책 목표는 아니지만, 도시화 추세는 인구변천을 가속시키는 한 요인이다.

### 낙태 합법화

피임법이 널리 보급된다 해도, 우발적이거나 원치 않는 임신을 하는 경우는 많다. 세계 어느 곳에서나, 합법이건 불법이건, 낙태는 행해진다. 어머니가 목숨을 걸고 불법 낙태시술을 받는 경우도 많다. 그러한 위험을 감수하고 비용을 치르며 원치 않는 아이들이 세상에 태어나기도 하고, 시술 실패로 어머니가 죽는 일도 빈번하게 일어난다. 낙태시술이 합법화된 나라에서는 가정에서 감수하는 위험도 적고 비용도 적게 든다. 낙태를 합법화하면 TFR이 평균 0.5 정도나 하락하고 산모 사망률도 낮아진다는 강력한 증거가 있다.

### 노후 보장

정부가 노인들에게 사회보장을 제공하면 대가구를 형성하려는 한 가지 동기가 직접 충족된다. 가난한 나라들이라 해도 노인 연금을 단계적으로 늘려갈 수는 있고, 오늘날의 젊은이들에게도 앞으로 경제가 발전함에 따라 그러한 연금 혜택이 계속 늘어날 거라는 확신을 줄 수 있다.

### 대중적 리더십

출산 선택은 시장에서 개인이 어떤 교환을 하느냐는 것만이 아니라 젊은 남녀의 '합당한' 행동에 대한 사회적 기준의 반영이기도 하다. 결혼연령, 아이의 출산간격, 원하는 만큼의 아이를 다 낳은 뒤 장기적인 수태조절 방법으로 어떤 불임시술을 하는 것이 합당한가(예컨대 정관수술이냐 난관수술이냐), 일터에서 여성들을 공적으로 대하는 태도 등은 모두 문화적 조건에 따라 정해진다. 자발적인 출산율 감소를 지지하는 권위 있는 인물의 대중적 리더십은 (예컨대 현대적인 피임기구를 사용해도 괜찮은지와 같은) 문화적 기준을 변화시키는 데 중요한 역할을 했고, 전통에 얽매인 농촌지역의 여성들에게 용기를 주어 가족계획 서비스를 받게 해왔다. 반면에, 종교지도자와 같은 권위 있는 인물들이 피임이나 가족계획에 반대하는 곳에서는 출산율 변천이 지연될 수 있다.

이 아홉 가지 요인이 제각기 출산 결정에 영향을 미치는데, 모든 요인들이 한결같이 출산율이 하락하는 방향을 가리킨다면, 그 나라는 몇 년 안 가서 자유의지에 따라 인구증가 속도를 늦추는 극적인 성과를 거둘 수 있다. 더욱이 세계의 모든 지역, 모든 문화, 모든 종교에 성공사례들이 있다. 한 예로 이슬람 세계에서는 출산율이 하락하지 않을 거라는 통념은 1979년 이란혁명 이후 이란의 경험으로 잘못됐다는 것이 입증되었다(〈그림 8.4〉). 1970년대에 이란은, 속도가 매우 느리긴 했지만, 가족계획이라는 생각과 서비스를 받아들이기 시작했다. 이란혁명 직후에는 새롭게 등장한 종교권력이 단명으로 끝난 출산장려 방침을 천명했다. 재앙과 유혈을 불러온 이란-이라크전쟁으로 이러한 기류는 더욱 강화되었다. 전쟁은 가족계획을 파탄으로 몰고 갔고, 출산율 하락 유인을 약화시켰다. 그 결과 1980년대 중

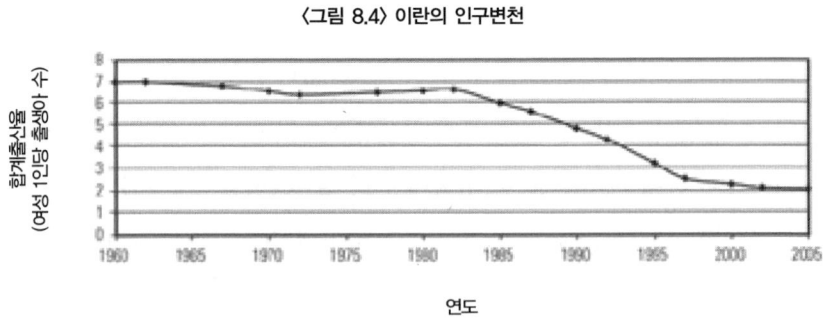

〈그림 8.4〉 이란의 인구변천

출처: World Bank (2007) 자료

246

반까지 출산율이 미세하게 상승했다. 1980~1985년의 TFR은 평균 6.6이었다. 하지만 그 직후에 정치와 종교 지도자들의 태도가 가족계획 옹호로 급선회했다. 이번에는 전보다 추진력도, 문화적 정당성도 훨씬 더 강력했다. TFR은 1980~1985년의 6.6에서 2000~2005년에는 놀랍게도 2.1로 수직 하락했다. 가족계획 서비스 이용 증대, 정부의 공식 입장 변화, 도시화 등 많은 요인이 작용했다. 흥미롭게도 중요한 요인 중 하나는 여아 취학률 상승이었다. 종교적으로 보수적인 아버지들이 혁명 이후에 딸들을 학교에 보내고 싶은 마음이 더 커진 것 같다. 여성 취학률과 문자해득률이 높아지면서 결혼 연령은 늦추어지고 원하는 가족의 규모는 크게 줄었다. 가족계획에 대한 미국 부시 정부의 태도가 여러 모로 이란 정부의 태도보다도 더 근본주의적인 것은 아이러니다.

## 아프리카의 전망

아프리카의 출산율 하락은 세계의 다른 지역들에 비해 늦다. 진전이 이루어지고는 있지만, 속도가 너무 느리다. 2000~2005년의 아프리카의 TFR은 평균 약 5로, 세계 어떤 지역보다도 높다. 아프리카 최빈국들의 출산율은 더욱 높아서, 차드 6.5, 말리 6.7, 부르키나파소 6.4, 시에라리온 6.5, 니제르 7.5 등 합계출산율 6.0이 넘는 나라가 많다. 이 나라들은 상상할 수 있는 위험 요인들을 두루 갖추고 있는데, 매우 높은 아동사망률, 높은 농촌 인구비, 많은 문맹 인구, 여권신장 지연, 매우 낮은 농업생산성과 그에 따른 어머니 시간의 낮은 시장가치, 낮은 여아 취학률(입학률이 상승하고 있는 곳에서도 실제 출석률은 극히 낮을 수 있다), 공식 보건제도 및 수태조절 체계의 미비 또는 부재, 사회안전망 부재 등이 그것이다.

이러한 기본 요인들 외에, 아프리카의 인구변천 지연에 일조해온 보다 미묘한 장벽들이 몇 가지 더 있다. 첫째, 아프리카는 전염병 부담이 세계의 다른 지역에 비할 수 없을 만큼 커서 유아사망률 및 아동사망률이 세계 최고인 까닭에, (이 유별난 사망률을 상쇄하기 위해) 대가족을 선호하는 문화 규범이 매우 강력하게 자리 잡았다. 아프리카 문화는 전통적으로 출산을 적극 장려했고, 거의 모든 소녀들이 어린 나이에 결혼하고 결혼과 동시에 아이를 가졌으며, 강한 남아선호가 아이를 많이 갖는 풍조를 더욱 부추기고, 다양한 유형의 종교의식들도 (예컨대 장례의식 등을 통해) 대가족과 생존한 아들의 중요성을 강조했다.[3] 둘째, (그리 길지는 않았지만) 20세기의 상당 기간 동안에는 농지를 늘릴 수 있는 여분의 토지가 있어 늘어나는 농촌 인구를 흡수할 수 있었다. 농촌 인구의 증가로 농지 규모가 위험할 정도로 줄어든 것은 지난 세대뿐이었다. 확대가족, (부부 중심 가구에서 자녀를 기르지 않는) 자녀 공동양육이라는 문화적 관습, 그리고 공동체적 토지 소유가 아이의 수와 가족의 자녀양육비 사이의 직접적인 연결고리를 깨뜨렸다. 핵가족이 아니라 공동체나 확대가족이 토지 분배를 비롯한 인구증가의 부담을 감당했다. 그리고 일부 지역의 일부다처 관습은 생부의 자녀양육비 부담 책임을 더욱 약화시킨다. 자녀 양육은 흔히 생모의 책임으로 간주된다. 아버지의 책임이 작다는 것은 출산율을 낮추는 데 따른 아버지의 인센티브가 적음을 뜻하며, 이런 사회가 흔히 남성지배사회인 경우가 많다는 사실은 아버지가 최종결정자일 가능성이 높다는 것을 의미한다. 일부다처제는 또한 소녀들의 신부값(신랑 가족이 신부 가족에게 지불하는 돈)을 올려, 부모들로 하여금 혼인 가능한 여자아이의 '공급'을 늘리게 하는 간접적인 인센티브를 유발하기도 한다.[4]

여러 종교분파 지도자들의 강력한 역할 또한 아프리카의 특수조건 중 하나인데, 이들은 수태조절과 가족계획에 관한 공개 논의를 방해하며 일부는 피임기구의 사용에 정면으로 반대하기도 한다. 성에 관한 공개 논의는 전통적으로 금기시돼왔다. 사하라 이남 아프리카의 대다수 지역에서 낙태는 불법이다. 이어서 1980년부터 2000년경까지 IMF와 세계은행의 구조조정 시기에 가족계획을 비롯한 공공보건구상 기금이 삭감되면서 문제가 더욱 악화되었다. 그 시기에 워싱턴이 취한 정책은 최빈국들의 공공보건 서비스를 대폭 강화해야 할 시점에 오히려 공공보건체계를 해체하고 공공보건 시설 사용료를 부과하도록 만들었다.

하지만 이제 이 모든 것이 빠른 시일 내에 바뀔 수 있고 또 바뀌어야 한다. 아프리카 지도자들은 인구정책이 필요하다는 것을 인식하고 있다. 구조조정에 따른 보건 예산의 삭감은 원상회복되고 있고, 공공보건체계는 강화되고 있다. 다수의 젊은 아프리카 여성들은 적절한 피임기구를 싼 값에 구할 수 있는 경우 피임기구를 찾고 있다. 문화, 정치, 경제의 모든 차원에서 아프리카의 시계추는 지금 출산율이 자발적으로 빠르게 감소하는 방향으로 움직이고 있다. 아프리카가 기회를 포착하고 세계가 그것을 돕는다는 전제 하의 이야기다. 그럼에도 아프리카 국가들은 여전히 세계의 후원하에 통합된 전략을 구사하면서 빈곤한 농촌지역의 출산율을 끌어내릴 필요가 있다. 높은 출산율을 연장하도록 조장하는 위험요인들이 너무나도 많기 때문이다.

지금 세 가지 핵심적인 변화가 진행되고 있다. 첫째, AIDS의 시대에 성과 출산이라는 주제는 더 이상 금기가 아니다. 가족 구성, 성행위, 일부다처제, 피임기구 활용 문제는 일상적인 이야깃거리가 되었다. 인구압 증대, 농지 규모 축소, 도시화율 증가에 직면한 아프리카 지도자들은 과거에는 꺼리던 방식으로 인구 문제에 대처할 태세를 갖추고 있다. 아프리카의 높은 출산율 지속은 현재 세계적으로 몹시 예외적인 현상이기 때문에, 아프리카 지도자들은 대륙의 불행한 '예외적' 상황에 대해 명확한 인식을 갖고 있으며, 다른 모든 발전도상세계에서 성공을 거둔 것에 비추어 아프리카에서도 신속하고도 자발적인 출산율 하락을 성취할 가능성이 충분하다는 것을 알고 있다. 그들은 또한 몇 세대 만에 인구가 급증한 결과 농촌이 과밀 상태가 되어 이제 농지 규모와 환경의 지속가능성에 심대한 위협을 가하는 지경에 이르렀다는 사실을 뼈저리게 의식하고 있다.

둘째, 한 세대 만에 처음으로 질병 통제, 가족계획과 출산건강 서비스, 여아 교육, 농업생산성을 아우르며 시너지 효과를 낼 수 있는 과제들을 두루 포괄하는 종합 발전전략에 착수하려는 움직임이 일면서 그에 대한 자신감도 붙고 있다. 밀레니엄개발목표는 바로 자발적인 출산율 하락 성취에 필수적인 이런 식의 종합적 접근을 촉진한다. 10장에서 설명하게 될 밀레니엄 빌리지와 같은 모델 접근방식은 그러한 일련의 개입이 충분한 성과를 낼 수 있음을 실증해 보일 것이고, 밀레니엄 빌리지 안에서의 출산율 추이는 아프리카 농촌지역에서의 신속하고도 자발적인 출산율 하락이 가능하다는 것을 보여주는 사례가 될 것이다. 밀레니엄 빌리지 운영 첫해부터, 많은 빌리지가 마을 안에서 피임기구를 손쉽게 이용할 수 있게 되는 순간 현대적인 피임기구의 사용이 극적으로 증가하는 경험을 했다.

셋째, 우리는 프로그램 이행에 필요한 중요하고 특별한 교훈들을 많이 터득해왔는데, 그 교훈들이 아프리카의 노력을 가속시키는 데 도움이 될 것이다. 가장 중요한 교훈 중 하나는 문화적 규범 때문에 여성들이 가족계획 클리닉을 찾아오는 것이 어려운 상황에서 지역사회 보건 일꾼들이 여성들을 직접 찾아갈 필요가 있다는 것이다. 존 콜드웰(John C. Caldwell)과 팻 콜드웰(Pat Caldwell)은 아프리카에서는 여성이 피임기구를 사용하는 데 대해 프라이버시를 지켜주는 것이 중요하다고 강조한다.[5] 그런 상황에서는 지역사회 보건 일꾼들의 가가호호 방문이 무척 긴요할 것이다. 하지만 아이러니하게도 그 효과가 막 나타나고 있던 바로 그 시점에 후원기금이 삭감되면서 그러한 프로그램들이 축소되었다. 콜드웰은 또한 결혼한 부부만이 아니라 청소년들의 수요를 충족시키는 가족계획 프로그램도 필요하다고 강조한다.

실제로, 이 위대한 인구학자들은 가족계획 프로그램으로 출산율 하락을 가속시키려면 다음과 같은 일곱 가지 요건을 갖춰야 한다고 이야기한다.[6]

- 국가수반들이 이 프로그램을 지지해야 한다.
- 국제원조를 유지 또는 증액해야 한다.
- 가족계획 서비스 제공처 및 전달지점을 조밀하게 배치해야 한다.
- 일련의 대안들을 제공해야 한다.
- 처방전 없이 피임기구를 이용할 수 있어야 한다(사생활 보호).
- 청소년, 남자, 미혼 남녀의 수요를 충족시키기 위한 추가 장치가 있어야 한다.
- 낙태를 합법화해야 한다.

오늘날 TFR이 약 6인 나라를 포함한 일부 아프리카 국가들이 2015~1020년 사이에 TFR을 3 이하로 낮추겠다는 대담한 목표를 잡고 있다. 그러한 대담한 정책이 유아사망률 및 아동사망률을 대폭 낮추겠다는 마찬가지로 대담한 밀레니엄개발목표(MDGs) 상의 노력과 결합될 때 어떤 성과를 낼 수 있는지 살펴보자.

대담한 발전 프로그램에 담긴 대로 사망률과 출산율이 모두 급격하게 감소할 경우, 아프리카의 인구는 결과적으로 어떻게 변할까? 우선 아프리카 국가들이 MDGs에서 제시한 바와 같이 아동사망률을 2015년까지 1990년 기준 대비 3분의 1선으로 낮추는 데 성공한다고 가정해보자. 그러면 5세 미만 사망률은 평소 추이대로(BAU) 2005년의 1,000명당 167명에서 2015년 1,000명당 141명으로 서서히 하락하는 게 아니라, 〈그림 8.5〉에서 보는 것처럼 2015년에 1,000명당 63명으로 급락하게 된다. 그런 다음 (실제가 아니라 예시 목적으로) 평소 추이의 점진적인 사망률 하락선이 가속 경로의

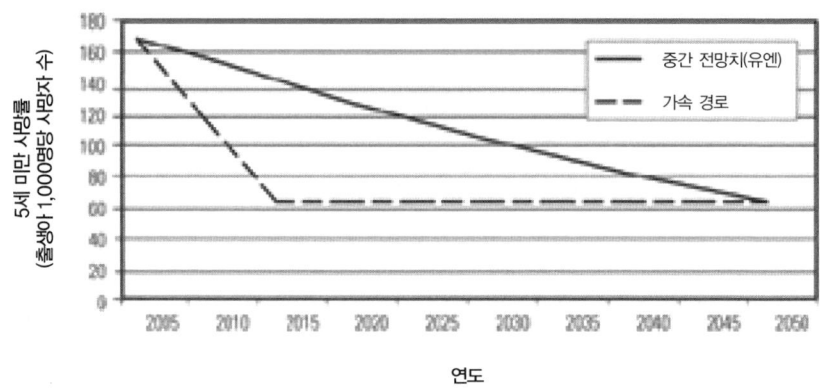

〈그림 8.5〉 2005~2050년 사하라 이남 아프리카의 아동사망률 전망

출처: United Nations Population Division (2007) 자료와 저자의 계산

사망률을 따라잡는 시점인 2050년까지 그 5세 미만 사망률이 그대로 유지된다고 가정하자. 그와 동시에 TFR도 2005년 현재 평균 5.5에서 2015년에는 2.9로 급락한다고 가정하자. 다시 한번, 실제 예측이 아니라 명확히 할 목적으로, 평소 추이가 계속 이어질 경우 TFR이 실제로 2.9보다 낮아지는 시점인 2040년까지 TFR이 낮은 수준을 그대로 유지한다고 가정해보자. 그 경우 2040년 이후에는 BAU 경로를 따라가는 것으로 한다. 〈그림 8.6〉에 대안의 TFR 경로가 그려져 있다.

　나의 희망사항이기도 한데, 대담한 정책을 통해 사망률과 출산율의 급격한 하락을 동시에 달성할 수 있다고 가정해보자. 여기서 중요한 문제는 차감 결과다. 즉, 아동사망률의 급락과 출산율의 급락이 동시에 진행될 때 인구증가 속도가 빨라질까 느려질까다. 아프리카가 사망률과 출산율 동시저감 계획을 실행에 옮길 경우 BAU 경로를 계속 따라갈 때에 비해 금세기 중엽의 아프리카 인구가 상대적으로 더 적어진다는 의미에서 출산율 하락의 효과는 매우 크다(〈그림 8.7〉). 대담한 개입 프로그램을 실행할 경우, 아프리카 인구는 BAU 경로를 따라갈 때에 비해 2050년 기준 약 3억 명이 덜

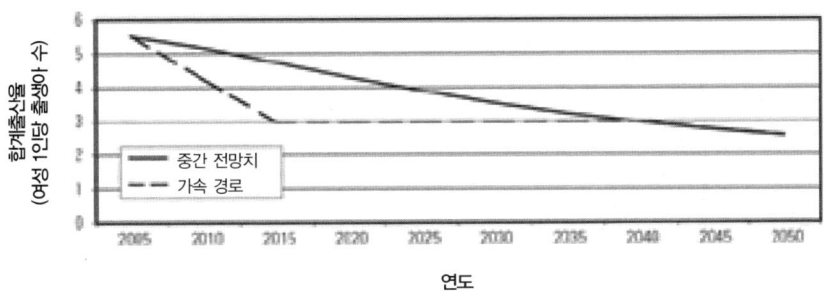

〈그림 8.6〉 2005~2050년 사하라 이남 아프리카의 합계출산율 전망

출처: United Nations Population Division (2007) 자료와 저자의 계산

늘어나게 된다. TFR이 급락한다고 해도 아프리카의 인구 모멘텀이 워낙 큰 탓에 아프리카 인구는 여전히 크게 증가하지만, BAU 경로를 계속 따라갈 때에 비하면 훨씬 덜 늘어나는 것이다. 우리의 연구결과는 유엔인구국의 낮은 출산율 대 중간 출산율 시나리오 비교와 매우 유사하다. 유엔인구국의 전망으로는 낮은 출산율을 유지할 때의 2050년 인구 예측치가 중간 예측치보다 약 2억 8,000만 명 적다.

만일 아프리카가 아동생존 프로그램만 도입하고 TFR의 급속한 하락은 추구하지 않을 경우, 인구증가 속도가 BAU 경로를 따를 때보다 더 빨라진다는 사실에 주목하라. 늘어나는 인구를 줄이려면 출산율과 사망률을 동시에 낮춰야 한다. 다행히도 사망률 하락이 출산율의 하락을 이끌어내는 중요한 요인이라는 증거는 확고하다.

요지는 명확하다. 아이들의 생명을 구하면서 동시에 아프리카의 총인구를 줄이는 것이 가능하다는 것이다. 사실은 아이들의 생명을 구하는 것이 자발적인 출산율 감소의 성공 요건이다! 따라서 우리는 아프리카 정부들과 그 개발 협력국들이 가족계획사업을 성실하게 수행할 경우 맬서스의 재앙에 빠질지도 모른다는 두려움을 떨쳐버리고, 질병통제와 식량증산을 대담하게 추진할 수 있다.

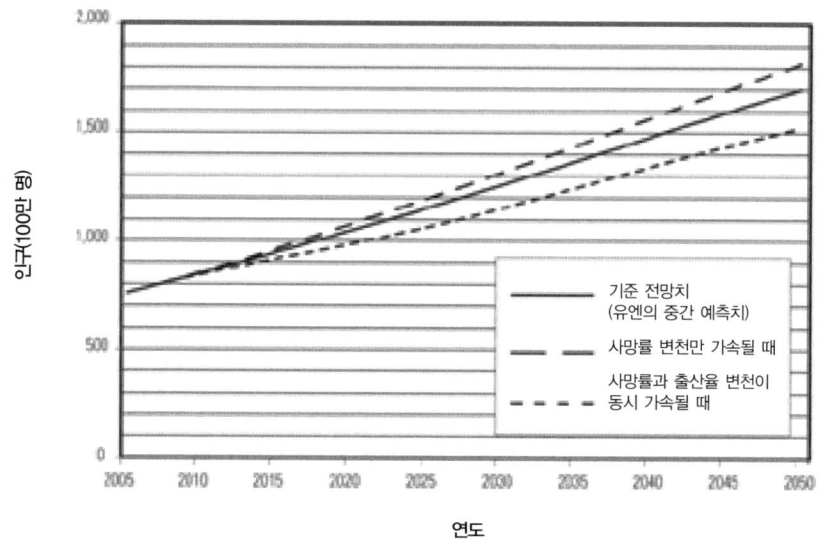

〈그림 8.7〉 2005~2050년 아프리카 인구 전망

출처: United Nations Population Division (2007) 자료와 저자의 계산

## 부시 정부의 가족계획과의 전쟁

'성실하게 수행할 경우' 라는 가정은 최근에 와서 무게가 더해졌다. 미국의 우익 종교집단은 지난 25년 동안 저소득국의 가족계획 서비스에 대한 미국의 재정지원을 절름발이로 만들었다. 그들은 모든 유형의 가족계획사업 기금조성을 방해했고, 유엔인구기금 지원액을 삭감했으며, 다른 어떤 곳에서든 (낙태가 합법화된 곳에서조차) 합법적인 낙태 또는 낙태 관련 자문 기금을 제공받는 조직에는 어떠한 지원도 금한다는 통제 법령을 시행했다. 〈그림 8.8〉을 보면 인구원조 지출 수준이, 다소 기복이 있긴 하지만, 인플레이션 보정 불변가격 기준으로 1970년 이후 거의 비슷한 수준임을 알 수 있다. 그동안 저발전국의 인구가 2.5배 증가했고 이 나라들에서 매우 높은 출산율이 줄곧 지속돼왔음을 감안할 때, 원조 총액의 동결은 원조가 절실하게

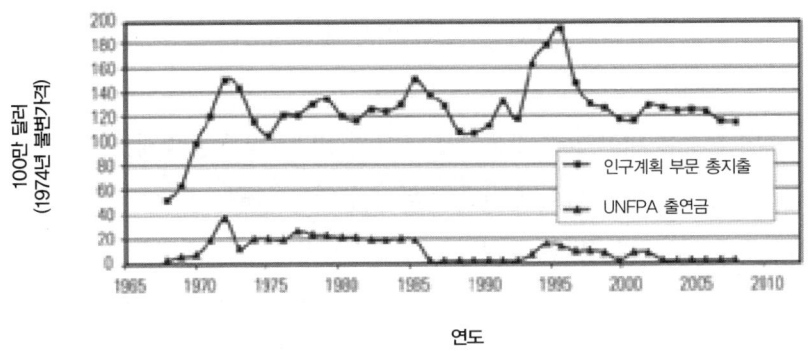

〈그림 8.8〉 미국의 인구계획 부문 공적개발원조

출처: United Nations Population Division (2007) 자료와 저자의 계산

필요한 인구에 대한 1인당 원조액이 대폭 삭감됐음을 의미한다. 인구원조 총액은 현재 약 4억 5,000만 달러(1974년 불변가격 기준으로는 1억 2,000만 달러)로, 저발전국 인구 1인당 약 60센트 수준이다. 물론 이 60센트 중에서도 최종적으로 지역사회 서비스나 물품 구입에 쓰이는 것은 일부뿐이다. 간접경비로 지출되는 액수가 많기 때문이다. 2008년도 예산요구서에서 부시 정부는 도리어 이 예산항목의 25퍼센트 삭감을 주문했다.[7]

〈그림 8.8〉에서도 명백히 보이듯이, 유엔인구기금(UNFPA)에 대한 미국 정부의 공격은 실로 악의적인 것이었다. 공격은 레이건과 아버지 부시 때 시작되어, 클린턴 시절에 약간 회복되었다가 아들 부시 때 다시 강화되었다. 아들 부시 정부는 잘못된 정보를 근거로, (낙태 강요 등) 강제조치를 취하는 중국에 원조를 제공한다며 UNFPA를 비난하고는, 미국의 UNFPA 출연금을 전액 삭감했다.[8] 미 국무부에서 조사를 한 뒤 2002년에 기금을 계속 내야 한다고 권고했으나, 백악관의 정치적 행보를 되돌려놓지는 못했다. 편협한 정치가 미국의 외교정책 전반을 지배한 것이다.

미국 정책의 경솔함은 실패한 국가들의 위협에 대한 우리의 우려에 비추어볼 때 정말 놀라울 정도다. 출산율이 높은 나라의 청년층 팽창(15세 이상

성인 인구 중에서 15~24세인 청년층의 비중으로 측정)은 국가적으로 우려할 사안임이 분명하다. 국제인구행동연구소(PAI)와 인구학자 헨리크 우르달(Henrik Urdal)의 설득력 있는 보고서에 요약 정리돼 있는 증거에 따르면, 청년층의 팽창은 내전 발발 가능성을 크게 높인다.[9] 분쟁을 중재할 의사가 있는 사람들에 비해서 폭력에 가담할 의사가 있는 인구의 비율이 큰 것이 그 배경으로 지목된다. 더욱 직접적으로는 일자리가 없는 청년들은 민병대와 습격대, 테러단, 군대의 일차적인 먹잇감이 된다. PAI의 분석에 따르면, 세 가지 유형의 인구 압박요인이 내전 가능성과 관련이 있다. 청년층 팽창, 1인당 경작지 축소, 도시인구 급증이다. 물론 세 가지 모두 높은 출산율의 지속과 관계가 있다.

우르달은 내정 불안에 관한 자신의 연구결과를 다음과 같이 요약 정리한다.

나의 국내 무력분쟁 모델에 따르면, 청년층이 팽창할 경우 분쟁 발생 위험이 눈에 띄게 증가한다. 발전 수준, 민주주의, 분쟁의 역사 등 다른 많은 요인이 똑같은 상황에서도 그 통계적 상관관계는 유효하며, 기술적으로 다양한 변화를 주어도 결론에는 변함이 없다. 성인 인구 중 청년층의 비율이 1퍼센트 늘어날 때마다 분쟁 위험은 4퍼센트 이상 증가한다. 다수의 발전도상국처럼 성인 인구 중 청년층의 비율이 35퍼센트 이상인 나라는 대다수 선진국과 유사한 연령구조를 가진 나라들보다 무력분쟁 위험이 150퍼센트나 더 높다.[10]

그는 또한 젊은 병사들의 인터뷰를 토대로 작성한 미시자료들도 거시적인 실험결과를 뒷받침해준다고 지적한다. "젊은 병사들과의 인터뷰를 바탕으로 한 최근의 한 연구는 가난, 미취학, 다른 소득을 얻을 수 있는 기회가 적은 것이 반군에 가담하는 중요한 이유라는 예상을 미시적 차원에서 강력

〈그림 4.3〉 가능성 있는 탄소포집격리(CSS) 시스템의 체계도

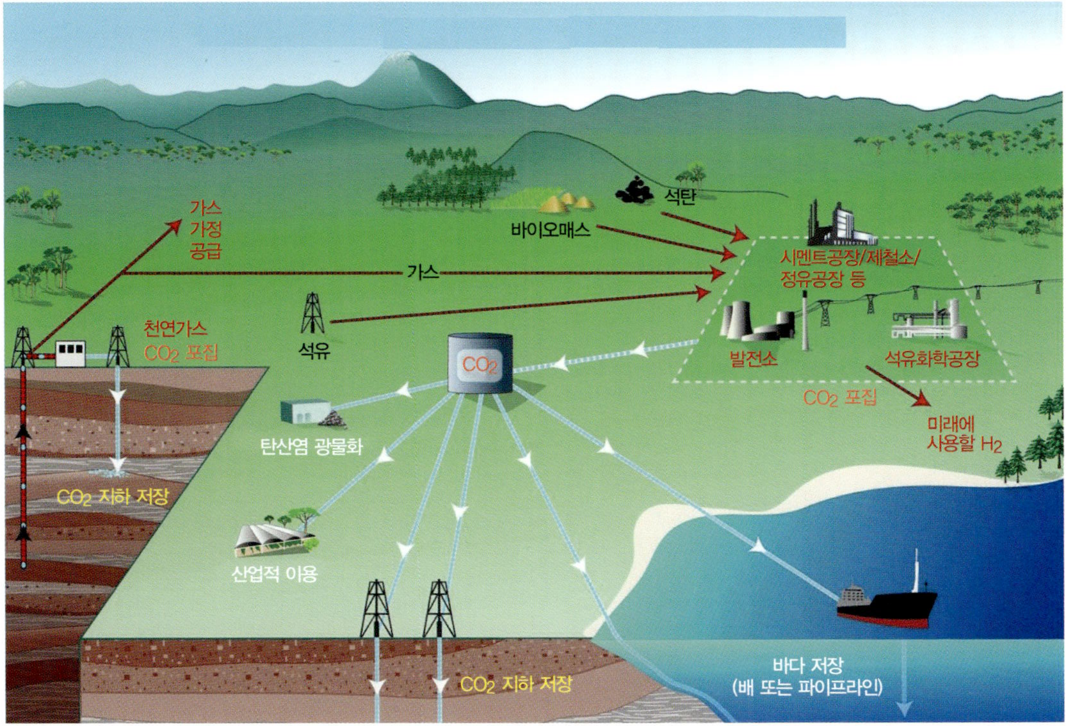

출처 : IPCC (2005)

〈그림 5.1〉 건조지대와 분쟁

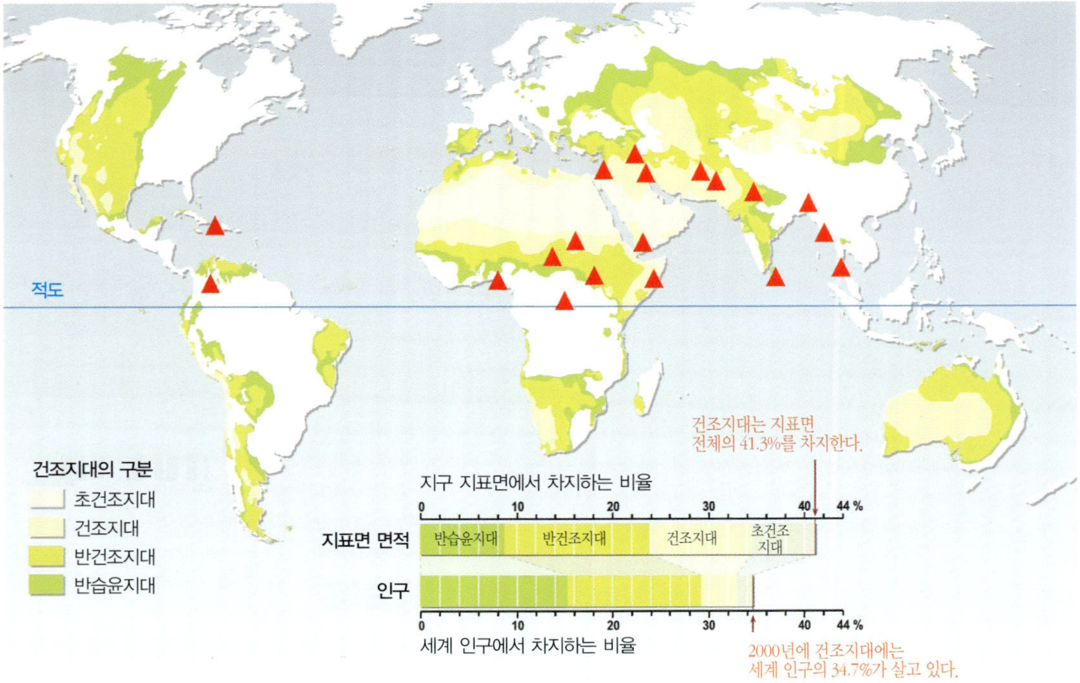
적도
건조지대의 구분
초건조지대
건조지대
반건조지대
반습윤지대
건조지대는 지표면
전체의 41.3%를 차지한다.
지구 지표면에서 차지하는 비율
0
10
20
30
40
44 %
지표면 면적
반습윤지대
반건조지대
건조지대
초건조
지대
인구
세계 인구에서 차지하는 비율
2000년에 건조지대에는
세계 인구의 34.7%가 살고 있다.

출처: Millennium Ecosystem Assessment

건조지대에는 극물, 마초(馬草), 나무의 생산과 기타 생태계 서비스가 물 부족으로 제한을 받는 모든 지역이 두루 포함된다. 공식적으로 이 정의에 따르면 기후가 반습윤, 반건조, 건조, 초건조로 분류되는 모든 토지가 건조지대에 해당한다. 이 분류는 건조지수* 값을 기준으로 했다.

주: 이 지도는 UNEP 지구 데이터 포털(http://geodata.grid.unep.ch/)의 자료를 바탕으로 그린 것이다. 전 지구 면적은 세계 데이터의 디지털 도표(147,573,196.6km²)를 기준으로 했다. 그래프로 나타낸 데이터는 MA의 핵심 데이터베이스에서 2000년도 데이터를 가지고 있다.

▲ 2007년 현재 정치 폭력이 진행되고 있던 주요 지역. 정치 폭력에는 (분쟁 관련 직접 사망자가 최소 500명이고 기반시설이 상당 부분 파괴되며 주민이 이주하는 결과를 낳는) 무력분쟁을 직접 겪는 사회(들)에 실질적인 영향을 미치는 조직집단이나 국가에 의한 살인적 폭력과 테러의 체계적인 사용이 포함된다. 분쟁 당사자는 국가들일 수도 있고, 국가와 비국가 집단일 수도 있으며, 비국가 집단들일 수도 있다. 국가 간 전쟁과 독립전쟁, 민족 간 분쟁과 혁명전쟁(내전), 부족 간 전쟁, 인종이나 민족, 부족 간 대량학살이 두루 포함된다. 폭력의 직접 영향을 받는 사회(들)에 미치는 충격 총량에 따라 10점 척도로 평가된다. (Marshall, 2007)

* 어떤 지역의 연평균 잠재 증발산량에 대비한 연평균 강수량의 비율을 장기간에 걸쳐 산출한 것이 건조지수(AI)다.

〈그림 6.3(a)〉 1900년 북대서양의 고위도 열대 어족의 생물량 분포

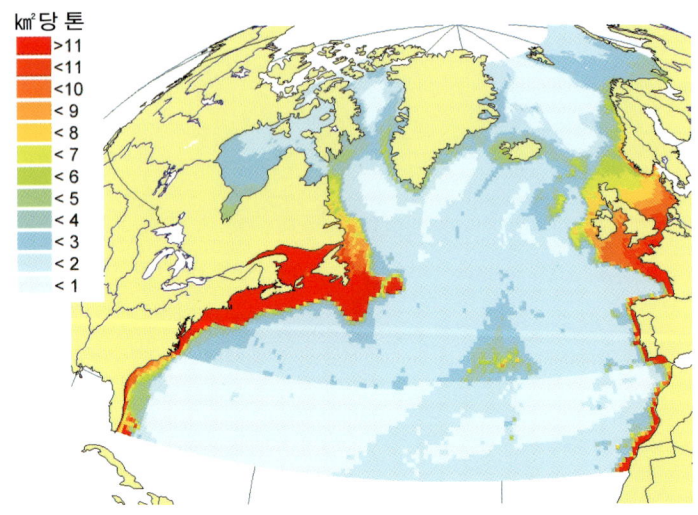

출처: Christensen et al. (2003)

〈그림 6.3(a)〉 1999년 북대서양의 고위도 열대 어족의 생물량 분포

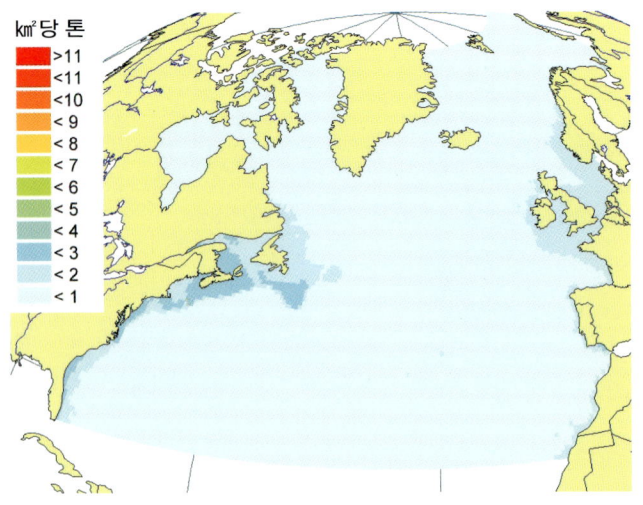

출처: Christensen et al. (2003)

〈그림 6.4〉 북대서양의 생태계 파괴

바다의 변화: 왼쪽은 고기잡이 이전 북대서양의 산호들이고, 오른쪽은 트롤어선들이 산호들을 파괴하고 난 후의 모습이다.
출처: Nature (2002)

〈그림 8.1(a)〉 2005년도의 합계출산율

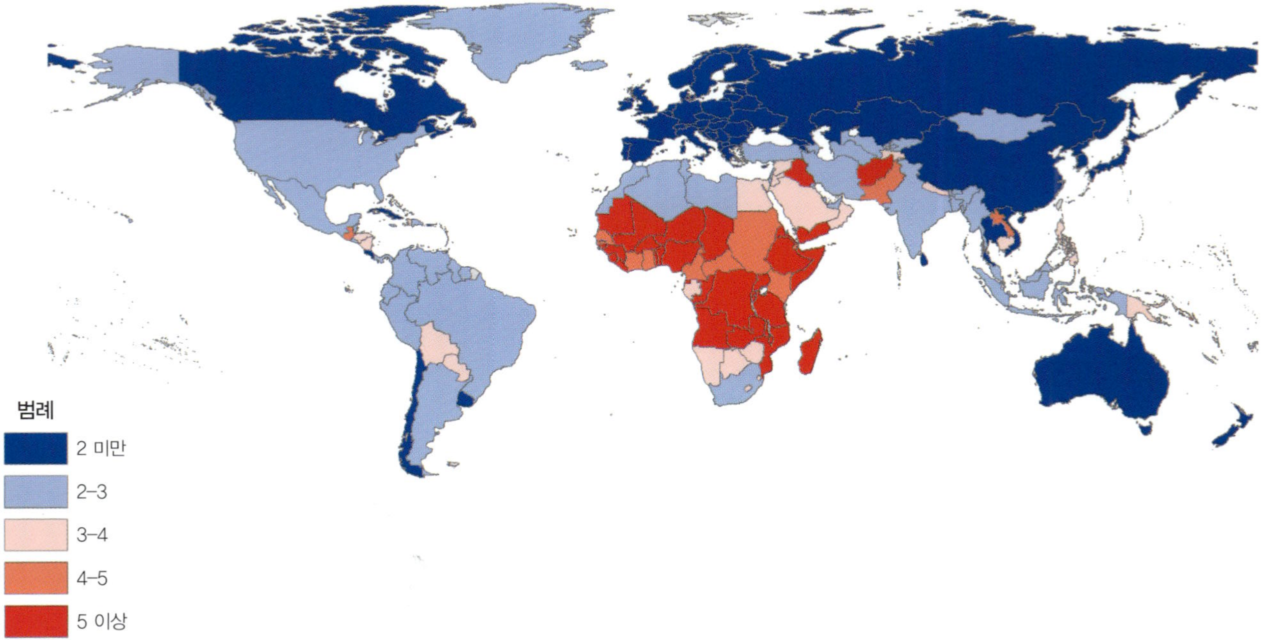

범례
2 미만
2-3
3-4
4-5
5 이상

주: 2005년도 자료가 없는 곳은 수집 가능한 최근 자료를 사용했다.

출처: World Bank. (2007) 자료

〈그림 10.4〉 선정국들의 곡물 수확량 (2003)

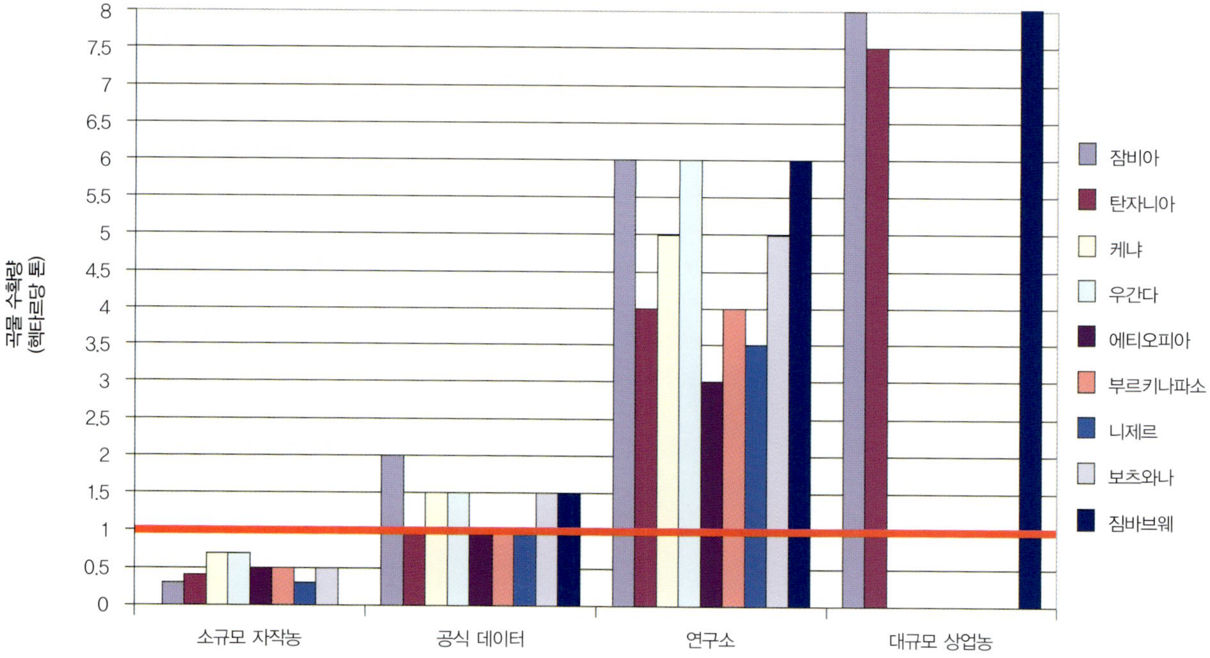
곡물 수확량
(헥타르당 톤)
8
7.5
7
6.5
6
5.5
5
4.5
4
3.5
3
2.5
2
1.5
1
0.5
0
소규모 자작농
공식 데이터
연구소
대규모 상업농
잠비아
탄자니아
케냐
우간다
에티오피아
부르키나파소
니제르
보츠와나
짐바브웨

출처: Rockstrom (2003)

〈그림 10.6〉 밀레니엄 빌리지들

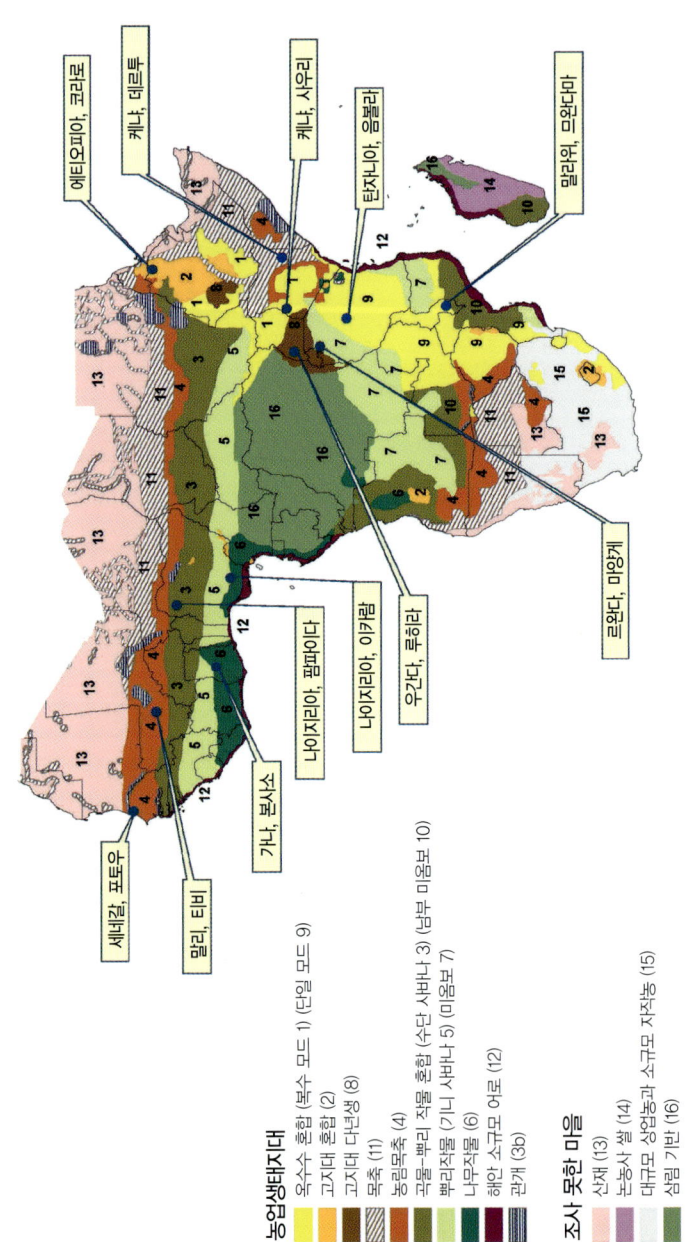

에티오피아, 코라로
케냐, 데르투
케냐, 사우리
탄자니아, 음봅라
말라위, 므완데마
르완다, 마양게
우간다, 루히라
나이지리아, 이카람
나이지리아, 팜파이다
가나, 본사소
말리, 티비
세네갈, 포토우

**농업생태지대**

옥수수 혼합 (복수 모드 1) (단일 모드 9)
고지대 혼합 (2)
고지대 다년생 (8)
목축 (11)
농림목축 (4)
곡물-뿌리 작물 혼합 (수단 사바나 3) (남부 미옴보 10)
뿌리작물 (기니 사바나 5) (미옴보 7)
나무작물 (6)
해안 소규모 어로 (12)
관개 (3b)

**조사 못한 마을**

산재 (13)
논농사 쌀 (14)
대규모 상업농과 소규모 자작농 (15)
삼림 기반 (16)

출처: Pedro Sanchez & Rafael Flor

Dixon et al. (2001) 가공, 농업 체계와 빈곤. FAO

하게 뒷받침하고 있다."[11]

다수 국가의 청년층의 비율을 비교해보면 실감이 난다. 아프가니스탄은 청년층의 비율이 37퍼센트다. 이라크와 소말리아는 34퍼센트고, 파키스탄은 35퍼센트다. 미국, 서유럽, 일본 등 유엔에서 선진국(고소득국)으로 분류한 나라들은 성인 인구 중 청년층의 비율이 16퍼센트밖에 안 된다.[12]

일찍이 1960년대 초에 가족계획 원조에 발동을 거는 데 미국이 주도적인 역할을 했음을 생각할 때, 최근에 와서 미국이 발전도상세계의 가족계획사업을 망가뜨리고 있다는 것은 더 없는 아이러니다. USAID(미국 국제개발처), 포드 재단, 인구위원회의 주도하에 브라질이나 방글라데시 같은 나라들에서 국가 차원의 가족계획사업이 눈부신 성공을 거두며 한 세대도 채 못 돼서 출산율의 극적인 하락을 성취해냈다. 예컨대 브라질의 TFR은 1960~1965년의 여성 1인당 출생아 6명에서 1990~1995년에는 2.5명으로 줄었다. 농촌지역의 참담한 빈곤에도 불구하고 방글라데시 역시 비슷한 성과를 내어, 1970년에 약 7이던 TFR이 1993년에는 3.4로 떨어졌다. 아시아와 라틴아메리카 전역에서 종합적인 가족계획 프로그램이 시행되어 TFR의 급락과 인구증가율의 감속을 불러왔는데, 종교나 문화적 배경이 기독교든 이슬람교든 불교든 그 어떤 것이든 상관없이 성과는 비슷했다. 더욱 중요한 것은 출산율의 이러한 변화가 자발적인 변화, 즉 선택의 자유를 훼손하지 않으면서 이루어낸 변화였다는 것이다.

## 부자세계에 출생률 급락은 위험한 일일까

지구상에 25억 명의 인구가 더 늘어나기 전에 최빈국들의 출산율을 시급히 낮추어야 하는 이 시점에, 부자세계에서 출산장려 정책을 요구하는 소리를 듣는다는 것은 일종의 역설이다. 유럽과 일본 등 출산율이 대체출산율보

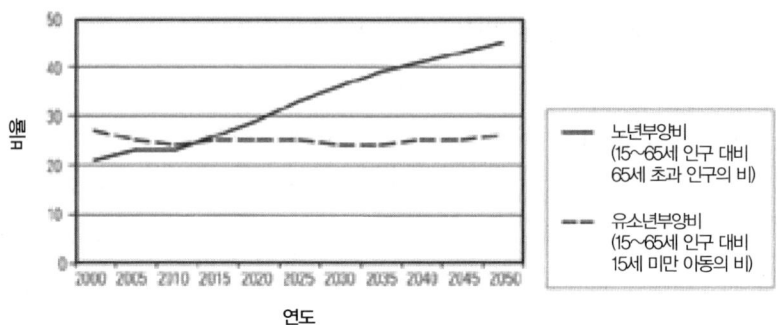

〈그림 8.9〉 2000~2050년 고소득국가들의 노년부양비와 유소년부양비

출처: United Nations Population Division (2007) 자료

다 낮은 부자나라들에서 인구가 조금 줄어들 거라는 전망이 나오고 있다. 미국은 TFR이 대체로 대체출산율 수준을 유지하고 있지만 이민의 유입이 매우 많은 까닭에, 유럽이나 일본과 달리 인구가 계속 늘어날 것으로 전망된다. 유엔의 중간 예측치에 따르면, 서유럽과 동유럽에 러시아, 우크라이나, 몰도바 등 옛 소련 국가들까지 포함한 유럽 인구는 현재의 7억 3,100만 명에서 2050년에는 6억 6,400만 명으로 줄어들 것으로 전망된다. 대체출산율 미만의 출산율이 장기간 지속될 경우 깜짝 놀랄 결과가 나올 수 있다는 것은 사실이다. 만일 이탈리아에서 오늘날의 TFR 1.3이 2300년까지 계속 이어질 경우, 유엔은 이탈리아 인구가 현재의 5,800만 명에서 60만 명으로 줄어들 것으로 추산한다! 그건 그렇게 나쁜 일만은 아닐 것이다. 모든 사람이 포도원이 딸린 장원을 하나씩 갖게 될 테니까. 그러나 그런 일이 일어날 가능성은 별로 없을 것 같다.

많은 사람이 가장 우려하는 바는 은퇴자들의 수명이 길어지고 갈수록 적은 수의 노동자들이 그들을 부양하게 되면서 부자세계의 사회보장체계가 파탄나지 않을까 하는 것이다. 이런 우려에는 약간의 진실이 있다. 고소득국가들의 15~65세 인구 대비 65세 초과 인구의 비율, 즉 노년부양비는 〈그

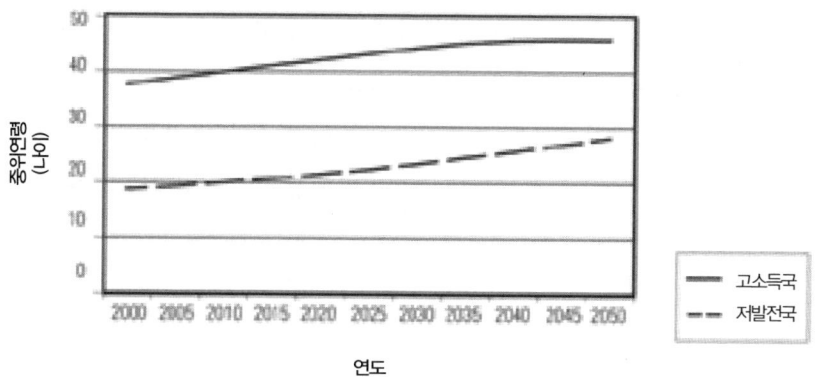

〈그림 8.10〉 2000~2050년 고소득국과 저발전국의 중위연령

출처: United Nations Population Division (2007) 자료

림 8.9〉에서 보듯 사실 큰 폭으로 치솟을 것이다. 그 비율은 현재의 약 23퍼
센트에서 46퍼센트 수준으로 배증되는 반면에, 유소년부양비(15~65세 인
구 대비 15세 미만 아동의 비)는 미세하게 낮아진다.

　이러한 변화로 인해 연금제도가 압박을 받게 될 건 분명하지만, 그 비용
이 무척 클 것으로 예상된다는 건 사실이 아니다. 첫째, 인구증가 속도가 둔
화되거나 인구가 줄어드는 사회에서는 순전히 인구증가에 발맞추기 위해
도로나 전력 등의 주요 기반시설에 투자를 할 필요가 없어진다. 따라서 사
회적 저축이 크게 늘어나게 된다. 둘째, 아마도 노동시간이 더욱 유연해지
면서 퇴직연령이 올라갈 것이다. 감사하게도 우리의 수명만 연장되는 게 아
니라, 삶도 윤택해지고 건강이 유지되는 기간도 늘어난다. 정력이나 생산성
기준으로 60살이 새로운 45살이 된다면, 몇십 년 뒤 75살이 어떤 상태가 될
지 누가 알겠는가? 해가 갈수록 퇴직연령은 서서히 올라갈 것으로 전망된
다. 물론 경제의 생산성이 전반적으로 계속 향상되면서, 우리는 전체적으로
조금 덜 일하고 더 많은 여가를 누리며 생산성을 더욱 향상시키게 될지도
모른다.

한 가지 확신할 수 있는 것은 있다. 미래에 우리는 전체적으로 나이가 더 들 거라는 사실이다(〈그림 8.10〉). 부자세계의 중위연령은 2005년 38살에서 2050년에는 46살로 올라갈 것으로 전망되며, 저발전국에서는 중간 출산율 전망치로 19살에서 28살로 올라갈 것으로 예측된다. 저출산율 전망치로는 중위연령이 19살에서 31살로 올라간다. 나이 들고 현명한 자가 울림이 좋다. 희망을 갖자.

# 4

# 모두를 위한 번영

# 경제발전 전략

21세기는 앞서 정리한 것처럼, 공동번영과 대수렴의 세기가 될 수 있다. 부국들의 소득감소가 아니라 빈국들의 신속한 따라잡기 성공에 따른 부국과 빈국 간의 소득격차 축소가 21세기 세계경제의 특징이 될 수도 있다. 공동번영은 현재 극단적 빈곤의 덫에 걸려 있는 이들이 겪고 있는 불필요한 큰 고통의 종식을 의미하는 동시에, 보다 안전하고 민주적인 세계의 기반이기도 하다. 소득이 상승함에 따라 정치도 더 안정되고 사회도 보다 개방적으로 변하기 때문이다. 나아가, 모든 소득집단과 문화가 세계경제의 성장을 공유할 기회를 갖게 되면 계급과 인종의 차이에 따른 적대감도 줄어들 것이다. 증오와 불안이 싹트는 것은 한 지역이나 집단이 배제될 때다.

세계의 구석구석까지 번영이 확산될 수 있다고 믿는 근원적인 이유는 부유한 세계의 번영을 뒷받침한 과학기술을 세계의 다른 곳들에서도 충분히 이용할 수 있기 때문이다. 부국들이 전력생산, 의학, 교통, 건설 등의 발전된 기술을 채용했기 때문에 부유해진 것이라면, 오늘날의 빈국들도 그 같은 발전된 기술들을 채용할 수 있다. 앞서 지적했듯이, 기술은 비경쟁재라는 경이로운 속성을 갖고 있다. 각 개인이나 기업, 나라가 어떤 기술을 채용했다고 해서 다른 이들이 기술을 이용할 수 있는 기회가 줄어드는 게 아니다. 당신이나 내가 이용할 수 있지만 둘 다 이용할 수는 없는 일정한 양의 석유와 달리, 인간 게놈이나 인터넷과 같은 과학적 진보의 열매는 지식을 일일이 배급해주지 않아도 누구나 이용할 수 있다. 나아가 인터넷이나 컴퓨터 운영체제, 예방접종, 살충제 처리된 모기장, 이동전화와 같은 많은 기술의 경우, 다른 사람들이 이 기술을 더 많이 이용하면 할수록 기술 이용에 따른 이익이 더 커진다. 그런 기술들을 흔히 네트워크 기술이라고 하며, 대량 사용에 따른 이익을 네트워크 외부효과라 한다. 우리가 그런 기술들이 우후죽순처럼 등장하는 네트워크화 시대에 살고 있다는 것은 매우 적절한 표현이다.

여기서 기술향상에 초점을 맞추는 것은 부자가 부유해지는 건 빈자를 능란하게 착취하기 때문이라는 마르크스의 기각된 개념과는 전혀 다른 이야기라는 점에 유의하라. 부자가 빈자를 착취하여 부유해진다면 세계의 소득은 거의 일정할 것이고, 모든 경제행위는 일정한 수준의 경제적 생산물을 분배하는 행위일 것이다. 마르크스가 생각한 것은 사실 그것이었다. 그러나 세계의 생산은 한결같지 않다. 바로 기술향상에 힘입어 일정한 수준의 생산물에서 훨씬 더 많은 경제적 가치를 획득해낼 수 있기 때문이다. 우리는 이미 세계의 1인당 평균소득이 1820년 약 650달러에서 1998년 약 6,000달러로 9배 상승하는 것을 보아왔다.[1]

## 발전된 기술의 이용

번영을 뒷받침하는 지식을 모두가 이용할 수 있는 가능성은 열려 있다 해도, 세계의 모든 지역이 다 부유해지는 것은 아니며, 실제로는 그와는 전혀 딴판이다. 세계의 1인당 평균소득이 1820년 이후 대략 10배쯤 상승하는 동안에, 1인당 소득이 10배가 훨씬 넘게 늘어난 지역이 있는가 하면 훨씬 적게 늘어난 지역도 있다. 1820년에서 1998년 사이에 세계 주요 지역의 1인당 실질소득 증가율(1820년 수준의 몇 배로 표시)은 〈표 9.1〉과 같다.

〈표 9.1〉 1820~1998년 지역별 1인당 소득 증가

| 지역 | 소득증가(1820년을 1로 할 때의 배수) |
|---|---|
| 세계 | 9* |
| 아프리카 | 3.5 |
| 아시아 | 3 |
| 　　중국 | 6 |
| 　　인도 | 4 |
| 동유럽 | 9 |
| 옛 소련 | 7 |
| 라틴 아메리카와 카리브 해 지역 | 8.5 |
| 중동 | 9 |
| 서유럽 | 16 |
| 미국 | 22 |

* 1820년부터 2006년까지 소득증가는 11배였다.
출처: Maddison(2001)과 World Bank(2007) 자료를 이용해서 계산

경제발전 연구의 핵심과제 중 하나는 이러한 지역 간 차이를 이해하는 것이다. 또 하나는 발전이 지체된 지역에서 어떻게 하면 경제성장을 가속시킬 수 있는지 이해하는 것이다. 미국이 1인당 소득 22배 증가의 성과를 누리는 동안에, 아프리카는 왜 소득이 3.5배밖에 늘지 않았을까? 아프리카는 보다 신속한 경제발전을 통해 고소득국가들과의 커다란 1인당 소득격차를 좁힐 수 있을까? 발전이 부진한 다른 지역들의 상황은 또 어떠한가?

새로운 기술을 이용하기 위해 한 경제가 꼭 넘어서야만 하는 네 가지 장애물이 있다. 이 장애물들을 이해함으로써 우리는 상이한 지역들의 매우 다른 성과 등 경제발전에 관한 여러 가지 의문점을 이해할 수 있다. 사실 이 네 가지 장애물을 인식하고 그에 대처할 수 있어야만, 정부는 국가의 경제성장을 촉진할 수 있는 전략을 수립하고 세계적인 기술 진보를 이용할 수 있는 능력을 갖추게 된다.

### 저축과 투자

신기술은 대부분 (신형 컴퓨터나 이동전화와 같은) 특정한 종류의 기계장비나 (의술과 같은) 특정한 기술에서 구현된다. 다시 말해서 기술의 근간이 되는 아이디어를 세계가 이용할 수 있다고 해도, 기술을 이용하려면 물적자본(기계)과 인적자본(기술)에 대한 투자가 필요하다.

그런데 투자를 할 수 있으려면 저축을 해야 한다. 어떤 기계나 새로운 기술 습득에 투자를 하기 위해서는, 현재 소득의 일정 부분을 당장의 소비에 쓰지 않고 자본재를 구입하는 데 쓸 수 있도록 비축해두어야 한다. 1달러의 투자비용을 조달하려면 1달러의 저축을 해야 한다. 예컨대 저축이 불가능할 만큼 경제가 빈약한 경우에는 기술 습득에 필요한 재원을 마련하지 못할 수도 있다.

### 수출과 수입

신기술은 대부분 해외, 즉 그 기술을 처음 발명한 곳에서 수입된다. 브라질 정부나 브라질의 한 사기업이 미국에서 제작된 자본재를 주문하고 싶어 한다고 하자. 그러자면 수입대금으로 지불할 달러가 있어야 한다. 그 달러는 브라질의 수출을 통해 획득된다. 따라서 해외에서 기술을 수입할 수 있는 나라가 되려면 상품 수출도 잘하는 나라여야 한다.[2] 수출시장을 개척하지 못하는 나라는 기술발전에서도 뒤처지게 된다.

### 공공자본과 민간자본

기술이 민간부문에서 발명된 때에도, 신기술을 이용하려면 대개의 경우 공공부문의 투자가 있어야 한다. 예를 들어 차에는 도로가 필요하고, 전기 기계류에는 안정적인 전력망이 필요하며, 빈국에 수입된 의술에는 공공병원이 필요하다. 정부가 필요한 공공투자를 통해 뒷받침해주지 못할 경우에는 민간부문의 신기술 투자가 수지를 맞출 수 없게 된다. 따라서 공공투자를 감당할 수 없는 실패한 국가나 파산한 정부 또는 심하게 부패한 정부 아래서는 민간부문의 기술도 부진을 면치 못하게 된다.

### 지역생태 적응

기술 중에는 지역의 자연환경과 상관없이 아무 데서나 곧바로 이용할 수 있는 것들이 많다. 하지만 지역의 생물물리학적 조건에 잘 적응시켜야 하는 기술도 많다. 작물재배 기술, 공중보건학, 건축술과 건축자재, 기반시설 설계 등은 모두 국제적인 관행을 지역 조건에 맞게 적응시켜야 한다. 그 과정에서 상당한 수준의 지역 투자가 필요한 경우가 종종 있다. 예컨대 미국이나 유럽, 일본 등 온대지방의 생태환경에서 개발된 신기술을 열대지방에 적응시켜야 하는 경우가 대표적이다. 슬프게도 빈국 중에는 국제적인 기술을 지역적 수요에 맞게 적응시키는 데 필요한 지역 투자를 끌어낼 능력이 없는 나라도 있다.

요컨대 경제발전을 이룩하려는 나라는 네 가지 장애물을 극복해야 한다. 적정 수준의 국내 저축이 있어야 하고, 기술 수입에 필요한 외화를 벌어들일 수 있는 경쟁력 있는 수출 부문이 있어야 하며, 도로, 전력, 병원 등 필요한 기반시설 구축비용을 조달하여 민간부문의 투자를 뒷받침할 수 있는 든든한 재정을 갖춘 정부가 있어야 하고, 국제적인 기술을 지역의 생태환경과 수요에 맞게 적응시킬 수 있는 능력도 있어야 한다. 적정 수준의 국내 저축이 없고, 경쟁력 있는 수출품이 없으며, 공공투자 재원을 조달하지 못하고, 국제적인 기술을 지역적 수요에 적응시킬 능력이 없어서, 낮은 경제발전의 덫에 걸리는 나라들이 있을 수 있다.

# 발전의 사다리 오르기

경제성장이 실제로 어떻게 이루어지는지 보려면, 경제발전의 네 가지 기본 단계가 진전되는 과정을 추적해보는 것이 유용하다. 각각의 단계는 앞선 단계보다 소득수준과 발전 정도가 더 높다. 네 단계는 자급자족경제(subsistence economy)에서 상업경제(commercial economy), 신흥시장경제(emerging-market economy), 기술기반경제(technology-based economy)로 발전해간다. 단계가 올라갈수록 복지 수준도 높아지고 1인당 자본도 많아진다.

'자급자족경제'부터 살펴보자. 낮은 농업생산성, 빈약한 공공 서비스와 기반시설, 좁은 범위의 1차 농산품(예컨대 채소, 원면과 원사 등)에 집중된 소규모 수출 등이 이 경제의 특징이다. 이러한 경제에서는 생활수준이 겨우 자급자족하거나 그마저도 못 미치는 정도다. 소득이 모두 기본적인 수요를 충당하는 데 쓰이므로 저축할 여력은 거의 없다. 개인적으로 저축할 여유가 없으니 민간투자도 있을 수 없다. 사람들이 몹시 가난하므로 정부가 세금을 거둬들일 일도 거의 없다. 그러므로 공공투자도 거의 없고, 기반시설은 형편없다. 도로도 별로 없고, 전력망도 태부족이며(농촌지역은 더욱 심하다), 안전한 식수와 위생설비도 제대로 제공되지 않는다. 앞에서 설명한 바와 같이 꾸준히 성장하는 몇 가지 중 하나는 인구인데, 그에 따라 각 세대의 1인당 농지 규모는 이전 세대보다 더 작아진다. 1인당 연평균소득은 300달러 정도다.

많은 나라가 여전히 자급자족 농업이라는 빈곤의 덫에 갇혀 있지만, 그와 달리 경제발전을 경험하는 나라들도 있다. 빈곤의 덫을 깨부수고 일어서는 곳을 보면, 가난한 농가도 미래에 대비하여 저축을 할 수 있고 정부도 세금을 거두어 공공투자를 할 수 있을 만큼 지역의 경작 조건이 비교적 양호한 경우가 있다. 이런 곳에서는 농업 부문의 녹색혁명으로 기술적 돌파구가 열리면서 소규모 자작농도 저축을 통해 자본을 축적할 수 있을 정도로까지 농업소득이 향상된다. 곳에 따라서는 석유수입이나 해외원조, 관광 등 다른 자원을 확보하여 자급자족 농업 단계를 넘어 저축과 투자를 할 수 있게 되는 경우도 있다. 또한 부유한 이웃나라에 인접해 있어 인접국의 기반시설과 시장수요를 기반으로 일자리를 얻고 성장에 필요한 소득을 올리는 경우도 있다.

저축과 투자가 웬만큼 축적되면, 정부는 도로와 전력망, 효율적인 항만, 기본적인 교육 및 보건 시스템을 구축한다. 민간부문에서는 생산성을 향상시키고, 수출지향 사업에 투자를 할 수 있게 된다. 대표적인 농산물 수출품은 향료, 음료, 육류, 섬유류 등의 환금작물이다. 제조업 수출품으로는 면섬유나 과자류, 에탄올 등의 농산물 가공품과 의류, 신발류 및 기타 가죽제품, 전자조립품 등의 노동집약적 조립제품이 대표적이다. 수출 부문은 대체로 기계류, 기술적 노하우, 프로세스 개선 등의 다양한 수입기술을 이용하여 이익을 창출한다.

경제가 성장하면서, 경제는 농촌 가구와 도시 가구가 모두 화폐경제에 편입되는 '상업경제'가 된다. 농촌 지역과 도시 지역 모두에서 저축과 투자가 이루어진다. 수출소득이 상승하고, 수출품의 범위도 몇 가지 1차산품 이상으로 확장된다. 가정에서 수태조절을 하면서 인구증가율이 하락하기 시작한다. 정부의 교육 서비스가 확대되고 가정의 교육열이 높아지면서 교육 수준이 상승한다. 젊은 층의 문맹률은 제로에 가까워진다. 1인당 연평균소득 수준은 1,000달러 정도다.

수출과 국내저축이 충분히 성장하면, 상업경제는 '신흥시장경제'가 된다. 이 경제에서는 기초 기반시설(도로, 전력, 전기통신, 항만), 기초 교육(문해文解교육과 초등교육의 보편화), 기초 보건 서비스, 안전한 식수, 위생설비 등이 거의 완비되는 것이 특징이다. 경제는 이제 제조업 제품과 서비스를 모두 수출하는 나라가 된다. 대표적인 수출품은 공업제품(자동차 부품, 반도체, 가전소비재 등)과 정보기반 서비스(비즈니스 프로세스 운영, 소프트웨어, 비즈니스 컨설팅 등), 그리고 건설 서비스 등이다. 경제발전에서 외국인 투자가 차지하는 역할이 갈수록 커진다. 외국인 투자자들은 단지 자본만이 아니라 노하우와 기술, 세계적 생산 및 유통망도 갖고 들어온다. 정부의 중요한 책임은 중등교육 및 직업교육 확대, 항만 서비스 개선(전자서류 통관, 능률적인 컨테이너 수송 등), 건전한 규제제도 등을 통한 금융 부문 개선, 경제발전 초기단계의 환경손상을 정지 또는 회복시키기 위한 다양한 환경투자 등이다. 1인당 연평균소득은 4,000달러 정도다.

경제가 중간소득 신흥시장 수준에 이르면, 국내 기술을 혁신하기 위한 중요한 조치가 취해진다. 나라에서는 이제 해외에서 기술을 수입하는 데 그치지 않고, 그 기술을 개량도 하고 기술기반 제조업 제품과 서비스의 수출에도 나선다. 고등교육 진학률은 대학 적령인구의 10~20퍼센트에 이른다. 국립 연구소가 설립되기 시작한다. 나라의 과학자들이 세계적 연구팀의 일원이 되기 시작한다. 처음에는 비록 규모가 매우 작고 현지인 교육이 주 임무인 경우가 많지만, 외국 기업들이 이 나라 안에 연구개발 조직을 두기 시작한다.

고소득국으로 가는 마지막 중요한 단계는 과학기반 혁신활동의 전면화다. '기술기반경제'의 특징은 광범한 고등교육(대학 적령인구의 30퍼센트나 그 이상), 과학연구에 대한 폭넓은 공공재정 지원(GNP의 1퍼센트 이상), 민간부문의 광범한 연구개발(GNP의 1퍼센트 이상), 고도의 정보기반 사회(높은 인터넷 사용률, 일간신문의 대량보급, 이동전화의 거의 보편적인 사용, 학교에서의 보편적인 컴퓨터 이용)이다. 경제는 해외에서 기술을 계속 수입하지만, 이제 지식과 발전된 기술의 수출을 통해 외화벌이도 한다. 1인당 연간소득은 1만 5,000달러에 이른다. 부국들보다는 성장 속도가 다소 빠르기 때문에, '선두주자들'과 국내경제 간의 비율 격차는 계속 줄어든다.

자급자족경제에서 상업경제, 신흥시장경제, 기술기반경제로 성장해가는 단계마다, 공공부문과 민간부문이 각각 떠맡아야 할 책임이 있다. 성장이 시장을 기반으로 이루어진다는 생각은 사실이지만, 그것은 절반의 이야기일 뿐이다. 정부의 움직임은 사회적, 물리적 기반시설의 핵심 요소들이 제자리를 잡고 효율적으로 작동케 함으로써 장기적인 경제성장의 토대를 놓는다. 경제발전의 낮은 단계에서는 기초적인 기반시설, 특히 도로, 전력, 초등학교, 병원, 물과 위생설비 등에 대한 투자가 정부의 주된 책임 중 하나다. 다음 단계에서는 정부가 고속도로, 인터넷 연결, 컨테이너 수송, 육해공 화물의 통합수송망 구축에 관심을 기울여야 한다. 그 다음 단계에서는 정부가 과학역량 강화와 고등교육에 많은 투자를 해야 한다.

또한 모든 발전단계에서 정부는 시장기반 경제가 작동할 수 있는 기본 조건을 확실하게 갖춰야 한다. 여기에는 비교적 안정된 화폐단위, 금융위기 시에 적절한 완충작용을 할 수 있는 금융 시스템, 개인의 생명과 재산을 지킬 수 있는 적절한 물리적 안전장치, 계약과 소유권을 지키고 집행할 수 있는 기본적인 법제, 공직자 부패를 일정 수준 이하로 묶어둘 수 있는 장치 등이 포함된다. 사회질서와 법치의 차원이 제각각인 상황에서 고소득국에서조차 완벽을 꾀한다는 건 불가능하다. 하지만 발전의 사다리를 오르고자 한다면, 공공연한 불법과 폭력은 반드시 제거해야 한다.

## 지리가 발전의 사다리 오르기에 미치는 영향

지리가 경제발전에 영향을 미친다는 건 명백하여 쉽게 이해할 수 있다. 자급자족경제를 생각해보자. 토양이 척박하고 강우가 불규칙하며 작물종도 (발전된 기술을 이용할 수 있는) 부자나라들의 그것과 판이한 경우, 경제가 극단적 빈곤의 덫에 갇히기 쉽다. 농부들이 수요를 넉넉히 충당할 만큼의 식량을 생산해내지 못할 것이고, 개인적으로 저축을 하거나 공공투자에 필요한 과세를 할 수 있는 잉여도 거의 창출되지 않을 것이다. 열대지방에 있는 나라의 경우, 유럽이나 미국, 일본 등 온대지방의 부국들에서 이용하고 있는 발전된 기술을 지역 조건에 맞게 적응시키자면 광범한 노력과 만만치 않은 비용이 들어갈 텐데, 그런 작업을 벌일 수 있는 변변한 과학 연구소도 거의 없다.

나라가 내륙 속에 갇히거나 항구에서 멀리 떨어져 있는 경우에는 문제가 더욱 복잡해진다. 육로 수송 거리가 멀고 위험하여, 상인들이 혼잡하고 관리상태도 엉망이며 경찰도 없는 도로에 큰맘 먹고 나서야 하는 경우도 있을 것이다. 항구 자체가 주요 해로에서 멀리 떨어져 있어, (홍콩, 싱가포르, 두바이 같은) 지역의 교역중심지에서 해상화물을 비싼 경비를 들여가며 옮겨 실어야 하는 경우도 있을 것이다. 그러한 지리적 장애는 극복 불가능한 건 아니다. 도로를 건설할 수도 있고, 내륙국과 해안국 간에 협정을 맺을 수도 있으며, 연구개발을 통해 농업 여건을 개선할 수도 있다. 지리는 운명이 아니다. 그러나 지리에 따라 경제 사다리의 한 단에서 다음 단으로 올라가는 데 필요한 경제적 비용과 투자액이 달라진다.[3]

한 지역의 경제적 성공 또는 실패를 가름하는 데 중요한 영향을 미치는 지리적 요소에는 다음 다섯 가지가 있다.

### 농업생산성

작물생산성을 결정하는 생태적 요인으로는 토양, 물 가용성, 지형, 병해충, 지역의 작물종 등 여러 가지가 있다. 세계의 일부 지역은 영양분이 풍부한 기름진 토양, 충분한 물 가용성(강우와 강물을 이용한 관개 모두), 가파른 비탈이 아닌 평원, 긴 생장기 등의 혜택을 입고 있다. 그런가 하면 일부 지역은 척박한 토양, 가뭄, 제한된 관개, 가파른 산비탈, 짧은 생장기 등으로 고통을 겪고 있다. 예를 들어 아시아와 사하라 이남 아프리카의 기본적인 차이 중 하나는 아프리카의 소규모 자영농지가 대부분 강물로 관개를 할 수 없는 가뭄 빈발 지역에 자리 잡고 있는 데 반해서 아시아에서는 강물을 이용하여 관개를 하는 지역이 넓다는 것이다. 남아시아 농지의 약 39퍼센트, 중국 농지의 48퍼센트가 관개를 하는 데 비해서, 사하라 이남 아프리카의 관개율은 고작 4퍼센트다.

## 에너지와 광물

경제발전을 포함하여 무질서에서 질서를 창출하는 모든 과정에는 에너지가 필요하다. 인류 역사의 대부분의 기간 동안, 이 에너지는 식량의 형태로 와서 인간의 육체적 활동과 동물의 힘을 지탱했다. 소박한 수준이지만, 바람과 물의 힘도 이용했다. 근대 최대의 묘기는 새로운 에너지 저장고의 마개를 뽑은 일이었다. 석탄으로 시작해서 석유와 가스 등의 다른 화석연료와 원자력으로 폭을 넓혀갔고, 바람과 물과 태양복사를 전기로 바꾸는 효율적인 방법들을 발전시켜왔다. 주요 에너지원의 선물을 받은 곳이 에너지가 희박한 곳보다 경제적으로 유리한 입장에 서는 것은 당연한 일로, 그것은 곧 일반적인 현상이 되었다. 19세기에는 지역 내에서 석탄을 이용할 수 있어야 한다는 것이 사실상 산업화의 필수조건이었다.[4] 20세기에는 탄화수소를 이용할 수 있는 경우 대체로 커다란 이익을 누릴 수 있었다.

하지만 이 규칙에는 수식어가 많다. 첫째, 특정 에너지 자원의 유용성은 그것을 이용할 수 있는 기술에 달려 있다. 석탄은 증기기관의 발명 이전에는 별다른 차이를 가져오지 못했다. 수력은 떨어지는 물을 전기로 바꾸어내는 발전기가 발명되기 이전에는 이용할 수 있는 폭에 한계가 있었다. 석유는 내연기관의 발명과 더불어 비로소 소중한 자원이 되었다. 태양광은 태양력을 보다 효율적으로 이용하게 됨에 따라 21세기에 선택받는 자원이 될 것이다. 둘째, 대부분의 에너지 자원이 매매가 가능하고, 따라서 중요한 에너지 자원이 없는 나라라 해도 수출을 통해 외화를 벌어들일 능력이 있는 한, 자국에 필요한 에너지를 수입할 수 있다. 이런 이유에서 에너지 가용성은 도움이 되는 요소일 뿐 필수요건은 아니다. 셋째, 에너지 자원도 다른 모든 부처럼 낭비될 수 있다. 풍부한 석유 매장량은 전쟁과 쿠데타, 그리고 흔히 '자원의 저주(resource curse)'라는 말로 널리 알려진 그칠 줄 모르는 탐욕에 기름을 부어왔다.[5] 에너지 자원을 가진 나라들이 자원이 없는 나라들을 앞질러왔다는 건 옳은 말이지만, 비록 대다수는 아닐지라도 에너지가 풍부한 많은 나라가 에너지 자원을 잘못 관리한 나머지 잠재력에 못 미치는 실적을 거두어왔다는 것 또한 옳은 말이다.

몇 가지 다른 귀중한 광물들도 에너지 자원과 유사한 경제적 영향을 미친다. 구리, 다이아몬드, 금, 백금, 그 밖의 값진 광물자원이 풍부한 나라들은 언제라도 에너지나 다른 필요한 것들을 수입하는 데 쓸 수 있는 수출 소득원을 갖고 있는 셈이다. 그러나 귀중한 광물 매장량 역시 석유와 마찬가지로 낭비되기 쉽고, 파괴적인 정치적 음모와 폭력의 원천이 되는 경우도 많다. 다이아몬드는 아프리카 남부의 보츠와나와 나미비아의 경제발전을 성공시키는 자금원이 되었지만, 한편으로는 시에라리온 같은 서아프리카 국가들의 전쟁을 부추기고 전비를 충당하는 재원이 되기도 했다.


### 수송

무역은 경제발전에 절대적으로 필요하다. 발전된 기술을 수입하기 위해서도 필요하고, 상품과 서비스를 수출하여 수입대금을 지불하기 위해서도 필요하다. 상품 선적 비용은 무역을 촉진 또는 지체시키는 데 큰 역할을 하며, 따라서 발전에 미치는 역할도 지대하다. 해로 수송비가 육로 수송비보다 적게 먹히며, 비행기로 실어 나르는 것보다는 훨씬 싸다. 그리고 주요 교역로를 이용한 해로 수송비가 외딴 해역을 항해하는 비용보다 적게 먹힌다. 또한 먼 시장보다는 가까운 시장으로 물건을 실어 나르는 수송비가 더 싼 것은 말할 나위도 없다. 이런 차이로 인해 싱가포르가 예컨대 피지보다 경제적으로 훨씬 유리한 입장에 서게 된다. 싱가포르는 유럽과 아시아를 잇는 세계의 주요 교역로 상에 있다. 일본의 오사카에서 네덜란드의 로테르담으로 가는 배는 말라카 해협을 지날 때 싱가포르를 통과한다. 그에 비해 피지는 남태평양 외진 곳에 떨어져 있다. 그것은 이국적이라는 명성을 얻는 데는 보탬이 되겠지만, 경제발전에는 분명히 도움이 되지 않는다.

〈표 9.2〉에 2005년도의 세계 20대 컨테이너항이 나와 있다. 이 중 열세 곳은 아시아에 있고, 세 곳은 유럽, 세 곳은 미국에 있으며, 남은 하나 두바이는 중동에 있다. 아프리카나 라틴아메리카에는 하나도 없다. 물론 아프리카가 발전함에 따라 주요 항만도 따라 성장할 것이다. 하지만 큰 항만과 그 주변의 대규모 산업시설 건설에는 달걀이 먼저냐 닭이 먼저냐 하는 문제가 따른다. 항만 서비스와 원양해운에는 공히 규모의 경제 원리가 강력하게 작동한다. 소규모 항만과 소형 선박은 대규모 항만에 비해 운행비용이 많이 든다. 따라서 항만이 작은 규모로 출발하면 운행비가 비싸지고, 그러면 항만 지역의 추가 개발이 탄력을 받기 어려워진다. 하지만 항만을 일정 규모 이상으로 키우는 데 성공하면 사용자당 운행비용이 크게 하락하면서 훨씬 더 많은 사업의 개발이 이루어지게 된다. 여기서 관건은 적정 규모 이상으로 돌파를 해내는 것이다.

세계인구의 4분의 3이 유라시아 대륙 북반구에 거주하고 있으므로 유럽과 중동, 아시아의 해안지방 사람들은 거대한 해로 상에 자리를 잡고 있는 셈인 데 반해서, 아프리카인들은 상대적으로 인간의 활동이 뜸한 곳에 살고 있다. 마찬가지로 북아메리카는 남아메리카에 비해 수송 측면에서 본질적

〈표 9.2〉 2005년 세계의 대규모 컨테이너항

| 순위 | 항만 | 국가 | TEU(1,000) |
|---|---|---|---|
| 1 | 싱가포르 | 싱가포르 | 23,192 |
| 2 | 홍콩 | 중국 | 22,427 |
| 3 | 상하이 | 중국 | 18,084 |
| 4 | 선전 | 중국 | 16,197 |
| 5 | 부산 | 한국 | 11,843 |
| 6 | 가오슝 | 대만 | 9,471 |
| 7 | 로테르담 | 네덜란드 | 9,287 |
| 8 | 함부르크 | 독일 | 8,088 |
| 9 | 두바이 | 아랍에미리트 | 7,619 |
| 10 | 로스앤젤레스 | 미국 | 7,485 |
| 11 | 롱비치 | 미국 | 6,710 |
| 12 | 앤트워프 | 벨기에 | 6,482 |
| 13 | 칭다오 | 중국 | 6,307 |
| 14 | 클랑 | 말레이시아 | 5,544 |
| 15 | 닝보 | 중국 | 5,208 |
| 16 | 톈진 | 중국 | 4,801 |
| 17 | 뉴욕/뉴저지 | 미국 | 4,785 |
| 18 | 광저우 | 중국 | 4,685 |
| 19 | 탄중펠레파스 | 말레이시아 | 4,177 |
| 20 | 람차방 | 태국 | 3,834 |

주: 'TEU'는 '20피트 상당의 단위', 즉 20파트짜리 적재 컨테이너 1개분을 뜻한다.
따라서 40피트짜리 컨테이너는 2TEU이다.
출처: American Association of Port Authorities (2005)

으로 유리한 위치에 있다. 오스트레일리아와 뉴질랜드는 외따로 떨어져 있지만 번영을 누리고 있다는 점에서 예외적인 존재일지 모르겠는데, 두 나라는 광대한 육지면적에 비해 인구가 적다는 강점을 갖고 있다. 인구 대비 육지면적이 큰 것이 고소득에 보탬이 되고 있는 것이다.

## 질병생태학

과중한 질병부담은 여러 면에서 경제발전에 방해가 된다. 병에 걸릴 경우 일찍 죽지는 않는다 하더라도 생산성이 떨어진다. 어릴 때 병을 앓으면 평생 동안 건강상태가 좋지 않을 수 있다. 전염병이 많이 도는 지역은 관광객이나 기술 이주민, 외국인 투자를 유치하기 어렵다. 앞에서도 지적했듯이, 어린이들이 많이 죽어가는 곳에서는 출산율이 낮아지는 인구변천의 속도가 훨씬 느리다. 부모 입장에서는 자기 아이들 하나하나가 어릴 때 죽지 않고 살아남을 거라는 확신을 갖지 못하는 경우 가족 규모를 줄이기가 쉽지 않다. 조금 놀라운 것은 세계 각 지역들은 사람들에게 제공할 수 있는 보건 서비스의 종류에만 차이가 나는 것이 아니라, 주요 질병에 감염되기 쉬운 정도도 제각기 다른 것 같다는 것이다. 말라리아와 기타 다수의 곤충매개 전염병이 열대기후에서 압도적으로 빈발하는 반면 다른 많은 질병은 세계에 공통으로 나타나기 때문에, 전염병이 열대지방에 미치는 충격 총량은 온대지방에 비해 훨씬 크다. 여러 가지 생태학적 이유에서 열대 아프리카 지방은 열대 전염병 부담이 다른 어떤 지역보다도 크다. 가장 중요한 것은 아프리카의 말라리아 전염 모기가 특히 치명적이라는 사실이다.[6] 다른 대륙의 말라리아 전염 모기는 동물과 사람을 함께 무는 데 반해서, 아프리카 모기는 사람만 무는 방향으로 진화해온 까닭이다. 그로 인해 아프리카의 말라리아 감염률은 다른 지역들보다 훨씬 높고, 말라리아 질병부담은 파괴적인 수준이 되었다.

**자연재해**

허리케인 카트리나가 뉴올리언스를 강타했을 때, 도시의 경제적 전망은 몇 년, 아니 어쩌면 몇십 년 후퇴했다. 그와 같은 이유로, 자연재해를 반복적으로 겪는 나라들은 경제발전이 장기적으로 후퇴할 수도 있는 위험에 처한다. 경제에 대한 거듭된 타격은 결과적으로 장기적인 빈곤의 덫을 초래할 수 있다. 물론 자연재해는 여러 형태로 온다. 이른바 수문기상학적 재해(물과 관련된 재해)는 무척 큰 규모의 포괄적 피해를 불러온다. 가뭄은 인간의 생계수단과 가축의 대량손실을 유발한다. 홍수는 더 큰 규모의 재난 사태를 야기한다. 많은 나라가 두 가지 위험 모두에 직면해 있다. 때로는 나라의 다른 여러 지역들이 동시에 재난을 겪기도 하고, 때로는 같은 곳에서 일 년 내내 재해가 계속되기도 한다. 다른 기상이변들로는 허리케인이나 태풍, 토네이도, 열파 등이 있다. 또 다른 큰 범주의 재해로는 화산, 지진, 쓰나미 등을 포괄하는 지진 관련 재해가 있다.

아시아와 아메리카 대륙붕 인근의 열대 및 아열대 국가들은 지진과 수문학적 위험의 최악의 조합에 직면해 있다. 예를 들어 필리핀은 태풍, 가뭄, 화산, 지진의 심각한 위협을 마주하고 있다. 중앙아메리카 국가들도 마찬가지다. 아프리카는 가뭄에 특히 취약하다. 가뭄은 대륙의 방대한 지역을 반복적으로 황폐화시켜왔는데, 지난 4반세기 동안 가뭄이 더욱 잦아졌다. 장기간에 걸친 전 지구적 기후변화가 그에 큰 영향을 미쳤다.

## 지리는 운명이 아니다

지리에 관한 논의는 두 가지 면에서 심각하게 곡해돼왔다. 첫째, 지리가 한 국가의 운명을 단지 형성해가는 것이 아니라 결정한다는 잘못된 주장인 지리적 결정론을 뜻하는 것으로 해석돼왔다. 지리적 과제를 이해하는 것은 운명에 복종하기 위한 것이 아니라, 특정 자연조건으로 인해 형성되는 장벽들을 극복하는 실천방법을 알아내기 위한 것이다. 말라리아가 유별난 부담이 되고 있음이 역학적으로 확인될 경우, 그 대처방법은 그냥 포기하는 것이 아니라 말라리아 퇴치에 필요한 투자를 늘리는 것이다. 몹시 변덕스런 강우로 곡물의 작황이 위협받을 경우, 그 대응방법은 아마도 관개시설 보완에 주력하여 건조한 날씨에 대비하는 일일 것이다. 사방이 육지에 가로막혀 무역에 불리한 여건일 경우, 항구를 잇는 도로를 건설하고 해안에 접한 인접국과의 외교적 유대관계를 구축하기 위한 특별한 노력이 필요할 것이다. 요컨대 지리적 장애가 있다는 것은 그래서 포기할 수밖에 없다는 것이 아니라 공공투자를 늘려 그 장애를 극복하는 일에 우선순위를 두어야 한다는 의미다.

둘째, 지리에 관한 논의는 세계의 특정 지역이 다른 지역보다 항시 유리함을 의미하는 것으로 오해돼왔다. 그에 대한 반론은 역사 전반을 통해 선발주자와 후발주자가 늘 바뀌어온 것으로 보건대 지리가 그토록 중요한 건 아닌 게 분명하다는 것이다. 이런 방향의 추론은 포인트를 놓친 것이다. 지리의 역할은 정해져 있는 게 아니라, 기술이 변화함에 따라 달라진다. 증기기관의 출현 이전에 석탄 매장량은 그렇게 값진 것이 아니었다. 내연기관의 출현 이전에는 석유 매장량도 그렇게 값진 것이 아니었다. 그리고 콜럼버스의 아메리카 항해 이전에 아메리카 대륙은 구세계의 기술발전을 이용할 수 없는 불편을 겪었다(물론 구세계의 전염병이 미치지 못하는 혜택을 누렸다). 인터넷의 등장 이전에, 내륙지방은 지금보다도 훨씬 더 불리했다. 인터넷의 힘이 막강한 오늘날의 세계에서는, 인도의 방갈로르 같은 내륙지방의 대도시가 어떻게 배에 물건을 실을까 고민할 필요 없이 인터넷을 통해 세계시장에 지식기반 서비스를 수출할 수 있다. 다시 말해서, 기술의 변화는 지리상의 특별한 강점에 변화를 가져오며(예컨대 석탄에서 석유로), 또한 특정한 지리적 장벽을 완전히 제거하기도 한다(항공화물이나 인터넷을 생각해보라).

지리적 분석을 올바르게 이해하면, 공공투자가 최우선으로 필요한 지역도 확인할 수 있고 나라의 잠재적 생산비용을 감안할 때 어떤 산업구조를 갖추는 게 좋은지도 알게 되어 국가 발전전략을 짜는 데 도움이 된다. 지리를 분석하면 경공업과 중공업, 산업과 서비스, 여러 종류의 농작물, 도시화와 무역 거점 후보지들 간의 균형을 취할 수 있게 된다. 한 지역의 천연자원 매장량, 질병 패턴, 기후, 토양이 모두 올바른 발전전략을 수립하는 데 매우 중요한 입력정보들이다.

## 발전전략의 입안

자유시장 교과서에 따르면, 국가들은 두말없이 시장을 개방해야 하고 소유권을 수호해야 하며 거시경제의 안정을 보장해야 한다. 그러면 경제발전이 자연히 따른다는 것이다. 하지만 자유시장인 미국을 포함한 세계의 어떤 나라도 실제로 이런 식의 발전정책을 추구하지는 않는데, 여기에는 타당한 이유가 있다. 모든 단계의 발전, 그리고 모든 분야의 개발에서, 공공부문과 민간부문은 상호보완적인 역할을 한다. 공장, 기계장비, 숙련노동 형태의 민간자본이 생산적이기 위해서는 도로, 병원, 학교, 항만, 자연보호지역, 공익설비 등의 공공부문 자본이 반드시 있어야 한다. 경제발전은 시장의 힘과 공공부문의 계획 및 투자의 복잡한 상호작용이다.

궁핍에서 발전으로 나아가는 궤도가 단 하나뿐인 것은 아니다. 아이슬란드, 인도, 인도네시아는 모두 알파벳 I로 시작하는 나라들이지만, 그 발전궤도는 이보다 더 다를 수 없다. 북대서양의 작은 섬나라인 아이슬란드는 풍부한 수산자원과 지열에너지를 지렛대삼아 눈부신 발전을 일구어냈다. 주로 자연자원 수입을, 적은 인구의 매우 높은 수준의 교육과 기술에 재투자함으로써 얻어낸 성과였다. 아이슬란드는 미국과 서유럽 모두에 가까운 대서양 한복판의 나라라는 지리적 이점을 이용하여, 우수한 학생, 비즈니스맨, 예술가, 기업가들이 두 곳의 거대한 시장을 어렵지 않게 오가며 편안하게 공부하고 일할 수 있는 개방사회를 조성했다.

인도는 아이슬란드보다 5,000배나 되는 인구를 가진 정반대의 나라다. 인도의 과제는 아이슬란드와는 전혀 다르게, 자급자족 농부들이 밀집 거주하는 아대륙을 도시화가 진척된 현대적인 사회로 변모시키는 것이다. 인도에는 수억 인구가 빈곤하게 살고 있다. 인구증가율은 높아서, 1950년부터 2000년까지 인도 인구는 3억 5,000만 명에서 10억 명으로 3배 늘었다. 지난 20년 사이에 인도는 마침내 오래도록 기다려온 발전의 돌파구를 열었다. 국제적인 과학지원 및 원조공여에 힘입어 1960년대와 1970년대에 농업생산성이 크게 향상되면서 자급자족 농업 위주의 인도가 상업적 농업지대로 변모하기 시작했다. 1980년대에는 점진적으로, 그리고 1990년대에는 급속도로, 몇몇 중심도시가 제조업과 정보기반 서비스 수출에서 국제 경쟁력을 갖추어갔다. 출산율은 낮아지고 문자해득률은 높아졌으며, 두 가지 추세 모두 인도의 경제적 변화 촉진에 기여했다. 하지만 인도 인구의 70퍼센트 정도가 아직 시골마을에 살고 있고 생태계 압박이 심각한 상태에서, 인도는 여전히 발전과 변화라는 지대한 과제를 마주하고 있다.

인도처럼 인구가 밀집 거주하지만, 섬이라는 지리적 영향으로 국제무역에 보다 개방적인 열대 군도인 인도네시아는 또 다른 제3의 사례다. 인도는 인구의 38퍼센트만이 해안에서 60마일 이내에 거주하는 데 비해, 인도네시아는 인구의 약 95퍼센트가 해안지대에 살고 있다. 인도네시아인들이 해안에 인접해 살고 있는 것이 국제무역에 유리한 여건을 조성하여, 인도네시아의 GNP에서 수출이 차지하는 비중은 2003년 현재 31퍼센트였다. 그에 비해 인도의 수출 비중은 14퍼센트였다. 해안에 인접한 지리적 조건이 인도네시아의 비교적 빠른 도시화를 뒷받침했음은 두말할 나위도 없다. 같은 해에 인도의 도시화율이 고작 28퍼센트였던 데 비해, 인도네시아의 도시화율은 약 46퍼센트였다.

이와 같은 간략한 사례를 통해, 각 나라가 특유의 지리, 인구, 역사에 뿌리를 둔 독특한 과제들에 직면해 있음을 확인할 수 있다. 그럼에도 최소한 몇 가지의 타당한 일반화는 제시할 수 있다. 첫째, 어떤 나라든 국가의 건전한 발전전략을 입안할 때에는 다음 세 가지의 지리적 범주에 관심을 기울일 필요가 있다. 농촌(농업 부문 위주), 도시(제조업과 서비스 부문 위주), 그리고 경제의 각 부문을 이어주고 자국 경제를 이웃나라 및 세계시장과 연결시키는 국가 인프라망(도로, 전기, 전기통신 등)이 그것이다.

둘째, 자급자족경제에서 지식기반경제로 변모해가는 각 단계에서, 공공부문과 민간부문은 둘 다 중요하면서도 상호보완적인 역할을 한다. 적절한 공공투자와 리더십이 없을 경우, 민간부문은 효율적으로 돌아가지 않는다. 발전은 본디 시장의 힘과 공공정책 간의 상호작용이다. 민간부문을 성장의 엔진으로 생각한다 해도, 민간시장에서 적절히 공급할 수 없는 기반시설 등의 중요한 공공재는 공공부문에서 제공해주어야 하며, 이러한 것들이 제공되지 않을 경우 민간부문은 성장할 수 없다.

여섯 가지의 매우 중요한 공적 개입이 있다. 첫째는 가난한 이들이 생존하고 기본적 욕구를 충족하며 발전의 사다리에 오를 수 있도록, 최빈국 인구의 상당수를 차지하는 빈곤층을 돕는 것이다. 그러자면 가난한 이들에게 기본적인 보건, 적절한 영양, 초등교육, 안전한 식수, 그 밖의 필수품들을 제공하기 위한 공적자금을 조달해야 한다.

둘째는 민간부문의 성장에 필요한 핵심 기반시설(도로, 항만과 공항, 전력, 전기통신, 광대역 접속망 등)과 그 밖의 공공재(전염병 통제나 환경관리

등)를 공적으로 공급하는 것이다. 핵심 기반시설이 민간시장에 맡겨질 경우, 공급부족, 독점가격, 빈곤층 배제 등의 부작용이 빚어진다. 질병통제 같은 다른 공공재들도 시장에서는 극심한 공급부족 상태가 된다.

셋째는 화폐 안정, 소유권 보호, 계약 이행, 국제무역 개방을 비롯한 건전한 비즈니스 환경을 제공하는 것이다. 넷째는 각계각층의 전 인구가 불가피한 경제적 변화를 겪을 때 경제적 안정과 건강한 삶을 유지할 수 있도록 보증하는 사회보험을 제공하는 것이다. 다섯째는 현대 과학기술을 증진시키고 보급하는 것이다. 기반시설과 마찬가지로 과학연구도 시장에 맡길 수는 있지만, 그 경우 새로운 지식의 혜택이 사회 전체에 도달하지 않는다. 상업적인 이유로 저작권이나 특허의 보호를 받게 되기 때문이다. 여섯째는 자연환경을 온전하게 지키는 것이다.

이 여섯 가지 과제의 상대적 중요도는, 〈표 9.3〉에서 강조하다시피, 기술사다리의 어느 단을 오르고 있는지에 따라 확연히 달라진다. 사다리의 맨 아랫단에서는 공공투자에 의한 기본 욕구 충족을 우선시해야 한다. 과학기술에 대한 공공부문의 지원은 어느 발전단계에서나 중요하긴 하지만, 경제발전에 발맞추어 반드시 확대해가야 한다. 마찬가지로, 가장 낮은 단계의 경제에서는 기본 인프라와 초등교육이 매우 중요한 데 비해서, 선진경제에서는 많은 인구의 질 높은 대학교육이 필수적이다.

발전전략 실행과정에서 통치의 몇 가지 심층 과제가 제시된다. 그 첫째이자 가장 기본적인 과제는 정치와 정책 선택을 통해 발전을 실제로 뒷받침하는 것이다. 제2차 세계대전 전, 유럽의 아프리카와 아시아 식민지배는 발전에 커다란 장애물이었다. 제국 권력의 관심이 식민지의 장기적인 경제발전이 아니라 천연자원 수탈에 있었기 때문이다. 신생독립국들은 독립을 달성하는 순간 훌륭한 통치라는 과제를 떠안아야만 했다. 내전, 극심한 부패, 민족분열, 무책임한 소수에의 권력집중 등등 통치를 실패로 끌고 갈 이유는

<표 9.3> 발전의 사다리 오르기

| 발전 사다리의 단 | 공공부문의 과제 | 민간부문의 과제 | 지리적 중점 과제 |
|---|---|---|---|
| 혁신 경제 | 질 높은 대학, 과학에 대한 공적자금 지원 | 지식 노동자 관리, 종업원의 삶의 질 | 일류 대학과 엔터테인먼트, 세계 여행과 시장 접근성을 갖춘 '창조적인' 도시 지역의 질 높은 삶 정착 |
| 신흥 시장 경제 | 금융시장, 상법, 공적연금, 사법제도, 대학과 기술학교의 심화 발전 | 연구 역량, 물류체계, 품질관리, 직무연수의 창출 | 국가경제를 국제 공급자 및 소비자와 연결시키는 경쟁적인 수송 통신 서비스 필요 |
| 상업 경제 | 잘 가동되는 공단과 산업지구 설립, 항만과 공항, 전기통신, 인터넷, 전력의 진흥, 중등교육 보편화, 인구변천 완료, 노동법 | 수출금융, 산업지구 운용, 국제 바이어 및 공급자들과의 합작사업을 포함한 계약관계, 노동 기준 채택 | 급속한 도시화를 수용할 수 있는 교통 통신 여건, 믿을 만한 전기, 도시 기반시설 확대, 정책 지원 |
| 자급 자족 경제 | 기본적인 도로, 전력, 보건, 초등학교, 교원대학 네트워크의 창출, 교육 및 보건, 농업, 기반시설 분야의 전문 일꾼 양성 | 돈벌이가 되는 농업, 소규모 농촌기업, 소액금융의 진흥 | 가뭄, 전염병, 농작물 병해충 등의 위협에 대한 취약성 |

사다리 오르기

많았다. 나쁜 정책 채택 또한 명백한 위험이었다. 가난한 나라의 선의를 가진 많은 지도자가 순진하게도, 예컨대 농장과 공장의 국유화 정책을 채택하고 기술의 유입을 차단하는 무역장벽을 쌓는 등의 섣부른 정책 결정을 하곤 했다.

하지만 훌륭한 통치가 행해진다 해도, 또 하나의 커다란 과제가 남는다. 공적자금 조달이다. 발전을 성공적으로 이끌어가려면 공공투자가 필요한데, 가난한 나라의 정부들은 자금부족이 극심하고 빚이 과다한 경우가 많아 필요한 투자를 재정적으로 뒷받침할 수 없다. 정부가 도로나 전력망, 기타 기본적인 기반시설들을 구축하지 못하면 민간부문도 시들해진다. 그 귀결은 빈곤이 공공투자 부진을 유발하고 공공투자 부진이 빈곤을 더욱 강화하는 재정 빈곤의 덫이다. 최빈국들의 경제발전 실패의 가장 중요한 원인 중 하나가 바로 이런 식의 재정 붕괴다. 최빈국들은 지리적 장애를 갖고 있어 이를 개선하기 위한 투자가 절실한데 그러한 투자는 그림의 떡이니, 재정적 덫으로 인해 더더욱 진이 빠진다. 재정 붕괴는 또한 변변치 못한 통치의 원인이 되기도 한다. 정부에 국민들의 기본적 욕구를 채워줄 세수가 부족할 때, 정부는 대중들에게 정당성을 상실하면서 극단적인 파벌싸움도 막을 수 없고 심지어는 내부 반란이나 쿠데타도 방어해내지 못한다.

## 발전 실패의 진단

지난 50년 사이에 신속하고도 지속적인 경제발전을 체계적으로 달성한 나라는 동아시아와 동남아시아의 발전도상국들뿐이다. 남아시아를 비롯한 다른 지역의 국가들은 비교적 최근에 와서야 속도를 내기 시작했다. 아프리카는 극단적 빈곤 상태로 뒤처졌고, 라틴아메리카 역시 아시아나 아프리카보다 형편은 좀 낫긴 하지만 수십 년 동안 결정적인 돌파구를 찾지 못하고 활력을 잃었다. 진보의 속도를 높이기 위한 병목지점을 식별해내고 정책수단들을 동원하여 그 병목지점을 돌파하는 일이 개발경제학의 가장 큰 과제다. 《빈곤의 종말》에서 나는 이 식별과정을 임상의학과 유사한 감별진단으로 설명하면서 그 작업의 수행에 유용하게 쓰일 수 있는 체계적인 리스트를 제시한 바 있다. 세계의 주요 지역들이 맞닥뜨리고 있는 중요한 과제들을 간추려 일별하면 다음과 같다.

라틴아메리카에서 주된 장애물은 기초적인 지리나 참담한 통치 같은 요인도 일부 있는 건 분명하지만 그보다는 사회분열과 경제전략이라고 보아야 할 것이다. 라틴아메리카 사회는 인종, 민족, 계급에 따라 갈라지는 경향을 보인다. 여러 세기 동안 유럽인의 후예들이 나라를 좌지우지하면서 토착 아메리카 인디언이나 노예들의 후예인 아프리카계 라틴아메리카인들의 교육, 보건, 경제적 복지에 큰 관심을 쏟지 않았다. 그 결과는 극심한 사회적 갈등과 교육, 기술훈련, 공공보건에 대한 만성적인 투자부족이었다. 정치는 대중들에게 호소력이 있는 인민주의적 좌파와 부자들의 특권을 비호하는 권위주의적 우파 사이를 오락가락했다. 그와 동시에 엘리트 집단은 과학기술과 고등교육 투자의 중요성을 과소평가했다. 천연자원과 방대한 농장에서 나오는 수입에 의지하여 살아가는 데 익숙해 있었던 탓이다. 그 귀결은 1970년대에서 최근에 이르는 라틴아메리카의 장기적인 경제침체였다.

마침내 상황이 달라지기 시작했다. 계급 간, 민족 간 오랜 분열의 골이 민주주의의 힘으로 메워지고 있다. 정치인들은 전통적인 엘리트 집단만이 아니라 보다 넓은 사회의 목소리를 듣고 있다. 라틴아메리카 전역에서 교육과 지식 투자에 대한 인식이 높아지고 있다. 인민주의와 불안정이 여전히 위협 요소로 남아 있긴 하지만, 라틴아메리카가 마침내 대중교육과 하이테크사회로의 전환이라는 과제를 떠안으리라는 것 또한 확실하게 전망할 수 있다.

그에 비해 대다수의 아시아 국가들은 지난 15년 동안, 일부는 그 이전부터, 급속한 경제성장을 달성해왔다. 일찍이 1960년대와 1970년대에, 동아시아와 남아시아의 상당수 국가들은 이미 자급자족경제에서 상업경제로 전환하는 데 성공했다. 지난 4반세기 동안에 그들은 농업 위주 경제에서 공업 및 서비스 부문 경제로 전환하면서 발전의 사다리를 한 단계 더 올라섰다. 외국인 투자와 기술이 대량 유입되면서 눈부신 성장에 기름을 붓고 있다. 지역과 지역을 연결하는 기초적인 기반시설들이 곳곳에 들어서 있고, 기반시설이 구축된 지역에서는 거의 예외 없이 급속도의 경제성장이 이루어진다. 정책 결정자들은 뒤돌아보지 않고 기술발전에 주력하면서 정보시대를 앞당겨왔다.

아시아의 경제적 수렴에 대한 미래의 위협으로는 지리가 핵심 역할을 하게 될 것이다. 한편에서는 아프가니스탄이나 중앙아시아의 옛 소련 공화국들과 같은 아시아의 산악 내륙국들이 해안지방의 이웃나라들에 여전히 크게 뒤처지고 있다. 그와 비슷하게 물 압박이 심한 지역이 관개가 잘 된 지역에 크게 뒤처지는 추세다. 게다가 사실상 아시아의 모든 지역이 기후변화에 몹시 취약하다. 기온상승으로 열대지방 및 아열대지방의 곡물 작황이 위협을 받을 것이고, 기후변화로 인해 농업용수와 가정용수의 공급이 불안정해질 위험이 있다.

중동 지방은 세계의 다른 어떤 지역에서도 볼 수 없는 조건을 갖고 있다. 긍정적인 측면으로는, 유럽과 아시아 사이에 자리 잡고 있는 덕에 세계 무역과 문화교류의 중심지가 될 가능성이 크다. 1,000년 전의 중동이 바로 그랬고, 오늘날 아랍에미리트가 중동 지방의 무역 및 여행 중심지로 재창조되는 데 성공한 것도 그 덕분이다. '한가운데'에 있다는 지리적 위치로 인해, 이 지역은 또한 오랜 기간 가깝고 먼 열강들의 개입과 간섭에 노출돼왔다. 중동은 여러 방면의 공격에 취약한 지형이라서 군사적으로 방어하기가 유난히 어려운 지역이다.

20세기에 와서 외부의 개입이 이례적일 만큼 위험한 수준에 이르렀고, 오늘날까지도 그 상태가 계속되고 있다. 막대한 양의 석유가 매장돼 있는 까닭이다. 제2차 세계대전 전에는 유럽의 제국주의 열강들이, 전후에는 미국이, 두 눈을 전리품에서 한시도 떼지 않은 채 이 지역을 무자비하게 다루었다(전리품The Prize은 딱 들어맞는 단어로서, 이 지역 석유의 역사를 다룬 대니얼 예르긴Daniel Yergin의 대작 제목이기도 하다). 그러한 공작들은 개입 세력에게 석유 통제권이라는 단기 이익을 가져다주는 동시에, 지역 내부의 장기적인 불안정과 간섭 세력을 향한 불꽃 튀는 저항을 불러오곤 했다. 지금은 미국이 이곳을 반미 감정이 활활 타오르는 지역으로 만들고 있다. 미국은 나라를 바꿔가며 이 지역에 최신 무기를 단기 공급하고 있다. 한 해는 사우디아라비아에, 이듬해에는 이라크에, 그 이듬해에는 이란에 무기를 파는 식이다.

하지만 이 지역을 가장 강력하게 규정하고 있는 것은 근원적인 생태다. 중동 지방은 건조지대인데, 기후변화가 계속됨에 따라 더더욱 메말라갈 전망이다. 석유 부국들은 해수담수화를 통해 석유자산을 세계에서 가장 값비싼 민물로 바꿀 수 있다. 예멘, 시리아, 요르단, 팔레스타인 같은 이 지역의 다른 나라들은 갈수록 심해지는 물 압박에 시달리고 있다. 최근까지 생태적 압박에, 예사롭지 않은 인구증가까지 겹쳐져 문제가 더욱 복잡해졌다. 1950년 5,000만 명이던 중동 인구가 2005년에는 2억 1,200만 명으로 늘어난 것이다.[7] 다행히도 최근 몇십 년 사이에 지역의 대다수 나라들에서 출산율이 크게 감소했다. 1950~1955년에 6.5이던 평균 TFR이 2000~2005년에는 3.2로 떨어진 것이다. 그리고 일부 국가, 특히 아랍에미리트가 세계 무역 중심지로 급부상하고 있다.

하지만 지리, 재정 궁핍, 통치의 어려움이 함께 닥쳐 세계의 발전과제의 진원지를 형성하고 있는 곳은 바로 아프리카다. 한 세대 동안 아프리카는 빈곤, 기아, 질병, 환경 압박의 증대에 시달려왔다. 지리는 아프리카 발전의 모든 방면에 영향을 미친다. 열대 환경에 빈곤이 결합되어 세계에서 질병 부담이 가장 높다. 다수 인구가 해안이나 배가 다닐 수 있는 강에서 멀리 떨어져 산다.[8] 이는 한편으로는 이전 몇 세기 동안 사람들이 노예사냥을 피해 내륙지방으로 이주했기 때문이고, 한편으로는 내륙 고지대의 경작 조건이 더 좋기 때문이다. 건조지대와 사바나 생태지역은 가뭄 위험이 심각한데, 인구의 약 3분의 2가 그곳에 살고 있다. 하지만 아프리카에서도 빈곤의 덫을 해체할 방안은 많다. 농업, 보건, 교육, 기반시설에 대한 공공투자로 농산물 가공, 제조업, 서비스 부문 민간투자의 빗장을 열 수 있다. 아프리카는 활기를 찾기 시작할 수 있다. 다음 장에서 그 가능성을 확인해본다.

# 빈곤의 덫 걷어내기

아프리카는 경제발전의 삼중고를 겪고 있다. 곡물 수확량(헥타르당 식량생산, 〈그림 10.1〉)으로 측정한 농업 실적은 세계 최악이다. 지난 반세기 동안 수확량은 거의 늘지 않아, 헥타르당 1톤 정도에 머물고 있다. 인구는 급증하는 데 반해 경작지는 그만큼 늘지 않으니, 농지 규모가 줄어든다. 수확이 부진한데다 1인당 경작면적마저 줄어드니, 세계의 다른 지역들과 달리 1인당 식량생산이 줄고 있다(〈그림 10.2〉). 그 결과는 만성적인 기아에 시달리는 대륙이다.

아프리카의 질병 부담 또한 세계에서 유별난 수준이다. 평균기대수명은 46세로, 고소득국 평균보다 약 33세나 적다. 5세 미만 사망률은 충격적이게도 1,000명당 179명이다. 1,000명의 신생아 중 다섯 번째 생일을 맞기 전에 죽는 아이가 179명이라는 이야기다. 고소득국의 1,000명당 6명과 비교해보라. 아동사망률이 그렇게 높으니, 앞에서 상세히 살펴본 것처럼 출산율 또한 높다. 2000~2005년 사하라 이남 아프리카의 TFR은 평균 5.5이다. 그에 비해 고소득국의 TFR은 1.6이다.

아프리카의 세계시장 연계 또한 지리와 역사, 그리고 최근에 와서는 극단적 빈곤 자체의 질곡을 안고 있다. 유라시아 대륙과 달리 사하라 이남 아프리카는 사하라 사막에 의해 원천적으로 단절돼 있고, 바다에서 내륙으로 배를 타고 들어갈 수 있는 강도 없어서 단절은 더 심해진다. 게다가 식민 열

강들은 아프리카 내륙지방에 기반시설을 많이 건설하지 않았다. 인도에서
는 영국 식민통치자들이 철도망을 촘촘히 구축하여 시골길들에 접속시켰
다. 인도의 농촌에서 생산한 면화를 영국의 공장으로 실어내 가기 위한 목
적이 컸다. 그에 비해 아프리카에서는 철도가 농촌 마을이 아니라 얼마 안

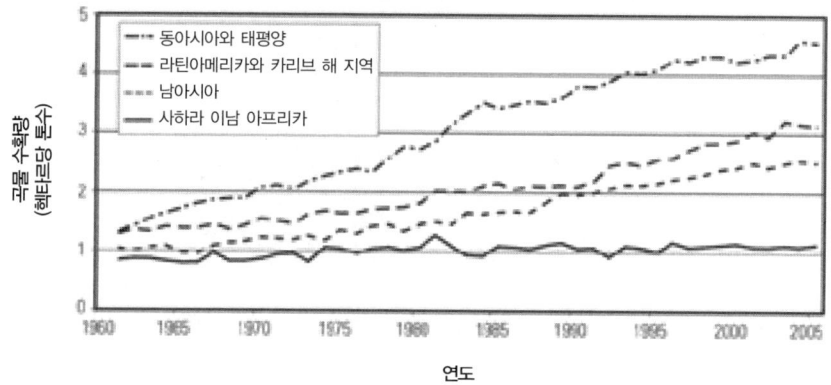

〈그림 10.1〉 1960~2005년 곡물 수확량

출처: World Bank (2007) 자료

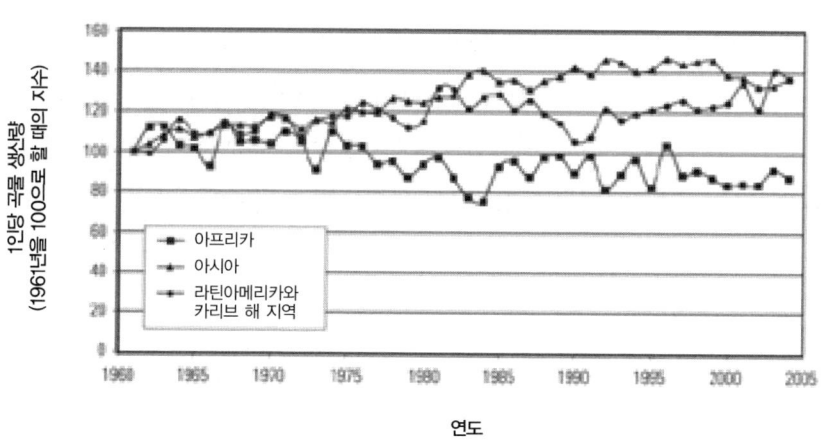

〈그림 10.2〉 1961~2004년 지역별 1인당 곡물 생산량

출처: FAO (2007), World Bank (2007) 자료

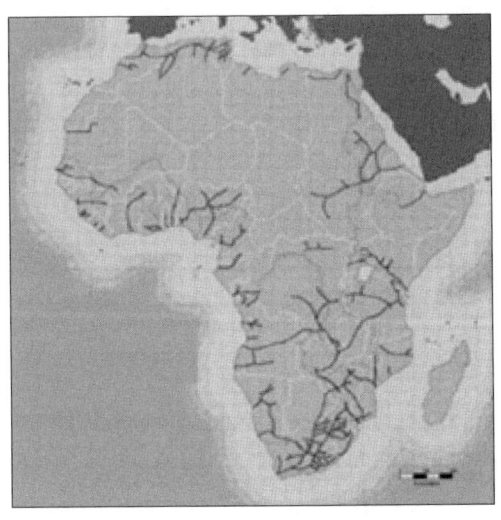

출처: Africa Studies Center, Michigan State University

되는 다이아몬드 광산이나 금광으로 연결되었다. 그 결과 철도망이 구축되지 못하고, 서로 단절된 모세관 같은 철도가 아프리카 농촌 인구의 극소수에게만 연결되는 모양새가 빚어졌다. 〈그림 10.3(a)〉와 〈10.3(b)〉는 이렇게 대비되는 식민 유산의 차이를 극명하게 보여준다. 인도가 녹색혁명을 달성하기 위해 펀자브 지방에 비료를 공급하고 이 지역의 잉여농산물을 실어내 인도의 다른 지역들과 교역할 필요가 생겼을 때, 철도망은 매우 소중한 존재로 부각되었다. 아프리카에는 그런 행운이 닿지 않았다.

## 빈곤 탈출

이런 부담은 극복 가능하며, 그 비용도 매우 적게 든다. 식량생산은 늘릴 수 있다. 질병은 억제할 수 있다. 교육을 확대하여 모든 어린이가 읽고 쓸

〈그림 10.3(b)〉 인도의 철도망

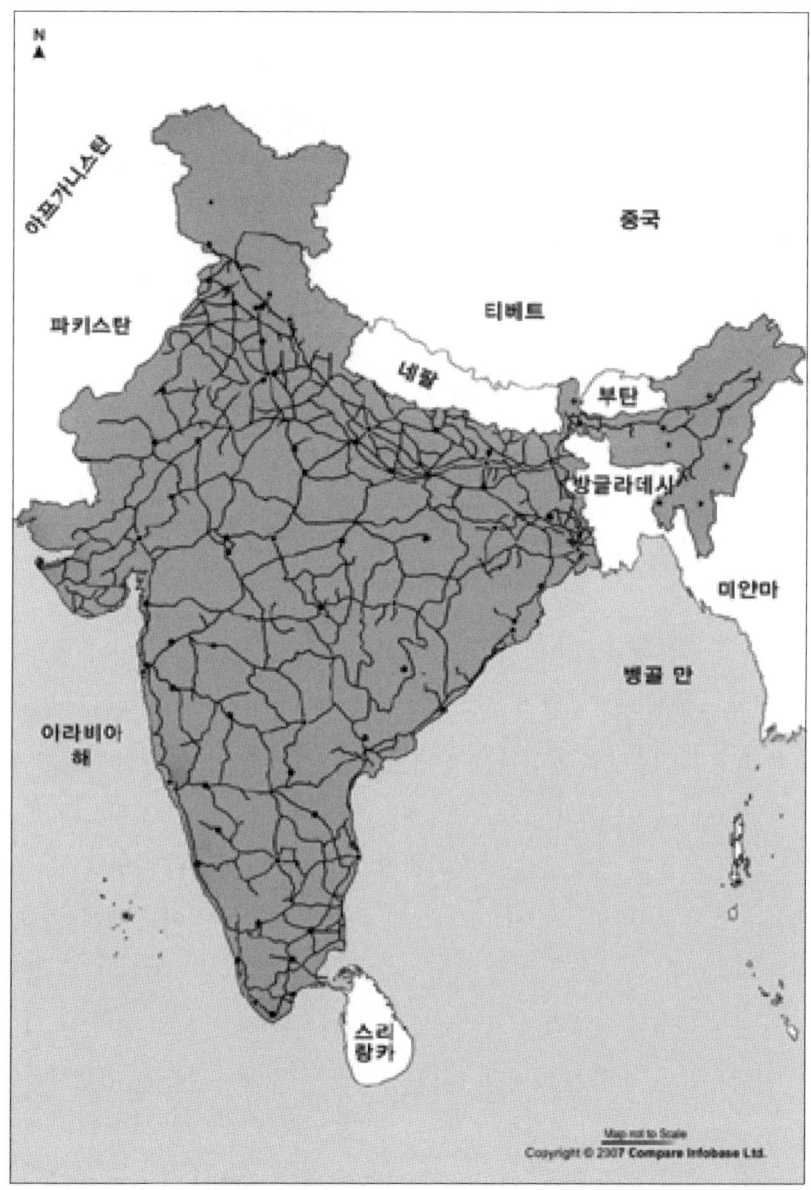

출처: Africa Studies Center, Michigan State University

줄 아는 등의 필요한 가르침을 받게 할 수 있다. 도로, 전기, 물, 위생시설을 비롯한 기반시설도 건설할 수 있다. 계획을 실행에 옮기기만 하면, 이런 일들은 사실 빠르게 진척시킬 수 있다. 형편없는 통치가 제약 요인인 경우도 일부 있기는 하나, 대부분의 경우에는 재정이 문제다. 가난한 나라들은 무엇을 해야 하는지 알지만, 너무 가난해서 할 수가 없다. 식량, 안전한 식수, 보건 등 당장의 욕구도 충족시킬 수 없는 형편이니, 미래를 위해 저축이나 투자를 할 여력이 있을 리 없다. 해외의 원조가 필요한 건 그래서다. 몇 년 동안 일시적으로 원조를 늘리면, 적재적소에 투하될 경우 항구적인 생산성 향상을 유발할 수 있다. 생산성 향상은 자립적인 성장으로 이어진다. 그 논리연쇄는 다음과 같다.

일시적 원조 → 생산성 향상 → 저축과 투자 증대 → 지속적인 성장

극단적 빈곤에서 탈출하려면 네 가지 부문에 대한 기본 투자가 필요하다. 첫째는 핵심 생계수단인 농산물의 생산성을 향상시키는 것이다. 이것이 바로 소규모 자작농을 자급자족 상태에서 끌어올리는 첫 단계인 신성한 녹색혁명이다. 둘째는 보건으로, 여기에는 예방 및 치료 보건 서비스를 제공함으로써 전염병, 영양결핍, 안전하지 않은 분만 등의 주된 사망요인을 억제하는 일이 포함된다. 셋째는 교육으로, 가구들이 지역적이고 세계적인 경제를 항해하는 데 필요한 기술들을 배양케 하는 것이다. 넷째는 모든 분야의 생산성 향상에 필수적인 기반시설로, 여기에는 전기, 도로, 안전한 식수와 위생용수, 전화와 인터넷망, 항만 서비스 등이 포함된다. 농업생산성의 증대는 장기적인 성장 과정을 유발하는 기폭제인 경우가 매우 많았다. 그것은 또한 미국이 1960년대 후반기에 시작된 인도 녹색혁명의 초기 연구자금 및 개량종과 비료 등 온갖 자재의 비용을 댔을 때처럼, 흔히 외부의 도움과

더불어 출발하는 과정이기도 하다. 도시 지역에서는 초기 투자가 농업이 아니라 제조업이나 서비스 부문을 지원하게 된다. 어쩌면 성장의 방아쇠가 교역을 촉진하는 신작로나 의류 산업의 출발을 돕는 신항만, 공장 생산에 필수적인 전력을 공급하는 발전소일 수도 있다. 그 특별한 투자가 무엇이든, 개념은 똑같다. 생산성을 자급자족 수준 이상으로 향상시켜 자립적인 경제성장 과정의 방아쇠를 당기는 것이다.

외부 세계에서 농업, 보건, 교육, 기반시설에 대한 이러한 초기 투자비용을 댄다면, 상황에 급속하고도 결정적인 변화를 가져올 수 있다. 먼저 농업 부문에 대한 투자의 이익을 생각해보자. 〈그림 10.4〉(책 중간에 삽입된 컬러 도판 페이지를 보라)는 아프리카 농업의 수확량 증대 잠재력에 대한 뚜렷한 증거를 보여준다. 요한 록스트롬(Johan Rockstrom)은 아홉 나라에서 네 가지 유형, 즉 소규모 자작농, 공식 데이터, 연구소, 대규모 상업농의 수확량 데이터를 수집했다. 이 자료에 따르면 소규모 자작농의 평균수확량은 헥타르당 0.5톤 정도다. 공식 보고서에는 실제로 관찰한 수확량보다 2배쯤 많은 헥타르당 1톤 정도의 수확량이 기록돼 있다. 중요한 포인트는 세 번째 구획의 데이터인 연구소의 수확량인데, 연구소에서는 시범농장에다 비료를 주고 줄을 맞추어 심는 등 최적의 경작기술을 채용하고 소규모의 수자원 관리 시스템까지 동원하여 작물을 재배했다. 연구소의 수확량은 소규모 자작농의 실제 수확량의 10배쯤에 달해, 헥타르당 5톤이 넘는 경우도 있다. 데이터가 일부밖에 없지만, 상업농은 그보다도 더 많은 수확을 거둔다.

1헥타르의 농장에 필요한 농자재 패키지의 비용은 약 200달러인 데 비해, 식량 추가 수확량은 1~2톤 또는 그 이상으로서, 시장가격으로 450달러가 넘는다. 따라서 비료와 고수확 품종의 수익률은 매우 높다.[1] 하지만 이러한 실험재배 결과는 아직 실용화되지 않고 있다. 소규모 자작농들은 자재를 구입할 현찰도 없고, 신용대출도 받을 수 없기 때문이다.

보건에 대한 투자 수익도 마찬가지로 놀라운 수준이다. 최빈국들에 높은 질병 부담을 안겨주는 요인은 전염병과 영양결핍, 그리고 어머니와 아기의 동시 사망을 불러오는 안전하지 못한 분만 등 사실 몇 가지 안 된다. 전염병에는 AIDS, 결핵, 말라리아, 설사병, 호흡기 감염, 백신으로 예방 가능한 질병들(홍역, 소아마비, 파상풍, 디프테리아), 그리고 기생충이 있다. 농업과 마찬가지로 일정한 액수의 투자만 이루어지면 죽음도 대폭 줄이고 복지와 에너지 수준, 지역사회 생산성의 극적인 향상도 가져올 수 있다. 한 가지 실례로 말라리아 퇴치라는 과제를 생각해보자. 말라리아는 아프리카 어린이들을 죽이는 최대의 전염병으로, 매년 무려 300만 명을 죽음으로 몰아가고(대부분 어린이들이다), 무려 10억 명의 임상 사례를 내고 있는 질병이다! 하지만 적시에 처치가 이루어지기만 한다면, 말라리아는 대부분 예방할 수 있고 완치도 가능하다. 예방은 실내에 살충제를 뿌리든, 살충제 처리된 모기장을 치든, 모기가 물지 못하게 하는 것이다. 치료를 할 때는 증상이 나타난 후의 신속한 처치가 중요하다. 약효가 좋은 약을 쓰면 (중국 약초인 개똥쑥에서 추출한 아르테미시닌으로 만든 약이 유명하다) 병을 치유할 수 있으나, 아이에게 생명을 위협하는 합병증이 나타나기 전에 처치를 해야 한다. 대체로 열이 오른 지 몇 시간 내로 약을 써야 한다.

지역사회에서는 말라리아로부터 자신들을 지키기 위해 어떻게 해야 하는지 알지만(살충제 살포, 모기장, 약), 농업에서와 마찬가지로 그럴 여력이 없다. 탄자니아공화국 잔지바르(Zanzibar) 주의 두 섬에 대한 AIDS, 결핵, 말라리아 퇴치를 위한 세계기금(Global Fund to Fight AIDS, TB, and malaria)의 도움(2003년 시작)과 미국의 지원(2006년 시작) 사례에서 보듯이, 지원이 증가할 때에는 놀라운 결과를 낼 수 있다. 잔지바르에서는 2003년부터 약효가 좋은 차세대 약품을 도입하여 널리 사용하기 시작했다. 2005년부터는 두 섬에 모기장을 무료로 대량 배포했다. 2006년 중반에는 모기장에 뒤이어, 4~6개월 동안이나 약효가 지속되는 ICON이라는 실내 살충제를 전 가구에 살포하자는 캠페인을 펼쳤다. 캠페인을 펼치기 전까지는 말라리아가 주요한 살인범이자 질병의 원천으로서, 잔지바르에서 5세 미만 아동 사망의 약 절반, 외래환자 진료의 약 40퍼센트가 바로 말라리아로 인한 것이었다. 잔지바르의 북섬인 펨바 섬 최대의 구급병원인 압달라 음지 병원의 자료에서 보듯이, 캠페인의 성과는 눈부셨다(〈그림 10.5〉). 2005년 상반기에는 매월 100명 이상의 환자가 규칙적으로 병원을 찾았고, 그중 다수가 사망 가능성이 가장 높은 집단인 5세 미만 아동이었다. 2005년 10월 섬 북부 지역에서 모기장 대량 배포를 시작하여 2006년 1월 섬 전체 배포를 완료했다. 그 후로 환자 수가 급감하여 2006년 상반기에는 20명 수준으로 떨어졌고, 그중 약 절반이 어린이였다. 살충제를 살포한 뒤로는 말라리아 환자 수가 다시 한 자리 수로 줄어들었다. 성과는 놀랍고 감동적이지만, 말라리아 억제 활동의 기준으로는 별난 일이 아니다. 과감한 억제 프로그램을 실행에 옮기는 순간, 어디서나 그처럼 굉장한 성과를 기대할 수 있다.

〈그림 10.5〉 펨바 섬 소재 압달라 음지 병원의 말라리아 환자

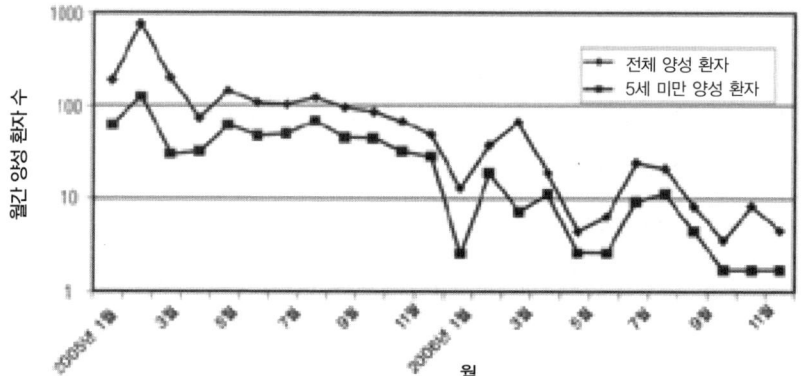

주: 세로축은 로그 척도임

출처: Ministry of Health, Government of Zanzibar

교육과 문맹퇴치 증진에서도 마찬가지로 극적인 성과를 거둘 수 있는데, 그러면 섬유나 의류, 농산물가공, 조립산업 같은 여러 가지 새로운 산업 분야에서 고용과 수출의 기회를 신속하게 개척할 수 있다. 취학이 생산성을 크게 향상시킨다는 것은 지난 수십 년간의 연구에서 거듭 검증돼왔다. 기반시설도 물론 변화를 추동하는 똑같은 역할을 한다. 전기, 수도, 인터넷망, 항만 연결로를 새롭게 갖춘 산업지구가 건설되면 외국인 투자가 유입될 수 있다. 기반시설이 갖추어지면 또한 지금은 단절된 농촌 지역과 도시의 시장이 경제적으로 새롭게 연계될 수 있다.

## 지역발전 전략

지리적으로 고통을 겪고 있는 빈곤 지역이 경제발전 사다리의 맨 아랫단에 발을 내딛기까지는 일시적으로 도움의 손길이 필요하다. 이런 지역들은 편리한 수송이나 생산성 높은 농업, 질병이 적은 환경 등의 혜택을 누릴 수가 없어 저축과 투자가 불가능한 덫에 걸리기 쉽고, 그로 인해 세계의 다른 지역들에 더더욱 뒤처지게 된다. 그런 곳에 생산기지를 세우려면 투자를 적극 추진해야 한다. 그런데 1981년을 전후해서 미국이 국가의 적극적인 정책도구였던 개발원조의 대폭 삭감을 결정한 이래, 한 세대 동안 그러한 노력이 가로막혀왔다. 그때 이후로 원조의 규모는 작아졌고 그나마도 이데올로기적 반대자들의 공격을 받아왔다.

정체된 지역을 돕는다는 생각은 국내에 적용되는 것이 보통이다. 각 나라의 정부는 기금을 동원하여 낙후된 지역을 지원하며 나라 안 모든 지역에 적절한 기반시설이 들어설 수 있게 한다. 국내의 정체된 지역은 또한 국내 이주의 도움도 받는다. 젊은이들은 종종 여건이 좋지 않은 지역을 떠나 여건이 한결 나은 지역에서 일자리를 구한 다음, 고향에 남은 가족들에게 송금을 한다. 해외원조는 정체된 지역을 위한 표준적인 지역발전 정책으로 간주되는 것이 옳다. 원조 제공자가 비록 국경 너머에 살고 있기는 하지만, 경제 원리와 정책 동기는 거의 같다. 부유한 지역에는 국경 내의 빈곤 지역을 도울 인센티브가 있고, 부자나라들에는 국경 너머의 가난한 나라들을 도울 인센티브가 있다.

성공을 거둔 두 가지 지역개발 프로그램을 보면, 국제 개발원조가 어떻게 성공할 수 있는지 이해하는 데 보탬이 된다. 미국에서 뉴딜 정책과 더불어 추진된 유명한 프로젝트 중 하나가 테네시 강 유역 개발공사(TVA)인데, 공사는 미국 남동부 7개 주에 걸친 테네시 강 유역의 수력발전용 댐, 홍수 조절 시설, 항해용 수로의 방대한 네트워크 건설을 감독했다. TVA는 심각한 경제공황기에 수만 개의 일자리를 창출했을 뿐 아니라, 미국 남동부 지역에 풍부하고 값싼 전기, 상업적 이용이 가능한 정비된 수로, 유역 주민들을 홍수로부터 보호하는 방대한 댐 네트워크를 비롯해 중요한 기반시설들을 제공했다. TVA는 또한 그 지역에 당시까지 돌고 있던 말라리아 전염병을 성공리에 퇴치했고, 그 일대의 환경보전에 크게 기여했다.

TVA는 사실 공공투자를 통해 미국 농촌의 빈곤을 퇴치하려는 보다 일반적인 뉴딜 정책의 한 부분이었다. 1935년에 설립된 농촌전력화사업본부(REA)에서는 농촌의 협동조합들에 정부의 신용대부와 재정보증으로 미국의 농장과 목장, 기타 농촌 주거지들에서 전기를 쓸 수 있게 하는 사업에 착수했다. 대공황의 와중에도 그 효과는 엄청났다. 1935년에 미국에서 전기가 들어오는 농장은 11.6퍼센트뿐이었다. 1940년에 그 수치는 30.4퍼센트에 이르렀고, 1950년까지는 농장의 77.2퍼센트에 전기가 들어왔다.[2] 또 1949년에는 미국 농촌에 전화 서비스를 확대하는 자금을 제공할 권한이 REA에 부여되었다. 10년 만에 전화 서비스가 제공되는 가구가 2배로 늘어, 1949년에 36퍼센트이던 것이 1959년에는 64퍼센트가 되었다. 미국 농촌에 기반시설 연결 자금을 제공한 연방정부의 이러한 역할을 자유시장 이데올로그들은 인정조차 하지 않으려 들며, 아프리카의 농촌지대와 기타 빈곤지역 공익시설들의 전면 사유화를 옹호해온 미국과 세계은행 관리들은 이런 사례를 아예 언급조차도 하지 않는다.

최근 들어 세계 최대의 지역개발 프로젝트는 중국의 서부개발계획이다. 중국 정부는 이 프로젝트를 통해 급성장하는 해안지역에서 정체된 내륙지역으로 경제발전을 확산시키고 있다. 2000년 이래 중국 정부는 서부개발에 1조 위안(1,250억 달러) 이상을 투자해왔다. 정부는 기반시설(25만 킬로미터의 고속도로와 4,000킬로미터의 철도를 건설했다), 외국인 투자 촉진, 교육, 환경보전(주로 재조림 사업)에 막대한 돈을 쏟아부으며 서부지방의 따라잡기를 도와왔다. 그 결과는 인상적이었다. 2000년에서 2006년 사이에 중국 서부지방의 생산은 거의 2배로 늘었는데, 바꾸어 말하면 같은 기간의 연평균성장률이 10퍼센트가 넘는다는 뜻이다. 그와 동시에, 내륙지방에서 해안지방으로, 농촌 지역에서 도시 지역으로의 대량 이주 또한 두 가지 측면에서 발전과정에 보탬이 되었다. 첫째, 1억 명이 넘는 이주민이 이주를 통해 일자리를 얻고 소득이 늘었다. 이들 이주민 중 다수는 자신의 고향 마을에서 실업 상태이거나 노동생산성이 매우 낮은 상태였다. 둘째, 그 소득 증가분의 일부는 고향 마을로 송금되어 지역 소비와 사업체 설립, 가정과 농장의 투자를 뒷받침했다. 하지만 대량 이주의 비용은 만만치 않았는데, 대량 이주는 가족의 분리, 심지어는 엄마와 아이들만 마을에 남겨둔 채 남자는 다시 돌아오지 않는 상태를 의미하는 경우가 무척 많았던 것이다.

## 국제 이주의 이익과 한계

절망적인 지역의 한 가지 해결책은 이민 유출이다. 가난한 중국 내륙지방의 해결책은 분명히 이출(移出)과 투자와 송금 유입의 조합이다. 한 나라에 지리적으로 압박받는 지역과 지리적으로 양호한 지역이 공존할 때, 어려운 지역의 주민 이출은 피할 수도 없고 유익하기도 하다. 중국인들은 서부에서 동부로 이주한다. 브라질인들은 오래전부터 건조한 북동부에서 온화한 남동부로 이주하고 있다. 이탈리아인들은 아열대인 남부에서 온대인 북부로 이주했다. 그러나 나라 전체가 지리적 압박을 받고 있을 때에는 문제가 훨씬 어려워진다. 이 경우에 이출민은 국경을 넘지 않을 수 없다.

동남아시아나 중동, 아프리카 일부 같은 몇몇 지역의 가난한 나라들에서는 대규모 이주가 이미 광범하게 행해지고 있다. 감시나 통제가 거의 없는 경우도 있다. 내륙국에서는 노동력의 상당 부분을 해안의 부유한 이웃나라들에 수출하는 것이 일반적이다. 이런 일은 평화적으로 진행될 수도 있으나, 경우에 따라서는 민족 간 폭력이나 심지어는 전쟁으로 터져 나오기도 한다. 코트디부아르 같은 경우가 그런 사례인데, 이 나라가 경제위기를 겪고 있던 1990년대에 내륙국인 부르키나파소의 노동자들이 대거 유입되면서 긴장이 격심해졌고, 긴장의 격화는 마침내 2002년 내전 발발의 한 원인이 되었다.

논란이 더욱 심한 통로는 빈국에서 부국으로 가는 이민 길이다. 라틴아메리카에서 미국으로의 이민이나 아프리카에서 유럽으로의 이민이 그것이다. 이민 유입은 뜨거운 문제임에 틀림없다. 선진국들은 언제 어디서든 의사, 간호사, 컴퓨터 엔지니어 등 고도로 숙련된 기술을 가진 이민은 기꺼이 받아들이며, 실제로 가난한 나라의 얼마 안 되는 의사나 간호사들을 끌어들이기 위해 치열한 경쟁을 벌인다. 반면에 숙련도가 낮은 노동자들의 대량 유입을 둘러싸고는 심각한 분란이 벌어진다. 노동자 이민의 유입에 대해서는 정치학보다는 경제학이 더 우호적이다.

경제적 관점에서, 그러한 미숙련 노동자 이민의 유입은 이민 유출국, 유입국, 이주민에게 모두 남는 장사이기 쉽다. 부자나라에 온 미숙련 이민자는 소득이 별안간에 10배 이상까지 뛰는 경험을 하게 된다.[3] 이민자는 이민 유입국의 노동력을 보완하는 분야에 고용되는 경우가 많다. 예컨대 이민 유입국 주민들에게 상당한 혜택을 제공하는 노동집약적 저임 서비스(접객업, 배달부, 웨이터 조수, 아기보기)와 같은 분야다. 그리고 벌어들인 소득의 일부는 본국에 송금되어 고향마을에 남은 가족들의 소비지출을 상당 부분 증대시키는 효과를 유발한다. 숙련도 낮은 이민자들이 이민 유입국의 저숙련 노동자들과 경쟁하면서 결과적으로 노임을 낮출 수는 있지만, 그 영향은 그리 크지 않다. 경제학 용어로 말하면, 이민자들은 주로 이민 유입국 노동력을 대체하기보다는 보완하는 역할을 한다.

하지만 정치적, 사회학적 차원으로 가면, 문제가 매우 복잡해진다. 미숙련 이민자들이 현지 주민들과 동화되지 못하거나 동화가 허용되지 않는 일이 무척 빈번하게 발생한다. 경제적 계급, 법적 신분, 거주하는 마을, 언어, 종교, 문화적으로 현지인들과 확연하게 구분되기 때문이다. 합법 이민자나 불법 이민자나 아내와 아이들은 본국에 남겨둔 채 단신으로 이민을 떠나며, 가족 모두가 이별의 고통을 겪는다. 이민자들은 법적으로도 유동적인 신분일 수밖에 없다. 소유권도 없고, 국외 강제추방 같은 재판절차는 커다란 두려움의 대상이다. 그리고 기본적인 보건 서비스조차 받지 못하는 경우도 많다. 아이들이 있는 경우에는, 아이들도 대체로 취학이나 보건 제도에서 임시 처우밖에 받지 못한다. 이별, 차별, 상호 간의 두려움이, 미국과 유럽에서 두고두고 반복되고 있는 것처럼, 폭력의 발화점이 될 수 있다.

이민이나 송금만으로는 이민 유출국의 발전 문제를 결코 해결할 수 없다. 오늘날 선진국의 총 인구가 10억 명가량인 데 비해서, 발전도상세계의 인구는 2050년까지 현재 수준에서 최소 10억 명, 최대 30억 명까지 더 늘어날 것이다. 가난한 나라들의 미숙련 노동자 중 선진국들에서 합법적으로 이민을 허용받을 사람은 비율이 낮은 수준일 것이고, 불법 이민을 강행할 사람도 비율로 보아 그리 많지는 않을 것이다. 이민자들의 송금 증가가 이민 유출국의 경제발전에 분명히 보탬이 되기는 하겠지만, 이민자들의 송금이 공공투자의 재원이 될 리는 없고, 발전도상국 민간투자의 작은 한 부분 이상이 되기도 힘들 것이다.[6] 따라서 이민 유출 여부와 상관없이, 가난한 지역들의 국내 경제를 발전시켜야 할 지상명령이 앞으로도 계속 핵심과제가 될 수밖에 없음을 알아야 한다.

## 밀레니엄 빌리지 전략

운 좋게도 내가 전 유엔 사무총장 코피 아난을 도와 감독을 맡게 된 유엔 밀레니엄프로젝트(UN Millenium Project) 권고안의 핵심에는 여건이 좋지 않은 지역들이 극단적 빈곤에서 탈출하는 것을 돕는 신속효과 투자(quick-impact investment)라는 개념이 있다. 프로젝트는 농업, 보건, 교육, 기반시설을 비롯한 경제 각 부문에서 현장에서 곧바로 쓸 수 있고, 모니터링이 잘 되며, 지역 조건에 잘 부합하는 실제적인 투자를 선별했다. 재원은 효과를 빨리 낼 수 있는 종류의 원조로, 모니터링이 쉽고 부패로부터도 안전한 믿을 수 있는 투자를 제공한다. 내가 앞에서 이야기했듯이, 사실 그것은 원조의 격렬한 비난자 윌리엄 이스털리조차도 ("백신, 항생제, 식량 부족분, 개량 품종, 비료, 도로, 시추공, 수도관, 교과서, 간호사"와 같은 "분명한 재화"의 원조를 요구했다) 추천한 바 있는 그런 원조다.[5] 이처럼 신속효과 투자에 초점을 맞추자는 안은 유엔 밀레니엄프로젝트의 핵심 권고안을 공식 채택한 2005년 유엔 세계정상회의에 모인 세계 각국 정부의 승인도 받았다. 유엔 밀레니엄프로젝트는 또한 어떤 성과를 낼 수 있는지 보여주고자 권고의 이행을 신속하게 뒷받침했다.

이렇게 해서 탄생한 것이 밀레니엄 빌리지 프로젝트(MVP)이다. 프로그램을 개발하고 주도한 것은 컬럼비아대학 지구연구소, 유엔개발계획, 밀레니엄 프로미스(Millennium Promise, 밀레니엄개발목표 홍보에 전념하는 NGO)의 3자 연합이고, 실행은 아프리카의 지역 커뮤니티들에서 담당했다. MVP는 유엔 밀레니엄프로젝트의 재정분석에 따라 사업을 실행한다. 외부 기부자, 지역 커뮤니티, NGO, 정부가 공동부담하는 예산에 의거하여, 가난한 마을들에 일련의 신속효과 투자가 이루어진다. 5년간의 활동목표는 각 5,000명 정도의 지역 커뮤니티에 마을사람 1인당 매년 약 120달러를 들여 각 커뮤니티에 장기 지속성장을 할 수 있는 힘을 주는 것이다. 120달러는 농업, 보건, 교육, 기반시설 등 몇 가지 핵심 부문에 배정되며, 분담 비율은 대략 다음과 같다. 60달러는 외부 기부자, 30달러는 커뮤니티가 속한 정부, 10달러는 커뮤니티 자체에서 (현물로) 내고, 20달러는 NGO를 비롯한 협력자들이 분담한다. 밀레니엄 빌리지 프로젝트는 개인 자선가들과 일본 정부의 재정지원을 받았는데, 외부 기부자들이 내는 60달러가 바로 그것이다.

2006년 말 현재, 모두 합해서 78개 마을의 약 40만 명이 프로젝트의 대상이었다. 〈그림 10.6〉(책 중간에 삽입된 컬러 도판 페이지를 보라)에서 보듯이, 마을들은 2006년 말 현재 아프리카 전역의 10개국, 12개 지역에 분포돼 있다.[6] 지역 선정 기준은 극단적 빈곤 지역으로 그 나라의 정부가 프로젝트 합작 추진에 관심이 많은 곳이었다. 대상 지역은 또한 기본 조건이 다양한 곳들에서 각각 교훈을 얻을 수 있도록 아프리카의 다양한 농업생태지역에서 골고루 선정했다. 어떤 지역은 물이 풍부한 우림지대인 반면에, 어떤 지역은 극심한 건조지대다. 에티오피아, 우간다, 르완다의 고지대도 있고, 서아프리카의 저지대도 있다. 2007년에는 라이베리아, 모잠비크, 마다가스카르의 세 나라가 추가로 밀레니엄 빌리지 프로젝트에 합류했다.

1차년도에 각 마을에 다섯 가지 목표가 세워졌다. 농자재(고수확 품종과

<표 10.1> 밀레니엄 빌리지의 식량생산

| 밀레니엄 조사연구 | 빌리지 연도 | 곡물 수확량 (헥타르당 톤) | 경작 면적 (헥타르) | 생산량 (톤) | 생산량 증가 (* 대비 배수) |
|---|---|---|---|---|---|
| 케냐의 사우리 | 2004* | 1.9 | 220 | 418 | |
| | 2005 | 5.0 | 325 | 1,625 | 3.9 |
| | 2006 | 6.2 | 364 | 2,257 | 5.4 |
| 에티오피아의 코라로 | 2004* | 0.13 | 1,067 | 139 | |
| | 2005 | 0.58 | 1,970 | 1,148 | 8.3 |
| 말라위의 므완다마 | 2004~5* | 0.8 | 690 | 552 | |
| | 2005~ | 6.5 | 1,272 | 8,268 | 15 |

* 마을에 밀레니엄 빌리지 프로젝트가 시작되기 직전 연도

출처: Sanchez et al.(2007) 변용

비료)의 개선을 이용한 수확량 증대, 모기장과 의약품을 근간으로 한 말라리아 억제, 필요한 경우 새로운 시설의 건축을 포함한 임상보건 서비스, 가정용 수원의 개선, (가능하다면 지역 농산물을 이용한) 점심 급식 프로그램 지원하의 아동 취학률 향상이 그것이다. 목표는 수량화되어 예산의 뒷받침과 평가를 받는다. 초기 성과는 매우 긍정적이었다. <표 10.1>에 케냐, 에티오피아, 말라위의 가장 오래 운영된 빌리지 프로그램의 초기 식량생산 성과의 일부가 나타나 있다. 모든 사례에서 개입 이전 연도의 수확량은 잠재력에 한참 못 미치는 수준이었는데, 고수확 품종과 비료를 도입한 이후로 수확량이 치솟기 시작했다. 수확량이 증대하고 경작지가 확장되면서 식량 총생산이 크게 늘었다. 예컨대 에티오피아의 마을은 기준년도에 비해 약 8배로 늘었고, 말라위의 마을은 15배가 되었다. (이 두 경우처럼 기준년도가 가

뭄이 든 해였을 때에는 실제 증가 배수가 다소 높게 나타날 수 있다.) 말라리아의 신속한 억제, 학교급식 프로그램의 실행 등 다른 많은 분야에서도 비슷한 성과들이 뚜렷이 나타났다.[7] 효력이 오래 지속되는 살충제 처리 모기장과 약효가 탁월한 말라리아 치료약을 마을사람 모두가 이용할 수 있게 되는 순간, 말라리아 발병률과 원충혈증(말라리아 병원충에 의한 혈액 감염)은 급격히 감소한다. 학교급식 프로그램이 도입되면 취학률과 국가시험 성적이 부쩍 오른다.

프로젝트 참여국 중 여러 나라가 이미 밀레니엄 빌리지 프로젝트의 초기 교훈을 진지하게 새기면서, 이런 식의 포괄적이고 실제적이며 커뮤니티를 기반으로 하는 개발 프로그램의 확대를 꾀하고 있다. 프로그램의 확대는 네 가지 방식으로 진행될 것이다. 첫째, 말라리아 퇴치 모기장의 대량 배포와 같은 핵심 사업의 일부를 전국 규모로 도입한다. 에티오피아, 케냐, 니제르, 토고가 이미 이 사업에 착수했고, 다른 나라들도 속속 가세하고 있다. 둘째, 빌리지 지역의 규모를 현재 클러스터당 약 5만 명을 포괄하는 수준에서 그 10배쯤은 될 지방 전체로 확대한다. 셋째, 기부금만 충분히 들어온다면, 각국의 전 지방에 밀레니엄 빌리지 클러스터를 도입한다. 그리고 마지막으로, 프로젝트에 아직 합류하지 않은 나라들이 참여 의사를 밝혀오고 있다. 2007년 현재 밀레니엄 빌리지를 만든 나라는 13개국이며, 2008년에 몇몇 나라가 더 합류할 계획이다. 2010년까지는 사하라 이남 아프리카의 거의 모든 나라가 이와 유사한 프로그램을 갖게 되기를 희망한다.

제약 요인은 당연히 기부금이다. 프로젝트를 추진하려면 5년 동안 마을 사람 1인당 매년 60달러의 기부금이 필요하다. 이 액수는 약속된 원조액의 범위 안에 있는 수준이지만, G8이 아직 약속한 금액을 내지 않고 있다. 스코틀랜드의 글렌이글스에서 열린 2005년 정상회담에서, G8 국가들은 2010년까지 아프리카 원조를 연간 500억 달러 수준으로 높이겠다고 약속했다. 2004년의 2배에 달하는 원조액이다. 아프리카의 농촌 마을에 사는 인구가 대략 5억 명인데, 마을사람들에게 매년 1인당 50달러의 원조를 제공한다고 할 경우, 밀레니엄 빌리지 전략을 아프리카 농촌 전역으로 확장하는 데 드는 총비용은 연간 250억 달러 정도다(G8이 약속한 원조액의 약 절반이다). 고로 제약 요인은 자금조달 가능성이 없는 것이 아니다. 원조제공은 이미 약속한 사항이다. 강국들이 자신들의 약속을 지키기만 한다면, 매우 짧은 기간 안에 극단적 빈곤에서 탈출하는 결정적인 진전을 이루어낼 수 있다. 농업, 보건, 교육, 기반시설, 민간부문 개발에 관한 그 밖의 값진 구상들과 결합된, 확대된 밀레니엄 빌리지 개념이 밀레니엄개발목표의 달성 여부를 좌우할 수도 있다.

## 오늘날의 승자와 과거의 도움

"그들은 얼마나 빨리 잊을까"는 해외원조를 조롱하는 말로 많이 쓰인다. 오늘날의 원조국 대다수를 포함한 성공한 나라들은 대부분 역사의 중요한 시점에 외부 원조를 필요로 했다. 한번은 성난 사람 하나가 이메일로 아프리카 원조를 촉구하는 나를 공격해왔다. 그의 모델 국가인 이스라엘은 자력으로 성장해온 게 분명하다는 거였다. 이 사람은 아프리카의 100분의 1 안 되는 인구를 가진 이스라엘에 대한 미국의 원조가 아프리카 전체에 대한 미국의 원조와 맞먹는 수준이었다는 것을 거의 모르고 있었다! 같은 맥락에서 인도, 한국, 대만이 "자력으로 성장해왔다"는 말도 종종 듣는다. 1950년대와 1960년대 미국의 대외원조, 그리고 훗날 경제발전의 무대를 마련한 식민지 시기의 투자를 모르고 하는 소리다. 그리고 오늘날의 원조국인 유럽 국가들 자신도 마셜 플랜의 원조 수혜자로서, 1940년대 말과 1950년대 초에 (2004년 달러가격으로) 유럽인 1인당 연평균 약 85달러의 마셜 플랜 국가 보조금을 받았다. 흥미롭게도, 마셜 플랜의 1인당 수령액 85달러는 G8이 사하라 이남 아프리카에 제공하기로 약속했으나 아직 주지 않은 액수와 비슷하다(약속한 500억 달러를 약 6억 명의 수령인으로 나누면 비슷한 수치가 나온다).

한국, 인도, 대만의 경우는 매우 적절한 사례다. 성공한 이 나라들과 아프리카의 가난한 나라들 간에 종종 지나치게 단순화한 불공평한 비교가 행해지고 있기 때문이다. 한 예로 한국과 대만이 종종 가나와 날카롭게 대비된다. 세 나라는 1960년에 모두 거의 같은 출발선상에 있었고, 따라서 이후에 나타난 성과의 차이는 내생적인 것으로 아시아의 경제 거버넌스와 관리가 더 나았기 때문이라는 주장이다. 그런데 사실, 1960년대 한국과 대만의 경제적 도약은 식민지 시대 일본의 투자와 1950년대 말과 1960년대 초에 미국의 원조로 건설된 기반시설을 토대로 하여 이루어진 것이었다. 식민통치의 암울한 측면들을 결코 간과할 수는 없지만, 여기서 중요한 것은 일본의 정책과 투자가 한국과 대만의 고생산성 농업의 기초를 쌓았고, 이를 통해 식량확보와 산업화의 토대가 마련되었다는 사실이다.

아시아의 산업화 성공에 대한 탁월한 경제분석가인 로버트 웨이드(Robert Wade)는 일본이 대만 농촌에 한 몇 가지 중요한 투자를 다음과 같이 유용하게 요약정리하고 있다.

훌륭한 교통 기반시설이 구축되었다. 몇 가지 1차 원재료를 빼내가기 위한 좁은 목적이 아니라 둘 다 일본에 필요한 소규모 자작농의 쌀과 설탕의 생산을 늘리기 위한 목적으로 설계된 기반시설이었다. 이런 정책하에서 "관개시설과 배수시설의 확장, 개량종이나 좋은 품종의 보급, 비료와 퇴비의 사용 확대 사업이 가끔은 경찰력의 도움까지 받아가며 매우 정력적으로 추진되었다. 통계는 지속적인 증가 추세를 나타내고 있다(이시카와 1967:102에서 인용).” 농민들은 기술 지식의 보급에 박차를 가하고, 그것을 적절한 통제하에 두기 위해 농업협동조합, 수리조합, 지주–소작인조합으로 결집했다.[8]

1945년 일본의 식민통치가 끝난 뒤, 대만은 미국의 원조를 받아가며 농촌 기반시설과 관개사업에 막대한 투자를 했다. 웨이드는 다음과 같이 요약하고 있다.

1954년에서 1967년 사이에 농업생산량은 연 4.4퍼센트 증가했다. 아시아의 다른 어느 곳보다도 빠른 증가율이었다. 농업 성장이라는 큰 파도가 농촌사회에서 국민당 정권에 대한 불만을 막아내며 산업투자 환경을 안정시키는 데 일조했다. 1960년경에는 쌀의 단위수확량이 헥타르당 3톤에 도달했다. 일본을 제외하고는 아시아 최고였다. 그리하여 농업이 경제의 다른 부문들에 넉넉하게 투자할 수 있는 잉여를 제공할 수 있었고, 1950년대에는 수출도 할 수 있었다.[9]

가나의 농업은 그러한 투자 여력을 만들어내지 못했다. 그 점에서는 아프리카의 대다수 나라가 마찬가지였다. 한국이 1953~1961년에 (2005년도 달러가격으로) 1인당 연간 약 65달러에 달하는 미국의 원조를 받고 있던 반면에, 같은 기간 가나에 대한 미국의 원조는 1인당 연간 2달러였다.[10] 1960년 당시 이 나라들의 초기 조건은 이보다 더 다를 수 없었다. 한국과 대만은 문자해득률이 높았고, 농업 수확량도 많았으며, 기대수명도 길었다. 가나는 정반대였다. 일찍이 1960년에 한국과 대만의 곡물 수확량은 헥타르당 3톤이었던 데 반해서, 가나는 고작 0.8톤이었다.[11] 일찍이 1960년에 한국 농민들은 헥타르당 155킬로그램의 비료를 뿌리고 있던 데 반해서, 가나의 평균시비량은 헥타르당 1킬로그램도 안 됐다.

〈표 10.2〉 1960년 가나와 한국의 개발 지표

|  | 가나 | 한국 |
|---|---|---|
| 출생시 기대수명(년) | 46 | 54 |
| 45세 미만 사망률(1,000명당 사망자 수) | 215 | 127 |
| 곡물 수확량(톤/헥타르) | 0.8 | 3.2 |
| 비료 소비량(킬로그램/헥타르) | 0.4 | 155 |
| 미국의 원조, 1953~1961<br>(연간 수령자 1인당 2005년 불변달러가격) | 2.2 | 65.2 |

출처: World Bank (2007), USAID (2007) 자료를 이용해서 계산

　인도 역시 자생적인 발전을 한 것으로 자주 인용되는 또 하나의 사례지만, 사실은 외부 원조가 매우 중요한 역할을 했다. 한국이나 대만에서와 마찬가지로, 식민시대는 인도에 몇 가지 중요한 기반시설을 남겼다. 그중에서도 특히 철도망은 최근 경제도약기의 인도에 커다란 도움이 되었다. 더욱 중요한 것으로, 1960년대와 1970년대의 인도 녹색혁명은 외부 원조의 강력한 뒷받침을 받았다. 인도가 본디 놀라운 과학 역량을 갖추고 있기는 했지만, 록펠러 재단의 밀 개량종 지원 또한 중요한 역할을 했다. 두 명의 위대한 과학자, 록펠러 재단의 노먼 볼로그(Norman Borlaug)와 1960년대 인도의 밀 연구 책임자 스와미나단(M. S. Swaminathan)은 팀을 이루어, 볼로그가 멕시코에서 처음 개발하고 스와미나단의 팀이 인도의 환경에 적응시킬 수 있겠다고 선정한 밀 개량종을 보급했다. 그들의 작업은 인도에 미국의 대규모 긴급 식량원조가 필요해진 1964~1965년의 연이은 가뭄 직후에 더욱 다급해졌다.

　볼로그가 인도에 보낸 메시지는 고수확 농업을 대규모로 확대할 필요가 있고 정부가 농민들에게 비료, 고수확 품종, 신용대부, 생산물의 안정된 판

매가를 강력하게, 그리고 지속적으로 보증하며 이를 뒷받침해야 한다는 것이었다. 1968년의 한 연설에서 볼로그는 힘주어 말했다. "제가 지금 인도의 국회의원이었으면 좋겠습니다. 저는 몇 분마다 한 번씩 의사규칙을 어기고 벌떡 일어서서 큰 소리로 외치고 싶습니다. '지금 인도에 필요한 건 이것입니다! 비료, 비료, 비료, 신용대부, 신용대부, 신용대부, 적정가격, 적정가격, 적정가격!'"[12]

미국 정부는 요청에 응하여 긴급 자재 구입에 필요한 자금을 제공했다. USAID(미국 국제개발처) 책임자 윌리엄 고드(William Gaud)는 1968년에 다음과 같이 설명했다.

발전도상국(그 정부와 기관과 농민)들은 외부의 지원 없이는 녹색혁명을 지탱할 수 없습니다. 그들에게는 필요한 작물적응 연구를 할 능력이 없습니다. 비료 공장을 지을 자본이 없습니다. 사람들을 새로운 방식으로 교육시키는 데 필요한 시설과 기술자들이 없습니다.

만일 이러한 농업혁명이 성공을 거둘 수 있다면, 그것은 선진국과 발전도상국 간에 효율적인 파트너십을 구축할 때뿐입니다.

비료가 급속도로 A.I.D. 프로그램 최대의 단일 아이템이 돼가는 것은 이 때문입니다. A.I.D.가 식량증산을 추구하는 나라들에 비료 공장을 짓는 미국 회사들, 점점 늘어나는 그 회사들을 후원하고 있는 것은 이 때문입니다.[13]

1960년대 말 인도에 제공되는 비료는 USAID 예산 최대의 단일 항목이었다. 1960년 이후 인도는 전부해서 약 1,600억 달러의 원조를 받았다. 그 돈은 인도가 녹색혁명을 성취하고 기반시설을 구축하고 질병을 억제하고 과학과 교육을 강화하는 데 매우 큰 도움을 주었다.

## 규모와 지속가능성

자립적 발전의 신화 외에 원조에 관한 신화가 둘 더 있는데, 바로 규모와 지속가능성의 문제다. 해외 원조는 소규모로는 성공할 수 있지만 대규모가 되면 성공할 수 없고, 시범 프로그램이 지속가능한 성공을 보장하는 건 아니라는 주장이 종종 제기된다. 이러한 일반화는 잘못된 것이다. 녹색혁명처럼 원조를 기반 삼아 대규모로 확대된 프로그램은 셀 수 없이 많으며, 그러한 프로그램들은 모두 소규모의 시범사업을 거쳐 전국, 나아가 전 대륙 차원의 실행으로 신속하게 발전했다. 몇 가지 예를 들어보면, 천연두 퇴치(세계적으로 실행), 말라리아 근절(감염 수준이 낮거나 중간 정도인 아열대 및 기타 지역에서 성공), 백신 보급(1980년대부터 현재까지 UNICEF 주도), 가족계획과 수태조절(1970년대와 1980년대에 원조를 기반으로 전 세계로 확대), 수많은 특정 질병 통제 프로그램(소아마비, 눈을 멀게 하는 아프리카의 회선사상충증, 발에 기생하는 기니벌레 등 많은 질병이 지난 20년간 프로그램의 대규모 확대 노력에 힘입어 사실상 통제 가능한 범주 안에 들어옴) 등이다.

확대 비용이 그렇게 엄청나게 드는 것도 아니다. 유엔 밀레니엄프로젝트는 핵심 분야(농업, 보건, 교육, 기반시설)에 대한 총투자비가, 최빈국 전체로 사업을 확대한다 해도, 국제사회에서 개발원조로 약속한 원조국 소득의 0.7퍼센트 내에서 충분히 커버할 수 있음을 보여주었다. 부유한 세계의 연간 소득이 약 35조 달러이니, GNP의 0.7퍼센트는 연간 약 2,450억 달러다. 그에 비해, 실제 원조액은 연간 약 1,000억 달러다. 거기에 연간 1,450억 달러가 추가된다면 밀레니엄 빌리지, 질병통제, 전국 규모의 기반시설 등등의 자금 부족분을 충당하고도 남는다.

그보다 더 진부한 또 다른 신화는 원조가 나름의 역할은 하겠지만 그 효

312

과가 지속되지는 못할 거라는 이야기다. 요컨대 원조에서 비롯된 어떠한 발전도 원조가 중단되는 순간 무너져 내리고 말 거라는 주장이다. 만일 원조가 불충분하거나 원조 계획이 수혜국의 빈곤의 덫 탈출을 겨냥하고 있지 않을 때에는, 그건 사실일 수 있다. 하지만 원조가 빈곤의 덫 해체를 돕는다면 (그래야 마땅하다) 원조가 바라는 목적을 달성한 뒤 단계적으로 줄어들 수 있다. 그 뒤로는 자립적인 경제발전이 지속될 것이다. 가구소득과 세수가 늘면, 과거에는 원조로 충당했던 병원, 학교, 농업자재, 기반시설의 비용도 마련할 수 있을 테고, 공공투자를 계속하는 데 필요한 세원도 창출될 것이다. 그런 과정을 가리키는 용어도 있다. '원조 졸업(graduation from aid)'이다. 인도가 지금 원조 졸업 과정에 있다. 1980년 이후 원조국들로부터 총 600억 달러의 원조를 받은 바 있는 중국은 이미 세계은행의 원조 및 원조성 차관에서 졸업했다. 원조가 필요하지 않을 만큼 부유해졌기 때문이다. 모든 신규 신용대부는 시장 조건에 따라 제공된다.

경험칙은 이것이다. 한 나라의 1인당 국민소득이 구매력평가지수(PPP)로 약 4,000달러, 시장가격으로 약 1,000달러에 도달하면, 대체로 원조에서 졸업할 수 있다. 예컨대 중국의 2003년도 1인당 국민소득은 5,000달러 (PPP)였다. 이러한 졸업시점은 1인당 약 1,400달러(PPP)인 사하라 이남 아프리카의 현재 소득과 비교된다. 아프리카가 원조에서 졸업하려면 1인당 국민소득을 현재의 약 3배로 늘려야 한다. 1인당 연간 소득증가율 7퍼센트를 유지할 때, 아프리카의 1인당 소득이 3배가 되는 시점은 16년 후다. 외부 원조에 힘입어 아프리카가 기반시설, 보건, 높은 농업생산성, 초중등 과정 보통교육의 선결조건을 갖춘다면, 사하라 이남 아프리카는 얼마 안 가서 연 7퍼센트 수준의 1인당 소득증가율을 계속 유지할 수 있다. 고로 결연한 노력과 더불어 지금부터 그 시점까지 충분한 원조가 뒷받침될 경우, 아프리카는 2025년쯤 원조에서 졸업할 수 있다. 그리고 우리는 그것을 우리가 꼭 이루어야 할 목표로 삼아야 하며, 그 목표를 달성하려면 지금부터 그때까지 우리가 충분한 자금 지원을 해야 한다는 것을 잊어서는 안 된다.

다행히도 우리는 이미 그렇게 하기로 약속했다. 2010년까지 아프리카 원조를 배로 늘리기로 한 G8의 특별 약속 외에도, 주요 원조국들이 몬테레이 합의(2002년 3월 조인)를 통해 "공적개발원조를 국민총생산의 0.7퍼센트까지 늘려가는 구체적인 노력을 경주하기로" 약속한 바 있다. 2005년에 유럽 연합은 2015년까지는 그 목표치에 도달할 것이라고 선언했다. 오스트레일리아, 일본, 그리고 미국을 비롯한 다른 나라들도 그렇게 해야 한다. 원조 제공국들의 국민소득 합계는 현재 연간 35조 달러 정도이고 2015년경에는 약 44조 달러에 이를 것으로 전망된다. 따라서 0.7퍼센트의 서약을 지킬 경우, 2015년 현재 원조 총액은 약 3,000억 달러가 될 것이고, 그중 40퍼센트인 1,200억 달러가 아프리카로 가게 된다. 2015년 원조를 받을 아프리카 인구는 약 8억 명으로 추산되므로, 아프리카의 1인당 원조액은 연간 150달러 정도가 된다. 원조국들이 2015년까지 그 정도로 원조액을 늘린 다음 2025년까지 그 수준을 유지한다면, 아프리카의 농촌 마을과 도시 지역에 충분한 투자가 이루어지면서 2025년 이후 아프리카가 자립적인 성장을 해나가는 데 필요한 기반시설, 보건, 교육 등이 충족될 수 있을 것이다.

## 만일 우리가 행동에 나서지 않는다면

내가 앞에서 청년층 팽창을 언급하며 인용했던 중요한 신작 논문집 〈평화를 얻기에는 너무 가난하다(Too Poor for Peace)?〉에서는 극단적 빈곤이 어떻게 폭력과 테러, 인구의 대탈주를 유발하는지에 대해 보다 일반적인 설명을 하고 있다. 논문집의 편집자는 다음과 같이 서술한다.

국경과 경계가 흐릿해지고 멀게 느껴지던 위협이 당장의 문제로 전이될 수 있는 세계에서, 전 지구적 빈곤과의 싸움은 필연적인 싸움이 되었다. 단지 개인적 도덕심이 빈곤퇴치 투쟁을 주문하기 때문만이 아니고, 세계의 안정 또한 그 투쟁에 달려 있기 때문이다.

극단적 빈곤은 통치 제도를 파탄내고, 자원을 고갈시키고, 지도자들을 무력하게 하고, 희망을 무너뜨리며, 절망과 불안정이 뒤섞인 불섶에 기름을 붓는다. 가난하고 허약한 국가는 외파되어 폭발하거나 내파되어 붕괴하면서, 자기 국민들과 인접지역의 국민들, 나아가 세계를 위험에 빠뜨린다. 국민들의 생활기반은 무너지고, 투자자들은 도망치며, 정부의 힘이 미치지 못하는 지역은 테러리즘과 인신매매, 환경 황폐화, 질병과 같은 전 지구적 위협의 산실이 된다.[14]

나는 9.11 직전의 여름에 '전 지구적 불안정의 전략적 중요성' 이라는 제목의 논문에서도 이 점을 분명히 한 바 있다.[15] 하지만 당시에 나는 솔직히 그 문제가 이토록 빨리, 이토록 고통스럽게 대두하리라고는 예상하지 못했다. 아프가니스탄은 절망과 불안정이 뒤섞인 나라의 전형이자 전 지구적 테러의 본산이 되었다. 물론 강대국들은 아프가니스탄의 빈곤 타파에 도움을 주기는커녕 오히려 아프가니스탄을 먹잇감으로 삼아 약탈했다. 소련은 1979년에 아프가니스탄을 침공했고, 미국은 종교적 색채를 띤 반군을 선동하여 맞불을 놓았다. 미국의 지원을 받던 반군은 그후 부메랑이 되어 돌아와 미국을 괴롭히는 테러단체가 되었다. 미국과 NATO의 아프가니스탄 침공은 오늘날까지도 이 땅에 안정을 가져오지 못하고 있다. 그 이유의 한복판에 아프가니스탄의 극단적 빈곤이 있다.

아프가니스탄의 위기는 폭발하기 이전에 수십 년 동안 부글부글 끓어왔다. 그 역경은 참담했고 지금도 여전히 참담하다. 아프가니스탄은 건조한 기후, 사막화, 과도한 방목, 토양의 침식 및 악화, 삼림파괴로 인해 심각한 생태적 곤경을 겪고 있다. 이 나라는 내륙국인데다 중앙아시아의 산지 속에 자리 잡고 있어 바깥세계와 두절돼 있다. 인구는 1950년 이후 800만 명에서 2,500만 명으로 3배가 되었다. 인구의 무려 3분의 2가 25세 미만이며, 합계출산율은 7이다.

아프가니스탄은 빈곤, 과도한 인구, 환경악화가 수십 년 동안 견제 없이 지속될 경우 절대빈곤국의 종착지가 어디인지 잘 보여주는 사례다. 예전엔 손쉬웠던 해결책이 수십 년이 지나는 사이에 무망해질 수도 있다. 대지가 양귀비 생산이나 다른 막다른 수단에 의지하지 않고서는 더 이상 주민들을 부양할 수 없는 상태가 되기 때문이다. 오늘날 세계 최대의 불안정 지역은 아프리카에서 중동을 거쳐 중앙아시아까지 유목을 주된 생계수단으로 삼고 있는 건조지대의 국가군이다. 이 그룹에는 사헬(세네갈, 부르키나파소, 말리, 니제르, 차드), 아프리카의 뿔(에티오피아, 에리트레아, 소말리아, 수단), 동아프리카(우간다 북부, 케냐 북동부), 중동(예멘), 아시아(아프가니스탄, 파키스탄, 우즈베키스탄, 타지키스탄 등)가 포함된다. 이 나라들은 모두 군사적으로는 결코 해결할 수 없는 문제들에 시달리고 있다. 급속한 인구증가, 청년층 팽창, 환경의 극심한 악화, 경제적 대안의 결여와 같은 문제들이다. 세계의 합리적 대응이 지연되면서 빈곤의 덫과 불안정이 심화되고 있다.

## 다르푸르 개발이 제기하는 과제

오늘날 아프가니스탄에 견줄 만큼 극단의 절망이 대규모 폭력사태를 유발하고 있는 지역이 있다면, 그곳은 다르푸르다. 하르툼의 수단 정부에 맞선 다르푸르의 반란과 다르푸르 지방 내 다양한 집단 간의 야만적 폭력은 가장 기본적인 욕구조차도 충족시킬 수 없는 주민들의 절망의 반영이다. 세계의 정치인들은 그동안 수단의 정치에 초점을 맞추어 야만적 분쟁사태를 국제적으로 해결하려다 계속 실패해왔는데, 그들의 행보는 핵심 포인트를 한참 벗어난 것이었다. 다르푸르 사태의 진정한 해결책은 세계의 다른 지역들 지원하의 경제발전뿐이다.

특이한 점들을 잠깐 돌아보자. 다르푸르는 가난한 나라에서도 오랫동안 개발이 뒤진 지역이었다. 수단 서부의 내륙지방인 다르푸르는 개발이 다소 진전된 이 나라의 관개시설, 전력망, 수송망에서 멀리 떨어져 있다. 영국 지배하에서든 수단 독립 후에든, 이곳은 수단에서도 가장 가난한 지방이었다. 북 다르푸르와 남 다르푸르의 빈곤율은 41~60퍼센트인 데 비해, 차드에 면한 서 다르푸르의 빈곤율은 61~72퍼센트다.

현대에 진입한 이후에도, 다르푸르는 항상 도로, 전력, 안전한 물, 위생설비 등의 기반시설이 결여된 상태였고 정치적 대표자도 내지 못하고 있었다. 영국 식민통치기에 다르푸르는 수리시설을 갖춘 나일 강변의 면화 플랜테이션에 비해 홀대를 받아왔다. 다르푸르에서 확실하게 성장한 것은 인구뿐이었다.[16] 20세기 초에 100만 명도 채 안 되던 인구가 오늘날에는 600~700만 명으로 추정된다. 그러나 인구는 급증한 반면에 대지의 수용 역량은 오히려 감소돼왔다. 북 다르푸르의 엘파셔 기상대의 관측자료에서 보듯이 오랜 기간에 걸쳐 강우량이 서서히 줄어온 탓이다(〈그림 10.7〉). 수치는 매년 7~9월의 강우량 기록이다. 두드러진 양상은 1960년대 말부터 강우량이 줄어들기 시작한 점이다. 아프리카 사헬 지방 전역에서 분명하게 나타나는 양상이다. 최근에 와서 약간 회복되는 기미가 보이긴 하지만, 비는 여전히 부족하다. 지난 1세기 동안 인구가 7배로 늘어난 걸 감안하면 더욱 그렇다. 그 결과가 참담하리라는 건 능히 예상할 수 있는 일이었다. 대지와 물을 둘러싼 경쟁은 필사적이었다. 가축에게 먹일 물을 찾아 차드와 다르푸르 지방을 오가는 유목민 집단이 차츰 정착 농민들의 땅을 잠식해 들어올 수밖에 없었다. 주

로 북 다르푸르에 사는 유목민들과 남 다르푸르의 농민들은 민족과 언어가
서로 다르기 때문에, 두 집단의 충돌은 차츰 민족적이고 정치적인 성격을
띠게 되었다. 수단 정부는 정착 집단이 중심이 되어 일으키는 반란을 무자
비하게 다루며, 민족청소라는 끔찍한 수단까지 동원하여 반란을 진압하곤
했다.

　수단의 환경과 분쟁의 연계 고리에 관한 가장 권위 있는 최근 연구는 생
태적 압박과 분쟁 사이에 연관성이 있음을 강력하게 뒷받침한다. 유엔환경
계획의 훌륭한 보고서 〈수단: 분쟁 이후의 환경평가〉는 "토양 악화 및 사막
화와 다르푸르 분쟁 사이에는 매우 강한 연관관계가 있고" 북 다르푸르는
"생태 붕괴에서 연유하는 사회 붕괴의 비극적 사례로 볼 수 있으며" "이렇
게 근원적이고 밀접한 관계가 있는 환경 및 생계 문제가 해결되지 않고서는
이 지역의 장기 평화는 불가능할" 것이라고 지적한다.[17] 보고서는 또한 사
막화, 토양 악화, 기후변화를 강조하면서도 균형감을 잃지 않고 "긴장을 조
성하는 요인들이 단지 그것뿐인 건 아니라고" 지적한다.[18]

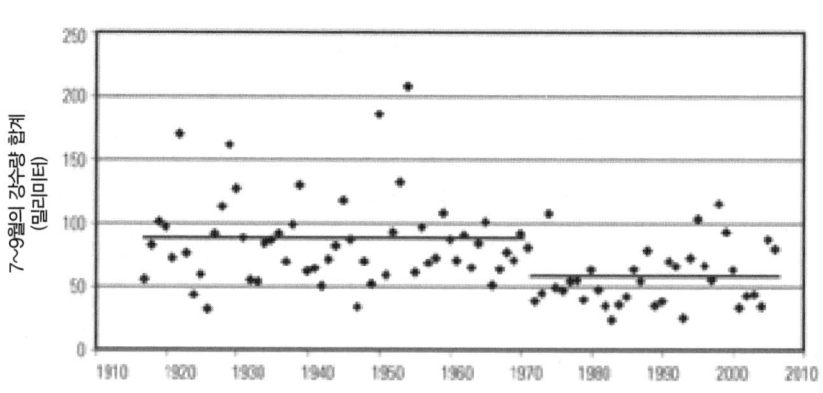

〈그림 10.7〉 1917~2006년 사헬 지방의 강수량(엘파셔 기상대)

주: 선은 1917~1970년과 1971~2006년의 평균치를 나타낸다

출처: Vose et al. (1992)

따라서 다르푸르는 아프가니스탄과 함께, 안정에 관한 다른 종류의 사고를 필요로 하는 또 하나의 중요한 사례다. 국제 제재나 평화유지군 같은 것으로는 문제가 해결되지 않는다. 어느 누구라도 다르푸르의 폭력 분쟁을 종식시키고자 한다면, 이 지역의 극단적 빈곤이라는 분쟁의 원인을 치유해야만 한다. 다르푸르의 극단적 빈곤과 경제적 불안정을 극복하려면, 다섯 가지의 핵심 개발과제를 해결해야 한다. 필수적인 사회 서비스와 기반시설의 결여, 나쁜 물 사정과 급속한 사막화, 농업과 목축업의 매우 낮은 생산성, 열악한 통치와 분쟁해결 메커니즘 붕괴, 생태 및 경제 상황을 악화시키는 인구의 급증이 그것이다.

다르푸르에 평화를 가져오려면, 당장의 안정과 인간적 욕구 문제를 해결하는 전략과 함께 발전의 위기를 타개하는 방책이 필요하다. 이 분야의 전문가들 사이에서는 안정, 인도주의적 구제, 개발의 세 갈래 전략이 필요하다는 것이 대세인 데 비해서, 정치적 논의의 장에서는 흔히 장기적인 개발이 필요하다는 것에는 거의 또는 전혀 관심을 기울이지 않으면서 오로지 단기적 안정과 인도주의적 개입에만 초점을 맞춘다.

발전의 위기에 대한 대응의 출발점은 밀레니엄 빌리지와 마찬가지로, 개입 즉시 신속한 효과가 나게 하는 개발방식일 수 있다. 2~3년 내로 안정화를 성공시킨 다음, 수량화된 목표를 설정하고서 포괄적이고 실용적인 기반을 구축해가는 밀레니엄개발목표를 축으로 장기 전략을 펼쳐갈 수 있다. 정부와 반란집단을 포함한 다르푸르 평화협정 당사자들 자신이 경제발전을 장기적 평화의 열쇠로 거듭 강조해온 것은 널리 알려져 있고 또 바람직한 일이다.[19] 그들은 밀레니엄개발목표를 다르푸르 발전의 초석으로 지목해왔다. "당사자들은 다르푸르의 인간개발 수준을 전국 평균 정도로 끌어올려 밀레니엄개발목표를 달성하는 데 모든 노력을 다 기울이기로 의견의 일치를 보고 있다."

신속효과 전략의 핵심에는 농목업의 관행을 전환하여 다르푸르의 심각한 환경악화 속도를 늦추고 궁극적으로는 환경이 개선되도록 하는 등 농목업의 생산성을 신속하면서도 지속가능한 수준으로 증대시킨다는 목표가 있다. 그와 함께, 육가공과 무역을 비롯한 비농업 생계수단도 육성해야 한다. 보건, 교육 등의 중요한 사회 서비스, 통치방식의 개선, 교통을 비롯한 핵심 기반시설은 이러한 신속효과 전략의 버팀목이다. 신속효과 조치에는 다음과 같은 것들이 포함돼야 한다.

- 소규모의 저수시설과 얕은 관정의 건설, 파손되어 못 쓰게 된 수자원 관리시설의 복구를 통해 물 접근성을 높이는 일.
- 말라리아 퇴치 모기장, 필수 의약품(예방접종, 경구수액요법, 항생제, 말라리아 치료제, 구충제 등등)의 보급을 통해 질병을 통제하는 일. 다음 단계로는 3~6개월 과정의 마을 보건 일꾼들을 훈련시켜 밀레니엄개발목표 달성에 필요한 50퍼센트의 의학적 개입을 할 수 있다.
- 학교를 신설하거나 다시 열어(철따라 이동하는 주민들의 자녀를 수용할 수 있는 기숙시설 포함) 아이들과 가정이 일정 수준의 안정을 유지할 수 있게 하고 어떤 아이도 초등교육에서 배제되지 않게 하는 일.
- 지역에서 생산한 식품을 이용한(가능한 경우) 종합적인 학교급식 프로그램을 마련하여 영양을 개선하고 교육성과를 향상시키며 지역 농산물 생산의 수요를 창출하는 일.
- 개량종(사탕수수, 기장 등), 비료, 개량된 연장과 동물이 끄는 쟁기, 빗물을 모으는 간단한 방법의 대량보급을 통해 농업생산성을 증대시키는 일(이렇게 간단한 개입은 식물의 한 생장기 만에 이루어질 수 있고 그러면 식량생산이 곧바로 배가된다).

- 수의(獸醫) 서비스의 대규모 무료실행과 품종개량을 통해 가축의 건강상태를 증진시키는 일.
- 건기에 가축들이 북쪽에서 남쪽으로 안전하게 이동할 수 있는 통로를 만들어 경작지의 훼손을 최소화하고 분쟁의 원인을 줄이는 일.
- 저비용의 기상관측소 신설, 지역의 바다와 대기 상태에 관한 위성자료 이용, 일기예보 소프트웨어 개발 등 수단 서부의 가뭄 조기경보 시스템을 도입하는 일.
- 도로, 교량, 건물의 수리 및 건축, 그 밖의 공공 작업장에서 노동의 대가로 식량을 제공받거나 노동집약적인 건설 프로그램을 만들어내는 일(가능한 한 노동의 대가로 식량을 제공받는 프로그램의 식량은 다르푸르 지역에서 공급받아 지역 농산물의 수요를 늘려가야 한다).
- 이동전화기반 서비스를 갖추는 일. (다르푸르처럼 면적이 넓고 인구가 희박하며 반유목민 주민들이 도시에서 멀리 떨어져 사는 건조지대에서는, 이동전화의 출현이 놀랍도록 새로운 기회를 가져다준다. 이동전화가 부모들과 기숙학교에 남은 아이들을 이어주고, 응급진료 서비스와 진료시설까지 수송을 지원하며, 시장 정보나 기상 및 자연재해 등등에 관한 정보를 제공해줄 수 있다.)
- 집의 안전성을 높이고 부녀자와 소녀용 안전장비를 제공하며 땔감과 식수를 배급하여 나무하거나 물 길러 나갈 필요를 줄임으로써 성적 폭력을 감소시키고 여성의 취약점을 보완하는 일.
- 지뢰와 전시 폭발물 잔해를 제거하고, 법치를 강화하며, 사람들이 양식이나 보급품, 중요한 서류들을 보관해둘 수 있는 안전한 집을 비롯한 안전지대를 늘려가는 일.

다르푸르의 위기나 그와 비슷한 다른 위기들을 종식시키려면 새로운 접근방식을 취해야 하는데, 미래에는 그러한 방식이 안정에 관한 사고의 주축을 이룰 게 분명하다. 다르푸르 같은 지역이 위기에 처했을 때에는, 먼저 그러한 위기를 빚어낸 근본 원인을 생각한 연후에, 그 다음으로 생명을 구하고 미래에 희망을 줄 수 있는 실제적인 투자를 생각해야 한다. 군대나 평화 유지군, 국제 제재는 외교의 첫 번째 수단이 아니라 마지막 수단이 돼야만 한다. 우리가 처음부터 이러한 위기의 근본 원인에 초점을 맞춘다면, 위기의 영구적인 해결책을 찾아내는 우리의 능력이 지금 우리가 상상하는 것보다 훨씬 크다는 사실을 발견하게 될 것이다.

---
## 11
# 사회복지와 자유시장의 갈림길

    빈곤의 덫에서 벗어나기 위해 무진 애를 쓰는 나라에서 국가의 역할은 분명하다. 국민들이 기본적 욕구(식량, 안전한 물, 주거, 영양, 보건 서비스)를 충족시킬 수 있도록 돕고, 농업과 핵심 기반시설(도로, 철도, 전력, 전기통신, 인터넷, 항만)에 투자하여 민간부문이 주도하는 경제성장의 토대를 구축하는 일이다. 나라들이 빈곤의 덫을 깨고 나와 부를 얻기 시작할 때, 공공부문의 또 한 가지 역할이 부상한다. 바로 사회보험이다. 사회보험은 사회적 보호의 개념을 기본 욕구 충족 이상으로 확장하는 것으로서, 확대된 보건 서비스의 보편적 이용, 초등교육 이상의 교육 서비스(유치원, 중등교육, 직업교육, 고등교육, 성인교육, 직무 재교육 등)에 대한 보편적 접근권, 실업보험, 노령연금, 각종 자연재해에 따른 보험, 그리고 일자리 감소나 장애, 그 밖의 다른 이유로 극단적 빈곤에 처한 가구에 대한 소득이전 등을 두루 포괄한다.

    피터 린더트(Peter Lindert)는 폭넓은 역사서 《공공부문의 성장: 18세기 이후 사회지출과 경제성장(Growing Public: Social Spending and Economic Growth since the Eighteenth Century)》에서 고소득국의 사회적 지출의 확대 스토리를 아름답게 풀어냈다. 보건, 교육, 연금, 그리고 실업과 산업재해, 일자리 감소 대비 사회보험에 투입되는 사회적 지출은 19세기 말에 출현하여 20세기에 본격 성장했다. 흔히 독일 총리 오토 폰 비스마르크가 1889년에 급료에서 조달한 공적연금을 기초로 노후보장제도를 처음 제정한 것으로 이야기되는데, 그것은 사회주의에 대한 대중적 지지의 확산을 저지하기 위한 전술의 일환이기도 했다. 1911년 영국이 그 선례를 따라 독자적인 기여연금제를 마련했다. 고소득 세계의 사회적 지출은 19세기 중엽 사실상 전무했던 상태에서 오늘날 대다수의 나라가 GNP의 4분의 1 이상을 투입하는 상황으로 발전했다.

## 복지국가에 대한 찬반 논쟁

사회안전망이 어느 정도여야 하는가에 관한 논쟁의 역사는 길다. 얼마만큼 두터워야 할까? 사회안전망이 너무 두터우면 근면과 개인적 창발성에 역 인센티브를 제공하게 된다는 것이 사실일까? 오늘날 미국과 유럽에서 그런 주장이 매우 활발하게 제기된다. 우파 정치인들은 감세와 더불어 소요 경비를 줄이는 대신 빈민들에게 보다 명확하게 혜택이 돌아가게 하는 공공지출의 개혁을 요구한다. 좌파는 세금을 더 거두어 사회적 지출의 규모를 늘리고 보편적인 프로그램을 통해 빈민만이 아니라 사회 전체로 보호망을 확대하라고 요구한다. 하지만 대부분의 경우에 이러한 논쟁은 구체적인 증거를 별로 들이대지 않으면서 진행된다. 논쟁을 지배하는 것은 사실이 아니라 이념이다. 나는 여기서 그러한 결함이 교정됐으면 한다.

흥미롭게도 이 논쟁은 세계화의 진전과 더불어 불이 붙었다. 세계화가 진행되면서, 고소득세계의 노동자계급은 교육수준이 높은 지식노동자들에 비해 상대적 소득감소를 겪었고, 날카롭게 대비되는 두 가지 노선의 사고가 출현했다. 자유시장 이데올로그들은 국제 시스템 내에서의 경쟁이 훨씬 더 격해졌다고 경고한다. 해외의 경쟁자들이 나라의 번영을 위협하는 게 감지된다는 것은 경제 경쟁력의 확보와 성장에 다시 총력을 기울여야 한다는 의미다. 비즈니스의 발전과 저축, 투자의 장애물들은 제거해야 한다. 세금은 감축하고 이윤은 장려해야 한다. 높은 사회적 지출이 부담이 되면 세계경제에서의 나라의 입지가 무너진다. 스펙트럼의 다른 쪽 끝에서는, 사회적 투자의 지지자들이 사회지출을 획기적으로 늘려야 한다고 주장한다. 다름 아닌 세계화가 경제적 평등체계를 산산조각 내고 있기 때문이다. 예컨대 숙련 노동자와 미숙련 노동자의 소득격차가 커지면 소득이 높은 숙련 노동자가 세금을 더 많이 내야 한다. 그래야만 뒤처진 사람들을 위한 사회적 지출의 재원이 마련된다.

많은 경제학자가 사회안전망은 혁신과 위험감수의 인센티브가 줄지 않도록 제한적인 상태로 유지돼야 한다고 주장해왔다. 경제학자이자 정치이론가인 조지프 슘페터는 1940년대에 창조적 파괴라는 매우 강렬한 이론을 전개했다. 그에 따르면 경제적 성공은 으레 일정 부문의 실패를 필요로 한다. 그래야만 새로운 선도 부문이 일어설 여지가 생겨난다는 것이다. 새로운 아이디어가 쉴 새 없이 시장에 들어와 옛것과 다투다가는 종종 그것을 격파하곤 한다. 이 과정에서 가장 힘이 약한 노동자, 비즈니스, 산업은 패퇴한다. 경제적 성장과 발전은 창조적 파괴의 희생자들에게는 이렇듯 본디 고통스러운 것이다. 일각의 해석에 따르면, 사회안전망은 낙후된 부문이 선도 부문으로 전환되는 속도를 늦추고 기업가정신과 혁신에 주어지는 보상을 방해한다. 반면에 스웨덴과 몇몇 다른 사회복지국가에서 매우 인기 높은 상반된 견해에서는, 자본주의가 바로 그렇게 혼란스러운 것이기 때문에 끊임없이 변화하는 경제에 대한 대중들의 지지를 획득하기 위해서는 사회안전망이 반드시 필요하다고 주장한다. 그 주장에 따르면, 사회보험이 없을 경우 대중들은 보호주의와 비시장적 고용 보장을 요구하게 된다.

사회복지국가에 대한 우파의 또 한 가지 주된 비판은 그것이 개인의 자유에 대한 직접적인 위협이라는 것이다. 경제학자 프리드리히 하이에크는 영향력이 큰 저서 《노예의 길(The Road to Serfdom)》에서 국가의 대규모 경제 개입은 개인의 자유 붕괴를 유발한다고 주장했다. 그의 비판은 처음에는 중앙 계획하의 공산주의 경제를 향한 것이었지만, 나중에는 돈이 많이 들어가는 복지정책을 시행하는 이른바 사회민주주의로 그 범위가 확장되었다.

미국과 유럽의 우파 정치인들은 기회만 있으면 사회지출을 경제 효율과 개인의 자유에 대한 위협으로 묘사한다. 사회보장 프로그램들은 시민들과 기업에 과도한 조세 부담을 안기는 것으로 여긴다. 돈이 많이 드는 사회보장 프로그램의 확대는 시장 메커니즘을 훼손하고 건강한 경제적 성장과 성취에 필수적인 인센티브를 왜곡하는 것으로 생각한다. 그 생각은 세상에는 승자와 패자가 있게 마련이라는 것이다. 일부 복지국가가 제공하고 있는 서비스의 많은 부분은 시장에 맡겨야 한다.

한편 그와 상반된 견해는 두터운 사회안전망이 사실은 미래에 대한 믿음을 보장하고, 사람들에게 위험을 감수할 수 있게 하며, 극단적인 경제적 불평등을 예방하는 부의 재분배를 가능케 한다는 것이다. 부의 재분배는 극도로 심각한 불평등을 피할 수 있게 한다. 불평등은 여전히 존재하겠지만, 소득 스펙트럼 말단의 불우한 하층계급도 없을 것이고 최상단의 부유한 금권귀족도 없을 것이다.

확장된 복지국가의 지지자들은 또한 시장에 의지하여 한 사회 내의 극빈층을 돕는다는 것은 헛소리라고 주장한다. 부자나라들에서도 시장이 극빈층까지 미치진 못한다. 극빈층은 소득이 너무 적어서 건강보험도 들 수 없고, 홍수 뒤에 자기 집을 재건축하지도 못하며, 일자리를 잃으면 집세도 내지 못한다. 정부가 안전망을 제공하지 않을 경우, 극빈층은 혼자 힘으로 근근이 생계를 꾸려가며 비참한 나날을 보낸다. 또한 시장은 실제로는 시장지지자들이 믿고 있는 것과 달리 충분한 보호를 제공하지 않는다. 오로지 정부만이 실업보험이나 커다란 자연재앙이 닥쳤을 때의 복구자금을 제공한다. 시장이 그렇게 특이하고 참담한 상황에 처한 사람들에게 적절한 보호를 제공할 거라고 생각한다면, 세상물정 모르는 사람이다.

경제적 안정에 관한 논쟁은 빈곤, 환경, 지속가능 발전에 관한 논쟁과 유사하다. 사실을 근거로 하는 경우가 드물기 때문에, 논쟁이 매서운 열기를 띠고 거창한 수사를 동원하지만 해답이 거의 없다. 하지만 사회지출의 경우에는, 논쟁의 주역들이 인식하거나 인정하고 싶은 것보다 훨씬 많은 사실이 알려지고 입증 또는 부정되었다. 증거를 직시하면, 부자나라들 앞에 놓인 선택지가 미국의 자유시장 이데올로그들이 강변하는 것만큼 그렇게 뻔한 것은 아님을 알게 된다. 자본주의는 사회보험에 돈을 조금 들인다고 해서 곧장 쓰러져버리는 나약한 갈대는 아니다. 자본주의는 튼튼하다. 높은 수준의 소득, 성장, 혁신과 높은 수준의 사회적 보호를 결합시키는 것은 가능하다. 북유럽 사회가 그 일을 해냈고, 그들의 경험이 다른 나라들의 선택에 꽤 밝은 빛을 비춰주고 있다.


## 사회복지와 자유시장 전략

세 가지 유형의 자본주의 사회를 검토해보자. 첫 번째 그룹은 덴마크, 핀란드, 노르웨이, 스웨덴의 사회복지국가다. 이 나라들은 모두 매우 확장된 사회보험제도와 국민총생산 대비 매우 높은 수준의 사회적 지출을 유지하고 있다. 두 번째 국가군에는 오스트리아, 벨기에, 프랑스, 독일, 이탈리아, 네덜란드(네덜란드는 혼합경제와 사회복지 모델의 중간쯤이다) 등 유럽연합의 주요 유럽대륙 국가들이 포함된다. 이 나라들을 혼합경제국가라 부르겠다. 사회복지제도와 자유시장제도의 중간쯤을 취하고 있기 때문이다. 세 번째 국가군은 미국, 영국, 캐나다, 오스트레일리아, 뉴질랜드, 아일랜드 등 (상대적) 자유시장국가들이다. 이 나라들은 자유시장에 대한 믿음이 깊고

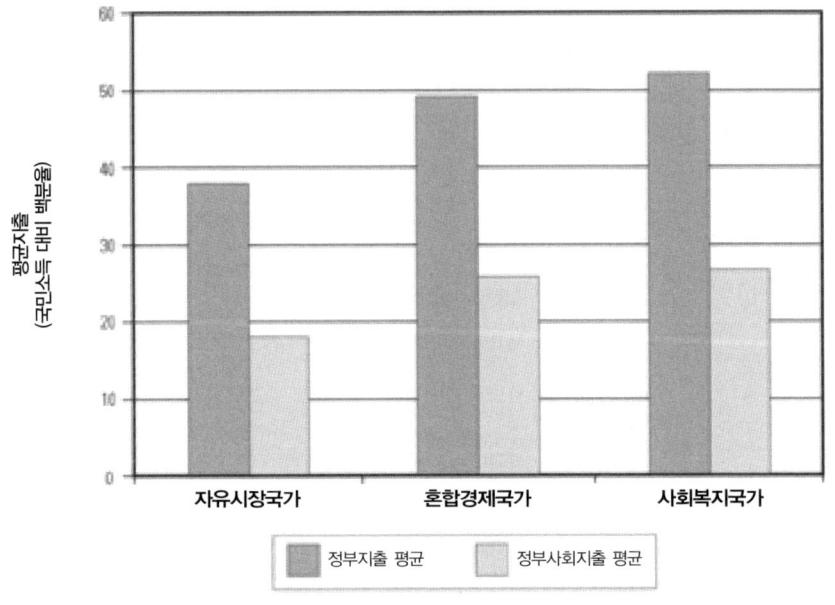

〈그림 11.1〉 2004년도 국민소득 대비 평균정부지출

출처: OECD Economic Outlook (2006) 자료

사회보험 수준이 낮은 경향을 보인다. 이들은 혼합경제국가나 사회복지국
가들보다 GNP 대비 사회지출이 훨씬 적다. 〈그림 11.1〉은 세 그룹의 GNP
대비 정부지출의 수준이 다름을 보여준다. 그림에서 보듯이, 자유시장국가
들은 정부지출의 비율이 가장 낮아 38퍼센트 정도다. 혼합경제국가는 GNP
대비 정부지출이 약 49퍼센트고, 사회복지국가들은 52퍼센트로 가장 높다.
전체 정부지출 중 가장 큰 차이를 보이는 부분은 그림에서 보는 것처럼,
GNP 대비 사회지출의 수준이다.

## 사회보험 지출

공공부문의 사회지출은 현금이전, 정부의 직접서비스 제공, 적극적인 노

<표 11.1> 2001년도 국민소득 대비 공공부문사회지출 내역

| 국가 | 현금 이전 | 정부의 직접서비스 제공 | 적극적인 노동시장 정책 | 공공부문 총사회지출 |
|---|---|---|---|---|
| 자유시장 | 9.87 | 20 | 417 | 4 |
| 미국 | 7.96 | 70 | 214 | 8 |
| 혼합경제 | 16.8 | 8 | 1 | 25.8 |
| 사회복지 | 14.2 | 11.4 | 1.2 | 26.8 |

출처: OECD (2004) 자료

동시장 정책(공공부문 고용 프로그램에 따른 직업교육이나 정부고용 등)으로 나뉜다. 현금이전에는 퇴직자이전(연금과 유족급부금)과 근로연령층 가구에 대한 현금이전이 포함된다. 정부의 사회 서비스는 보건 서비스와 비보건 서비스(육아나 장애인돌보기 따위)로 나뉜다. 사회적 지출의 이러한 주요 범주를 분류하면 <표 11.1>과 같다. 처음 두 범주의 합(현금이전과 정부의 직접서비스 제공)을 직접공공사회지출(direct public social outlay)이라 부르겠다. 여기에다 적극적인 노동시장 정책 지출을 더한 것이 공공부문총사회지출이다.

여기서 우리는 사회복지국가가 총사회지출만이 아니라 직접서비스 제공도 많다는 점이 두드러진다는 걸 볼 수 있다. 육아나 노인 보살핌 같은 직접서비스 제공은 서비스 자체만이 아니라 공공부문 고용 측면에서도 중요하다. 사회복지국가는 지난 20년 사이에 노동시장 전략의 일환으로 달리 고용되기 어려운 개인(장애인이나 저학력층 등)을 정부가 주도하는 사회적 부문에 많이 고용해왔다.

## 사회지출과 경제적 성과

증거에 따르면 사회복지국가의 높은 사회지출은 빈곤과 불평등을 줄이고 건강과 번영을 증진하는 데 매우 효과적이다. 〈표 11.2〉에는 세 부류 국가군의 상이한 세 가지 빈곤 척도가 나타나 있다. 빈곤율(전국 평균가구소득의 절반에 못 미치는 소득으로 살아가는 사람의 비율), 전 국민 중 하위 20퍼센트의 세후가처분소득 비율, 전국적으로 부가 얼마나 평등하게 배분되고 있는지를 나타내는 소득상의 지니계수이다. 표에서 보는 것처럼, 사회복지국가는 세 가지 척도 모두 다른 두 집단보다 높다. 유럽의 혼합경제가그 다음이다. 2004년도 사회복지국가의 빈곤율 평균은 전 가구의 5.6퍼센트밖에 안 됐던 데 비해, 유럽은 9퍼센트였고 자유시장국들은 12.6퍼센트였다. 1인당 GNP가 가장 높은 나라 중 하나인 미국은 평균가구소득의 50퍼센트 이하로 살아가는 가구가 17.1퍼센트로, 빈곤율이 압도적으로 높았다.

복지국가에 대한 자유시장 측 비판자들은 오래전부터 높은 조세부담률을 전제로 하는 높은 사회지출이 노동자를 고용하는 인센티브와 저축하고

**〈표 11.2〉 2004년도의 불평등 및 빈곤 지표**

| 국가 | 빈곤율(%) | 하위 20퍼센트의 가처분소득 비율(%) | 지니계수* |
|---|---|---|---|
| 자유시장 | 12.6 | 7.3 | 32 |
| 미국 | 17.1 | 6.2 | 35.7 |
| 혼합경제 | 9 | 8.4 | 28 |
| 사회복지 | 5.6 | 9.7 | 24.7 |

\* 지니계수는 0은 완전평등, 100은 완전불평등임

출처: Forster and Mira d'Ercole (2005)

투자하는 인센티브를 감소시켜 경제적 번영에 해를 끼친다고 믿어왔다. 하지만 이러한 주장을 뒷받침하는 증거는 없다. 놀라운 사실은 사회복지국가들이 자유시장국가들보다 훨씬 높은 취업률(근로연령 인구 대비 노동자 수)을 보인다는 것이다. 한편 자유시장국가들은 혼합경제보다는 취업률이 높다. 여기서 중요한 점은 사회복지국가들에서 여성의 경제활동참가율이 훨씬 높다는 사실이다. 사회복지제도가 주간 육아와 아이들의 취학을 보장하므로 어머니들이 노동시장에 진입할 시간과 수단을 갖게 된다.

사회복지국가들이 매우 높은 취업률의 유지에 성공한 데는 다른 두 가지 이유가 더 있었다. 첫째, 근로연령 인구에 대한 사회적 지원을 특수한 정책과 연계시켜, 수혜자들로 하여금 정부 프로그램의 도움을 받아 일자리를 구하도록 만들었다. 둘째, 정부 자체가 최후의 중요한 고용자 역할을 했다. 나이 들고 숙련도가 낮으며 부분 장애가 있는 많은 노동자가 공공부문, 특히 지방정부에 채용되어 주간 육아, 보건, 장애인 보조 등의 공공부문 사회 서비스를 제공했다. 이러한 정책들에 힘입어, 사회복지국가들은 정부 프로그램을 활용하여 매우 높은 수준의 고용을 달성할 수 있었다.

부와 1인당 소득의 관점에서, 사회복지국가는 높은 조세부담률이 생활수준의 저하를 유발한다는 고정관념에 재차 도전하고 있다. 평균적으로 사회복지국가들이 자유시장국가들보다 1인당 GNP가 더 높고, 혼합경제가 세 번째다. 사회복지국가의 높은 조세부담률이 경제를 망치지 않은 것은 분명하다. 그리고 평균소득과 국민들 간의 소득분배를 아울러 보면, 사회복지국가들이 소득도 높고 훨씬 평등하다. 사회복지국가 하위 20퍼센트 가구의 국민소득 점유율은 9.7퍼센트 정도인 데 비해, 자유시장국가 하위 20퍼센트의 소득 점유율은 7.3퍼센트밖에 안 된다. 각 그룹 하위 20퍼센트 가구의 소득을 보면, 사회복지국가 하층민의 연평균소득은 2만 4,465달러인 데 비해 자유시장국가 하층민의 소득은 1만 7,533달러다.

<표 11.3> 2006년도 소득 대비 기술지수와 R&D

| 국가 | 세계경제포럼 기술순위평균* | 2003년도 R&D (GDP 대비 백분율) |
|------|------|------|
| 자유시장 | 16 | 1.8 |
| 혼합경제 | 24 | 2.0 |
| 사회복지 | 6 | 3.0 |

* 1이 최고 순위임

출처: World Economic Forum (2006)과 OECD (2006)

    이처럼 사회복지국가들은 자유시장 사회보다 높은 소득수준, 낮은 빈곤율, 보다 평등한 소득분배를 성취했다. 이는 사회복지국가의 폭넓은 우위를 나타내는 강력한 증거다. 이 나라들은 또한 거버넌스와 경제관리 면에서도 주목할 만한 성공을 많이 일구어왔다. 이들은 정부기관의 부패도 훨씬 덜하고 대중들의 신뢰도도 높다. 국제 경쟁력도 매우 높아 세계경제포럼이나 다른 기구들로부터 높은 순위를 인정받는다. 조세부담률이 높은데도 국민저축률이 높다. 사회적 지출이 많은데도 균형예산을 달성한다. 높은 공공지출에 상응하는 충분한 조세가 이루어지고 있기 때문이다. 요컨대 이 나라들은 모든 시민에게 매우 높은 수준의 사회복지를 보장하는, 활기차고 원활한 민주주의를 성취했다. 사회복지국가들에 관한 또 한 가지 놀라운 사실은 매우 높은 기술 수준이다. 스웨덴과 핀란드는 각기 이름난 에릭손과 노키아의 선도하에 정보통신기술의 하이테크 분야에서 큰 성공을 거두고 있다. <표 11.3>에 세계경제포럼 기술지수로 본 나라별 순위가 나와 있는데, 이 지수는 혁신, R&D, 정보통신기술 이용의 물증을 토대로 작성된다. 표를 보면 사회복지국가들의 기술지수가 월등히 높다. 이들은 R&D와 고등교육 투자를 많이 하며, 인구 1인당 특허보유율도 매우 높다.[1]

    마지막 포인트로, 사회복지지출은 부유한 사회 내의 불평등과 불확실성

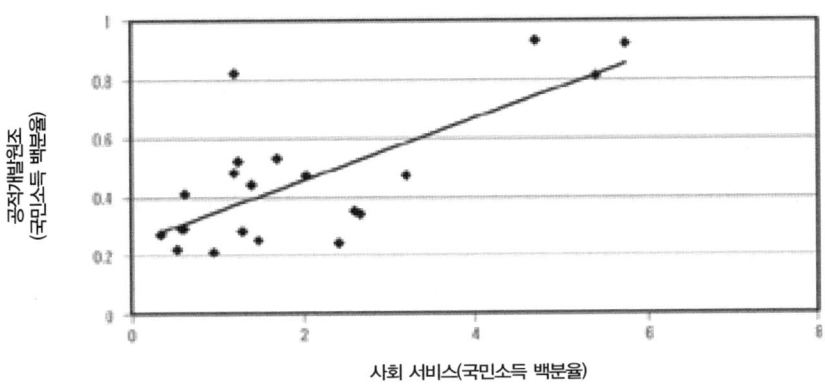

〈그림 11.2〉 2005년도 고소득국의 국내 사회지출과 해외원조

출처: OECD/DAC (2007) 자료, 보건 분야를 제외한 사회지출비용 자료 이용

을 감소시킬 뿐 아니라, 사회 내의 신뢰를 바탕으로 국제무대에서도 보다 관대한 태도를 취하게 만든다. 이 나라들은 세계의 가난하고 약한 자들을 자국민 보듯이 대한다. 미국은 좁은 개념의 사회보험 정책을 추구함으로써, 전 지구적 협력에 조금 더 기여할 자세를 갖추지 못하는 두렵고 취약한 사회를 만들어낸다. 주류 미국인들은 국내의 소득 불평등 확대에 갈수록 무력감을 느끼면서, 해외의 빈곤층 원조에 점점 더 인색해지고 있다.

〈그림 11.2〉는 국내 사회정책과 국제 원조정책 간의 관계를 보여준다. 가로축의 수치는 각국의 국민소득 대비 사회지출이고, 세로축은 각국의 국민소득에 대비한 개발원조다. 두 수치 사이에는 뚜렷한 양의 상관관계가 있다. 미국처럼 국내 사회지출이 매우 적은 나라들은 국제 개발원조 수준도 낮다. 스웨덴처럼 사회지출 수준이 매우 높은 나라들은 국제원조 수준도 높다. 나라들이 자국의 빈곤층과 세계의 빈곤층을 대하는 태도는 본질적으로 유사하다. 스웨덴 같은 나라는 사회지출을 통해 원조액을 충분히 늘리고, 미국 같은 나라는 가난한 이들이 스스로 호구지책을 마련하도록 내버려둔다. 이런 의미에서 사회복지국가는 부자나라들 내에서나 부국과 빈국 간의 건

강한 관계를 육성하는 측면에서나, 계몽된 세계화의 강력한 도구일 수 있다.

## 사회복지 모델의 전파 가능성과 지속 가능성

북유럽에서 사회복지국가를 추구한 것은 오래된 일로, 줄잡아도 제2차 세계대전 직후의 정치적 변동기 때부터다. 북유럽에서는 1950년 이후 대부분의 기간을 사회민주주의자들이 통치해왔다. 최소 지난 50년 동안의 GNP 대비 사회지출은 사회복지국가에서 상대적으로 높은 수준을 유지했다. 이런 의미에서 사회민주주의 국가의 사회복지 모델은 그 역사가 길다. 우리는 사회지출 수준이 높은 사회복지 모델이 장기적으로 정치와 경제의 악화를 유발하지 않았음을 보아왔다. 사회복지국가들은 대체로 다른 나라들보다 경제와 거버넌스 지표들이 더 우수하다.

사회복지 모델의 전파 가능성에 관해서는 여전히 무시할 수 없는 의문점이 제기된다. 북유럽의 민족적 동질성이 사회복지국가의 성공을 불러온 중요한 한 가지 사회적 요인이었다는 점에 의문을 품는 사람은 아마도 거의 없을 것이다. 알베르토 알레시나(Alberto Alesina)와 동료들은 훌륭한 일련의 논문들에서 사회적, 인종적 간극이 작은 나라일수록 사회지출이 높은 추세를 보인다는 사실을 밝혀왔다. 미국의 각 주를 비교해보아도 그렇고, 나라들을 비교해보아도 마찬가지다. 예를 들어 아프리카계 미국인의 비율이 높은 주에 사는 백인들은 높은 수준의 사회지출을 뒷받침하는 것을 달가워하지 않는다.[2] 저자들은 그 문제를 다음과 같이 요약 정리한다.

인종 간 불화가 가난한 이들을 믿느냐 못 믿느냐를 결정하는 데 매우 중요한 역할을 한다. 미국의 극빈층 중에는 소수인종이 차지하는 비율이 높기 때문에, 소득 베이스의 어떠한 재분배 방법도 소수인종에게 부가 재분배되는 결과를 낳는다. 재분배의 반대자들은 정기적으로 인종문제를 바탕에 깐 수사를 동원하며 좌파적 정책과 맞서 싸운다. 모든 나라에서 인종 분열은 재분배의 강력한 예고자다. 미국 내에서 인종은 복지를 지탱시키는, 단일 요인으로는 가장 중요한 예고자다. 미국의 골치 아픈 인종 관계는 복지국가 미국을 존재할 수 없게 하는 중요한 이유임에 틀림없다.[3]

결국 사회복지 모델은 신뢰의 형태에 좌우된다. 사람들은 자신이 낸 세금이 자신과 같은 사람들을 돕는 데 쓰이고 있다는 것을 알면 높은 조세부담률을 기꺼이 감내하게 되는 것 같다. 사회복지국가의 가난한 사람들은 다른 국민들과 문화적, 민족적 배경이 같기 때문에, 빈곤층 지원 프로그램을 추진하기가 정치적으로 한결 용이하다. 사회복지 모델은 시민들이 정부 프로그램의 수혜자들과 일체감을 느끼는 것이 복지국가의 성공에 얼마나 중요한지 강조한다. 사회경제적 분화가 인종이나 민족적 분열 양상을 띨 경우에는 그러기가 쉽지 않다. 이것은 중요한 포인트다. 인종주의의 대가는 크다. 미국, 그리고 라틴아메리카 많은 나라의 인종적, 민족적 분열이 사회 분열과 불평등을 유발해왔다. 그리고 복지국가의 실패에도 일조해왔다. 그렇게 인종적으로 분열된 사회의 빈곤 및 불평등과 싸우기 위해서는 인종주의 및 관용 부족과의 투쟁도 병행해야만 한다.

## 미국에 대한 재성찰

지난 4반세기 동안의 미국 정치에서 별나게 확인돼온 사실은 소득 불평등이 상당히 확대돼왔다는 것, 빈곤하게 사는 가족들의 수가 더 이상 줄어들지 않는다는 것, 수감자의 규모가 하늘 높이 치솟는다는 것, 하층계급의 사회 이동성이 전보다 크게 줄었다는 것, 그럼에도 미국 정치는 큰 폭의 감세를 하고 빈곤층을 위한 지출을 삭감하며 건강보험 확대에 진전이 없는 등 갈수록 부자들 편을 들어왔다는 것이다. 민주주의가 다수 인구에게 혜택을 가져다주지 않고, 오히려 최상층 부자들에게 특혜를 주어왔다. 하지만 이 어느 것도 실은 놀랄 일이 아니다. 소득 불평등이 심화되면서 정치권에 훨씬 더 많은 돈이 거침없이 침투해 들어왔기 때문이다. 우리가 앞에서 검토한 나라별 비교 증거는 미국의 소득 불평등 증대가 경제의 생산성을 높이기 위해 불가피하게 치러야만 하는 대가라는 거짓 주장에 재갈을 물린다. 사회복지국가들이 높은 생산성을 누리면서도 경제적으로 훨씬 공평하며 빈곤층도 훨씬 적다. 미국의 최상층 부자들이 개인의 부를 축적하고 메가톤급 소비를 하며 혜택을 누리고 있는 것은 의심할 바 없는 사실인 데 반해서, 나머지 국민들이 인색한 사회지출 전략의 혜택을 받아왔다는 증거는 없다.

근년에 출간된 미국 최고의 정치학 책 중 하나는 매튜 밀러(Matthew Miller)가 지은 《2%의 해결책(The 2% Solution)》인데, 그는 여기서 얼마 안 되는 돈으로도 미국의 빈곤 문제 해결에 큰 차이를 가져올 수 있음을 보여준다. 미국은 사회복지 전략을 전면적으로 채택하지 않고서도 심각한 불평등 상태를 크게 완화할 수 있다. 부자나라들이 원조를 늘릴 경우 세계의 빈곤 문제 해결이 한결 쉬워질 수 있는 것과 똑같다. 밀러의 책 제목이 뜻하는 바는 미국 국민소득의 2퍼센트를 사회적 지출 확대에 전면 투입할 경우 미국 사회의 심각한 불평등을 어느 정도 해소할 수 있다는 아이디어다. 특히 건강보험 사각지대의 문제(국민소득의 1퍼센트가 채 안 되는 돈을 추가지출하면 전면 보장할 수 있다)와 미국의 빈민층 및 노동자계급 가정의 아이들이 다니는 공립학교의 열악한 질 문제는 해결할 수 있다. 부자들에게 압도적인 혜택이 돌아간 조지 W. 부시 대통령의 감세액이 매년 국민소득의 약 2퍼센트에 달한다는 사실에 주목할 필요가 있다. 또한 이라크전쟁에도 매년 국민소득의 약 1퍼센트가 전쟁비용으로 직접 지출된다.[6] 따라서 감세를 되돌리고 이라크전쟁을 끝내면, 미국의 빈곤층에 더 많은 돈을 쓸 수 있게 됨과 동시에(예컨대 미국인 모두에게 건강보험을 제공하고 공립학교의 질을 확실하게 높일 수 있다), 세계의 빈곤층에 대한 미국의 원조를 미국 GNP의 0.7퍼센트로 늘리겠다는 약속도 지킬 수 있다.

최근에 나온 또 한 권의 강력한 책은 제이콥 해커(Jacob Hacker)의 《리스크 대이동(The Great Risk Shift)》인데, 이 책은 미국이 오늘날 충분한 사회보험 제도를 갖추고 있지 못할 뿐 아니라 과거 40년 동안 미흡하게나마 유지해왔던 제도마저도 사실상 해체해왔다고 설명한다(사회보험이 정점에 이르렀던 시기는 1960년대 중반 린든 존슨이 빈곤과의 전쟁을 벌이던 때로 확인된다). 해커는 미국의 빈곤층만이 아니라 중간계급에 닥치는 위험도 급증하고 있다면서 상당히 높은 비율의 미국 중간계급이 빈곤의 마법에 빨려들 수 있음을 증명해 보인다. 그는 또 사회보험에 대한 우익의 대규모 공격이 건강보험, 일자리 지키기, 자녀 양육, 주거 지원, 퇴직연금 등에서 사회복지제도의 범위를 얼마나 조직적으로 축소시켜왔는지 실감나게 설명한다. 그는 나아가 이 모든 것이 최근에 미국 정치를 지배해온 자력갱생과 시장을 바탕으로 한 해결이라는 협애한 철학에 오도된 결과라고 이야기한다.

청년층과 아이가 있는 가정들이 극심한 경제적 압박을 받고 있는데도, 우리의 사회적 보호체계는 노년층에 압도적으로 집중돼 있다. 또한 장기적인 일자리 감소와 기술의 대체 및 노후화가 갈수록 심각해지고 있는데도, 단기적인 일자리 상실에만 초점을 맞춘다. 그러면서 가족이 받는 압박은 가정에 부모가 필요할 때면 언제라도 경제활동을 쉽게 접을 수 있는 이차 소득원(대개의 경우 여성)으로 해결할 수 있다는 구시대적 관념을 그때그때 들이민다.
무엇보다도 미국의 사회적 보호체계는, 그럴 수 없다는 게 점점 더 명확해지고 있는데도, 직장 베이스의 민간보험이 공공 프로그램의 빈자리를 쉽게 메

울 수 있다는 생각을 근간으로 하고 있다.[5]

미국과 해외의 사회보험에 관한 우리의 연구조사의 다섯 가지 핵심 결론은 다음과 같다.

- 미국은 활기 넘치는 시장경제의 대가로 더 이상 높은 빈곤율을 용인할 필요가 없다. 사회보험과 생산성 높은 시장경제는 함께 갈 수 있는 것이기 때문이다.
- 미국은 자국 내 빈곤층과 세계의 빈곤층 사이에서 선택을 할 필요가 없다. 얼마 안 되는 비용으로, 그리고 쉽게 확인할 수 있는 예산상의 자금원으로 양자를 모두 도울 수 있다.
- 미국은 사회복지국가들의 성공 사례에서 높은 수준의 사회적 조화와 공공기관에 대한 신뢰를 확보하는 방법을 배울 수 있다.
- 미국의 사회보험제도는 보기보다도 훨씬 누더기 상태다. 미국 가정들의 소득 변화와 리스크가 심해지고 있기 때문이다.
- 대대적인 교정에 드는 비용은 미국의 국민소득에 비하면 얼마 안 되는 돈이다.

이 교훈들은 물론 미국 외의 다른 고소득국들에도 적용될 수 있고, 고소득국의 반열에 진입하고자 하는 중위권 국가들의 길잡이도 될 수 있다. 우리가 미국에 초점을 맞춘 것은 세계의 고소득국들 중에서도 미국이 유독 증거에 반하는 방식으로 지난 수십 년 동안 사회보험에 대한 공격을 행해왔고, 그 역효과가 갈수록 심해지고 있기 때문이다.

# 5

## 전 지구적 문제의 해법

# 대외 정책 전환의 필요성

모든 나라가 21세기의 대외정책 전략을 재고할 필요가 있다. 어느 나라도 아직 환경, 인구, 세계적 빈곤 등의 전 지구적 과제들에 바르게 초점을 맞출 태세를 갖추고 있지 않다. 어떤 정부도 건강한 결정을 내리는 데 필요한 복잡한 과학 정보를 소화 흡수할 수 있는 올바른 체계를 갖추고 있지 못하다.

이 장에서는 특히 미국의 대외정책에 중점을 두고자 한다. 미국의 안정과 전 세계의 광범한 이익에 필수적인 중차대한 전 지구적 문제의 해결을 지원하는 면에서, 현재 세계에서 미국이 하고 있는 역할과 미국이 떠맡을 수 있는 역할 사이에 존재하는 갭이 오늘날 너무나도 크기 때문이다. 미국의 대외정책은 잘못된 길을 가고 있고 그럼으로써 자신과 세계를 위험에 빠뜨리고 있다. 그 교훈은 한 나라에 국한되지 않는다. 모든 나라가 아래의 논의를 길잡이 삼아 자신의 국제 전략을 재평가할 필요가 있다.

미국의 조지 부시 정부의 대외정책은 유난히 길을 잘못 잡은 것이었으나, 그런 실책을 범한 건 행정부만이 아니다. 미국의 정치 지도자들은 구식전쟁 이후의 세계와 우리의 붐비는 지구가 직면하고 있는 현실의 과제들에 대한 전망을 상실했다. 냉전이 종식된 후로 미국은 전 지구적 빈곤과 환경 및 기후 정책, 에너지 정책, 전 세계의 인구변화에서 지도적인 역할을 하지 못했다. 클린턴 정부가 수수방관하는 사이에 아프리카에는 AIDS가 창궐했고, 부시 정부의 행동은 너무 미약하고 너무 늦고 너무 이념적이었다. 중동에서의 미국의 대외정책은 번번이 실패하면서, 미국과 세계를 위험에 빠뜨렸다. 이라크전쟁은 전비, 인간의 비극, 인간 에너지의 그릇된 사용 면에서 베트남전쟁에 필적하는 대외정책의 대실패작이다.

민주당원과 공화당원들은 미국을 세계의 거인이자, 꼭 필요한 권력이고, 새로운 로마이자, 21세기의 제국이며, 유일무이한 초강대국으로 규정하는 데 의견을 같이했다. 이런 생각은 너무나도 일반적이어서 논란이 된 적이 거의 없었다. 미국인들은 이라크전쟁의 향방을 두고는 열띤 논쟁을 벌였지만, 미국이 어쩌다가 그런 혼돈 속으로 빨려 들어가게 되었는지에 대해서는 깊이 분석하지 않았다. 이라크에서의 참패를 전술적 오류의 결과로, 즉 군대가 충분치 않았고 전쟁의 사전 계획도 불충분했으며 미국의 사업가들이 너무 많은 부패를 저질렀다고 설명하는 분석가들은 예외 없이 미국이 직면한 진짜 위험을 이해하지 못한다. 미국의 문제는 미국 정부가 눈이 먼 상태로 비행을 하다 보니 지금 세계에서 새롭게 형성돼가는 현실을 이해하지 못한다는 것이다. 미국의 정책이 어떻게 결정돼가는지 들여다보면 그건 조금도 놀랄 일이 아니다. 미국 정부는 해외에서 들어오는 의미 있는 데이터를 흡수하여 가공할 수 있는 편제조차도 갖추고 있지 못하다.

미국의 안정을 위협하는 다섯 가지 포인트를 짚어보면 다음과 같다. 첫째, 미국은 외교정책상의 커다란 과제들이 정치적이고 경제적이며 환경적인 것들이라서 군사적 수단으로는 해결이 불가능한데도 군사적 방식에 너무나도 과다한 돈을 투입한다. 둘째, 미국은 세계의 안정을 증진하는 도구로서의 대외원조의 힘을 무시한다. 셋째, 미국인은 미국의 지배가 지속되고 있음을 전하는 미국 측 보도자료를 믿는 나머지 오늘의 세계에서 미국의 힘이 한계를 보이고 있다는 사실을 이해하지 못한다. 넷째, 미국은 적들을 희화화하며 그들과의 대화와 협상을 거부한다. 수많은 증거가 그게 아니라고 목소리를 높이는데도 협상이 마치 무슨 회유나 무마인 듯 행동한다. 다섯째, 미국 정부는 조직체계가 형편없어서 보다 나은 결과를 만들어낼 수 없다. 안테나도 없는 상태로 대책 없이 헤매다가 하나의 위기를 넘기고 다음 위기를 맞는다.

미국에 필요한 것은 대외정책 전략과 조직체계의 근본적 혁신이다. 미국은 군사지출을 통해서는 결코 나라의 안정을 확보할 수 없다. 그보다 미국에 필요한 것은 국제적 유대관계와 호의이며, 오늘날 취약하거나 실패하고 있는 나라들의 안정 증진이다. 미국은 개발원조를 이용하여 세계의 안정을 증진시켜야 한다. 마지막으로, 미국은 우리의 안정을 위협하는 심층적 과제들인 극단적 빈곤, 실패한 국가, 환경 위험 등을 지식과 역량을 동원하여 해결해 나갈 수 있도록 정부를 재조직할 필요가 있다.

## 군사력의 한계

〈그림 12.1〉은 깜짝 놀랄 사실을 보여준다. 2006년도 미국의 군비지출은 세계 다른 나라들의 군비지출을 모두 합한 액수와 거의 맞먹었다. 2007~

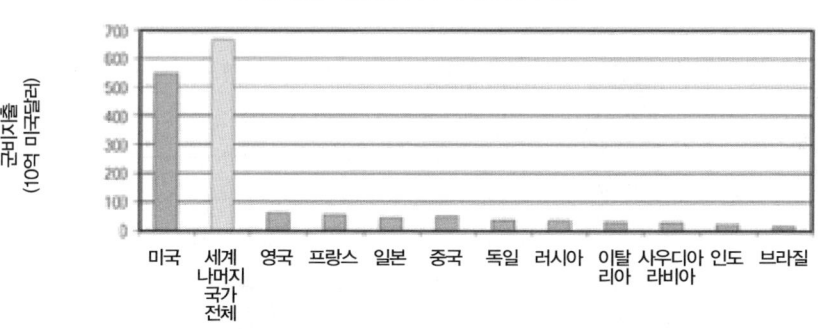

〈그림 12.1〉 2006년도의 국가별 군비지출

출처: Stockholm International Peace Research Institute (2007) 자료

2008 회계연도에 미국 예산이 대폭 상승했으니, 지금은 미국의 군비지출이 전 세계 군비지출의 절반을 넘어설지도 모르겠다. 미국의 인구는 세계 인구의 5퍼센트밖에 안 되므로, 미국의 1인당 군비지출이 세계 평균의 20배 가까이 된다는 이야기다.

미국의 안정은 국방, 외교, 개발의 세 기둥에 달려 있다는 것이 미국의 국가안전보장 정책이 공식 표방하는 바지만, 정책의 진짜 본색을 살피려면 돈을 추적해보는 것이 좋다. 〈그림 12.2〉에서 보는 것처럼, 2007 회계연도에 미국은 군사비로 약 5,720억 달러, 국제안전보장(이라크와 아프가니스탄 같은 나라의 안전보장 원조)에 110억 달러, 개발 및 인도주의적 원조에 140억 달러, 외교활동(국무부, 대사관 등등)에 110억 달러를 지출했다. 이와 같은 수치는 미국의 국가안전보장 지출이 얼마나 균형을 잃은 상태인지 놀랄 만큼 실감나게 보여준다.

우리는 이 같은 예산 배정이 미국의 국가안전보장에서의 투자 선택이고 그것이 놀랍다 못해 위험할 만큼 불균형한 상태라는 것을 이해해야 한다. 한 가지 사례만 검토해보자. 아프리카 개발의 최대 과제 중 하나가 질병통

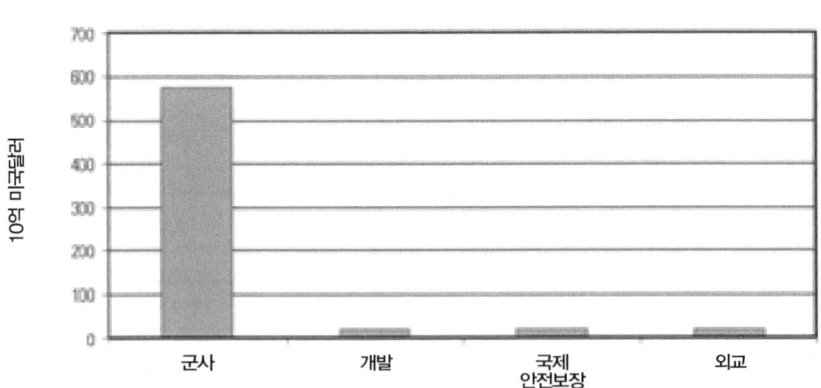

〈그림 12.2〉 2007년도 미국의 군사비 및 해외 지출

출처: White House Office of Management and Budget (2007) 자료

제이고, 그중에서도 말라리아 억제가 최우선으로 꼽힌다. 매년 10억 건에 달하는 말라리아 임상사례가 보고되고, 100~300만 명이 말라리아로 죽는다. 말라리아는 아프리카 경제발전의 장애물이다. 부시 정부는 말라리아 퇴치를 정책 우선순위로 꼽았다. 이제 돈을 추적해보자.

아프리카의 말라리아 감염지대에는 3억 개의 침소가 있다. 이 침소들을 약효가 오래 가는 살충제 처리 모기장으로 보호해야 한다. 최근 기술이 발달한 덕분에 모기장은 약효가 5년간 지속되고, 단가는 5달러이며, 한 가구 다섯 명을 보호하는 데 평균 세 개의 모기장이 필요하다. (평균 잡아 한 가구 다섯 명에 세 개의 침소가 있고, 각 침소마다 모기장을 쳐야 한다.) 이를 환산하면 매년 1인당 60센트가 소요된다는 계산이 나온다. 수억 명의 가난한 사람들은 단돈 5달러짜리 모기장도 구입할 여력이 없다. 아프리카의 모든 침소에 5년 동안 모기장을 치는 데 들어가는 총비용은 15억 달러라는 것에 유의하라(3억 개의 침소에 5달러씩). 하지만 그 돈은 부시 정부가 펜타곤(국방부)에 매일같이 지출한 액수보다 적다(2007 회계연도에 펜타곤의 예산은 5,720억 달러로 하루에 16억 달러였다). 이는 곰곰이 새겨볼 가치가 있는 충격적인 진실이다. '펜타곤의 하루 지출액이면 아프리카의 모든 침소에 5년 동안 말라리아 퇴치 모기장을 설치하고도 남는 자금을 확보할 수 있다.'

모기장, 의약품, 지역사회 보건 일꾼, 진찰, 교육, 실내 살충제 살포를 포함한 사하라 이남 아프리카 전 지역의 종합적인 말라리아 억제 프로그램을 시행하는 데는 연간 약 30억 달러가 필요하다. 펜타곤의 이틀 지출에 못 미치는 액수다. 부시 대통령은 총 소요자금의 10퍼센트에 조금 미달하는 액수, 연간 약 2억 4,000만 달러의 예산 배정을 선택했다. 〈그림 12.3〉에 부시의 선택이 어떤 것인지 적나라하게 드러나 있다.

이러한 재정 선택을 하게 된 것이 사업 확대에 따른 행정관리상의 어려움 때문이 아닌 건 분명하다. 국제적십자사와 협력기구들(UNICEF, 미국질병

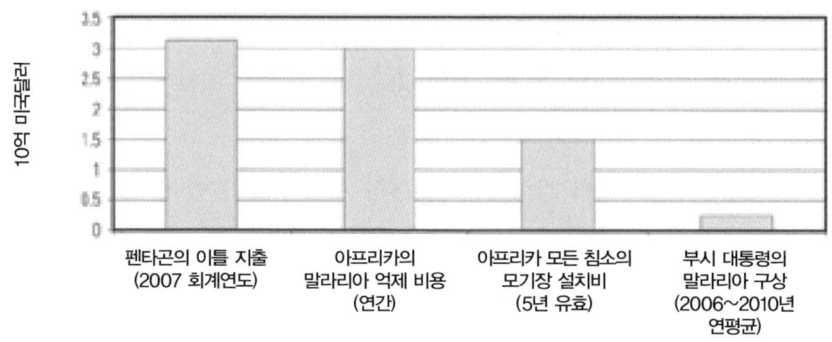

<그림 12.3> 펜타곤의 지출과 말라리아 억제 비용

10억 미국달러

펜타곤의 이틀 지출
(2007 회계연도)

아프리카의
말라리아 억제 비용
(연간)

아프리카 모든 침소의
모기장 설치비
(5년 유효)

부시 대통령의
말라리아 구상
(2006~2010년
연평균)

출처: White House Office of Management and Budget (2007),
Teklehaimanot, McCord, and Sachs (2007) 자료

통제센터, 각국 정부와 NGO들)은 가장 빈곤하고 사정이 열악한 농촌 지역
에서조차 매우 짧은 기간 내에 매우 광범한 지역에 모기장을 배포할 역량이
있음을 입증해 보였다. 하지만 국제적십자사가 주도하는 검증된 캠페인도
모기장과 다른 물품들의 구입에 필요한 돈을 마련하기 위해 씨름해야 한다.
말라리아 퇴치 사업 확대의 장애물은 보급 역량이나 정치, 흡수력(absorptive
capacity, 한 조직이 외부의 기술이나 지식을 흡수하여 가치를 창출할 수 있는 능력), 또
는 그 밖에 종종 언급되는 다른 변명거리들이 아니라, 바로 돈이다.

물론 미국의 안전보장 지출에서 군사비가 차지하는 비중이 높은 게 합리
적이라는 주장이 여전히 있을 수 있다. 미국은 테러와의 전쟁 중이라고 부
시는 주장했고, 전쟁을 하려면 돈이 많이 든다. 하지만 21세기에 진정한 안
정을 확보하는 방법을 이해하지 못하는 것이 문제다. 관건은 전통적인 군대
와 싸워 이기는 것이 아니라 불안정의 근본 원인을 제거하는 것이다. 그러
한 기준에서 보면 펜타곤의 지출은 방향부터 잘못된 것이다. 미국은 국가와
국제사회의 진정한 안정이 아니라 슬픔과 좌절을 유발할 게 분명한 방향으
로 예산을 지출하고 있다.

# 정체성 전쟁

영국의 유명한 군인정치가 루퍼트 스미스(Sir Rupert Smith) 장군은 최근 저서 《전쟁의 패러다임》에서, 21세기의 진정한 안보 위협과 맞닥뜨릴 경우 전통적인 군사 우위는 쓸모없는 것으로 드러날지 모르며, 실제로 지난 반세기 동안 벌어진 전쟁들에서 이따금씩 군사적 우위가 무용지물임이 입증돼왔다고 주장했다.[1] 군대에 관한 우리의 사고는 여전히 나폴레옹전쟁이나 제1차 세계대전, 제2차 세계대전 때와 마찬가지로 대규모 군대의 '노사 간 산업 분규'와 같은 시각에 매여 있다고 스미스는 말한다. 하지만 최근 몇십 년 동안, 그리고 가까운 미래에, 국가들에는 매우 다른 종류의 안보 과제가 대두하는데, 스미스는 여기에 "사람들 사이의 전쟁"이라는 이름을 붙인다. 전쟁은 "이제 더 이상 결정적인 정치적 결과를 가져다주는 대규모의 유일한 군사적 결단 이벤트가 아니다." 전장에서의 승리만큼이나 정치적 우위나 여론을 차지하기 위해서도 빈번하게 분쟁을 벌인다. 분쟁에는 제한이 없다. 분쟁 당사자들이 국가 아닌 행위자인 경우도 많다. 이런 상황에서 미국 군대가 가진 거대한 산업적 힘은 가볍게 무용지물이 될 수도 있다.

〈표 12.1〉은 최근 몇십 년 동안 미국이 벌인 전투가 모두 발전도상 세계에서 벌어졌고 재앙과도 같은 정치적 결과를 빚어낸 경우가 적지 않음을 상기시켜준다. 미국은 베트남, 레바논, 소말리아, 그리고 지금의 이라크에서 실패했고, 아프가니스탄에서도 실패할 가능성이 매우 높다. 이 모든 사례에서 미국의 군사적 우위는 정치적 목적을 달성하는 데 전혀 쓸모가 없다는 사실이 입증되었다. 그러나 미국만 그러한 패배를 연속적으로 겪은 건 아니다. 유럽의 제국주의 열강들이 제2차 세계대전 후 식민지에서 철수한 것은 그들의 군대가 군사적으로 패배했기 때문이 아니라 군대를 갖고서는 제국주의적 통치와 정당성의 유지라는 정치적 목표를 달성할 수 없었기 때문이다.

| 나라 | 개입 연도 | 군사적, 정치적 결과 |
|---|---|---|
| 베트남 | 1959~975 | 군사적 패배, 철수 |
| 캄보디아 | 1970 | 일시적 침입, 이후 크메르 루주에 의한 대량학살 |
| 이라크-쿠웨이트 | 1991 | 군사적 승리를 거두어 이라크 군을<br>쿠웨이트에서 축출, 사담 후세인의 권력은 유지 |
| 레바논 | 1992 | 자살폭탄 공격 이후 미군 철수 |
| 소말리아 | 1992 | 블랙호크 헬리콥터 격추 후 미군 철수 |
| 아프가니스탄 | 2001 | 내전과 반란 진행 중. 정치적 불안정과 헤로인 거래 증가 |
| 사회복지 | 2003 | 내전과 반란 진행 중. 정치적 해결책 없음 |

출처: Various

여기에는 근원적인 정치 문제가 작용한다. 식민통치의 세대와 세기가 지난 후인 제2차 세계대전 이후 시대에 발전도상국들에서는 민족자결주의의 힘이 막강해졌다. 인간으로서 존엄을 지키려면 외국의 점령으로부터 해방돼야 한다는 생각이 우리 시대의 가장 강력한 정치사상이 되었다. 읽고 쓰는 능력과 매스컴의 보급, 어느 정도의 경제성장과 더불어 이런 생각들이 크게 강화되었다. 그런데 미국은 성심을 다하여 인간의 자유를 지키겠노라고 선포하고서도 자신의 식민지배 저항의 역사와 근대사의 기본 골조를 훼손해왔다. 미국은 베트남 독립투쟁에서 프랑스를 대체하고서도 베트남인들이 민족해방전쟁을 벌이는 걸 이해할 수 없었다. 미국은 중동 산유국들(이란, 이라크, 사우디아라비아)의 최대 간섭자이던 영국을 대체하고서도, 미국이 중동의 지역 정치를 좌지우지하려 들 때마다 반식민주의 항체의 강력한 불꽃이 점화되는 것을 이해할 수 없었다.

부시 대통령은 미국이 이라크를 해방시켰다고 생각했으나, 이라크인들에게 미국은 또 하나의 점령국, 이라크 최초의 제국주의 세력이던 영국과 제휴한 또 다른 점령 세력일 뿐이다. 게다가 미국은 이스라엘을 식민주의의 강요로 보는 아랍인들의 견해의 뿌리를 알려고 하지도 않았다. 분쟁의 양 당사자들에게 유일하게 생산적인 방법은 타협일 뿐인데도, 아랍인들의 견해에는 아랍 민족주의와 반식민주의가 반영되어 나타난다. 이런 이유들로 인해 이라크전쟁 같은 군사적 모험은 실패로 끝나게 되어 있다. 2003년 전쟁 발발 직전에 나는 다음과 같이 쓴 바 있다.

> 심지어 아프가니스탄이나 레바논, 소말리아보다도 훨씬 나쁜 상황에서, 미국은 부도덕한 이라크 대살육전의 수렁 속으로 자신을 밀어 넣으려 하고 있다. 그곳에서는 수만 명의 성난 젊은이들이 점령군을 향해 열심히 총부리를 겨눌 것이다. 우리의 스마트 폭탄은 3만 5,000피트 상공에서와 달리 지상에서는 별 도움이 되지 않을 것이다.[2]

애초에 이라크에는 군대를 보내지 말았어야 했다. 우리에게 필요한 건 전쟁이 아니라 외교였다.

## 폭력의 근본 동인

미국이 전통적인 군사력을 상대로 방어를 할 수 있는 강력한 군대를 가져야 한다는 건 분명하다. 하지만 1960년 이후 미국의 군사개입은 대부분 최근에 국가의 실패를 경험한 바 있는 발전도상국들에서 행해져왔다. 〈그림 12.4〉는 20세기 후반에 국가 내의 내전이 급증해온 반면에 국가 간 분쟁은 훨씬 적은 수준을 유지해왔음을 보여준다.

개발의 부진과 국가의 실패 사이의 연결고리는 명확하다. 한 나라가 너

내전이 국가 간 분쟁보다 수적으로 훨씬 많다. 1950년대 이후로는, 국가 간 분쟁(둘 또는 그 이상의 나라의 정부 간 전쟁)의 수는 상향 추세도, 하향 추세도 보이지 않은 반면에, 내전은 두 배 이상 늘었는데 1990년대 초에 가장 빈발했다.

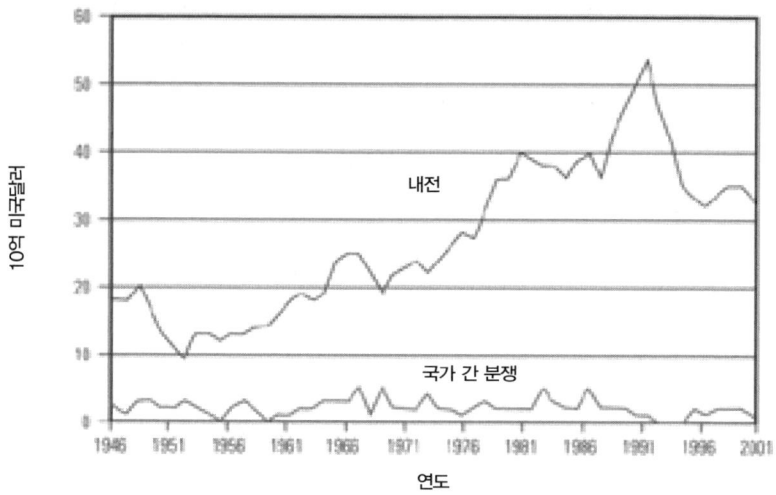

출처: Population Action International (2003)

무 가난해서 국민들에게 보건진료와 같은 기본적 필요를 충족시켜주지 못할 때, 그리고 기본 생태가 비료와 관개 없이는 농사를 짓기 곤란하게 만들 때는 매우 가벼운 변화조차도 사회를 벼랑 끝으로 몰고 가 참담한 절망 속으로 밀어 넣을 수 있다. 5장에서 설명했듯이, 어떤 사회가 생존의 벼랑 끝에서 연명하고 있을 때에는 악천후 같은 단순한 자연현상이 내전을 유발할 수도 있다. 또한 8장에서는 쉽게 불이 붙는 청년층이 분쟁을 중재하려는 경향을 보이는 층에 비해 상대적으로 더 많아지는 청년층 팽창 현상이 어떻게 내전 가능성을 높이는지 살펴보았다. 경제활동이 미약하고 달리 소득을 얻을 기회가 없을 때, 청년들이 무장집단에 들어가 폭력행동에 가담할 가능성은 훨씬 더 크다. 비슷한 맥락에서, 콜린 칼(Colin Kahl)의 저술은 인구급증,

환경악화, 재생가능 자원의 불균등 분포 등의 형태로 나타나는 인구와 환경의 압박이 어떻게 극단적인 국가 실패나 엘리트 집단이 자기 이익을 더 챙기기 위해 유발하는 폭력으로 이어지는지 보여준다. 콜린 칼은 특히 민족이나 종교, 계급 간의 분열이 심한 사회와 다수 인구가 정부에 거의 영향력을 행사하지 못하는 사회에서 인구나 환경의 압박이 국가 실패로 이어질 가능성이 매우 높다고 역설한다.[3]

실패한 국가 문제의 핵심에는 빈곤, 청년층 팽창, 급속한 도시화의 문제가 있는데, 이 모든 문제의 사실상 유일한 해결책은 지속가능한 발전이다. 부자나라들의 군대가 제아무리 강력하다 할지라도 군대의 힘으로는 이 문제들 중 어느 것도 해결할 수 없다. 그보다는 개발을 촉진하고 환경을 지속시킨다는 목표가 분명한 대외원조 같은 다른 수단들이 절망을 덜고 경제활동을 고무하며 분쟁과 그에 따른 미국의 군사개입 가능성을 줄이는 일에 훨씬 더 효과적일 것이다.

## 대외원조와 미국의 안보

오늘날 미국 정치인 대부분은 대외원조에 대해 유치한 견해를 갖고 있다. 물론 원조를 생각이라도 할 때의 이야기다. 하지만 한때는 영광스런 전통을 쌓기도 했다. 전후 시대가 막 열리던 때, 조지 마셜 장군은 유럽에 대한 원조가 전후 미국의 정치적 목표 달성에 매우 중요하다고 인식했다. 마셜의 다음 연설은 유명하다.

미국은 세계의 경제적 건강 상태가 정상으로 돌아오는 데 도움이 될 수 있는 일은 뭐든 당연히 해야 합니다. 그러지 않으면 정치적 안정도, 평화 보장도 있을 수 없습니다. 우리의 정책이 지향할 곳은 어떤 나라나 어떤 주의에 대한 반대가 아니라 기아와 빈곤, 절망과 무질서에 맞서 싸우는 것입니다. 그 목적은 세계경제가 원활하게 돌아가도록 소생시켜, 자유로운 제도가 존립할 수 있는 정치사회적 조건을 만들어내는 일입니다. 그러한 원조는 갖가지 위기가 불거질 때마다 찔끔찔끔 단편적으로 대응하는 식이 되어서는 안 된다고 저는 확신합니다.[4]

트루먼 대통령의 그리스와 터키 원조, 아이젠하워 대통령의 대만과 한국 원조, 케네디 대통령의 평화봉사단 파견, 존슨 대통령의 인도 녹색혁명 지원은 모두 똑같은 목적을 명시적으로 밝혔다. 원조를 통해 경제의 회복과 발전을 촉진하고 그럼으로써 문제 나라들의 장기적인 안정과 호의를 증진시킨다는 것이다. 오늘날 이라크 원조나 이스라엘 및 이집트에 대한 자금지원과 달리, 절정기 때의 원조는 동맹국들에 대한 단순한 반대급부가 아니라 진정한 개발 수단으로 간주되었다. 빈곤이 폭력과 불안정을 조장할 수 있으므로 개발원조라는 지원의 궁극 목표를 진지하게 받아들일 필요가 있다는 이해가 있었다. 오늘날에도 미국의 안전보장 지침은 공식적으로는 원조와 해외의 안정, 나아가 미국의 국가안보의 연계를 인정한다. 2006년도 국가 안보 전략은 다음과 같이 기술하고 있다.

실질적인 경제발전은 영구적인 의존이 아니라 책임 있는 주권의식의 함양을 도와 우리의 국가안보를 증진시킨다. 허약하고 궁핍한 국가와 통치력이 미치지 않는 지역은 그 국민들에게 위험을 안기고 지역 경제에 부담이 될 뿐 아니라, 테러리스트와 폭군, 국제 범죄단의 먹잇감이 되기도 쉽다. 우리는 위험에 처한 나라를 지원하고, 위기가 닥쳤을 때 구제수단을 제공하며, 발전 도상국들의 역량을 키워 스스로의 앞길을 개척할 수 있게 하는 일을 해나갈 것이다.[5]

하지만 미국은 그 연계를 실행에 옮기지 못한다. 미국은 가난한 나라들의 빈곤 탈출을 돕기 위해 빈곤국을 지원하겠다는 약속을 거듭 반복했으나, 그 후로 몇 가지 예외적인 프로젝트 외에는 원조를 제공하지 않았다. 2002년 미국은 부시 대통령이 참석한 세계 회의에서 몬테레이 합의를 통해 "국민총생산(GNP)의 0.7퍼센트를 발전도상국에 공적개발원조(ODA)로 제공한다는 국제 목표를 달성하기 위해 구체적인 노력을 경주"하기로 약속했다. 하지만 그 후 미국의 고위 관리들은 목표를 부정하면서 그와 관련된 어떤 노력도 기울이지 않았다. 미국은 수치화된 원조 목표에 속박당하지는 않을 거라고 말했다. 자신이 합의한 목표, 유럽연합에서는 원조 제공 시간표까지 내놓은 목표조차도 부정했다.

대외원조에 대한 미국의 무시가 극단에 이른 것은 2005년 유엔 세계정상회의를 앞두고였다. 유엔 주재 미국 대사 존 볼턴은 밀레니엄개발목표(MDGs)가 빈곤에 맞선 투쟁의 중심이었음에도 MDGs라는 개념 자체를 정상회담 결과물에서 삭제하고자 했다. 미국 정부는 미국의 위신에 큰 상처를 입히며, 비록 짧은 시간이었지만, 국제사회의 공동 목표를 거리낌 없이 부인하는 기록을 남겼다. 사실상 국제연합의 모든 나라로부터 미국의 제안에 반대하는 포화가 빗발쳤다. 미국은 격렬한 항의에 한 발 뒤로 물러섰으나 이미 커다란 손상을 입은 뒤였다. 미국 정부는 추한 면을 보여주었다. 이라크에서 전쟁을 벌일 준비는 하면서도 세계에서 가장 가난하고 지금도 죽어가고 있는 사람들을 상대로 한 가장 기본적인 약속조차도 존중할 준비를 하고 있지 않은 나라가 미국이었다. 2005년 9월 13일 세계정상회의 개막식 날, 부시 미국 대통령은 얄궂게도 MDGs의 달성을 위해 모든 노력을 다 기울이겠다고 선언했을 뿐만 아니라("우리는 밀레니엄개발목표를 달성하기 위해 있는 힘을 다할 겁니다"), 허리케인 카트리나의 참화를 입은 미국을 돕겠다고 나선 115개국 이상의 나라들과 10여 개 국제기구에 고마움도 표했다.

부시 미국 대통령은 간혹 최빈국들에 대한 원조를 부활시켰다는 찬사를 듣곤 했으나, 이는 미국의 적정 규모의 원조활동을 진정으로 복원한 것이 아니라 빈약한 토대 위에서 새로운 원조에 착수한 것일 뿐이다. 부시는 상당한 액수의 자금이 소요되는 한 가지 개발 프로그램(대통령의 AIDS 긴급 구제계획PEPFAR)을 내놓았지만, 그마저도 콘돔 사용으로 HIV의 감염을 막는 것보다는 과학적으로 타당하지도 않고 효과도 없는 금욕 전략을 펴는 것이 옳다는 우익 이데올로기의 설교에 막혀 절름발이가 되었다. 그는 또한 두 가지 다른 프로그램, 밀레니엄 과제 계정(Millennium Challenge Account)과 대통령의 말라리아 구상(President's Malaria Initiative)도 내놓았으나, 두 계획 모두 필요한 액수에 비해 기금이 턱없이 적었다. 그 밖의 원조활동을 살펴보면, 부시는 이라크 전비를 충당하기 위해 아프리카의 다른 원조계획들을 사실상 중단 또는 삭감했다. 그리고 앞에서 이야기한 것처럼, 미국 정부는 가족계획에 대한 미국의 원조도 속빈 강정으로 만들었다. 이 역시 우익 지지자들의 공격을 받은 사안이었다.

## 미국의 안보를 위해 정말 필요한 것

미국은 외국 상비군의 무력침공 위협을 받고 있지 않다. 산업시대 전쟁의 시대는 지난 지 오래다. 우리를 위협하는 것들은 보다 복잡하고 군사적으로는 해결할 여지가 적은 것들이다. 첫째, 우리는 핵확산이라는 지속적이고 무시무시한 위협을 마주하고 있다. 핵을 확산시키는 주체들로는 각국 정부도 있고 고집불통 국가들로부터 핵무기를 들여오려는 불량집단들도 있다. 둘째, 우리는 전 세계를 위험에 빠뜨리고 있는, 지구 환경에 대한 심각한 위협을 마주하고 있다. 셋째, 우리는 소말리아, 아프가니스탄 등등 실패한 국가들이라는 위험을 마주하고 있다. 이 나라들은 국경을 넘는 전쟁, 전염병, 난민의 확산을 유발하고, 테러집단에게 은신처를 제공하기도 한다.

이런 문제들은 그 어느 것도 일방통행 식으로는 해결할 수 없다. 하나같이 수년, 수십 년 동안 일상적으로 행해지는, 고도로 정교한 협력 네트워크를 필요로 한다. 안보는 군대를 동원한 한판 결전이나 정권의 변화를 통해 획득되는 노획물이 아니라 협력 활동을 통해 성취되는 일상적인 과제다. 하지만 협력에는 신뢰가 필요하며, 신뢰를 얻으려면 관계 당사자들이 서로에게 무엇이 필요한지 알아 그것을 지원해주어야 한다. 미국은 최근에 와서 이러한 접근방식을 거부하면서, 교토의정서 같은 유엔 협약을 방기하고, 유엔 안보리의 반대에도 아랑곳없이 이라크전쟁을 일으켰으며, 고문에 반대하는 제네바협약(Geneva Conventions, 전쟁으로 인한 희생자를 보호하기 위해 1864~1949년 제네바에서 체결된 일련의 국제조약) 같은 기본원칙들을 저버리고, 국제형사재판소(International Criminal Court, 국제범죄를 범한 개인을 처벌하는 국제재판소로, 2002년 7월 1일 설립되었다)의 판결을 거부했다.

그 결과는 안 봐도 뻔하고, 실로 경악스러운 것이었다. 미국은 중대한 공동 관심사에 대한 협력을 이끌어내기보다는 자국의 평판을 탕진해왔다. 세계 곳곳에서 미국은 지구의 희망이 아니라 지구에 가장 위험한 존재로 간주된다. 미국을 신뢰할 만한 협력자로 여기는 곳은 얼마 안 된다. BBC-PIPA 글로브스캔(영국 BBC 월드서비스가 주관하고 국제 여론조사 기관인 글로브스캔GlobeScan과 메릴랜드대학의 국제공공정책태도프로그램PIPA이 총괄 기획하는 국제 여론조사 컨소시엄)의 최근 조사는 우울한 이야기를 전하는데, 〈그림 12.5〉는 그 요약이다.[6]

18개국 1만 8,000 응답자의 절반 이상이 미국에 대해 '대체로 부정적'이라는 견해를 보였다. 2005년의 46퍼센트에서 상승한 수치였다. 훨씬 더 극적인 것은 '대체로 긍정적'이라는 견해의 비율이 2005년 40퍼센트에서 2007년에는 29퍼센트로 급락했다. 미국의 이라크전쟁에 반대하는 비율은 73퍼센트로 압도적이었는데, 놀라운 일은 아니었다. 미국에 대한 지지율은

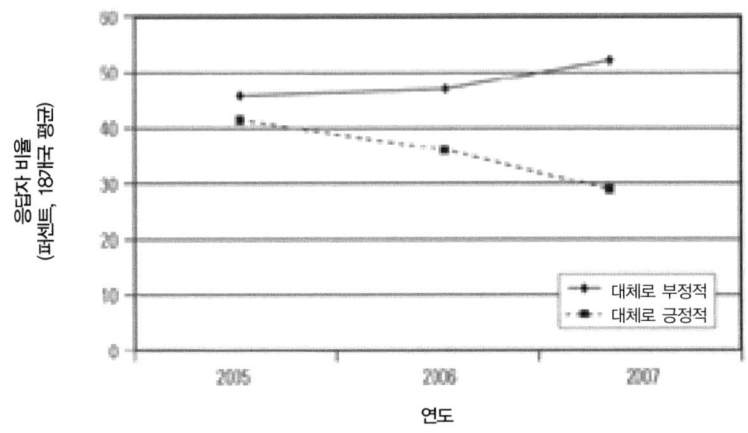

〈그림 12.5〉 미국의 영향력에 대한 견해

출처: BBC-PIPA GlobeScan Poll (2007)

전통적인 동맹국들 사이에서 크게 하락했다. 예컨대 독일에서는 고작 16퍼센트만이 미국에 대해 대체로 긍정적인 견해를 갖고 있다고 말했다. 전년도의 21퍼센트보다도 더 떨어진 수치였다! 영국에서는 57퍼센트가 미국의 역할이 대체로 부정적이라고 보았다. 전통적으로 미국 지지세가 탄탄하던 폴란드에서는 지지율이 2006년 62퍼센트에서 2007년 38퍼센트로 수직 낙하했다. 이집트에서는 긍정적인 견해가 21퍼센트에서 11퍼센트로 하락했다. 이런 상황에서는 장기적인 상호협력 전략을 짜낼 수 있는 가능성이 거의 없다. 외국 정부들은 미군 기지나 영공 비행권 확대 같은 미국의 대외정책 구상을 공개적으로 지지하거나, 나아가 미국이 주도하는 군사행동에 참가하려 할 때, 자국 내에서 심각한 정치적 압박을 받게 된다.

　협력의 가장 기본적인 기준은 상호주의다. 당신이 날 도와주면 나도 당신을 돕겠다는 것이다. 그러나 미국의 태도는 달랐다. 부시가 잘라 말한 대로 "우리 편에 설 거냐 반대편에 설 거냐"였다. 다른 나라의 이해관계는 인정하지 않는다는 것이다. 미국은 테러와의 전쟁에 대한 충성을 요구하면서,

그에 상응하는 빈곤, 질병, 기후변화와의 전쟁은 지원하지 않았다. 미국의 우익은 마치 미국이 일방통행을 하면서도 미국의 목적을 달성할 수 있기라도 한 양, 유엔이 미국의 주권을 위협하고 있다고 사정없이 공격해댔다.

## 정상 상태로 되돌아가려면

미국은 다음 6가지 단계를 밟아가며, 과거의 안보정책을 21세기에 통용될 수 있는 방침으로 변화시켜야 한다.

- 다국 간 공동정책과 국제법을 기꺼이 수용한다.
- 국제지속가능개발부를 창설한다.
- 군사 예산을 국제 지속가능 개발 예산으로 전환해간다.
- 인구와 환경 문제의 해결에 나선다.
- 핵확산 방지 체계를 부활시킨다.
- 중동에 대한 이해를 높이고 적절히 대처한다.

### 다국 간 공동정책의 수용

네오콘이 범한 핵심적인 실수는 미국의 힘을 잘못 이해한 것이다. 우리가 모든 것을 다 가질 수 있는데 왜 협력을 하느냐고 생각한 것이다. 하지만 허세는 번지수를 잘못 찾았다. 4년이라는 시간과 5,000억 달러의 돈을 들인 뒤에도, 이라크는 안정을 찾지 못하고 수백만 명이 죽었다. 핵확산 금지나 테러, 기후변화, 조류독감 및 그 밖의 전염병처럼 전 세계를 위협하는 문제들에 이르면, 일방주의 교리는 더더욱 터무니없다. 본질적으로 이런 문제들을 해결하려면 다른 나라들과의 철저하고 세심한 협력이 필요하다. 그러한 협력 중 많은 것이 이미 국제조약과 법규들에 명시돼 있다. 한 예로 공공보건 분야에서는 질병의 전 세계적 전염을 차단하기 위한 국제협력 사항들이 일련의 국제보건규약에 명문화돼 있는데, 세계보건기구WHO에서는 이를 근거로 회원국들에 다양한 유형의 긴급조치를 요청할 수 있다.[7] 그러한 협력은 관련 정부들 차원에서 착수해야 하지만, 각국 정부는 궁극적으로는 자국민들의 지지를 받아야 한다. 따라서 미국의 목표 역시 전 세계 여론의 표피적이지 않은, 깊숙한 지지를 받아야 한다. 많이 인용되는 로마 경구, "저들이 우릴 두려워하는 한 우릴 미워하도록 내버려두라"는 말이 설령 진실로 여겨진 적이 있다 할지라도, 사실은 틀린 말이다.

### 국제지속가능개발부

미국은 오늘날 분별 있는 대외정책을 추구할 수 없다. 그 이유 중 하나는 미국 정부가 한 가지 위기를 비틀거리며 넘기가 무섭게 다음 위기에 맞닥뜨리는 눈먼 거인인 탓이다. 미국 정부는 발전도상국들의 상호 연결된 빈곤, 환경, 정치 불안정 문제를 이해할 능력이 없다. 미국인들은 이 문제들이 정치, 경제, 생태의 결과라기보다는 폭군과 악당들로부터 연유한 것으로 '설명'해왔다. 미국인들은 테러리즘에는 정치적 차원의 문제는 전혀 없고 신학적 차원인 '악'의 문제만 있는 것처럼 그릇된 주장을 펼쳐왔다. 미국의 원조기관인 USAID(국제개발처)는 오래전에 우수한 인재들이 썰물처럼 빠져나간 상태에서 지금은 종종 컨설팅 회사들의 직업소개소 비슷한 역할을 하곤 한다. 우수한 전통, 그리고 긴 고통의 시간을 겪으며 최근 원조 지출의 특징이던 신앙 기반 정치와 순진함이 뒤얽힌 분위기를 근근이 견디고 살아남은 숙련된 개발 일꾼 집단이 있음에도, 지난 10년 동안 USAID에서는 사실상 단 한 건의 진지한 분석도 나오지 않았다.

미국의 새 정부는 영국의 국제개발부(DFID)와 스웨덴의 국제개발국(SIDA)에서 그 실마리를 찾아야 한다. 둘 다 분석과 실행을 두루 관장하는 고도의 전문가 팀을 가진 장관급 부처다. 두 기관 모두 개발원조, 거버넌스, 국제적인 목표(특히 밀레니엄개발목표), 무역정책, 세계의 공공보건, 환경정책 등의 여러 가지 목표가 정책적 일관성을 견지하도록 하는 임무를 띠고 있다. 그들은 발전도상국들을 상세히 연구하고, 또 알고 있다.

### 개발기금 조성

개발원조는 (냉전기에 자이레의 독재자 모부투 세세 세코에게 자금지원을 한 악명 높은 사례처럼) 친구를 돈으로 사는 것이 아니라, 장기적인 발전을 도모하는 데 쓰여야 한다. 경제적 진보와 민주주의 및 전쟁감소의 연계성은 강력하다. 경제발전은 안정을 증진시키는 반면에, 빈곤과 질병은 국가실패를 조장한다. 우리는 앞에서 다르푸르와 소말리아 등지의 위기는 일차적으로 개발 부진에 따른 것이며 정치적 난맥상은 부차적인 원인으로 이해하는 게 옳다는 것을 알았다. 장기 발전 전망을 제시하지 않고 평화유지군이나 국제 제재만으로 그러한 위기를 해결하려는 것은 감염된 상처에 반창고를 붙이는 것과 같다. 피 흘림은 일시적으로 멎을지 모르지만, 감염이 더욱 심해질 위험은 여전하고 심하면 죽음에 이를 수도 있다.

가난한 나라의 정부는 질서를 유지할 수 없고, 법치도 행할 수 없으며, 국경도 방비하지 못한다. 국제적 위협과 제재는 장기적인 문제를 해결하기보다는 오히려 불안정을 심화시킬 가능성이 크다. 사실 경제발전이 안정에 매우 중요하지만 달성하기는 매우 어렵기 때문에, 거의 모든 경우에 국제 재재라는 칼은 서랍 속에 도로 넣어두어야 한다. 제재는 정치적 효과는 거의 내지 못하면서 경제만 망칠 뿐이다. 만성적인 불안정을 장기적으로 해결해가는 데는, 개발원조 형태로 제공되는 당근이 제재나 투자회수 같은 형태의 채찍보다 훨씬 더 효과적이다.

미국은 2008 회계연도에 군사비로 6,000억 달러 이상, 모든 종류의 개발

원조에 약 200억 달러를 지출했는데, 그중 절반쯤이 테러와의 전쟁(이라크, 파키스탄, 아프가니스탄, 팔레스타인)에 들어간 비용이며, 아프리카에 쓰인 돈은 약 40억 달러뿐이다. 이제 (이라크에서 철수하고 핵기술 개발 지출을 줄임으로써) 연간 최소 1,500억 달러의 군사예산을 줄이고 절감액의 절반 가량을 개발원조에 투입하여, 공적개발원조가 GNP의 0.7퍼센트(오늘날 경제규모가 13조 달러이니 약 900억 달러가 됨)에 이르도록 구체적인 노력을 경주하겠다는 미국의 약속을 지키는 것을 진지하게 고려할 때다. 이 액수에다 유럽의 원조 확대액을 합치면, 웬만한 통치체제를 갖춘 빈곤국 모두가 극단적 빈곤에서 탈출할 수 있는 자금을 제공할 수 있게 된다. 현재 출구가 보이지 않는 군사작전에 낭비되고 있는 재원의 극히 일부만 있어도 수단, 소말리아, 아프가니스탄 등지의 위기의 뿌리를 치유할 수 있다.

### 인구와 환경

앞서 이야기했듯이, 부시 정부는 인구 프로그램의 기금을 대폭 축소해왔다. 그 결과는 미국의 안보 이익과 정면으로 부딪치고 있다. 출산율이 높은 나라의 청년인구 팽창은 그 사회의 폭력위험 고조로 직결된다. 우리는 고삐 풀린 출산율이 장기적으로 우리를 위험에 빠뜨린다는 사실을 무시한다. 이 나라들이 생태적 위기를 맞고 농지가 더 이상 생계를 유지할 수 없을 만큼 영세한 규모로 줄어들고 있는데도, 우리는 이 사실에 눈을 감는다. 환경위협에 대한 무시나 경멸이 안고 있는 위험은 점점 더 커져왔다. 지구 곳곳에서 이미 기후가 변하고 있고, 그로 인해 전 세계의 가뭄과 홍수가 갈수록 잦아지고 있다. 하지만 이제까지 미국은 기후변화의 완화나 적응, 어느 쪽의 지원에도 거의 함께하지 않고 있다. 생태, 기후, 농업, 인구, 공공보건을 종합적인 정책체계 내에 통합하여 운용할 때, 개발과 안보 전략이 일관성을 갖게 된다.

**핵확산 방지**

　가장 심각한 테러 위협은 대량살상무기, 특히 떠돌아다니는 핵무기다. 오늘날 핵기술에서 폭탄을 제조하려면 국가의 대폭적인 지원이 필요하다. 적어도 핵분열 물질을 확보하는 데는 국가의 지원이 필수적이다. 따라서 각국 정부가 전 지구적 핵확산 방지 체계를 고수하고 핵무기가 국가로부터 개인이나 깡패집단의 손에 넘어가지 않도록 보호하는 일에 관심을 가질 필요가 있다. 그것은 핵분열 물질이 군사기지를 떠나지 않도록 경계를 강화하는 문제인 동시에, 각 나라들이 핵확산 방지 체계를 고수하도록 외교적 노력을 펼치는 문제다. 미국의 군사주의는 그러한 활동들에 눈을 감게 만드는 이념적 토대인 것으로 판명되었다. '깡패국가'에 대한 위협과 협상 거부는 이 나라들의 핵무기 개발을 포기시키기는커녕 오히려 더욱 가속시켰다. 진정한 진전이 이루어진 사례로는 2006년 북한과의 협상 재개가 유일했다. 1990년대의 남아프리카공화국과 브라질, 최근의 리비아처럼 몇몇 나라들이 햇볕 속으로 나왔을 때, 그들을 움직인 것은 분명히 외교와 적극적인 인센티브였다. 이 나라들은 능력을 발휘하여 미국으로부터 광범한 외교적 승인과 교역, 투자, 개발원조를 얻어냈다.

　핵확산 방지 체계는 여러 요인으로 인해 산산조각 나고 있다. 미국은 이스라엘의 핵무기는 용인하면서, 중동의 다른 국가들에는 핵무기를 갖지 말라고 요구한다. 미국은 스스로도 핵확산금지조약을 위반하고 있다. 조약은 핵보유국들에게 핵무기의 점진적 해체를 요구하고 있으나, 미국은 약속을 어기고 새로운 핵무기 체계를 계속 구축해가고 있다.


**중동**

　중동 지방은 한 세기 동안 서방 제국주의의 간섭을 받아왔다. 영국과 미국은 각국 정부를 전복하고(1953년 이란, 1968년 이라크), 전쟁을 지원했으며(1980~1987년 이란-이라크), 이용가치가 있을 때에는 독재자를 용인하고(1970~1980년대의 사담 후세인), 불편할 때에는 쓰러뜨렸다(2003년 사담 후세인). 미국은 아프가니스탄 내전 때 소련에 저항하던 오사마 빈 라덴과 무자헤딘을 지원했으나, 그 결과로 알카에다가 결성되었다. 미국과 유럽은 가끔씩 뇌물을 먹이며 대규모 무기체계를 일상적으로 팔아왔는데, 정권 붕괴 후에는 그 무기들이 적의 손에 들어가는 결과를 낳는 경우가 빈번하게 발생했다(1979년 이후의 이란). 유엔 결의안까지 채택되고 점령지 확대가 평화에 명백한 장애가 될 거라는 증거가 확실했음에도 이스라엘이 1967년 이후 요르단 강 서안과 가자 지구를 계속 점령하는 값비싼 큰 잘못을 범했을 때, 미국은 이를 비호했다. 서방측은 이런 행위들을 하면서도 자유, 선정(善政), 민주주의를 이야기해왔다.

실현 가능한 중동 전략은 기본원칙에서 재출발하는 것이다. 여기에는 이스라엘과 팔레스타인 모두 예루살렘에 수도를 두고 1967년 국경을 존중함으로써 이스라엘-팔레스타인 분쟁을 해결하는 것이 포함된다. 이 전략은 핵 없는 중동을 지향하며, 이스라엘과 아랍 국가들은 핵무기 포기를 진실하게 공개 천명해야 한다. 또한 이 지역 전체의 긴급한 개발수요에 집중적인 관심을 기울여야 한다. 팽창하는 청년층 인구를 위한 일자리 창출과 심각한 환경위협, 특히 가정용, 공업용, 농업용 물 부족 문제에 각별한 관심을 쏟아야 한다.

## 세계 전쟁 피하기

21세기 초에 세계 평화에 세 가지의 중대한 위협이 미칠 것으로 예상된다. 세 경우 모두 객관적인 전쟁 위험보다도, 폭력이 더 큰 폭력을 부르며 전쟁으로 치달을 위험성이 훨씬 더 크다. 첫째는 물론 중동 분쟁이 확산되며 전 세계를 자연스럽게 전쟁의 소용돌이로 빨아들일 가능성이다. 9.11 직후에 미국의 정치 지도자들은 지난 세기 초에 독일을 집어삼킨 것과 같은 종류의 자기충족적인 편집망상증을 보였다. 부통령 리처드 체니는 '1퍼센트 독트린'을 발표했는데, 미국에 대한 단 1퍼센트의 위협도 낮은 확률의 가능성이 아니라 확실한 것으로 간주할 거라는 선언이었다.[8] 하지만 협력관계가 아주 쉽게 무너질 수도 있는 세계에서, 낮은 확률의 위협에 대한 체니의 병적인 집착은 미국에 진정한 안보를 가져다주기보다는 자기충족적인 분쟁을 유발할 가능성이 훨씬 더 컸다. 아니나 다를까, 체니의 두려움은 이라크에서 파괴적이고 불필요한 전쟁을 유발했고, 전쟁은 지금까지도 쉼 없이 계속되며 수억의 인구를 추가로 폭력의 불길 속으로 끌어당길 위험 소지를 안고 있다.

그와 유사한 최악의 계획이 이제 미국의 대 이란 정책 주변에 어른거리는 것 같다. 미국의 지도자들은 이란 지도자들과의 협상에 나서기보다는 이란의 불투명한 의도에 사사건건 신경을 곤두세운다. 이것을 완고한 현실주의로 보는 사람들이 많다. 그러나 실제로는 그러는 사이에 어느 순간 전쟁으로 향하는 길이 닦일 수도 있다.

두 번째 위협은 첫 번째와 밀접한 관련이 있는 것으로, 핵무기의 걷잡을 수 없는 확산이다. 핵확산금지조약은 파기 중이거나 최소한 파기 직전 상태에 이른 것 같다. 이란의 핵보유국화 움직임은 인도, 파키스탄, 북한으로 이어지는 최근의 핵확산 추세의 일환이다. 각 나라에는 핵보유를 추구하는 나름의 이유가 있다. 가장 중요한 이유는 하나 이상의 두려운 적이 이미 핵무기를 갖고 있다는 것이다.

세 번째 위협은 20세기에 벌어진 선두열강과 신흥강국들 사이의 파괴적인 군비경쟁의 재연인데, 지금은 중국이 신흥강국의 역할을, 미국이 선두자리를 방어하는 역을 맡고 있다. 21세기에는 중국이 발흥하며 세계의 지정학적 질서에 도전장을 내밀 텐데, 그 강도는 20세기의 산업화된 독일과 일본의 도전 못지않을 것이다. 인구가 많고 자원이 부족한 산업 발전소인 중국은 20세기의 독일이나 일본과 마찬가지로, 국제 시장을 기웃거리고 해외 동맹세력을 구축하며 필수적인 주요 자원들을 확보하려 들 것이다.

중국의 영향력 증대에 그 자체로 두려움을 가질 이유는 없다. 보다 강력해진 중국이 전 지구적 책임을 보다 많이 감당하는 동맹국이 될 수도 있다. 그런데 다수의 미국인은 중국의 힘이 급증하는 데 대해 위협을 느낄 게 틀림없다. 아시아와 아프리카의 유전을 확보하는 일이든, 다른 나라에 군사 장비를 판매하는 일이든, 전 세계적 협상에서 미국의 지위에 도전하는 일이든, 중국의 외교가 여러 방면에서 미국의 외교에 거듭 승리를 거둘 때 미국인들의 불만은 커질 것이다. 이미 미국 우익의 일각에서는 마치 세계에서 가장 빠른 경제성장을 하고 있는 나라의 13억 인구를 봉쇄하는 게 가능하기라도 한 듯, 중국의 봉쇄를 요구하는 목소리가 나오고 있다. 봉쇄를 요구하는 이러한 목소리가 중국 지도자들의 귀에 또렷이 전해지고, 이번에는 이들이 미국의 위협에 맞서 자신을 지키기 위해 중국의 군사력을 증강할 것을 요구한다. 중국의 군비 증강이 이어서 공포를 팔아먹는 상인들의 자기충족적인 예언으로 둔갑하는 것은 불문가지다. 2006년 미국의 서점가에 《다가오는 중국 전쟁: 어디에서 어떻게 싸워 이길 것인가(The Coming China Wars: Where They Will Be Fought and How They Can Be Won)》《최후의 결전: 중국은 왜 미국과의 전쟁을 원하나(Showdown: Why China Wants War with the United States)》《다가오는 미중 전쟁: 대만을 지나는 충돌 경로(America's Coming War with China: A Collision Course over Taiwan)》 같은 제목을 단 책들이 등장한 것은 새삼스러운 일이 아니다.

중동, 중국, 인도, 그리고 세계의 다른 곳에 사는 사람들 대다수가 미국인들과 마찬가지로 타인에 대한 지배가 아니라 자신의 번영과 안전을 갈망한다는 사실을 인정해야만 미국인들의 궁극적인 생존도 확보할 수 있다. 두려움이 때로는 최상의 결과를 쉽게 얻을 수 있게 한다. 그러므로 우리는 대외 정책을 우리 눈에 보이는 대로만이 아니라 다른 이들의 눈에는 어떻게 보일지도 함께 생각하며 세계를 이해할 수 있도록 스스로를 훈련시키는 방향으로 바꿔가야 한다. 그것이 지구상에서 우리의 공동 운명과 공동의 부를 올바르게 인식하는 열쇠다.

# 전 지구적 목표 달성을 위한 방안

밀레니엄 약속들은 지속가능한 발전을 위한 전 세계적 목표로서, 우리의 공동행동의 지침이 돼야 한다. 이 목표들을 달성하려면 전 세계가 함께하는 복잡한 과정을 거쳐야 하는데, 이는 정부나 사회의 다른 어떤 한 부문의 역량을 넘어서는 일이다. 전 지구적 네트워크 시대에 여러 영역을 관통하는 이 목표들을 달성하려면 사회 모든 부문의 에너지와 능력을 두루 활용해야 한다.

이 장에서는 밀레니엄 약속 이행의 전반적인 청사진을 펼쳐 보인다. 이 과정에는 과학자, 기업가, 사회운동가, 정치인, 일반 시민 등 많은 행동가가 두루 함께해야 한다. 첫 번째 필수 과정은 해당 사안을 다루는 학문을 동원하는 일이다. 두 번째 단계는 기업가정신이다. 다양한 인센티브들이 사업가와 혁신자, 사회적 기업가들에게 실제적인 해결책을 내놓도록 유도한다. 세 번째 단계는 실행 규모를 확대하는 것이다. 검증된 방안을 채택하여 전 세계에 적용하는 것이다. 다행히도 역사에는 학계 참여, 실용적인 혁신, 규모 확대에 성공한 사례가 가득하다. 우리는 과거의 이러한 성공을 반석으로 삼을 수 있다.

## 전 지구적 문제 해결하기

이 책 전체에서 나는 지속가능한 환경, 인구 안정, 빈곤 감축 영역에서 이루어지고 있는 진전에 대해 설명해왔다. 각 영역에서 전 지구적으로 획기적인 성공을 거두어왔지만, 각 영역은 또한 아직 미완성된 프로젝트다. 그럼에도 우리는 전 지구 차원에서 성공을 거둔 것으로 입증된 기본 패턴들을 식별해낼 수는 있다. 먼저, 공공부문, 민간부문, 비영리부문(재단과 학계 포함)은 전 지구적 문제의 해결에서 늘 상호 연동된 역할을 수행해왔다. 지속가능한 기술을 촉진하는 일에서는 특히 그러했다.

공공부문에는 다음과 같은 네 가지의 핵심 책임이 있다.

- 기초과학의 재원 조달.
- 초기 단계 기술의 개발 및 시연 진흥.
- 문제 해결을 위한 전 세계적 정책체계 마련.
- 성공한 혁신안과 기술의 확대 적용 재원 조달.

민간부문에는 두 가지의 핵심 책임이 있다(이윤 추구는 물론 제외).

- R&D 투자(종종은 공적 재원과 공동으로).
- 공공부문과의 협력하에 대규모 기술적 해결책 구현.

비영리부문에는 다섯 가지 핵심 역할이 있다.

- 대중적 지지 확보.
- 사회적 기업 설립 및 문제 해결.
- 문제 해결을 위한 종잣돈 조달.
- 정부 및 민간부문의 책임 촉구.
- 학술 연구(연구소 중심).

잘 짜인 동작들로 구성된 복잡한 발레극 안에서 각기 다른 배역을 맡은 배우들이 저마다 연기를 펼친다. 한 사람의 지휘자가 있어 동작들이 적시에 조화롭게 펼쳐지도록 조율하는 경우는 드물다. 명료하게 기술된 공동의 목표만이 개개의 수많은 행위들의 방향을 잡아 전 지구적 성공을 합작해낼 수 있다.

이러한 행위들을 성공을 향해 동원할 수 있는 길을 생각해보자. 그 과정은 사막화, 인위적인 기후변화, 과도한 출산율, 극단적 빈곤과 같은 문제 자체에서 출발한다. 문제를 처음 인식하는 것은 전문가들, 대개의 경우 훈련받은 과학자들이다. 종종은 여론 형성보다 10년 이상 앞서 과학적 분석이 행해진다. 학자들은 보통 기후변화 위험 증대나 오존층 소멸, HIV/AIDS 확산과 같은 가설을 세운다. 그러한 가설들이 입증되면서 과학적 분석 내용이 대중들과 정책결정 집단에 보다 폭넓게 알려진다. 특별한 한 사건(기근, 열파, 대폭풍우, 오존층 고갈의 사진 증거 등)이 대중적 자각에 결정적인 자극제로 작용하기도 한다.

전 세계의 정책집단은 종종 초기 대응을 불러일으켜 느슨한 세계협력 체계를 만들어낼 수는 있지만, 그것은 높은 수준의 행동은 이끌어내지 못하는 협력 틀이다. 환경, 질병, 인구, 빈곤 등 우리가 고찰해온 모든 분야에서, 학계의 관심과 대중적 자각의 확산을 계기로 대개의 경우 이빨이 빠진 초창기의 국제 합의가 이루어지긴 했으나, 과제의 규모에 걸맞은 해결책은 제시되지 않았다. 예컨대 오존이나 기후변화에 관한 유엔 기본협약들은 중대한 진전이긴 하지만, 그것으로 실제 행동의 돌파구가 열리진 않는다.

진정한 해결책을 앞서 개척하는 곳은 재단 부문이나 기업 부문, 학계인 경우가 많다. 한 예로 1960년대와 그 이후의 녹색혁명을 일구어낸 고수확 품종의 초기 주창자는 록펠러 재단이었다. 머크 사와 아프리카 회선사상충증에서 보듯이, 개별 제약회사가 가난한 이들의 질병과의 싸움에서 효능이 입증된 자사의 약품을 사용하는 프로젝트를 앞장서서 추진한 경우도 종종 있었다. 학자들은 오존을 고갈시키는 화학 오염물질(CFC)의 사용 억제를 주창했다. (정치학자들이 인식공동체라 부르는) 전문가 집단이 근원적인 고통을 해결하는 새로운 방법의 옹호자가 되는 경우도 종종 있다.

공공정책 기관 또한 초기 해결방안을 강구하기 위한 종잣돈을 제공함으로써 이 단계에서 일정한 역할을 한다. 이 작업은 대부분 소규모의 시범사업 규모로 수행된다. 이러한 시범사업들은 향후 전국이나 전 세계적 규모로 진행돼야 할 작업의 근거를 마련하는 역할을 한다. 비정부기구와 정책 활동가들이 중대한 역할을 수행하는 경우도 있다. 자선가들이 이처럼 초기 발동을 거는 사업을 지원하기도 한다. 국제로터리클럽이나 국경 없는 의사회(Doctors Without Borders), 케어 인터내셔널(Care International, 1945년에 설립된 국제 원조구호 단체로 70개국에서 프로그램을 수행하고 있다) 같은 공공 서비스 단체들에서 초기 구상의 구현 작업을 시작할 수도 있다.

시간이 가면서 세 가지 현상이 극명하게 드러난다. 첫째, 문제 자체가 훨씬 분명해진다. 예컨대 허리케인 카트리나 같은 소문난 재난을 통해 문제가 대중들 앞에 나타나는 순간이 온다. 둘째, 초기 단계의 조치나 시장 단독의 힘의 실패가 널리 입증된다. 셋째, 현장 시도와 시범사업을 통해 대규모 사업 추진의 매우 강력한 지침이 확보된다.

다음 단계는 문제 인식의 기본 틀 정도가 아니라 실제 행동에 대한 전 지구적 합의가 이루어지는 것이다. 이런 티핑포인트는 오존 고갈, HIV/AIDS 통제, 말라리아 억제, 극단적 빈곤과의 투쟁 등에서 제각기 다양한 역사적 순간에 찾아왔다. 이 시점에 이르면 전 지구적 협약이나 의정서에 대한 합의가 이루어지고, 해결책의 확대 적용에 필요한 자금조달 체계가 마련된다. 새로운 세계기금이나 국제 허가제도, 새로운 세계 표준 등 혁신적인 경제체계들이 채택되어 정부와 민간부문의 행동에 지침을 제공한다.

이어서 확대 적용 단계가 온다. 시범사업에서 검증된 해결책이 전 세계 규모로 확대되는 시기다. 오존을 고갈시키는 CFC가 안전한 화학물질로 대거 대체되면서 오존 고갈이 억제된다. 발전도상국의 수백만 인구가 HIV/AIDS 치료를 받는다. 말라리아 억제 활동이 AIDS, 결핵, 말라리아 퇴치를 위한 세계기금으로부터 대규모 자금 지원을 받는다. 대규모 국제기금이 국가의 인구억제 정책을 후원한다.

앞으로 수년 혹은 수십 년 동안 계속될 전 지구적 확대사업은 선명하고 투명한 과정을 따르는 것이 이상적인데, 목표가 명확하게 설정돼 있어야 하고 모든 이해관계자에 대한 평가가 문제 해결 기여도에 따라 이루어져야 한다. 행동과 성과가 목표 및 시간표와 수시로 비교되면서 피드백이 끊임없이 이루어질 때 성공은 달성된다. 뚜렷한 목표와 책임의식 없이는, 전 세계적 끈기와 협력체계가 목표 달성에 필요한 수준에 미치지 못할 게 틀림없다.

인류가 현재 방향을 제대로 잡지 못하고 표류하는 듯한 모습을 보이고 통합보다는 분열의 힘이 훨씬 더 크게 작용하고 있는 이때, 우리는 다섯 가지의 밀레니엄 약속들이 전 지구적 협력의 방향을 잡아 나가는 유일무이하고도 중요한 나침반의 역할을 할 수 있다는 것을 명심해야 한다. 세 가지의 리우 조약, 인구개발행동계획, 밀레니엄개발목표가 모두 목표와 시간표를 갖고 있고, 사업을 펼쳐 나가는 데 필요한 공식 조약체결 과정까지도 거쳤다. 한 예로 밀레니엄개발목표가 매우 중요한 것은 바로 시간표와 함께 2015년까지 산모사망률을 1990년의 4분의 1수준으로 낮추는 것과 같은 수량적 목표를 설정해두고 있기 때문이다. 그 표현이 단지 산모사망률을 낮춰야 한다는 것이라면, 그런 약속으로 실질적인 성과를 거두기는 힘들다. 목표에 힘을 주는 것은 목표의 명확성과 수량화다. 전문가들은 진척도를 감시할 수 있다. 활동가들은 정책결정자들의 복지부동 및 고자세와 싸울 수단을 확보할 수 있고, 지역사회에서는 기준을 마련하고 그에 따른 행동을 계획할 수 있다.

## 세계 협력의 재창조

세계적인 협력절차가 진행되면서 우리는 지속가능한 발전이라는 목표의 절반쯤 되는 지점에 도달했다. 세계는 환경악화, 인구증가, 극단적 빈곤과의 싸움에서 놀랄 만한 세계 협력에 힘입어 커다란 성공을 일구어왔다. 하지만 우리들의 협력이 그 자체로 대단한 것이긴 해도, 필요한 만큼에는 아직 턱없이 못 미치는 수준이다. 세계는 밀레니엄 약속들을 달성해가는 경로에서 한참을 벗어나 있고, 지구에서 지속가능한 발전의 길을 다져가는 궤도에서도 한참 비껴나 있다.

오늘날 우리가 안고 있는 문제의 핵심은 전 지구적 문제의 해결에 대한 믿음 붕괴와 세계 협력 자체에 대한 냉소와 불신의 만연이다. 여론 주도층에서는 밀레니엄개발목표나 온실가스 배출 감소와 같은 전 세계적 목표를 비현실적이거나 심지어는 공상적인 것으로 치부한다. 이런 비관론은 부분적으로는 부시 정부 시절의 퉁명스럽고 두려운 미국이 일방주의와 협소한 자기이익의 이데올로기를 옹호하면서, 세계 정치의 흐름이 미국이 전 세계에 다량의 공공재를 제공하는 일에 앞장서던 제2차 세계대전 이후 시기와는 크게 달라진 결과이기도 하다. 전 지구적 목표의 달성은 이제 더 이상 미국의 리더십에 의존할 수만은 없고, 건강한 세계 협력을 필요로 한다. 세계 협력은 정부, 국제기구, 민간부문, 학계와 비정부기구들의 적극적인 네트워크에 달려 있다. 따라서 우리는 다음과 같은 핵심 요건들을 감안한 새로운 방식의 세계 협력을 재창조할 필요가 있다.

- 밀레니엄 약속들에 들어 있는 명확한 목표와 시간표.
- 선진국들과 늘어가는 중소득국가군 간에 공공재원 조달을 분담할 필요.

- G8과 같은 배타적 국가군이 아니라 선진국들과 발전도상국들이 다 함께 전 지구적 문제의 해결에 참여할 필요.
- 전 세계적 노력에 민간부문과 비영리부문을 협력자로 동원할 필요.
- 모든 정황에서 전문적인 과학기술 지식을 이용할 필요.
- 초기 단계에서 확대 단계까지 모든 단계에서 혁신을 지원할 필요.

## 과거의 성공의 원천

과거의 위대한 세계 협력 성공 사례들은 뚜렷한 목표, 효과적이고 확장 가능한 기술, 명확한 구현 전략, 재원 조달을 잘 결합시켰다. 예컨대 천연두 퇴치 사업은 뚜렷한 목표(질병 퇴치)와 효과적이고 확장 가능한 기술(천연두 예방접종)을 갖고 출발했다. 또한 대량 무료 접종에 적극적인 환자 식별과 발생지 확인을 결합한다는 명확한 구현 전략을 갖고 있었다. 동시에 몇몇 원조국 정부의 지속적인 재원 확보 노력이 사업을 받쳐주었다. 그 밖에 다른 사례들도 많다.

녹색혁명은 뚜렷한 목표(식량 수확량 증대), 효과적인 기술(고수확 품종, 비료, 관개구역의 수자원 관리), 명확한 구현 전략(시장가격 이하로 농자재 대량 보급, 수확량 증가분의 정부 수매 약속), 대규모 재원 마련(민간 재단, 미국 정부의 지원금과 국내 자금 조달)이 밑받침이 되었다.[1] 이러한 4부 패키지는 (여전히 진행 중인) 소아마비 퇴치, 가족계획과 현대적인 피임기구 사용 확대, 아동 취학, 농촌 전기화, (UNICEF가 후원하는) 예방접종 프로그램 확대 등등에서도 찾아볼 수 있다.

이 네 가지 요소 중 하나 이상이 누락될 때 개발원조는 실패했다. 목표가 설정돼 있지 않을 때는 수단과 목적 사이의 괴리가 심해지고, 확장 가능한 분명한 기술이 없으면 목표 달성에 필요한 검증된 방법을 찾을 수 없으며,

명확한 구현 전략이 없을 때는 기술이 사장되고, 주요 이해관계자들을 테이블에 불러 모으는 고상한 미사여구가 있다 해도 그것을 뒷받침할 재원이 없는 경우에는 비난과 손가락질 속에 사업이 막을 내리게 된다. 실제로 실행에 옮길 수 있는 일에 초점을 맞추면 원조 제공자와 그에 비판적인 사람들을 하나로 모을 수 있다.

기후변화, 생물다양성 보존, 건조지대 주민의 생활향상 투쟁처럼 우리가 지금 직면하고 있는 커다란 과제들에서는 단일한 어떤 기술이 요술 탄환이 되지 못하는 경우가 많다. 대규모로 채용할 수 있는 후보 기술은 많지만, 다수의 기술들이 아직 검증되지 않은 상태다. 이런 상황에서는 목표, 기술, 구현, 재원의 4부 확대 전략에 세 가지의 다른 중요한 과정이 보강돼야 한다. 기후변화에 관한 정부간 패널(IPCC)와 같은 지속적인 과학적 평가, 기초과학과 초기 단계 기술에 대한 공공재정 지원, 새롭게 검증된 기술을 대규모로 채용하기 위한 공공기관과 민간의 전략이 그것이다. 어떤 기술 전략이 더 나을지 아직 분명해지지 않은 상황에서는, 과학과 공공정책 간에 어느 때보다도 더 긴밀한 협력이 이루어져야 한다.

우리가 최근에 밀레니엄개발목표를 달성하고 인간이 빚어낸 기후변화를 완화하는 일에서 보다 빠른 진전을 일구어내지 못한 것은 핵심 조각들을 제자리에 맞추지 못하는 국제 지도자들의 무능력 탓이 크다.

MDGs가 발표된 지 7년이 지나도록, 그리고 2005년에서 2010년 사이에 아프리카 원조를 배가하겠다는 약속을 비롯하여 재정 지원을 지속적으로 늘려가겠다는 원조국들의 약속이 수없이 반복되었음에도, 충실하게 지키겠다는 약속들은 여전히 이행되지 않고 있다. 재정지원 약속이 거듭 반복되고 끝없이 재확인되고 난 뒤에도 논의가 제1원리(원조가 효과가 있을까?)로 되돌아가는 것은 정말 믿을 수 없는 일이다. 1950년대와 1960년대에는 미국의 지도자들이 그러한 마비 상태를 종식시키는 해결사였다. 최근에 와서 미국은 최대의 무임승차자, 전 세계가 합의한 공공재의 재원 마련에 가장 관심이 없는 것 같은 나라가 되었다.

## AIDS, 결핵, 말라리아 퇴치를 위한 세계기금에서 배우기

우리에겐 미국 지도자들에게 덜 의존하고 세계 협력을 더 중시하는 새로운 세계 협력체계가 필요하며, 그러한 체계를 구축하려면 과학과 기술, 그리고 공공, 민간, 비영리 관계자들의 협력에 보다 많은 관심을 가져야 한다. 알찬 교훈이 가득한 대성공 사례 중 하나가 'AIDS, 결핵, 말라리아 퇴치를 위한 세계기금(이하 세계기금)' 이다. 2001년에 발족한 세계기금은 알맞은 조각들이 제자리에 놓일 때 무엇을 성취할 수 있는지 보여준다. 세계기금의 실적은 개발 관련 기구들의 최근 실적을 크게 앞지른다.

세계기금은 AIDS가 절정에 이르러 원조국 정부, 세계은행과 같은 국제 금융기구, 기업 부문이 기존 제도 내에서는 질병에 대한 효과적인 대응을 조직하는 것이 불가능해졌을 때 태동했다. 2001년까지도 HIV에 감염된 아프리카인 중 서방측 정부의 원조 프로그램이나 세계은행이 제공하는 항레트로바이러스 치료를 받은 사람은 단 한 명도 없었다. 선진국들은 당시 하루 약 1달러의 비용으로(지금은 훨씬 더 싸졌다) 그들을 구할 수 있는 의약품을 이용할 수 있었는데도, 매년 수백만 명이 죽어가는 것을 멀뚱히 바라보고만 있었다. AIDS로 인한 절망이 하늘을 찌르고 효능이 좋은 치료제가 엄연히 존재함에도, 세계 협력의 세 가지 요소(목표, 구현 전략, 재원 조달)가 자리를 잡지 못하고 있었다. 결핵도 같은 상태였고, 말라리아는 더더욱 그랬다. 두 가지 질병을 퇴치할 수 있는 검증된 전략이 있었음에도 총체적인 마비 상태에 빠져 있었다. 세계가 수수방관하는 사이에, 더 정확히 말하면 애써 외면하는 사이에, 해마다 수백만 명이 죽어갔다.

2000~2001년에 세계보건기구의 거시경제와 보건위원회(Commission on Macroeconomics and Health)의 의장이었던 나는 이 의제의 추진을 도울 기회를 갖게 되었는데, 그 자리에서 동료들과 나는 재원, 기술, 질병통제의 연결고리에 대해 조목조목 설명을 했다. 목표, 기술, 구현, 재원의 패키지를 실제로 이용할 수 있다는 것이 확연해졌다. 2007년 7월 남아프리카공화국 더블린에서 열린 세계 AIDS 회의 연설에서, 나는 AIDS 퇴치 세계기금의 설립을 주장했다. 2000년 가을과 2001년 초에 하버드 교수단이 항레트로바이러스 요법으로 가난한 AIDS 환자의 치료에 성공하고 있던 아이티의 폴 파머(Dr. Paul Farmer)와 짐 킴(Dr. Jim Kim)의 개척자적인 활동에서 영감과 통찰을 얻어, 최빈층까지 AIDS 치료를 확대할 수 있는 방법을 문서로 정리했다. 하버드 그룹은 어떻게 하면 가난한 사람들에게 AIDS 치료를 대폭 확대해갈 수 있는지 증명해 보였다. 더욱 중요하게는, 유엔 사무총장 코피 아난이 세계 차원의 행동을 이끌어냈다. 2000년 9월에는 MDGs의 채택을 주도했고, 이어서 2001년 봄에는 AIDS, 결핵, 말라리아 퇴치를 위한 세계기금을 설립하자는 안을 냈다.

　이후 세계기금이 거둔 성공은 특별히 주목할 만하다. 수년간의 험담과 회의론, 노골적인 반대가 난무하는 속에서 거둔 성공이기 때문이다. 많은 이가 아프리카에서 AIDS를 치료하는 건 불가능할 거라고 주장했다. 아프리카인들이 의약품 처방에 따르지 않을 것이고(당시 USAID의 신임 책임자 앤드루 낫시오스Andrew Natsios는 아프리카 사람들은 서양 시간을 알지 못하고 따라서 언제 약을 먹어야 할지 모를 거라고 말했다), 약에 대한 내성이 급증하리라는 것이었다. 마찬가지로 대규모의 말라리아 억제도 성공하지 못할 거라는 믿음이 널리 퍼져 있었다. 핵심 기술(살충제 처리한 모기장과 말라리아 치료제)을 아프리카 마을들에 들여갈 방법이 없다는 것이 그 이유였다. 부패한 관리들이 모기장을 빼돌리거나, 가정에서 모기장을 사용하지 않고 방치하거나 잘못 사용할 게 뻔하다는 것이었다. 결핵 퇴치 활동을 하지 않는 것에 대해서도 유사한 변명이 뒤따랐다. 결핵은 여러 달 동안 환자를 직접 관찰하며 치료하는 요법을 써야 하는데, 궁핍하고 부패한 아프리카 환경에서는 역시 성공할 수 없는 방법이라는 것이었다.

6년 후, 이 모든 의심과 걱정은 허황된 것으로 입증되었다. 아프리카인들은 처방을 따랐고, 약에 대한 내성은 증가하지 않았으며, 모기장은 사용되었고 도난 또는 오용되는 모기장은 거의 없었다. 2007년 중반 현재 세계기금은 눈부신 성공을 거두고 있는데, 중요한 것 몇 가지를 추리면 다음과 같다.

- 132개국에 프로그램 자금지원.
- 3,000만 개 이상의 모기장 배포.
- 100만 명 이상의 항레트로바이러스 치료.
- 280만 명의 결핵 치료.

물론 중대한 결함도 있었다. 미국은 유엔에 대한 반감에서 세계기금과 세계보건기구의 굳건한 연계에 반대했고, 이로 인해 최근에 와서 두 기구가 모두 약화되었다. 그러지 않았더라면, 세계기금은 WHO의 활동성 강화에 일조했을 것이고, WHO의 현지 요원들은 세계기금의 프로그램을 더 많이 지원할 수 있었을 것이다. 미국은 또한 AIDS와 말라리아 억제 활동을 독자적으로 펼치며, 전 세계적 지원을 쓸데없이 복잡하게 만들고 때로는 정치화했다. 이는 부시 정부의 일방주의의 또 다른 징후였다. 기술적 차원에서는 세계기금과 각국의 프로그램들이 접목될 경우, 재원 조달의 명료성이나 프로젝트의 입안, 제품 조달 등의 면에서 여러 가지 개선이 이루어질 수 있었다. 하지만 세계기금의 실제 운영결과는 이 모든 제약을 훌쩍 뛰어넘는다.

세계기금은 또한 경제학의 핵심 교훈 하나를 입증해 보였다. 2001년 이전에 가난한 나라들은 AIDS, 결핵, 말라리아 퇴치 기금을 마련한다는 생각조차 할 수 없었다. 세계은행과 같은 국제원조기관들은 떠들기는 많이 했지만 실제로는 거의 움직이지 않았다. 하지만 바깥에서 볼 때에는, 행동하지 않는다는 것을 쉽게 확인할 수 없었다. 절망과 탄식이 난무하고 이러저런 모임을 갖고 그럴 듯한 연설을 해대기 때문에, 실제보다 훨씬 많은 일이 진행되고 있는 것처럼 보였다. 게다가 가난한 나라 정부들의 지원 호소는 대중들에게 전혀 알려지지 않은 채 그대로 묻혀버리기 일쑤였다. 원조기관들은 어떤 행동도 취하지 않고 있었고, 고통받는 나라들이 의지할 곳은 사실상 아무데도 없었다.

세계기금은 빈국 정부들이 도움을 구할 수 있는 선명한 지점을 불쑥 만들어냄으로써 그 역학구조에 극적인 변화를 가져왔다. 정부의 호소가 기각될 경우에는 그 사실 또한 투명하게 드러났다. 실제로 각 질병마다 각 나라의 제안들을 객관적으로 평가하기 위한 과학평가심사위원단이 구성되었다. 임무가 명확하고 과학의 뒷받침을 받는 분명한 재원의 존재는 고무적이었다. 프로그램을 실행에 옮길 수 있는 자금 조달이 실제로 가능할 것 같다는 확신이 점점 강해지면서, 수십 개 나라가 계획을 세우고 프로그램을 짜기 시작했다. 세계는 연설과 이론과 논쟁에서 행동으로 빠르게 옮겨갔다.

## 지속가능한 발전을 위한 새로운 금융체계

세계기금은 훨씬 더 광범한 분야의 과제들에서 성공으로 가는 길이 어디인지 가리켜준다. MDGs, 기후변화, 인구정책 등에서 우리는 2001년 AIDS, 결핵, 말라리아를 두고 그랬던 것처럼 연설과 수사의 늪에서 허우적거리고 있다. 가난한 나라들은 의지할 곳을 찾지 못해 프로그램을 확대하지 못하고 있다. 빈국들은 밀레니엄개발목표 달성 계획을 세우라는 이야기를 계속 들어왔으나, 그때마다 국제원조가 약속대로 제공되지 않고 있다는 사실을 거듭 확인할 뿐이었다. 우리는 세계기금에서 힌트를 얻어, 세계원조 체계를 단순화하면서 보다 투명하고 과학에 근거를 둔 원조체계, 실제로 필요한 수준을 충족시킬 수 있는 원조계획을 세워가야 한다. 이는 밀레니엄 약속들의 주요 범주별로 높은 수준의 기금 몇 개를 설립하고 우리의 원조 노력을 수많은 양자 간 프로그램 대신 이 기금들에 집중시킴으로써 성취할 수 있다. 몇몇 기금은 이미 설립됐으나 확대할 필요가 있다. 다른 기금들은 새롭게 만들어야 한다. 다음과 같은 일곱 개의 세계기금이 있으면, 광범위한 지속가능한 발전 수요의 전 영역이 두루 포괄될 것이다.

- AIDS, 결핵, 말라리아 및 기타 전염병의 퇴치를 위한 세계기금: 세계 기금이 기생충병과 같은 다른 전염병들도 포괄하고 최빈국들의 핵심 보건 기반시설 운영 지원도 늘리는 방향으로 확대되는 것이 바람직하다.
- 아프리카녹색혁명을 위한 세계기금: 이 기금은 저소득국들, 특히 아프리카의 지속가능한 농업 확대에 초점을 맞춘다. 고수확 품종만이 아니라 물 이용 효율 향상, 지속가능한 토지관리 방법에도 중점을 둔다.
- 지구환경기금: 유엔개발계획, 유엔환경계획, 세계은행이 공동 관리하는 기존 기금의 규모를 대폭 확대하여 네 가지 최우선 분야, 즉 (1) 저소득국들의 지속가능한 에너지, (2) 기후변화 적응, (3) 생물다양성 보존, (4) 건조지대 관리의 임무를 맡긴다.
- 유엔인구기금: 2015년까지 성건강과 출산건강 서비스를 모두가 이용할 수 있게 한다는 약속을 지키기 위해 유엔인구기금(UNFPA)의 기금을 대폭 늘려 활성화한다. 2050년까지 세계인구를 80억 명 이하로 안정시키기 위한 활동의 성패가 UNFPA에 달려 있다.

- 세계기반시설기금: 세계은행, 지역개발은행들, 유럽투자은행, 그 밖의 다른 원조제공자들이 출연하는 기금을 모아서 최빈국들, 특히 사하라 이남 아프리카 나라들의 기반시설 구축에 필요한 공적 재원을 늘린다.
- 세계교육기금: MDGs의 모든 목표 중, 모두에게 기초교육을 제공하는 것은 가장 쉽게 달성할 수 있는 목표임에 틀림없다. 그 방법은 매우 잘 알려져 있고 무척 간단하다. 하지만 제공되는 자금이 줄곧 약속한 수준에 크게 못 미쳤다. 영국이 기초교육 기금으로 10년간 150억 달러를 제공하겠다고 약속했는데, 이 돈이 양자 협력이 아니라 다자 협력의 기본금이 될 수 있다.
- 세계지역사회개발기금: 목표 분야별 프로그램 전체(보건, 교육, 기반시설, 인구 등) 외에, 각 분야를 가로지르는 지역사회 기반 개발사업도 지원할 필요가 있다. 나라들이 밀레니엄 빌리지를 밀레니엄 지역, 밀레니엄 지방으로 확대하고자 할 때, 그들에겐 농업, 보건, 교육, 지역 기반시설 분야에 꼭 필요한 마을 단위 투자를 하여 개발에 발동을 걸 수 있는, 믿을 수 있고 예측 가능한 기금을 제공할 곳이 필요하다.

이 목록의 포인트는 각 나라가 자신에게 꼭 필요한 것을 얻기 위해 의지할 수 있는 곳이 반드시 있어야 한다는 것이다. 이 기금들은 각국이 프로그램 자금지원에 공개적이고 투명한 방식으로 응모할 수 있게 해야 하며, 원조국들은 앞선 공여의 수요와 실적을 감안하고 또 믿을 수 있으면서 과학적으로 타당한 계획이 산출해내는 바에 따라서 기금을 다시 채워야 한다. 이러한 기금들의 존재 자체가 각 나라에 지속가능 발전 과제 전반에 걸친 진지하고 책임 있는 행동계획을 수립할 수 있는 힘을 줄 것이다. 실제 투자 수요를 충족시키는 자금지원이 적시에 이루어질 수 있다는 전망이 보일 때, 세계는 확실하게 말에서 행동으로 옮겨갈 수 있다.

## 사회적 벤처자본

전 세계적 규모의 이 기금들은 검증된 해결방안의 확대를 주 임무로 삼게 된다. 기술과 구현 전략이 검증되면, 관련 기금이 과제에 적합한 후속 행동을 보증하게 된다. 하지만 그에 앞서 해결방안을 찾아내는 데 필요한 종잣돈도 있어야 한다. 초기 단계의 문제 해결 비용을 지원하는 일종의 사회적 벤처자본이다. 이 역할을 수행할 수 있는 이상적인 주체는 위험을 감수하며 기금을 운용할 수 있는 기민하고 창조적인 민간재단이다. 이는 공적자금을 운용하는 기관으로서는 좀처럼 하기 어려운 방식이다. 20세기의 녹색혁명 과정에서 록펠러 재단이 수행한 역할이 바로 이것이었다. 21세기에는 게이츠 재단과 다른 협력단체들이 수행하고 있는 역할이 이에 해당한다고 할 수 있다.

빌 게이츠의 재산이 아무리 막대하다고 해도, 그 재단 혼자의 힘으로는 해결방안을 전 세계에 확대 적용하는 비용을 댈 수 없다. 게이츠 재단은 근래에 연간 10억 달러가 조금 넘는 돈을 지출해왔는데, 최근에 워런 버핏의 기부금이 유입되었으니 20억 달러가 더 늘어 연간 30억 달러 수준이 될 것이다. 그러나 이 막대한 액수가 무색하게도 빈곤, 질병, 기후, 에너지체계, 인구 등을 포괄하는 세계의 총수요는 연간 수천억 달러에 달해, 대규모 민간재단들로서도 도저히 감당할 수 없는 수준이다.

대규모 민간재단의 진짜 일은 다른 곳, 즉 앞장서서 해결책을 찾는 데 있다. 이는 게이츠 재단이 백신과 의약품의 연구개발 기금을 대는 것처럼 기초과학을 지원하는 형태를 띨 수도 있다. 또한 게이츠 재단이 실제적인 구현 전략을 터득하기 위해 잠비아에서 종합적인 말라리아 억제 프로젝트를 추진하는 것처럼 혁신적인 전달방식의 형태를 띨 수도 있다.

하지만 해결책이 확인되는 순간, 정부의 뒷받침을 받는 훨씬 더 큰 규모의 세계 기금들이 해결책의 확대 실행 비용을 지원해야 할 것이다. 게이츠 재단이 자체 자금력으로 과학기술상의 새로운 발견을 촉진하고 가난한 이들을 돕는 구현 전략을 발견해내며 또한 이미 워런 버핏을 끌어들인 것처럼 다른 자선 기부자들을 계속 고취할 수 있다면, 게이츠 재단이 세상을 바꾸는 데 기여하고 나아가 정부의 기금을 동원하여 자신들의 발견을 확대 구현할 수 있는 가능성이 사실 매우 커진다. 다른 많은 재단과 자선가들도 통찰력과 창조력, 대담성을 발휘하여 지속가능한 발전의 역사에 자신의 자취를 새길 수 있다.

## R&D 재원 조달

아직 달성하지 못하고 있는 커다란 과제 중 하나는 지속가능한 발전을 위한 기초과학 연구를 전 부문에 걸쳐, 전 세계적 수요를 충족시키는 수준으로 지원하는 메커니즘이다. 전 지구적 공공재의 재원을 마련하는 일은 꽤 힘이 든다. 연구 목표가 국민경제적 이익이나 사적 이익이 아니라 전 지구적 필요에 부응하는 것일 때, 과학연구나 기술발전 기금을 거두는 일은 더더욱 힘들다. 세계가 조금 힘들긴 해도 수십억 달러의 실제 서비스 전달 지원금은 동원할 수 있지만, 필요한 기술의 연구개발 지원비를 모으기는 정말 어렵다.

여기서 문제가 되는 것은 한 가지 원칙, 예컨대 공적자금으로 과학을 지원하는 것을 자유시장이 반대하는 것 같은 문제가 아니다. 완강한 자유시장 경제에서도 국내의 과학기술에는 많은 투자를 한다. 문제는 훨씬 더 실제적인 것으로, 세계의 빈곤층이나 (생물다양성 보존이나 공해수역 관리, 특허를 내기가 어려울 지속가능한 에너지 기술과 같은) 지구 공동의 과제에 기금을 쓰는, 전 지구적 목적을 추구하는 세계 기금들을 마련하는 방법이다.

세 가지 문제가 겹쳐 있다. 첫째, 세계은행과 같은 다자간 금융기관에는 과학연구자들이 별로 없다. 둘째, 미국 국립보건원 같은 국가 연구기관들의 임무는 국제적인 관심사가 아니라 국내 문제의 해결이다. 예컨대 국립암센터는 있지만 열대전염병을 다루는 연구소는 없다. 셋째, 잠재적인 기금출연 기관 간의 비용분담 문제가 있다. 지구 공공재에는 공동출자를 해야 하는데, 무임승차가 너무 많다.

손쉬운 해결책은 없다. 각 관심 분야에서 국제적인 과학위원회가 R&D가 유망한 영역들을 진단 평가한 후 연구기금의 분담을 권고해야 한다. 질병통제, 농학, 기후학, 지속가능한 에너지, 물 관리 기술, 생물다양성 감시와 보존 등의 분야에 그러한 R&D 위원회가 필요하다. 게이츠 재단과 세계보건기구가 보건문제 관련 위원회의 소집을 선도할 수 있다. 게이츠 재단, 록펠러 재단, 식량농업기구에서 농학 분야를 이끌 수 있다. 유엔환경계획과 유엔개발계획이 물 관리와 생물다양성 보존 분야에 앞장설 수 있다. 어떤 분야에도 단 하나의 챔피언은 없다. 하지만 시급히 착수해야 한다는 것만은 분명하다.

## 비정부기구에 의한 혁신

전 지구적 문제 해결의 핵심인 아이디어는 개별 기업가들로부터 나오기 시작한다. 문제가 일단 알려지고 초기 공공정책이 시행되기 시작하면, 인센티브의 장이 형성되어 아이디어의 증식을 촉진한다. 혁신자들을 움직이는 동기로는 특허를 내서 미래에 이익을 얻을 수 있겠다는 전망, (게이츠 재단의 세계보건구상 대도전Grand Challenges in Global Health Initiative과 같은) 재단이나 정부가 제공하는 상금, (사회적 기업가 등에서 볼 수 있는) 순수한 사회적 목적, (공학자 등에서 볼 수 있는) 기술적 문제의 해결 욕구 등이 있다. 비정부기구들은 지역에 무엇이 필요한지 확인하고 새로운 기술을 입증해 보이며 더 중요하게는 새로운 구현 전략을 찾아내는 일에서 거듭 중추적인 역할을 맡아왔다.

최근에 NGO가 문제 해결을 선도한 대표적인 사례로는 방글라데시의 노벨상 수상자 무하마드 유누스(Muhammad Yunus)가 개척하고 저서 《가난한 사람들을 위한 은행가(Banker to the Poor)》에서 설명하고 있는 마이크로크레딧(micro-credit) 분야가 있다. 마이크로크레딧은 극빈층이 담보물 없이 소액 대출을 받을 수 있게 함으로써 금융 분야에 혁신을 일으켰다. 그 아이디어는 개인이 아니라 소집단에 대부를 하면 집단이 구성원들의 사정을 점검하며 상환을 보장하게 되므로, 신용과 집단강제로 담보물을 대체할 수 있다는 것이다. 집단의 한 성원이 채무상환을 이행하지 못할 경우에는 집단 전체가 책임을 지고 돈을 갚지 못한 사람의 채무를 상환해야 한다. 유누스 박사는 또한 거의 여성에게만 대부를 해주기로 결정했다. 방글라데시 농촌 사회에서 아이들과 가구 성원의 삶을 돌보는 일을 도맡다시피 하고 있는 여성들이 책임감도 더 강하고 대출금을 낭비할 가능성도 낮기 때문이다.

전에는 신용도가 낮아 대출을 받을 수 없었던 영세 사업자들이 신용대출을 받을 수 있게 되자, 이들을 가두고 있던 저소득, 저저축, 저투자의 덫이 해체되기에 이르렀다. 매우 적은 액수의 대출금만으로도 중요한 원자재나 장비를 구입하여 소득을 창출하는 소규모의 사업을 시작할 수 있다. 대출금은 또한 돈을 빌린 사람들이 평생 빚을 갚을 수 없을 만큼 높은 이자를 매기는 고리대금업자들로부터 가난한 이들을 해방시키는 역할도 한다.

처음에는 한 마을 수준에서 시작된 마이크로크레딧이 다음에는 한 지역으로, 이어서 여러 지역으로, 마침내는 전국으로 차츰 퍼져 나갔다. 이 모델은 결국 본격적인 금융기관인 그라민 은행(Grameen Bank)으로 발전하여, 오늘날에는 대출받은 이들이 700만 명을 넘어서기에 이르렀다. 그라민 모델

은 발전도상세계 전역에서 복제되고 있고, 무담보 소액대출은 이제 전 세계
적 빈곤과의 투쟁에 널리 쓰이는 도구가 되었다. 그라민 모델은 혁신적인
해결책이 처음에는 소규모로 시도됐다가 성공이 입증되기가 무섭게 단계적
으로 확대돼가는 모습을 보여주는 좋은 예다.

　더 나아가 그라민 은행은 1997년 노르웨이의 이동통신회사인 텔레노어
와의 합작으로 그라민폰을 발족시켜 이동통신 분야에까지 사업을 확장했
다. 그라민폰은 이제 가입자가 1,000만 명이 넘어 방글라데시 최대의 이동
전화사업자가 되는 한편, 빌리지 폰 프로그램(Village Phone Program)의 책임
도 떠맡고 있다. 이동전화가 그 소유자에게 소득원을 제공해줄 수 있다는
아이디어를 바탕으로, 그라민 은행은 거의 여성인 영세사업자들에게 돈을
빌려주어 그라민폰 이동전화를 사게 하고 사용법을 가르쳐준다. 전화 소유
자는 다른 사람들에게 자신의 전화를 쓰게 하고 사용료를 받아, 대출금을
갚고 생계비를 꾸준히 챙긴다. 빌리지 폰은 방글라데시의 농촌사회에 기초
적인 공공재, 즉 저렴한 접속(affordable connectivity)을 제공한다. 방글라데시
에는 26만 개가 넘는 빌리지 폰이 보급되어 전국의 약 5만 개 마을을 전화
로 이어주고 있다. 빌리지 폰은 농산물 생산자들이 실시간으로 시장정보를
알아볼 수 있게 하는 등 농촌 생활에 극적인 영향을 끼쳤다. 방글라데시 모
델이 성공함에 따라 다른 나라들에서도 이를 본받아 유사한 프로그램들을
개발하기에 이르렀고, 이는 이동전화 기술이 농촌의 빈곤층에 광범한 영향
을 미치고 있음을 보여주는 사례이기도 하다.

　대규모 인권 기구들도 삶을 변화시키는 중요한 혁신의 원천이 될 수 있
다. 거기서 나온 혁신적인 방안들이 확대 실행되면서 수백만 인구의 삶에
영향을 미칠 수 있다. 국제적십자사는 어린이들의 홍역과 소아마비와 같은
질병들을 퇴치하기 위한 대량 예방접종 캠페인에 오랜 기간 전문 역량을 발
휘해왔다. 이 캠페인은 수백 명의 보건 일꾼과 자원봉사자를 동원하여 단기

384

간에 수천 명의 아이들에게 다가가 예방주사를 놔준다. 대량 예방접종만이 이들 질병을 적절하게 억제하고 나아가 퇴치도 가능하다는 희망을 가질 수 있는 유일한 길이다.

2002년에 적십자사는 자사의 대량 예방접종 캠페인과 말라리아 퇴치 활동을 통합하기로 결정했다. 예방접종 캠페인에 동원되는 자원과 인력을 이용하여 말라리아 방제 효과가 오래 지속되는 살충제 처리 모기장도 무료 배포하자는 발상이었다. 발상의 실효성을 검증하기 위해, 적십자사에서는 홍역 예방접종 캠페인 기간에 가나의 한 지역에 1만 5,000개의 모기장을 시범 배포했다. 그러고는 얼마 뒤 어느 정도의 사람들이 여전히 모기장을 갖고 있고 또 모기장을 사용하고 있으며 질병 부담에 어떤 변화가 생겨났는지를 알아보는 일련의 후속조사를 통해, 캠페인의 효과를 과학적으로 측정 평가했다. 가나와 (다음으로 시행된) 잠비아에서의 시범 배포 사업의 결과는 인상적이었다. 그리하여 2004년에는 토고에서 전국 규모로 이 사업을 시행하기로 하고 전국 홍역 예방접종 기간에 87만 5,000개의 모기장을 배포했으며, 이어서 2005~2006년에는 니제르에서 전국 소아마비 예방접종 기간에 230만 개의 모기장을 배포했다. 단계적이고 체계적인 이 확대보급 사업을 통해, 모기장을 신속하게 무료 배포하면 국가 차원에서 놀라운 성과가 달성될 수 있다는 것이 입증되었다. 아프리카의 나머지 다른 지역들도 이제 이 모델을 따라, 약효가 오래 지속되는 살충제 처리 모기장으로 아프리카 말라리아 감염지대의 모든 침소를 보호할 수 있게 되었다.

## 네트워크 시대의 지속가능한 발전

오늘날의 정보통신기술(ICT) 또한 전 세계의 효율적인 협력 및 공공재 보급 역량을 증진시킨다. 현대적인 ICT의 등장으로 개발활동의 모든 면에서 혁신이 이루어지고 있고, 갈수록 많은 나라와 나라 안의 고립된 지역들이 수렴 클럽에 합류할 수 있게 될 것이다. 이동전화는 매우 낮은 비용으로 고립 상태를 탈피시키며 가장 외진 지역과 가장 가난한 지역사회까지도 세계경제 안으로 끌어들이는, 우리 시대의 가장 특출한 개발도구가 아닌가 싶다.

ICT는 다음 여덟 가지 면에서 지속가능한 발전에 분명하게 기여한다. 첫째는 연계성이다. 전에는 지역이나 지방의 시장과 정보의 흐름에서 단절돼 있던 지역들이 지금은 세계에 즉시 연결된다. 세계의 후미진 구석 마을에서도 종종은 직전에 일어난 정치문화적 대사건들이 화제에 오르고 상품 가격을 변동시키기도 하는데, 이런 일들을 가능케 하는 것은 라디오나 텔레비전보다도 이동전화다. 둘째는 분업이다. 정보에 접속하면 세분화된 생산망에 참가할 수 있는 능력이 생기며, 그에 따라 멀리 떨어진 지역에서도 전 세계적 공급망에 투입물을 제공할 수 있게 된다. 아프리카의 후미진 마을에서도 유럽과 미국의 시장에 꽃, 채소, 수제 직물들을 갈수록 많이 내놓고 있는데, 먼 거리를 이어주는 것은 이동전화, 바코드 모니터링, (실제 위치를 알려주는) GPS 태그, 그 밖의 즉석 추적장비들이다. 셋째는 규모다. ICT는 메시지들이 광범한 네트워크를 타고 나가 수억 명의 개인들에게 길을 가르쳐주고 중요한 정보를 제공할 수 있게 한다.

넷째는 복제다. ICT는 표준화된 프로세스, 예컨대 온라인 교육이나 제품의 세부 사양을 만들어 멀리 떨어진 대리점이나 직판점에서도 즉각 받아볼 수 있게 한다. 다섯째는 신뢰성이다. ICT는 감사, 모니터링, 평가의 기술 플랫폼을 제공한다. 금융거래도 온라인으로 할 수 있다(점점 늘어나는 이동전화에 의한 지불결제 등). 제품의 도착이나 마을 배포 완료도 실시간으로 확인할 수 있다. 디지털 장비들이 냉동 컨테이너의 온도를 실시간으로 판독할 수 있게 됨에 따라 백신의 저온유통 체계도 원격계측으로 검사할 수 있다. 여섯째는 짝짓기로, 멀리 떨어진 구매자와 판매자를 맺어주는 인터넷의 능력을 의미한다. 일곱째는 공동관심사 커뮤니티의 구축이다. (위키wiki, 페이스북Facebook, 마이스페이스MySpace 등) 새로운 소셜 네트워킹 기술을 기반으로 한 웹사이트들이 몇 년 전까지만 해도 상상도 할 수 없었던 그룹 활동, 사회적 행동, 제휴관계 구축, 동료집단 모니터링(peer monitoring) 등의 작업을 가능케 한다. 이제 몇 주 안에도 수십만 혹은 경우에 따라서는 수백만 명의 같은 생각을 가진 개인들을 사회운동, 정치집회, 그 밖의 집단행동들에 불러 모을 수 있다.

여덟째는 교육훈련이다. 원격학습은 이제 매우 다양한 방식으로 보편화됐으며, 앞으로는 많은 공식 교육훈련의 표준으로 정착할 것이다. 교실이 곧 전 세계로 확산되어, 여러 나라의 학생들이 동시에 참여한 가운데 여러 개의 강의가 동시 진행될 것이다. 온라인이나 영상회의 방식으로 IT 서비스가 이루어지면서 이제 가난한 농촌 사회에서도 교육을 받을 수 있게 된다. 인도의 도시들에 있는 의사가 농촌 지역의 환자를 돌보는 원격진료가 이미 시행되고 있고, 머지않아 그 서비스가 확대되어 인도의 의사들이 아프리카의 환자들까지도 볼 수 있게 된다. 아프리카 각지의 마을 보건 일꾼들이 인터넷을 통해 교육을 받고 피드백을 하며 지침을 받을 수 있게 된다. 이 모든 일에 필수적인 다음 단계는 ICT 플랫폼 그 자체로서, 이렇듯 광범한 응용 소프트웨어들이 둥지를 틀고 번성할 수 있는 물리적 하드웨어다. 이제 마침내 그 플랫폼이 구축되고 있다.

오늘날 이동전화 서비스가 이루어지지 않는 곳은 거의 없다. 전화를 가진 사람이 거의 없는 빈곤 지역조차도 예외가 아닌데, 전화 보유자들이 자신들의 전화망에 누구라도 접속할 수 있기를 바라기 때문이다. 광대역 인터넷망이 전 세계에 구축될 날도 머지않았다. 모두가 인터넷 서비스를 이용할 수 있게 하는 일에 공공재정을 집중 투입하면 그날이 더욱 앞당겨질 텐데, 꼭 그렇게 해야 한다.

| 우리 세대의 과제 | 그대로 둘 경우 | 밀레니엄 약속들 | 목표의 달성 | 실패의 비용 |
|---|---|---|---|---|
| 환경악화 | 위험의 문턱을 넘어서는 기후변화, 대량 멸종, 물 압박 증대 | 인간의 위험한 기후 개입 피하기 (UNFC CC), 생물다양성 상실 대폭 완화(CBD), 건조지대의 과제 달성(UNCCD) | 기온 변화를 섭씨 2도 이내로 유지하기 위한 온실가스 규제, 지속가능한 수준으로의 종의 보존 및 생태계 관리, 농업용수 및 식수 확보 | 흉작, 기근, 중요한 생태계 파괴로 인한 대량 이주와 죽음 |
| 인구변화 | 90억 명 이상, 어쩌면 100억 명 이상으로의 인구 증가 | 2015년까지 가족계획 전면화 | 자발적 출산율 감소를 통해 2050년까지 세계인구 80억 명 수준으로 안정 | 청년층의 대규모 팽창, 환경 압박, 전 세계적 인구이동 억제 불가 |
| 극단적 빈곤 | 10억 인구가 빈곤의 덫에 갇힘 | 2015년까지 극단적 빈곤과 기아를 절반 수준으로, 질병을 절반 이하로 줄임 (MDGs) | 2015년까지 MDGs 달성, 2025년까지 극단적 빈곤 종식 | 불안정, 실패한 국가, 통제되지 않는 전염병으로 허덕이는 세계 |
| 전 지구적 문제 해결 | 전 지구적 목표 달성 실패와 결부된 긴장 고조 | 밀레니엄 약속들을 성취하기 위한 전 지구적 협력 | 2050년까지 지속가능한 발전의 커다란 과제들 성취 | 경제, 인구, 환경, 사회적 불안정의 원천이 증대되며 전 세계적 분쟁이 일어날 위험 |

<表 13.2> 밀레니엄 약속의 성취에 필요한 자금 수요

| 전 세계적 목표 | 자금이 필요한 곳 | 전 세계적 협력에 소요되는 연간 지출액 예시 |
|---|---|---|
| 기후변화 완화 | 지속가능한 에너지체계 채용, 최빈국 지원 | GNP의 1.0퍼센트(원조국) GNP의 0.5퍼센트(저소득국) |
| 기후변화 적응 | 최빈국들의 적응 지원 | GNP의 0.2퍼센트(원조국) |
| 생물다양성 보존 | 보호구역 운용 기금 | GNP의 0.1퍼센트(원조국) |
| 사막화 방지 | 저소득 건조지대의 물 관리 자금 지원 | GNP의 0.1퍼센트(원조국) |
| 세계인구 안정 | 생식건강 서비스를 모두가 받을 수 있도록 지원 | GNP의 0.1퍼센트(원조국) |
| 지속가능한 발전을 위한 과학 | 지속가능 발전을 위한 신기술 연구개발 기금의 전 세계적 지원 | GNP의 0.2퍼센트(원조국) |
| 밀레니엄개발목표 | 최빈국들의 빈곤의 덫 탈출 지원 | GNP의 0.7퍼센트(원조국) |
| 총계 | 전 세계의 지속가능한 발전을 위한 예산 지출 | GNP의 2.4퍼센트(원조국) |

## 성공의 가격표는?

앞의 12개 장에서 우리는 인류사에서 금세기를 규정할 것으로 여겨지는 과제들을 검토해왔다. 우리는 경제성장을 통해 전 세계의 복지를 증진시키기 위해 노력해야 하지만, 그 과정에서 지구가 우리에게 필요한 서비스를 제공하지 못하거나 생물다양성을 유지하지 못할 정도로까지 지구의 기후를 망치거나 생태계를 파괴하는 일이 있어서는 안 된다. 〈표 13.1〉은 이 책에서 다룬 주요 과제들(기후, 물, 생물다양성, 인구, 극단적 빈곤, 세계정치)을 한데 묶어, 21세기의 과제들과 함께 해당 협약과 목표들(밀레니엄 약속들), 실패할 때의 결과를 보여준다.

〈표 13.2〉에서는 각 분야의 밀레니엄 약속들을 성취하는 데 필요할 것으로 추정되는 전 세계적 자금 규모를 어림 계산해보았다. 지속가능한 에너지로 전환하는 데는 선진국 소득의 1퍼센트가 넘게 들어가진 않을 것 같고 저소득국들은 그보다 덜 부담해도 된다. 생물다양성 보존을 강화하는 데는 연간 약 350억 달러, 다시 말해서 선진국 소득의 0.1퍼센트 가량이 필요할 것같다. 지속가능한 발전을 위한 과학 연구(에너지, 보건, 농업, 기후, 물 등의분야)에는 연간 700억 달러, 즉 선진국 GNP의 약 0.2퍼센트가 투입돼야할 것 같다. 극단적 빈곤은 앞에서 이야기한 대로, 선진국 GNP의 약 0.7퍼센트 이내로 종식시킬 수 있다. 약속한 지 오래됐지만 제공되지 않은 액수다. 〈표 13.2〉의 수치들을 합산한 액수는 우리의 소득에 비하면 별 부담이되지 않는 수준이며, 우리가 얻을 수 있는 행복의 막대한 크기에 비하면 얼마 되지 않는 액수다. 우리가 현재 올라타 있는 위험하고 지속 불가능한 지구의 궤도와 환경, 인구, 빈곤의 과제들을 해결하고 난 뒤의 지속가능한 궤도 사이의 차이는 연간 소득의 2~3퍼센트만 들이면 메울 수 있다. 그것은분명히 정치적으로는 큰돈이지만, 인류의 행복, 즉 갈수록 더 무시무시해지는 위험으로부터 세계를 구하는 데 필요한 투자라는 관점에서 보면 크지 않은 돈이다. 미국에서 그 액수는 군사비 지출의 대략 절반 수준이다.

# 하나 됨의 힘

마지막 '아니야(no)' 다음에 '그래(yes)'가 온다
그리고 그 '그래'에 미래의 세계가 달려 있다.

시인 월리스 스티븐스(Wallace Stevens)의 시구인데, 지속 불가능한 궤도로부터 세계를 전환시키려는 우리의 과제 또한 이와 마찬가지다. 우리의 문제는 해결 가능한 것인데도, 우리가 문제 해결에 나서려 할 때면 100만 번의 '아니야' 소리가 들려올 것이다. 아니야, 우린 바꿀 필요가 없어. 아니야, 우린 바꿀 수 없어. 아니야, 우린 전쟁에 대비해야 해. 아니야, 우린 평화를 만드는 모험을 할 수는 없어. 하지만 마지막 '아니야' 다음에 '그래'가 올 것이다.

성공하는 정치인의 가장 중요한 특성은 끈기라고 이야기해왔다. 전 세계 차원의 협력을 일구어내자는 우리의 과업도 그 핵심은 정치이므로 우리의 최대 자산도 끈기라 할 것이다. 밀레니엄 약속들은 성취할 수 없는 것이라고 단언하는 전 세계 비관론자들의 합창이 메아리치지만, 우리는 우리 스스로가 다짐한 밀레니엄 약속들에 대한 믿음을 가져야 한다. 끈기에는 결국 보상이 따를 것이다. 앞서 보아왔듯이 그 목표들은 달성할 수 있으며, 그것도 우리가 지금 상상하는 것보다 훨씬 낮은 비용으로 달성되어 우리에게 훨씬 더 큰 이익을 가져다줄 것이다.

우리는 위대한 개발경제학자 앨버트 허슈먼(Albert Hirschman)이 확인한 반동적 수사의 불경한 삼총사에 대비해야 한다.[1] 그는 건설적 변화를 지향하는 새로운 아이디어에는 예외 없이 세 가지 공격이 따른다고 적시했다. 첫째는 허황되다는 공격으로, 문제가 해결될 수 없는 것이라서 개혁이 진전될 수 없다는 것이다. 둘째는 괴팍하다는 공격으로, 문제를 해결하려는 어떠한 시도도 실제로는 문제를 더욱 악화시킬 뿐이라는 것이다. 셋째는 위험하다는 공격으로, 문제를 해결하려 들 경우 훨씬 더 중요한 다른 일로부터 관심과 자원을 빼돌릴 위험이 있다는 것이다. 이러한 부정적 사고는 사실에 바탕을 둔 견해가 아니라 심리상태. 변화의 방식을 둘러싼 왕성한 토론은 물론 건강하고 꼭 필요하지만, 긴박한 과제를 눈앞에 둔 상황에서 현상유지를 무조건 수용한다는 것은 받아들일 수 있는 의견이 아니다.

나는 시간표와 표적이 있는 전 지구적 공동목표가 변화의 후속 흐름을 만들어낼 수 있다는 생각을 바탕으로 세계 변화의 모델을 스케치해왔다. 세계가 밀레니엄 약속들을 이행한다면, 그 약속들이 우리들 한 사람 한 사람을 움직여 자신의 개인적 삶과 자신의 일과 자신이 속한 공동체 안에서 전 지구적 공동목표들을 향해 나아가는 흐름을 만들어낼 것이다. 세계가 그 목표들을 중심으로 모아지면서 수렴과 통합의 힘이 강화될 것이다. 처음에는 불가능한 것처럼 보이던 것, 파편적이고 조율도 안 된 행동들처럼 보이던 것이 마침내 평화와 번영, 지속가능한 환경을 성취하고자 하는 전 세계적 운동으로 모습을 갖추어갈 것이다.

하지만 우리는 맹목적인 힘에 이끌려가는 역사의 객체인 동시에 역사를 만들어가는 주체이기도 하다. 세계가 공동목표를 향해 수렴돼갈지, 아니면 산산이 부서져 전쟁과 불신 속으로 빠져들지 정해지는 데 우리의 의사도 한 몫을 한다. 우리들 각자가 사회에서 맡고 있는 여러 역할 속에서 얼마만큼이나 변화를 긍정하는 힘이 되느냐에 따라 성공의 승산이 결정된다. 요컨대 존 케네디의 말처럼 평화는 하나의 과정으로서, 거창한 마법의 공식에 따른 결과가 아니라 "수많은 행위들의 총합"이다. 그의 동생 로버트 케네디는 유명한 연설에서 이를 다음과 같이 명확하게 정리했다.

인간의 역사를 형성해온 것은 용기와 믿음으로부터 나온 무수히 다양한 행위들입니다. 한 인간이 어떤 이상을 옹호하거나 타인의 몫을 늘리는 행위를 하거나 불의에 맞서 행동할 때마다 희망의 작은 파문이 일어나며, 100만 개의 각기 다른 에너지 중심으로부터 생겨난 파문들이 서로서로를 가로지르며 감히 억압과 저항의 철옹성도 휩쓸어버릴 수 있는 격류를 만들어냅니다.[2]

에너지와 용기는 최종 순간에 '그래'가 나올 때까지 '아니야'에 저항하는 것이다.

## 변화의 이해관계자들

인간의 활동은 장기적인 협력을 촉진하는 제도를 통해 조직된다. 그 제도는 가족에서 시작하여, 친족, 지역사회, 기업, 정부, 나아가 192개의 정부를 회원으로 두고 있는 유엔처럼 세계의 정점을 이루고 있는 기구들에 이르기까지, 점점 더 큰 집단으로 확대돼간다. 이런 제도와 기관들이 생겨난 것은 이를 통해 다른 제도들에서는 가능하지 않았던 전문화된 협력이 촉진되기 때문이다. 그러한 활동들을 조율해내는 의미 있는 역할을 더 이상 수행하지 못할 때, 제도들은 사라진다.

우리는 경제발전의 사례에서, 가장 작게는 가정 내에서부터 가장 세계적으로는 예컨대 국제무역을 다루는 세계무역기구의 협약들에 이르기까지, 모든 수준에서 협력이 필요함을 보아왔다. 가정에서는 아주 작은 규모의 특

정한 협력, 즉 부모와 자식, 남편과 아내 간의 협력관계를 다룬다. 지역사회
는 다른 종류의 협력, 예컨대 학교와 병원을 짓고 운영하며 지역의 환경을
살피고 지역 내 분쟁을 조정하는 등의 활동에 필수적이다. 보다 높은 단계
의 정부는 지역사회들을 잇는 도로를 닦고 지역사회에 전기를 들여오는 전
력망을 갖추는 데 필요하다. 국가 차원의 정부는 국경과 항만, 국제공항을
관리하고 복잡한 경제사회 문제들의 해결에 필수적인 기초과학 및 응용과
학을 지원하는 데 필요하다. 1인 가게에서 세계적인 다국적기업에 이르는
비즈니스 조직들은 물론 기술을 관리하고 소비자들에게 재화와 서비스를
공급하는 데 필요한 노동력을 국제적으로 조정한다.

지속가능한 발전과 관련된 과제들은 기후변화의 방향을 돌리는 일이건,
극단적 빈곤과 싸우는 일이건, 인구를 안정시키는 일이건, 생활용수와 농업
용수를 확보하는 일이건, 모두 광범위한 기관들의 활동을 이용해야만 한다.
주요 문제들 중에 정부나 비즈니스 부문이나 지역사회의 힘만으로 해결할
수 있는 건 없다. 복잡한 사회문제들에는 모두 문제의 당사자인 동시에 대
체로 해결의 당사자이기도 한 다수의 이해관계자들이 있다. 이질적인 이해
관계자들 사이의 협력을 이끌어내는 일이 무엇보다도 힘든 과제다.

시장의 힘만으로 이 문제들을 해결할 수 있다면, 협력을 이끌어내는 과
제는 무척 단순할 것이다. 시장이 대단한 것은 대개의 경우 서로 모르는 사
이인 다수의 공급자와 소비자의 행동을 조정해내기 때문이다. 거창한 윤리
도, 용기 있는 행위도, 조율의 미덕도 필요치 않으며, 필요한 건 오로지 개
개의 사업자와 소비자의 제각각의 자기이익뿐이다. 애덤 스미스의 이 말은
기억해둘 만하다. "우리가 저녁식사를 할 수 있는 것은 정육점 주인, 양조업
자, 빵가게 주인의 자비심 때문이 아니라 그들이 자신의 이익에 관심을 가
진 덕분이다."

이로 인해 일부 경제학자들은 시장의 힘에 의지하여 모든 문제를 해결할

수 있다는 지나치게 단순화한 잘못된 관점을 갖게 되었다. 한 예로 윌리엄 이스털리는 어떤 거창한 계획 없이도 해리 포터 책 수백만 부가 독자들의 손에 들어갔음을 지적하면서 가난한 이들에게 의약품을 공급하려면 대규모 계획과 조율이 필요하다는 견해를 공격했다. 그 차이는 물론 해리 포터의 독자들은 책을 살 돈이 있는 데 반해서 극빈층은 예컨대 목숨을 구할 약도 살 방도가 없다는 것이다. 아이가 책을 살 돈이 없을 경우 (실망의 기색은 내비치겠지만) 그래도 살아남는 데 반해서, 약을 살 돈이 없는 아이는 아침을 맞기 전에 죽을 수 있다. 실제로 매년 1,000만 명의 아이들이 그렇게 죽어간다. 우리의 목표가 백신이 필요한 아이들 모두에게 백신을 제공하는 것이라면, 시장이 혼자 힘으로는 그 일을 할 수 없다. 우리가 재원도 전혀 없고 포장도로와 교통수단, 병원, 건강정보와 담을 쌓고 살아가는 극빈 인구에 특별히 초점을 맞춘다면, 시장은 우리가 이용할 수 있는 제도들 목록의 끝자락에 있을 것이다.

극빈층이 시장에 참여할 여력이 없을 때나, 시장의 힘만으로는 부족하게 공급될 것으로 예측되는 환경보호나 전염병 감시, 과학적 대발견 등의 공공재 제공에 따른 개인적 인센티브가 적절하게 주어지지 않을 때, 시장은 실패한다고 우리는 강조해왔다. 그런 경우에는 보다 복잡한 형태의 협력이 필요한데, 사업자나 소비자만이 아니라 공공부문과 비영리부문까지도 포괄하는 광범한 제도가 뒷받침돼야 한다.

그러한 협력을 일구어내기가 어렵다고 해서 시도할 필요조차 없는 것은 아니다. 존 케네디는 달에 가는 도전에 대해 다음과 같이 말했다.

우리는 금세기 안에 달에 가고 다른 일들도 할 겁니다. 그 일들이 쉽기 때문이 아니라 어렵기 때문이며, 달에 간다는 목표가 우리가 가진 최고의 에너지와 기량을 조직하고 평가하는 데 보탬이 될 것이기 때문입니다. 우리가 기꺼이 받아들일 용의가 있는 도전이고, 더 이상 늦출 의사가 없는 도전이며, 우리가 맞서 이겨내려고 하는 도전이기 때문입니다. 다른 일들도 마찬가지입니다.[3]

빈곤을 종식시키고 우리의 지구를 구하기 위한 전 세계적 협력에 대해서도 똑같이 말할 수 있다.

## 항레트로바이러스 의약품의 사례

한 걸음 나아가 극빈층을 위한 의약품, 그중에서도 삶과 죽음을 가르는 HIV/AIDS 약, 항레트로바이러스 약제를 생각해보자. 이 사례를 통해 시장만으로는 문제를 해결하지 못할 때 협력이 왜 필요한지 가닥을 잡고, 복잡한 형태의 협력을 풀어내는 데 긴요한 역할을 하는 광범한 이해관계자들을 살펴볼 수 있다.

1990년대 중반부터 과학자들과 임상의들은 대규모 공공기금의 후원하에, AIDS에 감염된 사람의 몸에서 HIV 바이러스의 복제를 억제하고 그럼으로써 치료받은 사람한테서 AIDS의 진행을 막는 일군의 약품을 찾아냈다. 그러한 과학적 업적 자체가 정부(예컨대 국립보건원)와 민간 제약회사들과 과학자들의 복잡한 파트너십이 거둔 성과였다. 그러한 발견을 촉진하고자 고안된 복잡한 인센티브 제도를 근거로, 몇몇 제약회사가 마침내 효능이 좋은 특허 의약품을 생산해냈다. 과학자들은 세 종류의 약을 '칵테일'로 만들어 복용해야만 환자에게 이 중 어느 한 약에 대한 내성이 생기는 것을 막을 수 있다는 사실을 알아냈다.

특허를 받은 이 복합약은 21세기의 첫해부터 환자 1인당 연간 약 1만 달러의 가격으로 팔렸다. 대다수의 고소득국에서는 이 비용의 대부분을 공공 또는 민간 건강보험이 부담하거나, 미국의 라이언 화이트 프로그램(Ryan White program, 수혈로 AIDS에 감염된 소년 라이언 화이트가 오랜 투병과 투쟁 끝에 19세의 나이로 죽은 뒤 1990년 미국 의회에서 제정된 라이언 화이트법에 따라, 저소득 무보험 에이즈 환자에게 진료를 제공하기 시작한 미국의 AIDS 치료제도) 과 같은 정부 지원 프로그램으로 충당한다. 얼마 안 되긴 하지만 일부 경우에는 개인이 주머니를 털어 비용을 감당해야 하는데, 상대적으로 유복한 사람들에게는 큰 문제가 되지 않는다. 부자나라들에서 이 복합약이 널리 쓰이게 됐을 즈음, 아프리카의 HIV 감염 인구는 1,000~2,000만 명에 이르고 있었다. 아프리카의 정부도, 개인들도 1인당 1만 달러라는 거액의 약값을 지불할 돈이 없었음은 물론, 얼마 안 되는 예방조치나 검사 비용조차도 감당할 여력이 없었다. 실제로 HIV에 감염된 아프리카인들은 거의 모두, 생명을 구할 수 있는 항레트로바이러스 치료 혜택은 전혀 받지 못한 채 AIDS를 앓다가 그대로 죽음을 맞았다. 시장의 기적 같은 것은 나타나지 않았다. 사실 세계은행과 같은 공식 기관들은 항레트로바이러스 의약품을 아프리카인이 아니라 부유한 사람들을 위한 약으로 상정하고 사업을 펼쳤다. 세계은행은 심지어 자신의 AIDS 관련 항목에서 항레트로바이러스 의약품을 언급조차 하지 않았다.

여기서 매우 복잡한 문제가 대두된다. 전염병이 아프리카를 유린하고 있고, 그 병을 죽을병에서 관리 가능한 상태로 전환시킬 기술적 해결책이 존재하지만, 그 해결책은 그것을 필요로 하는 이들의 손이 전혀 미치지 않는 곳에 있다. 불공평은 즉각 적나라하게 드러났지만, 해결책이 나오기까지는 시간이 걸렸다. 최초의 돌파구를 연 것은 인도 등지의 몇몇 이름 없는 제약사들이었다. 그들은 약을 분해하여 역제조한 후, 그 복합약을 시장가격의 극히 일부로 생산할 수 있다고 발표했다. 물론 특허를 보유한 제약회사들도 그럴 수 있었다. 그들은 특허의 보호를 받고 특허가 한시적 독점을 허용하고 있는 덕분에 그 약에 높은 가격을 붙여 막대한 수익을 거두고 있었다. 2000년과 2001년에 몇몇 상표 없는 제약사들이 환자 1인당 하루 1달러 정도의 가격, 연간 약 350달러의 가격으로 저소득국들에 그 복합약을 공급하겠다고 발표했다. 특허를 가진 메이저 제약사들은 자신들도 그렇게 낮은 비용으로 약을 생산할 수 있다는 사실은 시인하면서도, 약값을 낮출 경우 선행 R&D 투자비용을 회수할 수 없고, 나아가 미래의 R&D 투자 인센티브에 악영향을 미치게 된다고 주장했다.

열띤 토론과 떠들썩한 논쟁을 통해, 세계보건기구와 특허를 보유한 제약회사들, HIV 감염자를 대표하는 다양한 그룹, 학계의 그룹들, 아프리카 각국 정부 등 이번 사태의 여러 이해관계자들이 몇 가지 사실을 깨닫게 되었다. 첫째, 그들은 (시차는 있었지만) 특허를 가진 제약회사들이 부자나라들에서는 특허로 보호받는 이문을 유지하면서(연간 1만 달러의 가격), 아프리카에는 생산가(연간 350달러 정도)로 항레트로바이러스 약제를 판매할 '여력'이 있다는 사실을 알게 되었다. 잠재 수입을 감안해도 그것은 손해 보는 장사가 아니었다. 특허를 가진 회사들이 제아무리 수를 쓰더라도 아프리카에 그 약을 1만 달러의 가격에 팔 수 있는 시장은 없었기 때문이다. 게다가 정규 감시활동을 통해 아프리카 시장과 고소득국 시장을 '분할' 관리하는 것도 가능한 상태였다. 아프리카로 가는 약이 부자나라 국경 안으로 넘어들어오는 것을 불법화할 수 있었고, (다른 사례에서 이미 검증되었듯이) 효과적인 감시활동을 펼치는 것도 실제로 가능했다.

둘째, 약을 한계생산비로 제공한다 해도 아프리카 국가들(정부와 가구들)은 그것을 구입할 여력이 없었다. 이 나라들의 보건 예산은 연간 1인당 약 10달러 정도로, 연간 수백 달러의 약값을 부담할 수 없었다. 따라서 아프리카의 환자들을 위해 약을 할인가격으로 구입하여 아프리카에 공짜로, 혹은 연간 1인당 350달러 중 극히 일부만 받고 제공해줄 기증자들이 필요했다.

이것이 AIDS, 결핵, 말라리아 퇴치를 위한 세계기금을 신설한 이유 중 하나였다.

하지만 새롭게 부상한 전략에 참여한 사람들은 곧이어 세 번째 장벽을 만났다. 약이 아프리카의 창고에 도착한다 해도, 환자들에게 약을 전달하는 일이 보통이 아니었다. 약 창고에서 농촌 마을의 오두막에서 죽어가는 환자들에게 약이 전달되는 공급망의 '마지막 1마일'은 시장의 힘으로 자동 연결되지 않았다. 기초보건 서비스를 확대하는 과제들(대중교육, 상담과 검사, 진료, 환자 감독, 지역 보건소와 병원에서 농촌 마을까지 약을 실어 나르는 의약품 수송 등)은 하나같이 힘든 과제들이다. 공급망의 맨 끝에 비용의 극히 일부조차도 부담할 여력이 없는 빈곤 가구가 있다.

실은 이런 설명조차도 너무 단순한 묘사다. 몇몇 제약사들, 예컨대 브리스틀-마이어스 스퀴브(BMS)에서는 훌륭한 HIV 의약품 배달 자선 프로그램을 만들어 자체 팀이나 의약품 공급 및 배달 일을 하는 독립 NGO들을 지원했다. 그러나 그들은 곧 극빈층 앞에 놓여 있는 또 다른 장애물을 발견했다. 일일 최소량의 칼로리 섭취도 못하고 있는 사람들이 많았는데, HIV 의약품은 만성적인 영양부족 상태에 있는 환자에게는 잘 듣지 않는다. 일단의 BMS 프로젝트 리더들이 한 번은 내 사무실을 찾아와, 어떻게 하면 자신들의 HIV 프로젝트 대상지에서 식량작물을 기를 수 있겠는지 자문을 구하기도 했다!

2007년까지는 사실 이런 많은 문제들에 대한 인식도 깊어졌고, 넓은 차원에서 해결되고 있다. 2001년도에는 치료를 받는 사람들이 거의 없었던 데 비해, 지금은 약 100만 명의 아프리카인들이 원조 기금의 지원하에 HIV 치료를 받고 있다. 수많은 이해관계자가 각기 한 편씩의 마술을 부리고 있다. 물론 시장 수익이 맨 처음에 이 약들을 이용할 수 있게 만드는 일에 일조했고 또 고소득국들에서 수입을 발생시켜 극빈층도 항레트로바이러스 치료를 받을 수 있는 재원을 마련하는 데 보탬을 주긴 했지만, 이러한 성공을 이끌어낸 것은 시장이 아니다. 실제로 AIDS 치료를 가능케 한 제도와 기관들에는 시장을 기반으로 한 행동가들, 공공부문의 행동가들, 비영리 비정부 부문의 행동가들이 어리둥절할 정도로 두루 포진돼 있다. 제약회사들, 건강의 동반자(Partners in Health, 미국 보스턴에 본부를 둔 비영리 보건단체로 세계 빈민 의료를 주 업무로 하고 있다)와 국경 없는 의사회 같은 NGO들, 세계기금, 아프리카 각국 정부들, 지방정부와 지역사회들, 자원 활동하는 마을 보건 일꾼들이 그들이다. 이들을 한데 이어주는 끈은 시장 수익이 아니라, 공동의 목표, 즉 필요로 하는 모든 이들, 가장 가난한 사람들까지도 AIDS 치료를 받을 수 있게 한다는 목표에 대한 헌신이다.

## 기업의 사회적 책임

기업체의 우선 관심사는 돈을 벌어 주인들에게 주는 것이지만, 그렇다고 HIV 의약품의 보급과 같은 비시장적 문제를 해결하는 데 기업이 적극적인 역할을 하는 것이 배제되는 것은 전혀 아니다. 사실 CEO들은 기업이 사업의 비시장적 측면을 소홀히 할 경우 회사의 성공 자체가 위험에 빠질 수 있다는 것을 알고 있다. 기업이 중대한 과제의 해결을 가로막아 평판이 나빠질 경우, 공유 가치, 고객 충성도, 종업원들의 사기, 신입직원 채용 능력, 나아가 향후 사업의 사회적 용인 측면에서까지도 참담한 대가를 치를 수 있다. 한 사업가는 이렇게 말했다. "우리는 테이블에 앉아 이러한 문제들을 논하거나, 아니면 메뉴판에 놓이거나, 둘 중 하나입니다!"

세계기금이 발족하기 전인 1998~2001년의 AIDS 소동 기간에, 메이저 제약사들이 바로 그러한 사태로 위험에 처해 있었다. 제약사들은 아프리카의 죽어가는 AIDS 피해자들을 잔인하게 외면하고 약값을 낮출 생각은 하지도 않는 것 같다고, 저명한 활동가들로부터 거센 공격을 받고 있었다. 제약사들은 고소득 시장에서는 특허로 보호받는 가격을 유지하고자 했으나, 빈국들을 상대로는 시장을 분할할 수 있을지, 분할해야 할지 아직 판단하지 못하고 있었다. 그들은 또한 직관에 따른 것이긴 했지만, 저가의 약을 아프리카로 실어 보내는 것만으로는 충분치 않으리라는 것을 알고 있었다. 수령국의 보건 역량을 체계적으로 확대할 필요가 있었다.

당시 나는 몇몇 CEO를 만나, 아프리카행 약값을 생산비 수준으로 내리고 산업 전체를 이 기준에 따라 재편해줄 것을 권유했다. 나는 그들에게 훌륭한 명성을 유지하려면 그러한 시장 분할이 불가피하다고 말했다. 나는 또한 WHO의 거시경제와 보건위원회 의장으로서, 그리고 유엔 밀레니엄 프로젝트의 책임자로서 가능한 모든 방법을 다 동원하여, 부수적인 공급망 보완 작업(유통망 구축, 보건 일꾼 확보, 지역 병원 설립 등)은 다른 원조자들이 책임질 수 있도록 하겠다고 제안했다. 퍼즐 조각들이 제자리를 찾아가기 시작했고, 전 미국 대통령 빌 클린턴과 클린턴 재단이 발전도상국들의 항레트로바이러스 의약품 가격인하 협상을 도우면서 의미 있는 진전이 이루어졌다. 당시 머크 제약의 CEO이던 레이 길마틴(Ray Gilmartin)은 훗날 내게 회사로서는 산 교훈을 얻었다고 말했다. 머크 제약이 빈국용 약에는 이윤 제로 원칙을 적용하기로 합의한 뒤, 회사 직원들은 굉장한 자부심과 열의로 응답했다. 길마틴은 자신이 CEO로 있던 동안 회사의 사기가 가장 급상승한 시기가 바로 그때였다고 말했다. 우리 모두는 문제 있는 조직이 아니라 문제를 해결해 나가는 조직 속에서 일하기를 원한다.

물론 모든 문제가 다 풀린 건 아니다. 몇몇 제약회사는 여전히 상표 없는 생산자들의 침투를 문제삼거나, 저소득국에서도 신약에 대해서는 고가의 판매가와 높은 로열티를 받기 위해 협상을 벌이려 한다. 특허를 보유한 일부 회사들은 상표 없는 신약들이 이전의 약보다 효능이 더 좋고 (냉장 보관을 하지 않아도 되거나 섭취가 더 간편하여) 극빈층에는 더 적합할 수 있는데도, 상표 없는 제약사들이 만든 사람 목숨 구하는 신약의 저소득국 진입을 계속 지연시키고 있다. 가장 문제가 되는 것은 최빈국과 기타 저소득국, 그리고 국제 의약품의 비용 제로 기준보다는 다소 비싼 가격을 지불할 여력이 있지만 부자나라들과 동일한 시장가격을 지불할 만큼은 아닌 (브라질과 타이 같은) 중소득국을 가르는 선을 어디에 그을 것인지에 관한 국제적 합의가 없다는 것이다. 공정성과 공평성, 그리고 무엇보다도 공공보건의 기준에 관한 합의가 아직 이루어지지 않은 가운데, 신랄한 악담이 난무한다. 그럼에도 나는 세계의 주요 제약사들을 건설적으로 참여시키고, 그들이 자선기관이 아니라 이익을 추구하는 회사라는 그들의 기본 입장을 존중하며, 선의를 불러일으키고 충분한 공적 재원을 마련하여 가난한 이들을 위해 효율적으로 일하는 민관 협력관계를 성사시킬 수 있는 실행 가능한 해결책을 찾아내는 것이 가능하고 또 당사자 모두에게 정말 이익이라는 것을 강조하고 싶다.

밀레니엄 약속들과 관계있는 모든 CEO에게 내가 전하는 일반적인 메시지는 이것이다. 모든 회사는 문제를 해결해가는 일원이 돼야 하고, 정규 시장에서의 활동 이상으로 사업을 확장해갈 필요가 있다. 그런다고 회사가 무너지거나 자선기관으로 바뀌지는 않으며, 오히려 회사가 중요한 사회적 과제를 해결하고자 하는 보다 넓은 활동의 한 축으로서 독특한 기여를 할 수 있다는 사실을 확인하게 된다. 기업의 사회적 책임의 진정한 의미는 바로 이것, 즉 기업의 핵심 원칙과 가치와 관행을 일관되게 지키면서도 비시장적 목표를 포함한 광범한 사회적 목표를 북돋아가며 사업을 운영하는 것이다. 여기에는 기업의 단순한 자선사업보다 훨씬 큰 의미가 담겨 있다. 이 일은 창조력을 요구한다.

대부분의 경우 기업의 중심 자산은 회사가 보유한 기술, 공급자와 소비자 네트워크, 훌륭한 명성, 종업원들이다. 이는 빈곤, 질병, 기아, 환경악화와 싸울 때 회사가 투입할 수 있는 자산들이다. 예컨대 극단적 빈곤과 싸울 때, 기업들은 자사의 기술들을 검토하여 세계의 극빈 인구에 소중한 의미를 가질 수 있는 기술들을 찾아내야 한다. 그것은 의료장비일 수도 있고, 고수확 품종일 수도 있으며, 화학비료나 컴퓨터 하드웨어 및 소프트웨어, 원격 통신장비, 트럭, 금융 서비스 지식 등일 수도 있다. 항레트로바이러스 의약품처럼, 많은 경우 그러한 재화와 서비스의 시장가격은 한계생산비보다 한참 높으며, 따라서 손익에 영향을 미치는 일 없이 빈곤 지역에 그 기술을 전수할 수 있다. 그러는 데 들어가는 직접비용은 미미할 뿐 아니라, 그럼으로써 10년이나 20년 안에 의미 있는 성장을 할지 모르는 새로운 시장에 기업이 진출하여 장기적으로 커다란 시장 수익을 확보할 수도 있다.

하지만 모든 일에는 거의 언제나 한 가지 커다란 문제가 따르며, 여기서 문제는 다시 한 번 HIV의 경험에서 익히 들어온 문제다. 앞에서 언급한 기술들은 흔히 다른 재화 및 서비스와 결합될 때라야 비로소 커다란 이익을 가져다준다. 컴퓨터는 농촌 학교로서는 대단한 것이겠지만, 컴퓨터를 이용하려면 전기가 들어와야 한다. 트럭은 농촌 사회에 긴요한 것이겠지만, 트럭이 다니려면 도로가 있어야 한다. 병원 장비가 보탬이 되려면 물론 병원이 있어야 한다. 기업의 자선행위는 너무 복잡해서는 안 된다. 너무 복잡할 경우에는 옳은 일을 하려는 기업이 곤혹을 치를 수도 있다. 민간기업에 지역사회의 도로와 전력, 학교, 병원, 그 밖에 지역사회에 기본적으로 필요한 것들을 제공해달라고 요구하는 것은 현실적이지 않다. 기업은 자선단체가 아니고 개발기구도 아니다. 기업들에는 그들이 보유한 기술을 유리한 조건으로 제공하고 그 기술과 솜씨들을 지역의 필요에 맞게 적응시키는 교육과 지도를 행하는 방식으로 지역사회에 기여하라고, 매우 호되면서도 배타적이진 않게 압박해야 한다.

내가 다소 우연한 기회에 발견한 사실은 기업의 자선행위는 종합적인 개발활동의 일부로 함께할 때 가장 큰 효과를 낸다는 것이다. 그 속에서는 자선가와 원조기관, 민간기업을 비롯한 많은 협력자들이 한데 어울려 일하며 각자 자신의 자취를 남긴다. 결국에 가서는 새로운 세계기금으로부터 수십억 달러를 지원받은 HIV의 사례도 바로 그런 방식이었다. 아프리카 전역의 밀레니엄 빌리지들에서는, 다수의 회사들이 마음이 맞는 원대한 사업의 네트워크 안에서 주로 자신의 핵심 역량에 집중하는 방식으로 사업을 거들었다. 다음과 같은 회사들이 저마다 이 마을들이 안고 있던 극단적 빈곤 문제의 한 부분을 풀어내는 데 일조했다. 야라는 비료를 제공하고, 몬산토는 고수확 품종을 가져왔다. 스미토모는 말라리아 퇴치 모기장의 화학약품을, KPMG는 금융 지식을, 제너럴일렉트릭은 외과수술 장비를, 에릭슨은 이동전화와 인터넷망을, 노바티스는 말라리아 약제를, 벡턴 디킨슨은 의료기기와 진단장비를 들여왔다. 목록은 계속 늘어나고 있다.

게이츠 재단이 선도한 특별한 유형의 협력은 자선단체가 주요 학술기관과 민간 연구소의 실험실이나 과학연구자들이 수행하는 연구의 비용을 지원하는 연구개발 관련 민관 파트너십(PPPs)이다. 이 PPPs는 AIDS, 결핵, 말라리아, 몇 가지 기생충병 등 사람의 목숨을 앗아가는 주요 질병에 쓰이는 새로운 약, 진단법, 백신, 기타 중요한 진료장비의 발견과 개발을 목적으로 구축되었다. 이 어느 경우에도 시장의 힘만으로는 R&D 지출이 이루어지지 않는다. 극빈층의 문제를 해결하는 시장은 없다. 게이츠 재단은 첨단 과학기업들과 제휴하여 시장이 도달하지 못하는 곳에 발을 들여놓고 있다.

기업들은 세 방면으로 발을 뻗어가야 한다.

첫째, 밀레니엄 약속들을 자신의 책무의 일부로 여겨 그 약속 이행에 매진하기로 합의해야 한다. 둘째, 창조적으로 일하면서 자신들의 특별한 기술, 네트워크, 전문지식이 어떻게 문제 해결에 보탬이 될 수 있겠는지 살펴야 한다. 이 과정은 기업이 세계 곳곳의 현장 문제 해결사들과 함께 일하면서 거듭 확인하는 발견의 과정이다. 셋째, 아직 발을 뻗지 못한 곳에서 사업을 펼쳐가기로 합의해야 한다. 말리나 말라위, 타지키스탄, 볼리비아에서 처음 사업을 시작할 때에는 아마도 많은 이익을 내진 못하겠지만, 그다지 큰 손해도 보지 않을 것이다. 새로운 곳들에 마음이 맞는 다른 회사들과 협력관계를 맺고 들어갈 때에는 더욱 그럴 것이다. 밀레니엄 빌리지 프로젝트와 유사한 다른 프로그램들이 진입의 기본 발판을 제공하는데, 개개의 회사들이 이 발판 위에서 자신의 특수한 역할을 부각시키며 이 진입 과정에 커다란 도움을 줄 수 있다.

기업들은 기술의 제공자로서만이 아니라 빈곤 지역의 생산물 소비자로서도 크나큰 역할을 할 수 있다. 스타벅스나 나이키, 갭(Gap)이 저소득 지역에서 현지생산을 할 때, 그들은 (일각에서 추정하는 것처럼) 빈곤을 창출하는 것이 아니라 감소시키고 있다. 물론 이들 기업이 국제적으로 승인된 노동기준, 지역사회의 권리와 관련된 인권 원칙들, 노동자의 건강 등을 준수할 때의 이야기다. NGO들의 냉혹하고도 헌신적인 압력 덕분에, 자신들의 이름을 빛내고자 하는 대기업들이 그러한 기준들을 맞추려고 노력하거나 이미 충족시키고 있는 사례들이 다수 목격되고 있다. 글로벌 위트니스(Global Witness, 전 세계의 천연자원 착취와 분쟁, 부패, 인권침해 간의 고리를 끊는 것을 목적으로 하는 국제 NGO), 옥스팜(Oxfam, 영국 런던에 본부를 둔 국제구호단체), 기업의 책임 범종교 센터(Interfaith Center on Corporate Responsibility, 신앙을 기반으로 한 275개의 기관투자자 연합으로 기업의 사회적 책임과 사회책임투자를 강조한다), 국제사면위원회(Amnesty International), CERES(미국의 환경단체로 환경보전에 대한 기업의 책임을 강조한다)와 같은 많은 NGO가 자신들의 지위와 힘으로 얻은 특권을 상습적으로 남용하는 기업들을 폭로하는 중대한 작업을 영웅적으로 수행하고 있다. 하지만 기업들과 NGO 간에는 장기적인 신뢰와 상호 책임성을 쌓아갈 필요가 있다. 기업들이 옳은 일을 할 때, 파수꾼 NGO들은 그들을 칭찬하고 그럼으로써 기업 내부에서 제기되는 논쟁에 힘을 실어주며 지원할 태세를 갖추고 있어야 한다. 악행에 벌을 주면, 선행에는 좋은 평판이라는 보상을 주어야 한다. 이는 노바티스 재단의 이사장이며 기업의 사회적 책임의 권위자인 클라우스 라이징어(Klaus Leisinger)가 강조하는 중요한 포인트의 하나다.[4]

최악의 특권 남용은 채굴산업에서 행해져왔고, 지금도 계속되고 있다. 기업들이 지역사회나 자연환경에 대한 고려 없이 고가의 자원을 신속히 채굴하여 돈벌이를 하기가 쉬운 탄화수소(석유와 가스), 보석, 금 등의 산업이 대표적이다. 석유회사들은 나이저 강 삼각주(아프리카 서부 지방을 관통하여 기니만으로 흘러드는 나이저 강이 나이지리아 남부에 만든 삼각주)의 무법천지를 불평할지 모르지만, 그들 중 다수가 실은 불법행위를 일삼고 있다는 사실을 분명히 해야 한다. 그들은 가난한 지역사회 위에 군림하는 국가권력자들에게 막대한 뇌물을 먹이고, 자신들이 낼 세금과 생산물 분배 협정에 영향을 미치는 각종 계약서, 선적 기록, 원가 계산서, 기타 사업 내역을 허위로 작성하며 냉혹하게 사기를 쳐왔다. 이런 사실들은 저돌적인 NGO 감시요원들이 그 실상을 밝혀낼 때를 제외하고는 줄곧 은폐된다. 은폐를 위해 일부 기업에서는 아프리카인을 고위직에서 배제하기도 한다.

이 부문의 악명 높은 관행을 척결하기 위해 전 세계가 모여 구상한 매우 중요한 제도가 투명성제고기구(EITI)이다. 구상의 기초는 "석유, 가스, 광물 채굴에 투입된 회사의 자금지출 내역과 거기서 나온 정부 수입의 전면 검증과 공표를 통해 자원부국들의 거버넌스 향상을 지원하는 것"이다.[5] EITI는 기술 자료집을 만들어 투명성 기구에 가입하고자 하는 기업과 국가들을 지원하고 있다. 2007년 중반까지 주로 서아프리카에 있는 14개 아프리카 자원부국이 이 기구에 가입했다.

# 비정부 부문

오늘날의 세계에서 NGO 부문만큼 빈곤, 질병, 기아, 환경 과제에서 건설적인 역할을 해온 집단은 없다. NGO 활동의 범위는 넓게 정의할 경우 사실 무한정하다. 세계에는 수백만 개의 NGO가 있고, NGO 활동에 매년 수천억 달러가 투입된다. 정확한 계산은 불가능하지만, NGO 부문은 실로 방대하며 국가경제 자체보다도 더 빠른 속도로 성장하고 있다. 이 부문에는 방대한 분야의 기관과 단체들이 포함된다. 학계의 상당 부분, 자선 재단과 자선가, 활동가 집단, 전문가 협회, 과학단체, 종교집단의 사회봉사단 등등이 그들이다. 공통된 속성은 비정부, 비영리 활동을 펼친다는 것이다.

NGO는 물론 매우 중요하다. 바로 시장의 힘만으로는 사회의 자원들이 최적으로 배분되지 않기 때문이다. 빈곤 문제나 지구 환경 문제에 이르면 더욱 그렇다. 이론상으로는 시장이 성공하지 못하는 곳에 정부가 개입할 수 있지만, 정부는 시장 실패의 일부밖에 감당하지 못한다. 정부는 모험심을 갖기 힘들다. 정부는 어떤 방식을 시도하여 검증에 성공한 뒤 그 방식을 확대 적용하는 과제가 주어졌을 때, 가장 좋은 성과를 낸다. 그리고 프로그램의 확대에 필요한 자금을 조성하는 데 정부의 징세 및 국채 조달 능력이 매우 긴요하게 쓰일 수 있다. 무엇을 어찌해야 할지 아이디어를 내려면 탐사와 모험심이 필요하며, NGO들은 바로 그 지점에서 특유의 중차대한 역할을 해왔다.

NGO의 성공 사례들은 너무나도 방대해서 상세히 조사하기 어렵다. 몇몇 NGO가 지난 반세기 동안에 노벨평화상을 받았는데, 이는 비정부 부문이 새로운 길을 개척하는 리더십을 발휘해왔다는 생생한 지표다. 우리는 앞에서 이미 2006년도 수상자 무하마드 유누스 이야기를 했다. 그의 이름은 소액금융과 동의어가 되었고, 그가 만든 그라민 은행은 발전도상세계 전역에서 펼쳐지고 있는 NGO 활동의 모델이다. 2004년도 수상자 왕가리 마타이(Wangari Maathai)는 아프리카의 나무심기 환경운동인 그린벨트(Greenbelt)의 창립자다. 지미 카터는 2002년도에 수상을 했는데, 사회경제적 발전의 촉진에 헌신하는 NGO인 카터 센터(Carter Center)의 혁신적인 활동을 지도했다는 것이 중요한 이유였다. 1999년에는 국경 없는 의사회가 세계의 가장 궁핍하고 고통받는 지역에 생명을 구하는 의료 서비스를 제공하는 일에 앞장선 공로로 상을 받았다. 1997년에는 국제지뢰금지운동(International Campaign to Ban Landmines)이 수상을 했고, 1995년에는 조지프 로트블라트(Joseph Rotblat)와 과학과 국제정세에 관한 퍼그워시 회의(Pugwash Conferences on Science and World Affairs)가 핵무기 감축 NGO 활동을 한 공로로 상을 받았다. 1977년에는 국제사면위원회가 인권을 최우선의 가치로 전 세계에 정치 사회적으로 자각시키는 NGO 리더십을 발휘한 공로로 수상을 했고, 1970년에는 노먼 볼로그(Norman Borlaug)가 록펠러 재단의 후원하에 녹색혁명 기술을 개발하여 인도에 도입하는 사업을 도운 공로로 상을 받았다.

20세기에 세계에서 가장 중요한 경제개발 기관은 선구적인 NGO인 록펠러 재단이었다고 할 수 있다. 다른 어떤 기구도(세계은행이나 USAID나 그 밖의 어떤 국제기구도) 재단 발족 이후 75년 동안 록펠러 재단이 수행한 역할 근처에도 이르지 못했다. 록펠러 재단은 세계 정상급의 자선가가 더 나은 세상을 만들기 위해 거액을 내놓은 특별한 종류의 기관, 변화를 추구하는 자선기관이다. 최근까지도 이런 자선기관의 활동 무대는 주로 미국이었지만, 지금은 세계 곳곳의 억만장자들이 활동에 합류하고 있다. 전설적인 리스트는 앤드루 카네기와 존 록펠러로 시작하여, 앤드루 멜런(Andrew Mellon), 에드셀 포드(Edsel Ford), 존과 캐서린 맥아더(John D. and Catherine T. MacArthur), 조지 소로스(George Soros), 데이비드 패커드(David Packard), 윌리엄 휴렛(William Hewlett), 그리고 지금의 빌 앤 멜린다 게이츠(Bill and Melinda

Gates), 워런 버핏으로 계속 이어지고 있다.

록펠러는 사회 변화에서 자선의 역할을 개척한 철강왕 겸 철도왕 앤드루 카네기의 본보기와 리더십에서 깊은 감명을 받았다. 1889년에 카네기는 "생전에 자유롭게 관리하며 쓸 수 있었던 수백만 달러의 재산을 그대로 남겨두고 죽는 남자가 아무도 슬퍼하지 않고 존경하지 않고 노래도 불러주지 않는 가운데 쓸쓸히 사라져갈 날이 그리 멀지 않았다"고 썼다. 카네기는 카네기 재단을 설립하여 자신의 재산을 관리하며 사용했다. 록펠러도 마찬가지로 도전에 나서면서, 1907년 미국 의회에 질병, 빈곤, 무지를 퇴치하기 위한 연방기관에 재산을 기부하겠다고 말했다. 당시 성마른 정치가들은 그가 돈으로 명성을 사려는 것뿐이라고 주장하며, 그를 환영하기는커녕 오히려 공격했다. 의회가 반대하면서 그의 제안은 기각되었다. 록펠러는 대신에 1913년 뉴욕 주에 사무실을 내고, 두 차례의 초기 출연금 1억 달러로 록펠러 재단을 설립했다. 20세기에 국제적 개발의 대의를 고무하는 일에 이 이상의 역할을 한 기관은 없었다. 록펠러 재단이 처음 60년 동안에 착수한 일은 거의 모두 황금알이 되었다. 재단의 지원을 받은 과학자 중 약 170명이 노벨상을 받았다.[6]

재단은 미국 남부의 십이지장충 퇴치를 선도하고, 남부의 경제발전의 길을 닦는 일을 도왔다. 재단은 의학 교육을 혁명적으로 바꾸었다. 보건학교도 설립했다. 황열병(지금은 아프리카 서부나 남아메리카에서 볼 수 있는 풍토병으로, 모기에 의해 전염된다) 백신을 제조하는 노벨상 수상 작업을 지원했다. 시카고 대학을 설립하여 세계 유수의 대학으로 만들었다. 브라질을 도와 말라리아를 전염시키는 위험한 모기 변종을 퇴치했다. 그리고 놀랍게도, 아시아 녹색혁명을 일구어낸 과학 및 지식 전수 비용을 지원했다. 인도와 다른 나라들이 기근과 빈곤의 쳇바퀴로부터 탈출할 수 있게 만든 농업혁명으로서, 이 과정에서 또 한 차례 노벨상을 받았다. 재단 성공의 열쇠는 지식에 대한 투자와 결정적으로 필요한 것(공공보건, 임상진료, 백신 개발, 녹색혁명 품종 등등)을 식별해내는 역량이었다. 재단의 사업방식은 기금을 지원받는 과학자들이 꿈꾸던 것이었다. 재단은 관심 주제와 그 분야의 책임 연구자를 선정한 뒤, 미세한 주문이나 부대조건 없이 끈기 있게 기다리며 집중 투자를 하곤 했다. 20세기 과학과 공공정책 부문의 가장 창조적인 두뇌 중 다수가 재단의 지원 속에서 탄생했다.

지금은 빌과 멜린다 게이츠가 자신들이 낸 기금 250억 달러와 워런 버핏이 기부한 300억 달러를 기반으로 그와 같은 일을 할 수 있다. 게이츠 부부가 극단적 빈곤과 질병을 중심 목표로 삼아 그에 집중하기로 한 것은 옳은 선택이었다. 그리고 록펠러 재단과 마찬가지로, 빌 앤 멜린다 게이츠 재단도 전 세계 차원에서 극단적 빈곤을 종식시킬 수 있는 돌파구로서 기술을 주시한다. 재단은 처음에는 보건 기술에 초점을 맞추었으나, 지금은 빈곤과의 싸움에서 보건 못지않게 중요한 농업, 물, 그 밖의 분야들로 사업을 확장하고 있다. 물론 최근에 와서는 변화를 추구하는 억만장자 자선활동을 하는 사람들이 빌과 멜린다 게이츠뿐인 건 아니다. 조지 소로스는 중부 유럽과 옛 소련에서 용기 있게 진실을 말하는 사람들을 집중 지원함으로써 공산주의의 평화적 종식을 촉진하는 데 일조했다. 구글의 래리 페이지(Larry Page)와 세르게이 브린(Sergey Brin)은 정보기술도 어떻게 변화를 추구하는 자선활동이 될 수 있는지 증명해 보이고 있다. 그들은 최근에 국제사면위원회와의 협력하에 다르푸르 지방의 위성영상을 전송하여, 폭력에 유린당하고 있는 지역의 문제를 해결해야 한다는 의식과 책임을 일깨우고 기술적 지원을 촉구했다.

〈포브스〉지 최근호에 실린 세계의 부호 랭킹을 보면, 새로운 전망이 잡힌다.[7] 〈포브스〉에 따르면, 지금 세계에는 950명가량의 억만장자(재산이 10억 달러 이상인 사람)가 있고 그들의 부를 모두 합치면 3조 5,000억 달러에 이를 것으로 추정한다. 불과 1년 사이에 놀랍게도 9,000억 달러가 늘었다. 그 돈으로 요트도 사고 저택과 사치품을 구입하는 등의 일을 몇 번이고 거듭한다 해도, 이 억만장자들에게는 여전히 세상을 바꿀 수 있는 3조 5,000억 달러 가까운 돈이 남아 있을 것이다. 버핏이 빌 앤 멜린다 게이츠와 함께 한 것처럼, 이들이 자신들의 부를 모두 한데 모은다고 가정해보자. 재단을 관례적으로 보수적인 원칙에 따라 운영할 경우, 기본금이 3조 5,000억 달러면 매년 그 5퍼센트인 약 1,750억 달러를 지출하게 된다. 그 돈이면 세계의 극빈 인구 모두에게 기초의료 서비스를 확대 제공하고, 대규모 전염병인 AIDS와 결핵과 말라리아를 종식시키며, 아프리카 녹색혁명에 발동을 걸고, 정보격차를 일소하며, 10억 명 인구에게 안전한 식수를 제공해야 한다는 절박한 필요를 해소하기에 충분한 액수다.

1,000명도 안 되는 집단이 총 10억 명 가까운 인구를 대표하는 22개 원조국 정부의 총 개발원조액 1,050억 달러보다 더 많은 액수를 낼 수 있다. 이는 믿기 힘든 부를 소유한 거대부호들을 향해 던지는 말인 동시에, 워싱턴과 도쿄, 유럽 여러 곳의 단견을 꼬집는 말이기도 하다. 요컨대 억만장자들의 재단이 만들어질 경우, 우리가 앞서 계산한 바에 따르면 전 세계의 극단적 빈곤은 충분히 종식된다. 모든 걸 다 떠나서, 나머지 인류가 매일같이 직면하고 있는 경제투쟁을 이미 초월해버린 남자와 여자들에게 이는 결코 나쁜 일이 아니다!

## 연구중심대학의 고유한 역할

비정부기구들 중에서도 고등교육기관, 특히 연구중심대학에는 밀레니엄 약속들을 이행하는 과정에서 고유한 역할이 있다. 지속가능한 발전과 관련된 문제들을 심층적으로 풀어내는 데 필수적인 광범한 전문지식을 담장 안에 갖고 있는 것은 대학들뿐이다. 게다가 대학들에는 전 지구적 문제들에 대처할 수 있는 근원적인 힘이 세 가지 더 있다.

첫째, 대학은 어떤 사회기관보다도 긴 안목을 갖고 있다. 하버드대학의 설립년도는 미국 정부 수립보다도 143년 앞서고, 내가 재직하고 있는 컬럼비아대학도 미국 정부보다 4반세기 앞서 설립되었다. 중동과 유럽의 학문 중심지들은 물론 역사가 훨씬 더 길다. 카이로의 알아자르대학은 988년에 세워졌고, 볼로냐대학은 1088년, 파리대학은 1150년, 옥스퍼드대학은 1167년, 케임브리지대학은 1209년에 설립되었다. 이런 기관들은 기반이 탄탄하여 수명이 길며, 따라서 긴 안목을 가질 수 있다.

둘째, 대학은 다른 어떤 사회기관보다도 정치적, 사회적, 경제적 편견을 덜 갖고 전 지구적 문제에 접근할 수 있다. 대학은 영리를 추구하지 않는다. (슬프게도 영리를 추구하는 대학도 종종은 있다!) 대학은 특수한 상업적 이해관계를 대변하지 않는다. 대부분의 경우 대학은 국가에 신세를 지고 있지 않고, 따라서 국가정책을 대변하지 않는다. 대학은 대체로 자율적이며, 교수단을 근간으로 한 기관들과 선출된 책임자들에 의해 운영되는 경우가 많다. 선임 학자들은 대개의 경우 종신 재직이 보장되며, 그 결과 정치적 통제로부터의 독립이 더욱 강화된다. 이름 있는 연구중심대학 교수단의 일원으로서, 나는 세계 어느 곳에서나 늘 환영받는 느낌이었고, 내가 민간이나 정부의 이익을 대변하는 사람이 아니라 독립적인 진실 추구자로 그곳에 와 있는 거라고 상대 파트너가 굳게 믿고 있음을 느낄 수 있었다.

셋째, 큰 대학들은 대부분 보다 나은 세상을 만드는 임무, 연구와 교육을 통해 문제들을 조명하는 데 그치지 않고 그들이 속한 지역사회를 다른 곳보다 더 좋은 곳으로 만듦으로써 보다 나은 세상을 만드는 임무를 띠고 설립되었다. 지역문제의 해결에 대학이 관여해온 전통이 매우 오래됐음은 말할 나위도 없다. 1862년에 에이브러햄 링컨 대통령이 처음 설립한 미국의 무상토지불하 대학들에는 지역의 농업 발전을 촉진할 책임이 있었다. 예를 들어 무상토지불하 대학들은 1887년 해치법(Hatch Act, 농업연구소를 만들고 토양 광물과 식물 생장 등에 관한 새로운 정보를 조사하여 넘겨주는 조건으로 대학이 속한 주에 연방정부의 토지를 불하해주기로 한 법)에 따라 대학 부설 농업연구소의 운영자금을 지원받는다. 이처럼 상아탑 밖으로 걸어 나가 경제발전을 지원하는 미국 대학들의 전통은 건강하지만, 활동이 주로 지역 내로 국한된다. 오늘날의 과제는 그러한 지역적 활동을 전 지구적 문제로까지 확대하는 것이다. 대학들이 세계의 다른 곳들에서 제기되는 과제까지도 떠맡아야 하는 것이다.

대학의 이러한 특성들, 즉 전문지식, 긴 안목, 치우치지 않은 입장, 지역 사회 봉사 임무는 다른 주요 사회기관들에서는 찾아볼 수 없는 독특한 조합이다. 하지만 이렇게 유일무이한 특성을 갖고 있다고 해서, 대학이 즉각 자동적으로 전 지구적 대과제의 해결을 선도하는 역할을 맡게 될 거라는 뜻은 전혀 아니다. 대학이 그러한 리더십을 갖는 걸 가로막는 장애물도 세 가지가 있다. 첫째는 대다수의 대학이 스스로를 국제 기관이라기보다는 국내 기관으로 보는 전통이다. 특히 대학원 과정에서는 빠른 속도로 변하고 있긴 하지만, 미국과 유럽의 대다수 대학들은 여전히 국내에서 다수 학생들을 모집하고 동문들도 물론 내국인이 대부분이다. 그로 인해 대학들이 해외에서 기회를 포착하는 것을 주저하게 된다. 그럼에도 학생들은 해외에서 공부할 기회를 더 보장하는 등 대학생활을 국제화하라고 대학 당국과 교수단, 동문들에게 명시적인 압박을 가하고 있다.

둘째, 대학들이 가난한 나라들의 공공보건이나 경제발전을 촉진하는 프로젝트와 같은, 발전도상국의 지속가능한 발전과 관련된 실천적 과제를 떠맡는 것을 달가워하지 않는 경우가 종종 있다. 그런 프로젝트들은 위험요소가 많은 것으로 보이고, 그러다가 기초연구를 너무 소홀히 할 염려가 있다는 비판을 받기도 한다. 하지만 연구와 실습의 이분법은 잘못된 것이다. 방안에 틀어박혀 하는 지속가능 발전 연구는 잘되기 어렵다. 지속가능한 발전과 관련된 대다수 유형의 복잡한 문제 해결법을 다룰 때, 이론만 갖고서 정말 근본적인 문제를(사업상의 문제든, 법적인 문제든, 공공보건이나 생태, 거버넌스의 문제든) 파악하는 것은 거의 불가능하다. 복잡한 문제들을 설명할 수 있는 온전한 이론체계를 구축하려면 실제 문제 해결 과정에 참여하는 것이 매우 중요하다.

셋째, 대학도 정부와 마찬가지로 실제로는 지속가능한 발전과 관련된 지적 과제를 떠안을 수 있는 편제가 잘 갖추어져 있지 않다. 교수단과 연구 활동이 문제 해결 라인별로 분류돼 있지 않고 경제학이나 정치학, 생태학과 같은 전통적인 학과들로 나누어져 있다. 빈곤, 환경악화, 기후변화, 물 압박, 생물다양성 상실과 같은 문제들 자체는 전통적인 학문 라인별로 묶여 나오지 않는다. 문제를 해결하려면 여러 학문 분야에 걸친 팀들과 연구전략이 필요하다. 그로 인해 대학 전체에 채용, 자원 배분, 연구기금 조달, 학생 등록, 프로젝트 감독을 둘러싼 긴장이 발생한다.

내가 컬럼비아대학의 지구연구소를 운영하고 있는 것과 같은 학문융합 활동이 여러 학문 분야에 걸친 복잡한 과제에 대학의 전문지식이 이용될 수 있도록 종래의 학과별 라인을 전면 개조하는 바람직한 방법이다. 1993년에 녹색혁명의 아버지이자 노벨상 수상자인 노먼 볼로그는 여러 학문 분야를 아우르는 그러한 단위에 대해 다음과 같이 아름답게 요약 정리했다.

학문이 갈수록 전문화해가면서 우리 모두가 자신의 전공이나 자신의 학문 분야를 더욱 강조하는 경향을 보이는 것 같다. 그러면 우리가 과학기술이 전 세계에 미치는 영향의 실상을 한 분야만이 아니라 모든 학문 분야에 전하려 할 때 (우리가 여러 가지 다른 언어로 이야기하고 있는 말의 정수를 정책결정자가 파악할 수 있도록 그들의 편의를 위해 경제학에도 전해야 한다) 커다란 어려움이 생긴다. 이 말이 뜻하는 바는 (다른 나라에서는 이미 시행하고 있는 곳이 많은데) 젊은 학자들 사이에 그들 중 일부는 자신의 전공이나 분야를 계속 파고드는 동안에 일부는 여러 학문 분야를 가로지르는 통합 연구를 하는 자세를 고무할 필요가 있다는 것이다. 그들의 목소리는 정부의 정책 결정자들이 가장 잘 알아들을 수 있고 혼동할 일이 가장 적은 말이 될 것이다. 나는 우리가 어떻게 이것을 고무할 수 있을지는 모르지만, 그것이 정말 필요하다는 건 알며, 내가 이런 생각을 하게 된 것은 세계 여러 나라에서 일하는 독특한 기회를 가진 덕분인 것 같다.[8]

지구연구소의 경우에는, 컬럼비아대학 운영진에서 복잡한 학문융합 활동이 대학 내와 전 세계에 발판을 내릴 수 있도록 다년간에 걸쳐 강력한 재정지원을 해주겠다고 약속했다. 예일, 듀크, 버클리, 스탠퍼드, 하버드 등의 몇몇 대학이 현재 지속가능한 발전과 세계 보건에 관한 유사한 학문융합 활동을 시험 가동하고 있다.

## 지구 사회의 원동력

학술기관을 포함한 비정부기구들은 시장과 정부가 하지 못하는 여러 가지 역할을 채운다. NGO들은 사회적 도전 정신을 가질 수 있는 데 반해서, 정부는 신중하고 관료적이다. 학술기관들은 정부가 할 수 없는 방식으로 첨단 과학기술을 이용한다. 그에 못지않게 중요한 것으로, 비정부기구들은 새로운 지구 사회의 힘줄을 이룬다. 시장의 힘은 익명이다. 정부 간 상호작용은 형식적이고 외교적이거나 심지어 공공연하게 적대적인 자세를 취하기도 한다. 비정부 그룹들은 전 지구적 신뢰와 협력의 바탕이 되는 개인 간 관계를 돈독히 하며 표리부동하지 않게 행동한다.

과학계가 그 좋은 사례다. 과학단체와 그 구성원들은 거의 예외없이, 문화와 정치적 분열의 장벽을 쉽게 뛰어넘어 함께 일한다. 물리학자나 생물학자나 생태학자는 민족과 인종과 종교의 선을 뛰어넘어 같은 언어로 이야기한다. 과학아카데미들은 과학 프로젝트를 어렵지 않게 공동으로 진행하며, 최근에 암스테르담의 왕립 네덜란드 예술과학아카데미에 본부를 둔 94개 각국 과학아카데미의 전 세계 네트워크인 새로운 인터아카데미협의회(InterAcademy Council, 약칭 IAC)를 결성하여 정말 하나가 되었다. IAC는 국제기구들과 유엔에 건강한 과학 자문을 제공할 계획이다. IAC가 초기에 낸 영향력 있는 보고서 중 하나가 아프리카의 농업생산성 향상 전망에 관한 것이었다. 보고서는 새로운 아프리카 녹색혁명을 일구어내려는 현재의 활동들에 도움을 주었다.

정부들이 불안정 문제에 대한 대응으로 위협과 제재, 전쟁이라는 수단을 너무나도 쉽게 사용하는 경향을 보이는 때, 국가와 문화의 경계를 넘어선 비정부적 접촉이 신뢰와 이해와 세계 공동 윤리의 구축자로서 더욱 중요한 역할을 하게 된다. 과학자들이 만들어내고 있는 전 세계적 유대를 무수히 많은 다른 인간 활동들에서도 정기적으로 고무할 필요가 있다. 예술가, 운동선수, 법학자, 의사, 공학자들이 모두 문화의 간극을 잇는 자신들 고유의 언어로 이야기한다. 협애한 정치적 목적으로 가끔씩 행사를 망치는 경우가 있긴 하지만, 월드컵이나 올림픽 같은 스포츠 대회는 전 세계적 유대를 다지는 데 매우 중요한 역할을 한다. 2005년도 G8 정상회담에 맞춰 세계 여러 곳에서 동시에 열린 '라이브 8' 콘서트나 기후변화에 따른 행동을 촉구하고자 2007년 7월에 열린 '라이브 어스(Live Earth)' 콘서트 같은 글로벌 콘서트도 비슷한 효과를 낼 수 있다.

통신기술은 몇 년 전까지도 상상도 못했던 매끈한 연결을 가능케 한다.

콘서트가 텔레비전과 인터넷으로 동시 생중계될 뿐 아니라, 여러 곳의 콘서트 장에서 상호 중계도 할 수 있게 되었다. 별개의 사건들이 동시 생중계되는 정도가 아니라 전 세계가 함께하는 모임을 할 수 있게 된 것이다. 창의적인 교육자들은 라이브 영상회의 시스템을 통해 세계 여러 곳을 동시에 연결하여 강의와 학술 심포지엄을 진행하는 글로벌 교실을 만들어가고 있다. 스카이프의 그룹 미팅이나 그 밖의 디지털 플랫폼들은 10여 개국에 있는 팀들을 하나로 묶어낼 수 있다. 마이스페이스와 페이스북 같은 소셜 네트워킹 도구들도 문화를 가로지르는 접촉과 집단 동원에 필수적인 도구가 돼가고 있다.

친구, 취미 동호인, 팬, 블로거들의 온라인 네트워크에서 수천만 명의 개인을 이어주는 이 소셜 네트워킹 도구들은 이제 사람들을 사회운동에 동원하는 수단으로 전환되고 있다. 온라인 소셜 네트워킹을 통해 친구들에게 누가 무슨 운동에 참여하고 있는지 알리고, 동의하는 사회운동에 참여케 하며, 특정한 사회봉사단체에 친구들의 네트워크를 쉽게 연결시킬 수 있다. 공동의 관심사와 목적을 가진 사람들은 이러한 도구들을 이용하여 전보다 훨씬 저렴한 비용으로 조직을 할 수 있고, 부드러운 사교성 언어로 참여를 증진시키고 무임승차를 하지 않게 할 수 있다.

## 새로운 형태의 거버넌스

기업, 학술기관, NGO, 직능단체들이 모두 세계화의 힘에 이끌리고 세계화의 기회를 이용하며 재편되고 있다. 정부는 대대적으로 정밀검사를 할 필요가 있다. 조직 변화의 변함없는 원칙은 정부 형태가 기능을 따라가는 게 마땅하다는 것이다. 정부와 유엔 기관들 같은 정부 간 기구들은 밀레니엄 약속들을 이행할 수 있도록 재편돼야 한다. 국민국가는 원래 전쟁의 가마솥

안에서 구워져 나오거나, 군집해 있는 지역 시장들에서 재화와 서비스, 자본, 노동의 전국 시장을 창출할 목적으로 만들어졌다. 하지만 정치 조직을 벼려낸 이러한 요인들은 갈수록 옛 이야기가 돼가고 있다. 국민정부는 세계 규모의 경제, 인구, 환경의 위협을 해소하기에는 너무 작은 반면에, 지역 단위에서 발견되는 문화 다양성과 전통을 보전하기에는 너무 크다.

정부는 또한 다수의 학문 분야를 넘나드는 지속가능 발전 관련 과학지식을 체계적으로 정리할 수 있는 편제조차도 제대로 갖추고 있지 않다. 따라서 정부는 자신이 이해할 수 없는 세계적 힘의 도전을 받았을 때에는 두 눈 질끈 감고서 도리깨질만 해댄다. 극단적 빈곤이나 환경 압박과 관련된 과제들은 전통적인 안보 위협으로 재포장된다. 군사적 대응은 비참한 결과를 낳는다. 우리는 앞에서 대규모 조직 재편과 국제지속가능개발부 창설을 근간으로 미국의 대외정책을 혁신해야 한다고 역설했다. 지정학을 고쳐 쓰고 있는 환경변화, 인구, 경제의 복잡한 양상들을 정부가 보다 잘 이해하고 그에 잘 대처할 수 있도록, 정부를 재편할 필요가 있다.

정부 간 프로세스도 근본적으로 바뀌어야 한다. 유럽연합은 분명히 한 걸음 나아간 지역통합의 선구자다. 우리의 문제들이 전 세계적인 문제가 됨에 따라, 옛 국민국가의 틀은 초국가 차원에서 필요로 하는 수많은 공공재들을 공급하기에는 너무 작아져버렸다. EU는 회원국들 간의 전쟁은 생각조차 할 수 없게 만들 뿐 아니라, 환경 관리, 물리적 기반시설, 금융정책과 같은 거버넌스 '소프트웨어', 식량 안전, 금융시장 규제에 대한 전 유럽 차원의 투자를 가능케 한다. 세계의 다른 지역들, 특히 아프리카는 유럽의 선례를 따라 훨씬 더 강력한 초국가 기구를 만들어갈 것이다. 자신의 운명만을 집요하게 추구하는 미국조차도 경제와 환경에 관한 자신의 국가정책 일부를 캐나다와 멕시코를 포함하는 초국가적인 북미자유무역협정(NAFTA)에 묶어두었다.

이러한 초국가적 기구들은 직접민주주의적 정당성을 확보하는 데 어려움을 겪어왔다. 이들은 종종 인민들이 직접 참여하여 민주적으로 운영하는 기구가 아니라 임명된 공무원들이나 회원국들에서 임명한 대표자들이 운영하는, 먼 곳에 있는 이론상의 기구로 여겨진다. 해결책 중 하나는 유럽의회와 같은 초국가적 민주주의 기관에 권한을 부여하는 것이다. 정보기술도 도움을 줄 수 있다. 새로운 멋진 기획인 전자의회(e-Parliament)는 영상회의와 인터넷으로 세계의 의회들을 한데 모아 초국가적 차원, 나아가 전 세계 차원의 신종 합성 민주주의 기관을 만들어내는 것을 목표로 한다. 각국 의회를 연결하는 전자회의는 수많은 문제를 해결하는 데 도움이 될 수 있다. 세계 기구들의 민주적 정당성이 충분히 확보되지 않을 때, 지구의 기후변화 같은 과제들을 어떻게 민주적인 방식으로 해결할 수 있을까? 만일 세계의 의회들이 동시에 이야기를 듣는다면, 예컨대 일급 과학자와 정책분석가들이 증거를 제시하는 것을 수십 곳의 의회가 동시에 듣는다면, 세계의 민주적 기구들이 분별력을 발휘하며 전 지구적 과업에 공동으로 참여할 수 있을 것이다. 전 세계 차원의 입법, 적어도 기후변화와 같은 중대한 문제에 대한 세계 차원의 해법에 관한 논의도 진행되어 전 세계가 함께 채택할 수도 있다. 나는 정당성에 대한 세계인의 인식이 높아지고 그에 따라 전 세계적 유대감이 강화되면서 전 지구적 과제들을 해결하려는 노력이 더욱 힘을 받게 될 거라고 믿는다. 당면한 과제들이 우리들 공동의 문제라는 우리 모두의 인식이 높아져갈 때, 상상력은 더욱 확대될 것이다.

또 한 가지 근본적으로 중요한 추세는 지역화인데, 가장 낮은 단계의 통치체계에서 공공재를 제공하는 곳이 바로 지역이다. 지역적이거나 세계적인 여러 환경 과제를 해결하기에 국민국가는 너무나도 작은 한편, 지역사회와 지방 수준의 시야를 가져야 하는 각종 공공 서비스를 제공하기에 국민국가는 너무나도 크고 책임도 지기 힘들다. 민족적으로나 언어상으로나 역사적으로 특유의 강렬한 정체성을 가진 지방이 있는 나라들이 많다. 캐나다 안의 퀘벡, 스페인 안의 바스크와 카탈루냐, 영국 안의 스코틀랜드와 웨일스, 벨기에 안의 플랑드르와 왈론, 인도 안의 타밀나두와 서벵골 같은 곳인데, 목록은 끝이 없다. 이런 지방들에 교육, 보건, 사회보장, 지역발전정책 분야의 권한을 이양하는 것은 세계적인 추세이자 건강한 현상이다. 지방정부는 최근에 특히 건축과 문화 활동 부문에서 대단한 역동성을 보여왔다. 지방에 권한이 이양되면 문화의 다양성을 유지하고 그 다양성을 세계와 공유할 수 있는 힘이 생긴다.

## 하나 되는 유엔

유엔은 세 가지 중대한 역할을 한다. 세계 각국의 정부들이 만나는 곳, 전 세계적 목표와 협약을 관리하는 일종의 사무국 역할, (개별 정부가 붕괴하거나 분쟁이나 자연재난으로 허우적거릴 때의 긴급구제활동처럼) 개별 정부가 절박한 공공재를 제공하지 못하거나 하지 않을 때 대신 제공하는 일이 그것이다. 미국에서 유엔의 얼굴은 주로 그 첫 번째 역할, 즉 유엔 안전보장이사회의 토론장으로 비친다. 사실 유엔이 가장 강력하게 기여하는 바는 두 번째와 세 번째 범주의 역할이라고 할 수 있다. 유엔은 여전히 환경 협약이나 밀레니엄개발목표나 전 세계적 전염병으로부터의 보호와 같은 전 지구적 목표에 관한 공동의 약속을 관리하는 세계의 저장고다. 유엔의 각 기관은 지구상에서 가장 가난하고 가장 취약한 곳에 공공 서비스를 제공하는 긴요한 기관들이다. 이는 부자나라들에서는 거의 볼 수 없지만 궁핍한 나라들에서는 거의 어디서나 볼 수 있는 유엔의 역할이다.

특정한 평화유지 활동이나 유엔 기관들의 무수히 많은 개발사업 주도 이상으로, 유엔의 성패를 가름하는 가장 깊은 척도는 밀레니엄 약속들이 의욕적인 세계 공동의 목표로 계속 유지되는지, 그리고 이 목표들이 실제로 성취되는지 여부일 것이다. 무엇보다도 중요한 이 과제를 수행하는 데 유엔이 중심적인 위치에 있음을 감안하여, 유엔 자체를 이 최우선 과업을 이행할 수 있는 조직으로 개혁할 필요가 있다. 예컨대 밀레니엄 약속을 실행에 옮기려면, 관련 기관 몇 개만 거명해보아도, 세계식량계획과 식량농업기구의 농업 부문 사업을 세계보건기구의 보건 사업, 유엔개발계획의 빈곤 감축 사업과 연계시키는 등 다수의 유엔 기관을 부지런히 오가며 움직여야만 한다.

유엔의 조직적 과제는 종종 느슨하게 관리되는 다양한 기관들을 응집된 하나의 기구로 압축시켜, 전 지구적 목표의 달성을 강력하고도 창조적으로 뒷받침할 수 있는 조직으로 만드는 일일 것이다. 문서상으로는 이 작업이 최근에 "하나로 배달되는" 유엔으로 기술된 바 있다. 그런 결과는 많은 이들에겐 글로벌 관료기구에서 연상되는 모습과는 거의 상반된 것으로서, 가능할 것 같지 않은 이야기로 들릴 것이다. 하지만 그건 불가능한 일이 아니다. 다른 건 제쳐두고라도 사무총장이 유엔의 각 기관을 관장하면서 회원국 정부들이 전 지구적 목표를 이행할 수 있도록 지원한다면, 각 회원국 안에서 활동하는 유엔 팀들이 실제적인 문제 해결에 훨씬 적극적으로 관여하게 될 것이다. 그러면 유엔 자체 내에서도 형식이 기능을 따라가게 된다. 유엔 기관들은 차이를 뛰어넘어 함께 일하게 될 것이고, 달력을 걸어놓고 회의론을 일축하며 열심히 일하게 될 것이다.

## 하나 됨의 힘

우리 모두를 빚어내는 것은 교차 삽입되는 무수한 개인적 정체성이다. 우리는 한 나라의 국민인 동시에, 한 지역의 주민이고, 여러 문화집단의 성원이며, 한 회사의 일꾼이고, 여러 시민사회단체의 회원이다. 아마르티아

센(Amartya Sen)이 《정체성과 폭력(Identity and Violence)》에서 멋들어지게 강조했듯이, 우리들은 각기 정체성이 여럿인 덕에 한 곳이나 하나의 문화, 한 지역, 한 종교에만 매이지 않고 세계에 다양하게 관여할 수 있다. 우리들 각자는, 적어도 잠재적으로는, 글로벌 태피스트리 위에다 다양한 전통들과 지식 영역, 문화 활동들을 엮어 짜 넣는 데 일조하는 진정한 글로벌 네트워크의 한 접속점이다. 우리들 각자는 가치를 공유하며 세계 공동의 과제들을 해결해갈 수 있는 글로벌 사회를 만들어갈 잠재력을 가진 사람들이다.

우리가 바로 그러한 세계 시민이 될 때 다음 세대에 번창할 수 있을 거라고 나는 믿는다. 개인으로서 우리는 일할 때나 놀 때나 글로벌 네트워크의 일원이 될 때, 우리의 창조 에너지와 소득을 올릴 잠재능력의 최대 출구를 찾아낼 수 있을 것이다. 금융이나 관광, 정보기술, 제조업 부문에서 세계무대에 적극적으로 나서는 기업의 일꾼들이 성장하는 글로벌 경제에서 보다 많은 기회를 얻을 것이다. 세계시장이 확대되면서 중국, 인도, 그 밖의 신흥 시장들과 교류하는 전문가들에게 앞서가는 길이 열릴 것이다. 그런 글로벌 네트워크의 일원이 되면 우리들 각자가 세계적인 추세를 예리하게 꿰뚫어 볼 수 있게 된다. 지금 세계를 고쳐 만들고 있고 앞으로 새로운 형태의 전 지구적 협력을 이끌어내게 될 세계 정치학, 인구학, 경제학, 생태학의 힘에 대한 이해가 한층 더 깊어지게 된다. 요컨대 글로벌 네트워크의 일원이 된다는 건 한 발 앞서 나간다는 의미다.

개인으로서 우리의 가장 중요한 책임은 최선을 다해 진리, 다시 말해 기술적인 동시에 윤리적인 진리를 알아야 할 책무다. 우리의 미덕은 가난한 자, 빼앗긴 자, 희망 잃은 청년, 곤혹스런 변화의 도전을 받고 있는 농촌 지역사회의 곤경을 이해할 수 있는 공감능력과 결합된 폭넓은 과학적 인식이 될 것이다. 간디는 자신의 일생을 일컬어 "진리 안에서 살아가는" 실험이라고 말했다. 우리 세대의 실험 또한 그런 것이 돼야 한다. 진리에 대한 책무를 저버리면, 우리는 종교와 지역, 국가를 둘러싼 도발적인 거짓 분열 책동에 눈이 멀게 된다. 과학에 대한 책무를 저버리면, 우리는 실속 없는 메시아적 거짓 주장의 제물이 된다. 다른 사회와 문화, 종교, 목소리 없는 빈자들에 대한 이해와 공감을 키우기 위해 굳게 결심하고 노력하지 않으면, 우리는 '우리와 그들'의 차이를 둘러싼 불신과 심지어는 증오의 소용돌이에 휘말려들 위험이 있다.

평화와 지속가능한 발전의 세계 건설이라는 세대의 소망을 이루기 위해 우리들 각자가 취할 수 있는 여덟 가지 행동이 있는데, 다음과 같은 것들이다.

첫째, 우리 세대의 과제에 대해 학습하라. 지속가능한 발전의 바탕이 되는 학문과 친숙해져라. 학생들은 환경, 개발경제학, 기후변화, 공공보건, 그밖의 관련 분야들에 대한 수업을 들어야 한다. 학교를 졸업한 사람들은 과학의 발전에 보조를 맞출 길을 찾아야 한다. 이름난 주간 및 월간 과학잡지들인 〈네이처〉〈사이언스〉〈뉴 사이언티스트〉〈디스커버〉〈사이언티픽 아메리칸〉은 우리 시대의 필독서다. 모든 기사를 다 숙지할 사람은 아무도 없고 매우 전문적인 기사의 평범한 부분조차도 이해하기 쉽지 않지만, 이 잡지들은 제각기 최근의 새로운 발견들을 두루 소개하면서 과학정책의 주요 과제들도 다룬다. (기후변화를 다루는) realclimate.org와 같은 무수히 많은 양질의 웹사이트들도 중요한 과학 방법론과 발전상을 파악할 수 있게 해준다.

둘째, 개인적으로 할 수 있는 만큼까지, 여행하라. 다른 곳과 문화를 돌아보는 것이 우리를 하나로 묶어주는 공통의 이해관계와 열망, 그리고 세계의 여러 지역들 고유의 특수한 과제들을 이해하는 최선의 길이다. 시내나 전국을 돌아다니는 여행도 좋고, 기회가 닿는다면 해외에 나가보는 것도 좋다. 학생들에게는 경력을 쌓고 평생의 과업을 가다듬는 특별한 기회가 된다. 해외에서 여행하며 일하는 기회도 새로 생겼다. 고등학교와 대학 사이의 여행 년도는 오늘날의 학생들에게 다른 문화들과 커다란 빈부격차를 배울 기회를 제공한다. 학생들은 망가지는 지구, 물 압박이 심한 지역, 기후변화의 위험을 자기 눈으로 직접 볼 수 있다. 대다수의 대학에서는 해외에서 공부할 기간을 주는데, 이는 외국의 문화와 사회에 몰입해볼 수 있는 기회다. 이 기간은 인생을 바꾸고 삶을 형성하는 시기로, 기회가 닿을 때마다 놓쳐서는 안 된다. 이 기회는 세계의 다른 곳으로 난 창일 뿐 아니라 미래로 난 창이기도 하다. 세계화가 진전되고 오늘날의 신흥시장들의 역할이 커지면서, 앞으로 몇십 년 안에 우리는 서로서로 훨씬 더 가까워질 것이기 때문이다.

셋째, 지속가능한 발전을 위해 일하는 단체를 만들거나 단체에 가입하라. 신설되거나 기존에 있던 많은 단체가 여러 과제의 몇몇 분야에서 훌륭한 작업을 수행하고 있다. 최근 미국 전역의 캠퍼스들에서 극단적 빈곤, 공공보건, 환경 위험과 관련된 활동들이 파도처럼 일면서, 학생들이 평생 함께할 새로운 기회들이 열리고 있다.

당신과 당신의 단체가 세상을 바꿀 수도 있고 다른 이들이 그렇게 하도록 고무할 수도 있다. 무하마드 유누스는 그라민 은행을 설립하여 전 세계에 소액금융 혁명을 일으켰다. 폴 파머는 건강의 동반자를 발족하여, 세계에 모두를 위한 건강의 진정한 가능성을 보여주었다. 노먼 볼로그는 밀 연구소 CIMMYT의 설립을 도왔고, 그럼으로써 온 세계를 먹여 살리는 데 일조했다. 오늘날 새로운 리더들이 아프리카 녹색혁명, 말라리아 억제, 건조지대의 새로운 작물 재배법, 마을들의 인터넷 접속 등등을 촉진할 것이다.

넷째, 당신의 지역사회가 전 지구적 지속가능 발전 운동에 참여하도록 장려하고 다른 이들이 운동에 가담하도록 고무하라. 2007년 발레 스타 자크 당부아즈(Jacques d'Amboise)가 자신의 전국무용연구소(National Dance Institute, 약칭 NDI)에 아프리카 개발 운동을 접목시키면서, 그 과정에서 수천

명의 뉴욕 시 어린이들에게 감동을 주었다. NDI는 형편이 어려운 저소득 마을에 많이 있는 공립학교에서 춤을 가르치며 우수함과 아름다움, 개인적 성취에 관한 아이들의 시각을 길러주었다. 그가 NDI의 2007년도 프로그램을 아프리카 마을들의 춤, 문화, 리듬 일색으로 진행했을 때, 아이들의 반응은 열광적이었다. 그는 창조적인 방법들을 수없이 고안해내어 지역사회의 학교와 가정과 마을들을 세네갈의 포토우 밀레니엄 빌리지 지원기금 모으기에 참여시켰다.

다섯째, 가장 대중적이고 가장 진보한 방법으로 사회운동을 확산시키고 지원할 수 있는 인터넷 도구들을 배치하고 있는 소셜 네트워킹 사이트들을 통해 지속가능한 발전을 고무하라. 당신 자신의 소셜 네트워크(친구, 학교, 일터, 블로그 사이트)의 접속점 모두가 상이한 커뮤니티들이 공동의 목적을 위해 한데 모이는 연결고리가 되게 하라.

여섯째, 정치에 참여하면서 정치인들에게 정부의 밀레니엄 약속들을 존중하라고 요구하라. 대중들이 정부의 약속 이행을 줄기차게 주장하면 정치인들이 그에 응답할 것이다. 선거운동 기간에 편지도 쓰고 선거사무소도 방문하고 대중집회에도 참여하며 정치인들을 쫓아다녀야 한다.

일곱째, 당신의 직장을 끌어들이라. 어떤 회사든 세계의 지속가능 발전에 보탬이 될 수 있다. 일차적으로 우선, 모든 회사가 기업의 사회적 책임의 기준을 준수해야 한다. 예컨대 유엔세계기업협약(United Nations Global Compact, 전 세계의 기업에 지속가능하고 사회적 책임을 다하는 정책을 채택하고 인권, 노동, 환경, 부패방지 등에 관한 10원칙을 준수, 실천할 것을 요청하기로 한 협약)의 원칙과 기준을 충실히 따라야 한다. 그러나 그보다도 각 회사는 밀레니엄 약속 이행에 기여할 수 있는 특별한 기술, 조직체계, 직원들의 솜씨, 기업의 명성을 갖고 있다. 우리는 앞에서 기업의 사회적 책임은 자선이 아니라 훌륭한 사업 관행임을 역설했다. 소비자와 공급자, 더 중요하게는 직원들 자신이 이러한 책임들을 진지하게 받아들이는 기업의 대의명분 앞에서 하나가 될 것이다.

여덟째, 개인적으로 밀레니엄 약속들의 기준을 지키며 살아라. 나라와 문화와 계급 간 간극을 잇는 접점을 찾아내, 우리들 각자가 우리 세대 공동의 이익이 무엇인지 올바르게 인식할 수 있음을 확인하라. 시간과 돈, 당신의 소셜 네트워크의 에너지를 기부하라. 당신의 친구와 동료들 사이에서 솔선수범하라. 소비자로서 명예롭게 행동하며 지속가능성을 뒷받침하는 제품과 기술을 선택하라. 시민으로서 명예롭게 행동하며, 정치인들에게 밀레니엄 약속들은 우리 모두의 약속으로서 선출된 대표들이 이를 존중해야 함을 분명히 전하라.

우리 세대 최대의 과제들(환경, 인구, 빈곤, 세계정치의 과제들)은 또한 우리의 가장 흥미진진한 기회이기도 하다. 존 케네디는 취임연설에서, 미국인들은 (냉전이 한창인) 극히 위험한 시간에 자유를 수호해야 하는 과제를 마주하고 있지만, "우리들 중 어느 한 사람도 자신의 자리를 다른 어떤 사람들이나 다른 어떤 세대와 바꾸고 싶지 않을 거라고 나는 믿는다"고 명쾌하게 말했다. 오늘날에도 똑같을 것이라고 나는 믿는다. 우리 세대는 극단적 빈곤을 종식시키고, 기후변화 추세를 역전시키며, 다른 생물종들의 광범하고도 무분별한 멸종 사태를 막아낼 수 있는 세대다. 우리 세대는 경제적 행복과 지속가능한 환경의 결합이라는 수수께끼 같은 문제를 붙들고 씨름하여 풀어낼 수 있는 세대다. 우리 세대는 과학과 전 지구적 협력이라는 새로운 윤리를 동력 삼아 미래 세대에 건강한 지구를 물려줄 수 있는 세대다.

| 감사의 글 |

　지속가능한 발전은 여러 국가와 기관과 학문 분야를 아우르는 전 세계적 협력을 통해 이루어진다. 이 책을 쓰는 동안에 나는 정말 운 좋게도 세계 모든 지역의 수많은 지도자와 전문가들의 지원과 지도를 받을 수 있었다. 그들의 탁월한 재능과 헌신, 어렵게 얻은 지식, 그리고 자신의 전문지식을 기꺼이 나누어준 친절함에 고마움을 표하고 싶다. 물론 이 책에 남아 있는 사실이나 해석상의 오류에 대한 책임은 전적으로 나에게 있다.

　우선 내가 21세기의 첫 10년 동안 자랑스럽게도 그 일원으로 함께 일해온 유엔의 여러 기관들에 특별한 고마움을 전한다. 나는 2000~2001년에 감격스럽게도 그루 할렘 브룬틀란트 박사가 멋지게 이끌던 세계보건기구의 거시경제와 보건위원회 의장직을 맡았고, 이어서 코피 아난 전 사무총장과 마크 맬럭 브라운 부총장이 유엔 사무국의 책임을 맡고 있던 때 유엔 밀레니엄 프로젝트의 책임자가 되었다. 최근에는 영광스럽게도 유엔 사무총장 반기문과 부총장 아샤 로즈 미기로의 밀레니엄개발목표 자문역을 맡아, 이 15년 기획을 성공시키려는 그들의 변함없는 노력에 힘을 보태고 있다. 유엔개발계획의 총재 케말 데르비슈, 부총재 아드 멜케르트, 아프리카국장 길버트 호웅보, 개발정책국장 올라브 크요르벤 등 UNDP의 동료들과 가까이에서 일하는 것도 기쁜 일이다. 사무총장실의 로버트 오르, 김원수 대사, 비자이 남비아르 대사에게도 각별한 고마움을 전한다. 유엔의 다른 많은 리더들도 지속가능한 발전을 위한 활동에 자신의 폭넓은 재능들을 보태고 있다. UNICEF의 앤 베네만, UNEP의 아킴 슈타이너, WHO의 마거릿 챈, 세계 식량계획의 조셋 시런에게 특별한 감사를 표하고 싶다. 또한 내가 가까이에서 함께 일하는 행운을 누려온 앨버릭 카코우, 마이클 키팅, 엘리자베스 르 왕가, 투르한 살레, 오스카 페르난데스 타랑코 등 각국에 상주하는 유엔 리더들에게도 고마움을 전한다.

국제적인 활동이 성공하는 것은 그에 헌신하는 국가 지도자들 덕분이다. MDGs 및 지속가능한 발전과 씨름하며 일하는 과정에서, 나는 인도 총리 만모한 싱, 영국 총리 고든 브라운과 동료들, 탄자니아 대통령 자카야 키크웨테, 말레이시아 총리 압둘라 아흐마드 바다위, 가나 대통령 존 쿠푸르, 말리 대통령 아마두 투레, 아이슬란드 대통령 올라퓌르 그림손, 미국의 전 대통령 지미 카터와 전 부통령 앨 고어 등등과 함께하는 커다란 특권을 누렸다. 모두에게 찬사와 더불어 깊은 감사의 마음을 전한다. 또한 무한한 헌신과 아량, 리더십을 보여주며 수백만의 팬들에게 메시지를 전한 U2의 보노, 안젤리나 졸리, 퀸시 존스, 존 레전드, 마돈나, 샤키라, 와이클레프 진, 맷 데이먼, 로저 워터스 등 세계적인 인도주의 아티스트들에게도 고마움을 전한다.

유엔 밀레니엄 프로젝트와 UNDP 밀레니엄개발목표 지원 프로그램에서는 수백 명의 학자들과 개발지도자들을 한데 모아 실천적인 방법으로 MDGs를 달성하고자 했다. 그중에서도 가까이에서 함께 일한 동료들인 존 맥아더, 귀도 슈미트-트라우브, 찬드리카 바하두르, 에린 트로브리지에게 각별한 감사의 뜻을 전하고 싶은데, 이들은 처음부터 MDGs 활동을 주도해온 정말 능력 있고 헌신적인 리더들로서 목표를 진척시키는 데 세계 최고 수준의 공헌을 했다. MDGs 지원팀에서 흔들림 없이 능력을 다해 헌신해온 다른 동료들인 바시르 자마, 아네트 카렌지, 존슨 은쿠웨, 조지 셈페호,

콜린 잠바, 곤살로 피사로, 마고 부캐넌, 마티아스 요한슨 외 많은 이들에게도 고마움을 전한다.

최근에 와서는 민간부문이 지속가능한 발전이라는 대의에 솔선수범하며 커다란 공헌을 하고 있는데, 이 책 속의 일부 아이디어는 그러한 많은 사례들로부터 영감을 받았다. 그중에서도 비범한 사업가이자 자선가인 레이 챔버스의 훌륭한 리더십에 특별한 고마움을 표하고 싶은데, 그는 나와 함께 사업가와 자선가, 기타 비정부기구, 대중들을 동원하여 밀레니엄개발목표를 달성하는 것을 목표로 하는 NGO인 밀레니엄 프로미스 연대를 창립했다. 제프 플러그는 대단한 능력을 가진 밀레니엄 프로미스의 상근 CEO인데, 나는 그가 이 활동에 참여해준 것이 무척 고맙다.

밀레니엄 프로미스의 헌신적인 이사회는 강력한 사업 수완을 발휘하며 이 운동에 커다란 활력을 불어넣고 있다. 이사회의 폴케르트 도엑센, 트레이시 더닝, 마리아 에이텔, 존 피츠기본스, 벤 골드허시, 라자트 굽타, 레오 힌더리, 도널드 키오, 조세핀 린든, 마저리 매그너, 존 메그루, 제프 워커, 게리 윌슨에게 특별한 고마움을 전한다. 그리고 아만다 스텍, 폴라 자모라, 제니퍼 초 등 밀레니엄 프로미스의 다른 직원들은 MDGs를 달성하기 위한 새로운 운동을 이끌어내는 데 큰 몫을 담당했다. 기타오카 신이치 대사와 스즈키 리에코가 이끄는 일본 밀레니엄 프로미스와 조이 애들러와 벨린다 스트로나크가 뚝심 있게 활동하는 캐나다 밀레니엄 프로미스에도 깊은 감사의 마음을 전한다.

조지 소로스는 새로운 길을 개척하며 세상을 바꾸어가는 자선과 철학, 비즈니스의 리더십을 4반세기 내내 보여주고 있다. 이 문제에 대한 사고를 진척시키는 데 내게 개인적으로 도움을 주면서 지속가능한 발전을 위한 강력한 리더십을 보여준 재계의 다른 리더들로는 GE의 제프리 이멜트, BD 메디컬의 게리 코헨, 노바티스의 대니얼 바셀라와 클라우스 라이징어, 에릭

손의 카를 헨릭 스반베르크 등이 있다.

밀레니엄 빌리지 프로젝트는 아프리카 농촌의 가장 가난한 지역에서 어떻게 하면 극단적 빈곤을 종식시킬 수 있는지를 분명하게 보여주는 최고의 기획이다. 이는 최고 수준의 과학과 훌륭한 아프리카 지도자들, 헌신적인 재단과 자선가들을 한데 불러 모으는 프로젝트다. 이 기획은 일본 정부, 에어리 네이어와 줄리 헤이스가 합류한 열린사회재단(Open Society Institute, 조지 소로스가 민주적 통치와 인권을 증진시키고 경제적, 법적, 사회적 개혁을 촉진하는 공공정책의 개발을 표방하며 만든 민간재단), 그 밖의 다른 많은 재단, 정부, 자선가, 후원 기업들의 지원과 격려, 지도를 받았다. 지구연구소의 과학자 리더는 나의 동료 페드로 산체스와 체릴 팜인데, 지구연구소와 밀레니엄 빌리지들의 많은 과학자와 개발전문가들이 프로젝트에 합류하여 눈부신 활약을 했다. 밀레니엄 프로미스의 스티브 위즈먼과 조엘 네긴, 테레사 월터스 등으로 이루어진 팀은 프로젝트의 개념을 매끈하게 다듬어 운용하면서 사업의 진로가 엇나가지 않게 하는 작업을 훌륭하게 해왔다. 패트릭 하버만, 라민 마네, 마틴 피아누는 UNDP 프로젝트의 책임을 맡아 훌륭하게 이끌었다. 지구연구소의 동부와 서부 아프리카 MDGs 센터의 활동을 솜씨 있게 이끈 글렌 데닝과 아마두 니앙, 밀레니엄 도시구상을 주도한 수지 블라우슈타인과 카를 사우반트에게 특별한 고마움을 표한다. 노트르담대학의 존 젠킨스 총장과 세계농림센터의 데니스 개리티를 비롯한 다른 연구소의 협력자들이 프로젝트를 크게 강화하고 있다.

컬럼비아대학의 지구연구소는 지속가능한 발전에 관한 학문융합적 연구, 교수, 실천 활동의 세계중심지 중 하나다. 이 책의 각 장은 농학, 수문학, 기계공학, 토목공학, 생태학, 공중보건학, 기후학, 경제학, 공공관리학, 지리정보시스템, 전염병학 등의 분야를 연구하는 내 동료들의 지혜에 힘입은 바가 무척 크다. 지구연구소를 이끄는 세 명의 리더인 운영소장 스티브

코헨, 부소장 피터 슐로서, 전 부소장 존 머터에게 특별히 고맙다는 말을 전하고 싶다. 그들은 최첨단을 달리는 이 혁신적인 연구소에 그 어디에도 비할 바 없는 기여를 해왔다.

　나는 또한 지구연구소의 동료들인 니루팜 바지파이, 윌리스 브뢰커, 마크 케인, 제임스 한센, 제프리 힐, 클라우스 래크너, 우프마누 랠, 마크 레비, 비자이 모디, 마이크 퍼디, 신시아 로젠즈웨이그, 조슈 룩신, 아와시 테클레하이모노트, 매들린 톰슨, 엘크 웨버, 윙 우, 스티브 제비아크한테서 날마다 배움을 얻었다. 지구연구소의 다른 동료들인 테리 카라마노스, 데이비드 드보락, 제니퍼 겐리치, 마크 잉글리스, 루이즈 로젠에게도 고마움의 빚을 지고 있다. 지속가능한 발전에 관한 연구를 하고 있는 박사 후 과정의 뛰어난 집단인 지구연구소 연구원들도 이 책에서 설명하는 개념들을 발전시키는 데 도움을 주었다. 매튜 본즈, 블라디미르 길, 다비 잭, 알렉스 음위티, 토비어스 지그프리트에게 특별한 고마움을 표하고 싶다.

　지구연구소는 놀라울 정도의 외부 자문단을 두는 복을 누리고 있는데, 이 자문단은 연구소가 방향을 잡아가며 진로를 잃지 않게 해준다. 나는 에드워드 윌슨에게 깊이 감사하는데, 우리를 깨우치고 우리에게 인간의 활동으로 매우 심각한 위협에 처해 있는 자연계, 천지창조의 아름다움과 신비와 그 취약성을 상기시켜주었다는 점에서 전 세계가 그에게 빚을 지고 있다. 외부 자문단의 다른 위원들한테서도 무한한 배움을 얻었는데, 그중에서도 켄 애로, 배리 블룸, 파르타 다스굽타, 팀 파머, 해럴드 바머스, 월터 윌렛에게 특별한 고마움을 표하고 싶다. 이들은 모두 인류의 진보에 기여해온 원대한 시야와 탁월한 업적, 성실성을 갖춘 학자들이다. 나는 또한 애머리 로빈스와 레스터 브라운한테서도 격의 없는 자문을 많이 받았는데, 둘 다 말이 필요 없는 지속가능 발전 부문의 오랜 글로벌 리더들이다.

　이 프로젝트를 진행하면서 나는 날마다 지구연구소 소장실의 더 없는 전문지식과 지원의 덕을 입고 있다. 조애나 루빈스타인은 비서실장이자 지구연구소의 전략가이자 세계건강경제발전센터(Center for Global Health and Economic Development)의 장으로서 경이로울 만큼 여러 가지 역할을 척척 수행해낸다. 나의 조수장인 하이디 클리드케는 사무실의 복잡한 기어들이 부드럽게 맞물려 돌아가도록 유지 관리한다. 나의 개인조수 고든 매코드, 샘 프리먼, 애니카 로젠블럿은 내가 이 책을 준비하는 동안 주야로 연구도 돕고 편집도 하고 온갖 일을 다 거들어주는 엄청난 역할을 했다.

지구연구소는 지적 생활과 세계에 대한 책무를 대담하게 결합시키고 있는 독특한 글로벌 대학인 컬럼비아대학의 활력의 상징이다. 컬럼비아대학에는 세계를 향해 세계를 가장 압박하는 문제들에 대한 전면적인 탐구의 진기한 가치를 거듭 일깨우는 보기 드문 총장, 리 볼링거의 정신이 반영되고 있다. 교무처장 앨런 브링클리, 예술과학담당 부총장 닉 덕스, 연구담당 부총장 데이비드 허시, 컬럼비아 칼리지 학장 오스틴 퀴글리, 행정담당 부총장 로버트 캐스딘은 지식의 첨단을 걷는 컬럼비아대학의 행보를 줄기차게 밀고 나가는 이들이다.

이 프로젝트는 처음부터 끝까지 전설적인 앤드루 윌리와 오랜 동안 나와 함께 해온 훌륭한 편집자 스콧 모이어스가 일하는 윌리 에이전시의 기막힌 글재주의 지원과 인도를 받았다. 그리고 이어먼 돌란과 로라 스티크니를 포함한 펭귄 출판사의 뛰어난 팀에 의해 결실을 보았다. 처음 착수할 때부터 친절하고 능숙하게 나를 이끌어준 모두에게 감사의 마음을 전한다.

이 책은 내가 들인 노력 못지않게, 나의 아내 소니아와 우리 아이들 리사, 애덤, 한나의 무엇에도 굴하지 않고 어디에도 비길 데 없는 무한한 영감과 도움 덕분에 세상에 나올 수 있었다. 매번 책을 낼 때마다 나는 우리 아이들이 좋은 책을 내는 법을 익혀가고 그에 갈수록 더 몰입하는 것을 보면서 신기함과 기쁨을 느낀다. 이번에 리사는 초고를 몇 차례나 읽으며 철저하고 상세하고 신랄한 코멘트를 하여 초고를 대폭 보완하게 만들었다. 애덤은 능숙한 편집 솜씨, 날카로운 질문과 주문으로 글의 긴장도를 높이는 일을 거들었다. 한나는 지속가능한 발전에 관한 새로운 권위자인데, 아이의 거친 질문과 끝없는 열정이 나에게 줄곧 영감을 주며 긴장감을 잃지 않게 한다. 나는 뿌듯하고 기쁜 마음으로, 보다 나은 세계를 만들어갈 세 명의 이 훌륭한 새 리더들에게 이 책을 바친다.

| 영문 약어 |

BAU       business-as-usual 평소 추이대로, 그대로 둘 경우

CBD       Convention on Biological Diversity 생물다양성보존협약

CCS       arbon capture and sequestration 탄소포집격리

CFCs       chlorofluorocarbons 염화불화탄소

$CO_2$       carbon dioxide 이산화탄소

CTBT       Comprehensive Test Ban Treaty 포괄적핵실험금지조약

EEZ       exclusive economic zone 배타적경제수역

EITI       Extractive Industries Transparency Initiative 투명성제고기구

FAO       Food and Agriculture Organization 식량농업기구

G8       Group of Eight, the eight richest large economies G8 국가들은 독일, 러시아, 미국, 영국, 이탈리아, 일본, 캐나다, 프랑스이다.

GATT       General Agreement on Tariffs and Trade 관세와 무역에 관한 일반협정

GDP       gross domestic product 국내총생산

GEF       global environmental facility 지구환경기금

GFATM       Global Fund to Fight AIDS, Tuberculosis and Malaria AIDS, 결핵, 말라리아 퇴치를 위한 세계기금

GNP       gross national product 국민총생산

GROCC    Global Roundtable on Climate Change  기후변화 세계원탁회의

GWP      gross world product  세계총생산

HDI      Human Development Index  인간개발지수

HIPPO    habitat destruction, invasive species, pollution, population increase, and overharvesting  서식지 파괴, 외래종 침입, 환경오염, 인구증가, 남획

ICPD     International Conference on Population and Development  인구개발국제회의

IMF      International Monetary Fund  국제통화기금

I=P×A×T 또는 I-PAT 방정식

         환경 영향=인구×1인당 소득×소득 1달러당 환경에 미치는 영향

IPCC     Intergovernmental Panel on Climate Change  기후변화에 관한 정부간 패널

MDGs     Millennium Development Goals  밀레니엄개발목표

MENA     Middle East and North Africa  중동과 북아프리카

MVP      Millennium Village Project  밀레니엄 빌리지 프로젝트

N2O      nitrous oxide  아산화질소

NGO      nongovernmental organization  비정부기구

NRR      net reproduction rate  순재생산율

PAI      Population Action International  국제인구행동연구소

ppm      parts per million  100만 개당 입자 수

PPP      purchasing power parity  구매력평가지수

PPPs     public private partnerships  민관 파트너십

R&D      research and development  연구개발

| | | |
|---|---|---|
| RD&D | research, development, and demonstration | 연구·개발·검증 |
| TFR | total fertility rate | 합계출산율 |
| UN | United Nations | 국제연합 |
| UNCCD | United Nations Convention to Combat Desertification | 유엔사막화방지협약 |
| UNDP | United Nations Development Program | 유엔개발계획 |
| UNEP | United Nations Environment Program | 유엔환경계획 |
| UNFCCC | United Nations Framework Convention on Climate Change | 유엔기후변화협약 |
| UNFPA | United Nations Population Fund (전 UN Fund for Population Activities) | 유엔인구(활동)기금 |
| UNICEF | United Nations Children's Fund | 유엔아동기금 |
| USAID | United States Agency for International Development | 미국 국제개발처 |
| WHO | World Health Organization | 세계보건기구 |
| WTO | World Trade Organization | 세계무역기구 |

| 주석 |

## 01 인류 공동의 도전, 커먼 웰스

1. 사회보험 및 소득이전 계획: Peter Lindert, Growing Public: Social Spending and Economic Growth since the Eighteenth Century, vol. 1 (New York: Cambridge University Press, 2004).

2. "평화는 하나의 과정": John F. Kennedy, Spring Commencement Address, American University, June 10, 1963. http://www.american. edu/media/speeches/ Kennedy.htm.

3. "우리는 모두 죽습니다": Ibid.

4. "잿디미의 유산": Tim Weiner, Legacy of Ashes (New York: Random House, 2007).

5. "2015년까지는 누구라도": United Nations, Summary of the International Conference on Population and Development (ICPD) Program of Action. www.unfpa.org/icpd/icpd poa.htm.

6. 8대 부국들의 모임인 G8: G8 국가는 독일, 러시아, 미국, 영국, 이탈리아, 일본, 캐나다, 프랑스이다.

7. 새로운 밀레니엄의 목표는 군비축소, 특히 아래에 언급한 화학무기와 핵무기 제한 약속에도 반영돼 있다. 하지만 이 책에서는 이러한 약속들에 대해서는 상세히 논하지 않는다. 1993년에 조인되어 1997년에 효력이 발휘된 화학무기금지조약(CWC)은 화학무기의 비축, 생산, 사용을 금하고 있다. 핵확산금지조약(NPT)은 1968년에 처음 조인된 후 1995년에 무기한 연장되었다. 1년 뒤인 1996년에는 포괄적핵실험금지조약(CTBT)

이 채택되어 조인 절차에 들어갔다. 하지만 이것이 최고 수위의 핵무기 제한 조치였다. 1990년대 중반 이후 세 나라가 신규 핵무기 보유국이 되었고, 조약 자체는 완전히 깨지진 않았지만 누더기가 되었다. 미국은 CTBT에 조인은 했지만 비준을 하지 않았고, 인도와 파키스탄은 조인조차도 하지 않았다. 강대국들의 정치적 뒷받침과 운영 지원 아래 NPT와 CTBT를 다시 강화하지 않을 경우, 핵무기 경쟁을 억제할 수 있는 기회가 완전히 무산돼버릴 수도 있다.

8. "성찰적 실천": Donald Schön, The Reflective Practitioner: How Professionals Think in Action (New York: Basic Books, 1983).

9. 새로운 교육방법: 나는 맥아더재단의 주도로 창설되어 새로운 방식의 지속가능 발전 전문가 교육을 제안하고 있는 국제개발전문가교육위원회(Commission on the Education of International Development Practitioners)의 공동위원장 직을 기쁘게 맡고 있다. 위원회 는 효율적인 지속가능 발전 전문가 교육에는 여러 학문 분야에 걸친 지식, 교실 학습 과 필드워크의 조합, 그리고 정책학과 지구 자연계, 경영지식 등의 전문역량 개발이 포함돼야 한다고 믿고 있다.

## 02 붐비는 지구

1. 매년 60조 달러의 생산: 달리 언급하지 않은 경우, 나는 국민소득과 세계소득을 구매 력지수(PPP) 가격으로 계산하여 표기한다. 이 방식은 각국의 국민소득을 그 나라에서 통용되는 가격으로 측정하지 않고, 대체로 미국에서 통용되는 가격을 기준으로 삼는 공통가격으로 측정한다. 예를 들어 설명해보겠다. 발전도상국 하나와 미국, 이렇게 두 나라가 있다고 하자. 두 나라에서 모두 이발 서비스와 텔레비전세트를 생산한다. 두 나라의 1인당 평균소득을 비교해보자. 두 나라에서 텔레비전은 모두 한 세트당 200달 러에 팔리는 반면, 이발비는 가난한 나라에서는 1달러고 미국에서는 10달러다. 가난 한 나라는 1년에 1인당 100번의 이발 서비스와 10세트의 텔레비전을 생산하는 데 비 해, 미국은 1년에 1인당 1,000번의 이발 서비스와 100세트의 텔레비전을 생산한다. 각 나라에서 통용되는 가격으로 계산하면, 가난한 나라의 1인당 평균소득은 2,100달러 (1달러×100+200달러×10)이고, 미국의 평균소득은 3만 달러(10달러×1,000+200달

러×100)이다. 미국이 가난한 나라보다 15배 가까운 부자인 것 같다. 하지만 사실 소득의 '실제' 차이는 10배다. 두 상품의 1인당 생산량이 모두 미국이 10배 많기 때문이다. 발전도상국은 실제보다 조금 더 가난한 것처럼 비친다. 가난한 나라 사람들이 소득은 적지만 이발비도 적게 내기 때문이다. 한편 공통가격을 사용하여 두 나라의 소득을 계산하면(이발비는 10달러, 텔레비전 한 세트는 200달러), 발전도상국의 PPP 보정 소득은 3,000달러(10달러×100+200달러×10)가 되고 미국의 PPP 보정 소득은 3만 달러. PPP 기준으로는 미국의 소득이 가난한 나라의 10배다. PPP 보정 소득을 비교하는 것이 사실은 보다 정확한 비교다. 그래야 두 나라의 상품가격 차이가 차감되면서 실제 생산의 차이가 분명하게 드러나기 때문이다.

2. 세계총생산: 앵거스 매디슨(Angus Maddison)의 추정에 따르면, 구매력지수(PPP)로 보정한 세계총생산(GWP)이 1990년 불변 미국달러로 1950년 5조 3,000억 달러에서 1998년 33조 7,000억 달러로 증가했다. 세계은행의 추정으로는 PPP로 보정한 GWP가 2000년 불변 미국달러로 1998년 41조 6,000억 달러에서 2005년 54조 5,000억 달러로 증가했다. 두 개의 추정치를 종합하면 1950년에서 2005년 사이에 세계총생산이 8.2배(33조 7,000억/5조 3,000억×54조 5,000억/41조 6,000억) 증가했다는 계산이 나온다.

3. 미국의 1인당 소득수준: 수렴에 관한 상세한 논의로는 다음을 보라. Robert J. Barro and Xavier Sala-i-Martin, Economic Growth, 2nd edition (Cambridge, Mass.: MIT Press, 2004). 물론 '전형적인' 수렴 속도에는 통계상의 불확실성이 있다. 본문의 계산에서 나는 소득수준이 (미국으로 상정한) 기술 선발주자의 절반인 나라는 선발주자보다 1.5퍼센트포인트 높은 연간 성장률을 기록하며 차츰 수렴돼가는 성장을 달성할 수 있다고 가정한다. 배로와 살라이마르틴의 통계 추정치, 그리고 다른 연구자들의 유사한 추정치들에 따르면, 소득이 선발주자의 절반인 후발주자와 선발주자의 성장률 차이는 대체로 1~2퍼센트포인트 범위 안에 있다.

4. 세계경제의 56퍼센트: Angus Maddison, The World Economy: A Millennial Perspective (Paris: Development Centre of the Organization for Economic Cooperation and Development, 2001).

5. 도시의 출현: 고고학자와 인류학자들은 일반적으로 농경과 더불어 도시 정주가 시작

된 것으로 가정해왔다. 하지만 농경보다는 사냥과 채집이 집약적으로 이루어지던 지역에서 (물론 매우 작은 규모긴 하지만) 최초의 도시가 형성됐을 가능성도 있다. 어느 경우든, 가장 오래된 도시들은 대략 1만 년 전쯤에 출현했다.

6. 세계의 거의 모든 지역: 다음을 보라. Paul Bairoch, Cities and Economic Development: From the Dawn of History to the Present, translated by Christopher Braider (Chicago: University of Chicago Press, 1988).

7. 새로운 질병의 전 지구적 만연: 더 자세히 알고 싶으면, 새로운 전염병에 관한 중요한 기사들을 모아 수록한 〈사이언티픽 아메리칸(Scientific American)〉 2007년 9월 특집호를 보라.

8. I-PAT 방정식: I-PAT 방정식은 배리 커머너(Barry Commoner)를 한 편으로 하고 공저자 파울 에를리히(Paul Ehrlich)와 존 홀드런(John Holdren)을 다른 편으로 하여 벌어진 1970년대 초의 일련의 기고 논쟁의 산물이라는 것이 일반적인 견해다. 매리언 차토는 다음 논문에서 방정식의 역사를 개관하고 있다. Marion Chartow, "The IPAT Equation and Its Variants," Journal of Industrial Ecology 4., no. 4 (2001): 13~29. 차토에 따르면, 방정식이 I-PAT 형태로 처음 등장한 곳은 다음 논문이다. P. Ehrlich and J. Holdren, "One-Dimensional Ecology," Bulletin of the Atomic Scientists, June 1972, 16~27.

9. 혁신 시스템: 나의 동료 리처드 넬슨(Richard Nelson)은 세계 여러 지역의 이러한 혁신 시스템을 구상하고 그 운용안을 설계해온 세계 최고의 학자다. 혁신 시스템에 대해 더 자세히 알려면 다음을 보라. Richard Nelson, ed., National Innovation Systems: A Comparative Analysis (New York: Oxford University Press, 1993).

10. "공유지의 비극": Garrett Hardin, "The Tragedy of the Commons", Science 162 (1968): 1243~48.

11. 다양한 할당제도: J. R. Beddington et al., "Current Problems in the Management of Fisheries", Science 316 (June 22, 2007): 1713~16.

12. 공동체 관리: Elinor Ostrom, Governing the Commons: The Economics of Institutions for Collective Action (Cambridge: Cambridge University Press, 1990)

과 Partha Dasgupta, "Common Property Resources: Economic Analytics", in N. S. Jodha et al., eds., Promise, Trust, and Evolution (New Delhi: Oxford University Press, 2007)을 보라.

13. 황폐해져가던 목초지의 원상회복: Dennis Normile, "Getting at the Root of Killer Dust Storms", Science 317 (July 20, 2007): 314~16.

14. 거대어류 프로젝트: Richard Stone, "Aquatic Ecology: The Last of the Leviathans", Science 316 (June 22, 2007): 1684~88.

15. "전 세계의 화석연료": H. H. Rogner, "An Assessment of the World Hydrocarbon Resources", Annual Review of Energy and the Environment, 1997.

16. "세계 에너지 수요": toe(a ton of oil equivalent, 석유 1톤 상당량)는 1톤의 석유와 같은 에너지량을 가진 석탄이나 천연가스와 같은 비석유 에너지 자원의 양을 나타내는 에너지 환산단위다.

17. 현재 우리의 상업적 에너지 사용량: 태양복사 총량은 172페타와트, 즉 1억 7,400만 기가와트다. 그에 비해 평균전력소비는 1만 5,000기가와트로, 태양복사의 대략 1만 분의 1 정도다. 와트는 초당 에너지 사용 단위이므로(1초에 1줄joule의 일을 하는 것이 1와트), 일정 기간의 에너지 소비는 와트 수에 시간을 곱하여 나타낸다. 에너지 소비의 일반단위는 킬로와트시(1,000와트의 에너지를 1시간 소비하는 것)이다.

18. 기술의 발전: 흥미롭게도, 주로 지구 내부의 방사성 붕괴의 결과로 생성되는 지각 내의 열에너지인 지열 에너지 또한 그 양이 방대하다. 그 규모는 인간의 상업적 에너지 사용총량보다도 더 크다. 지열 역시 태양력과 마찬가지로, 대다수 지역에서 상업적으로 이용하기에는 현재 비용이 과다하게 든다. 예외 지대는 주로 지각판이 만나면서 지구 내부에서 지표면으로 다량의 열을 계속 뿜어내는, 지진활동이 활발한 지역이다. 기술이 발전함에 따라 이 방대한 열에너지의 창고를 낮은 비용으로 이용할 수 있는 폭이 크게 확대될 것이다. 지열에너지강화(enhanced geothermal energy)라는 이름으로 알려진 한 시스템의 구상은 지하 10킬로미터 이상의 매우 깊은 우물 두 개를 나란히 파는 것이다. 깊은 우물 밑바닥의 바위는 부수어 두 우물 사이에 연결통로를 만든다. 한쪽 우물에서 물을 뿜어 내리면, 다른 쪽 우물에서는 뜨거운 물에서 수증기가 뿜

어져 나온다. 그 증기를 이용하여 발전소의 터빈을 돌린다. 이에 관해서는 다음을 보라. MIT Inter-Disciplinary Panel on Geothermal Energy, The Future of Geothermal Energy (Cambridge, Mass.: MIT Press, 2007). 핵무기와 얽혀 풀기 힘들 만큼 복잡하게 꼬여 있긴 하지만, 원자력 또한 그 잠재력이 엄청나다. 잘 알려진 것처럼, 호흡이 긴 원자 에너지를 이용하는 형태에는 두 가지가 있다. 우라늄이나 다른 방사능 물질이 쪼개질 때 방출되는 에너지를 이용하는 핵분열 방식과 수소 원자 두 개가 헬륨 원자 하나로 융합될 때 방출되는 에너지를 이용하는 핵융합 방식이 그것이다. 현재 상업적으로 이용되고 있는 것은 핵분열 방식뿐이다. 융합력을 상업적으로 이용할 수 있게 되기까지는 몇십 년이 더 있어야 하겠지만, 22세기와 그 이후에는 막강한 에너지원으로 자리 잡게 될 것이다. 많은 논란을 빚고 있긴 하지만, 우라늄을 기반으로 한 원자 에너지는 유효성이 입증된 기술이다. 원자력은 이미 세계 전력생산의 약 6분의 1을 차지하고 있는데, 미국에서는 전기의 5분의 1이 원자력으로 만들어지고 프랑스의 경우는 약 80퍼센트가 원자력 발전이다. 다른 에너지원들도 그렇지만, 원자력의 장기적인 잠재력도 막강하다. 하지만 대중들은 원자력을 조건부로 매우 까다롭게 수용한다. 체르노빌의 대재앙과 같은 방사능 누출 위험, 핵폐기물 처리의 어려움, 원자력 발전의 재료와 폐기물이 핵무기 소재로 전용될 가능성에 대한 깊은 두려움 때문이다. 원자력 이용의 증대는 거의 불가피하다. 특히 중국, 인도, 일본, 그 밖의 몇몇 나라에서는 원자력 이용이 급증하는 추세다. 가장 큰 두려움은 일부 국가, 특히 위기를 안고 사는 중동 국가들이 원자력 발전의 확대를 구실삼아 핵무기 산업을 발전시키지 않을까 하는 것이다. 이에 관해서는 다음을 보라. MIT Inter-Disciplinary Panel on Nuclear Power, The Future of Nuclear Power (Cambridge, Mass.: MIT Press, 2003).

19. 불안정의 심화: Michael Klare, Blood and Oil: The Dangers and Consequences of America's Growing Dependency on Imported Petroleum (New York: Metropolitan Books, 2004); Dilip Hiro, Blood of the Earth: The Battle for the World's Vanishing Oil Resources (New York: Nation Books, 2006).

20. 핵무기 개발: 이 책에서는 대량살상무기에 관한 세계협력은 상세히 다루지 않지만,

여기서 핵확산금지조약 및 화학무기와 핵실험에 관한 관련 조약들이 거둔 성과에 대해서는 언급하고 가야겠다. 세계협력 비관론이 지속가능 발전만이 아니라 세계안정의 과제를 논할 때도 잘못된 추론임을 강조하기 위해서다. 핵확산금지조약은 핵확산을 종식시키진 못했으나, 핵확산 속도를 극적으로 낮추고 수십 개국의 핵무기 개발 계획을 포기시켰다. 다음을 보라. Joseph Cirincione, Bomb Scare: The History, Theory and Future of Nuclear Weapons (New York: Columbia University Press, 2007). 하지만 최근 들어 조약들을 둘러싼 긴장이 갈수록 높아져왔다. 미국과 다른 핵보유국들이 조약에서 규정한 대로 핵무기의 궁극적 해체를 향한 구체적 수순을 밟지 않고 있는 것이 그 중요한 이유 중 하나다.

21. 합의는 했지만 이행되지 않은 목표: 1970년 이후 세계사회는 부자나라 정부들이 국민소득 100달러당 70센트를 개발원조기금으로 내야 한다는 데 합의했다. 이 0.7퍼센트라는 기준은 이후로도 거듭 재확인돼왔다. 예를 들어 2002년 멕시코 몬테레이에서 열린 개발금융정상회의(Financing for Development Summit)에서는 미국을 비롯한 세계 여러 나라 정부들이 "국민총생산의 0.7퍼센트를 공적개발원조로 낸다는 목표를 달성하기 위해 구체적인 노력을 경주하기로" 약속했다.

22. "대외원조는": William Easterly, The White Man's Burden (New York: Penguin, 2006), p. 176.

23. "초점을 원래 위치로": Easterly, The White Man's Burden, pp. 368~69.

24. 열대 아프리카: 열대 아프리카에서는 남아프리카공화국, 레소토, 나미비아, 그리고 북아프리카 5국(리비아, 모로코, 알제리, 이집트, 튀니지)이 제외된다.

25. 예외 국가: 보츠와나 3.0, 카보베르데 3.5, 코모로 3.8, 가봉 3.7, 레소토 3.4, 모리셔스 2.0, 나미비아 3.7, 상투메프린시페 3.8, 스와질란드 3.9, 세이셸 2.1, 짐바브웨 3.3이다.

26. 오늘날에는 15퍼센트: Shaohua Chen and Martin Ravallion, "How Have the World's Poor Fared since 1980?" The World Bank Research Observer 19, no. 2 (fall 2004): 152.

27. 약속을 이행: 이 단락에 인용된 데이터는 모두 경제협력개발기구(OECD)의 개발원조위원회(DAC) 22개 회원국 이야기다.

## 03 인간이 지배하는 지구

1. 수렵채집자들의 총인구수: J. L. Chapman and M. J. Reiss, Ecology (New York and Cambridge: Cambridge University Press, 1998).

2. 대형동물들의 멸종: P. S. Martin and H. E. Wright, eds., Pleistocene Extinctions: The Search for a Cause (New Haven, Conn.: Yale University Press, 1967).

3. 윌리엄 크룩스의 예측: 1898년 브리스틀에서 열린 영국학술협회에서 크룩스의 회장 기조연설 중.

4. 〈그림 3.2(b)〉: 경제사가 앵거스 매디슨이 조심스럽게 만들어낸 이 그래프는 여러 세기를 관통하고 세계의 다양한 지역들을 아우르면서 1인당 경제생산 수준을 비교, 평가해보려는 시도다. 산업시대 이전의 경제를 오늘날의 경제와 비교하는 어려움을 감안할 때 이런 그래프를 그리는 것 자체가 무척 용감한 시도긴 하지만, 1800년경 경제생산성에 유례없는 도약이 있었다는 핵심 발견을 입증하는 데는 부족함이 없다.

5. 노벨상을 받은 화학자: Paul J. Crutzen, and Eugene F. Stoermer, "The 'Anthropocene'", International Geosphere-Biosphere Programme Newletter 41 (May 2000): 17~18.

6. 지구의 광합성 능력의 50퍼센트: Peter M. Vitousek, et al. "Human Domination of Earth's Ecosystems", Science 277, no. 5325, (July 25, 1997): 494~99.

7. "충분히 개발되거나 지나치게 개발되거나 고갈되었다.": Commission on Geosciences, Environment and Resources (CGER), Sustaining Marine Fisheries, Ocean Studies Board, 1999.

8. 환경악화에 관한 최근의 연구: H. K. Lotze et al., "Depletion, Degradation, and Recovery Potential of Estuaries and Coastal Seas", Science 312 (June 23, 2006): 1806~9.

9. "이전에는 다양한 생물종": Ibid., p. 1806.

10. "우리의 조사결과": Ibid., p. 1808.

11. "생태계 회복 사례의 22퍼센트": Ibid.

12. 그러나 슬프게도 일부 생태계의 악화: Ibid., p. 1806.

13. 중국은 현재: MIT Inter-Disciplinary Panel on Coal, The Future of Coal: Options for a Carbon-Constrained World (Cambridge, Mass.: MIT Press, 2007).

14. 중국의 연간 자동차 생산량 급증: 중국보다는 훨씬 느리지만, 인도의 자동차 판매량도 연간 약 15퍼센트씩 급증하고 있다. 2006년도 판매량은 약 130만 대였고, 2010년에는 210만 대로 늘어날 것으로 예상된다. 다음을 보라. Financial Times, September 4, 2007.

15. 인간의 강제력이다: James Hansen et al., "Climate Change and Trace Gases", Philosophical Transactions of the Royal Society A 365 (May 2007): 1925~54.

16. 약간의 기온 상승: James Hansen, "Climate Catastrophe", New Scientist, July 28, 2007.

17. 월리스 브뢰커의 연구: 브뢰커의 가설에 대한 최근의 권위 있는 지지 글로는 다음을 보라. Richard Alley, "Wally Was Right: Predictive Ability of the North Atlantic 'Conveyor Belt' Hypothesis for Abrupt Climate Change", Annual Review of Earth and Planetary Sciences 36 (2007): 241~72.

18. 급격한 냉각기: 이것과 기타 급격한 변화의 발견 및 그 시나리오들에 관해서는 다음 책에 잘 서술돼 있다. Fred Pearce, With Speed and Violence (Boston: Beacon Press, 2007).

19. "그리하여 인간사회와 소규모 집단들": Jared Diamond, Collapse: How Societies Choose to Fail or Succeed (New York: Viking, 2004), p. 38.

## 04 기후변화 문제의 해결

1. 〈그림 4.2〉: 다음을 기초로 하여 그린 그림이다. P. Brohan, J. J. Kennedy, I. Harris, et al., "Uncertainty Estimates in Regional and Global Observed Temperature Changes: A New Dataset from 1850", Journal of Geophysical Research 111 (2006).

2. 기후변화에 관한 스턴 보고서: Nicholas Stern, "The Economics of Climate Change", The Stern Review (Cambridge: Cambridge University Press, 2007).

3. 기후변화에 관한 정부간 패널 제4차 평가라운드: http://www.mnp.nl /ipcc에서 정보

를 찾아볼 수 있다.

4. 북극곰과 고산 생물종: Steven C. Amstrup, Bruce G. Marcot, and David C. Douglas, Forecasting the Range-wide Status of Polar Bears at Selected Times in the 21st Century (Virginia: U.S. Geological Survey Administrative Report, 2007).

5. 고위도 지방: 대기 중의 높은 이산화탄소 농도가 작물에 '거름을 주는' 효과를 내어 광합성의 생산성을 높일 수 있다는 탄소 비옥화설은 논란의 여지가 있는 가설이다. 반대 주장도 많으므로 탄소 비옥화 효과를 일반화하기는 무리가 있다.

6. 기후변화와 대기오염의 상호작용: 최근의 연구는 바이오매스와 화석연료의 연소로 아시아의 대기가 오염되면서 인도 상공에 거대한 대기갈색구름(ABM)을 만들어냈음을 시사한다. ABM이 인도의 작물 생산성을 떨어뜨리는 건조 상태를 조성하고 있는 것 같다. 온실가스 배출과 ABM이 결합되면서 작황에 커다란 악영향을 미쳐왔다. 다음을 보라. Maximillian Auffhammer et al., "Integrated Model Shows That Atmospheric Brown Clouds and Greenhouse Gases Have Reduced Rice Harvests in India", PNAS 103, no. 52 (December 26, 2006).

7. 온실가스가 기후에 미치는 영향: 기술적으로 온실가스의 비교 기준은 복사강제력(radiative forcing), 즉 각각의 온실가스가 온실효과를 내어 지구의 온도를 높이는 정도다. 복사강제력은 두 가지 척도를 종합하여 나타낸다. 첫째는 특정 가스의 온실효과 효율, 즉 특정 가스 분자의 ppm이 일정한 만큼 증가할 경우 얼마만큼의 온실효과가 나타나느냐는 것이다. 둘째는 대기 중의 특정 가스 농도의 실제 증가다. 가스 농도가 얼마나 증가하는지는 두 가지 힘, 즉 대기 중으로 배출되는 가스의 양과 (예컨대 화학적 변화나 육지와 바다의 가스 흡수를 통해) 대기 중에서 자연 제거되는 가스의 양에 의해 결정된다. 여섯 가지 온실가스 중 이산화탄소의 복사강제력이 가장 크고, 이어서 메탄, 아산화질소, 세 가지 불소화가스의 순이다. 이산화탄소의 복사강제력이 큰 까닭은 다음 세 가지다. 이산화탄소가 온실가스로서의 효율이 높고, 인간들이 이산화탄소를 많이 배출하며, 대기 중에서 이산화탄소가 자연 제거되는 속도가 느리다(이산화탄소의 대기 체류시간이 길다고도 이야기한다).

8. 78억 톤 추가: 배출원과 하수구의 범위에 불확실한 요소들이 있고 바다와 육지의 탄소

하수구에 해마다 자연적인 변동이 있음에 유의하라.

9. 최근에 밝혀진 바: S. Sitch et al., "Indirect Radiative Forcing of Climate Change Through Ozone Effects on the Land-Carbon Sink", Nature, August 16, (2007), pp. 791~94.

10. 나의 동료 제임스 한센의 탁월한 분석: James Hansen, "Dangerous Human-Made Interference with Climate: A GISS ModelE Study", Atmospheric Chemistry and Physics 7 (2007): 2287~312.

11. 하이브리드 기술의 전력망 접속: James Kliesch and Therese Langer, Plug-in Hybrids: An Environmental and Economic Performance Outlook, report number T061, American Council for an Energy-Efficient Economy, September 2006; The Institute of Electrical and Electronics Engineers, Position Statement Plug-In Electric Hybrid Vehicles, adopted by the board of directors June 15, 2007.

12. 이산화탄소 포집격리 비용: Intergovernmental Panel on Climate Change (IPCC), "Special Report on Carbon Dioxide Capture and Storage", http://www.ipcc. ch/activity /srccs/index.htm에서 온라인으로 찾아볼 수 있다.

13. "바이오연료 생산에 기여하는 바": Tommy Dalgaard, "Looking at Biofuels and Bioenergy", Science 312 (June 23, 2006): 1743.

14. 2005년에 발표한 한 연구: Klaus Lackner and Jeffrey D. Sachs, "A Robust Strategy for Sustainable Energy", Brookings Paper on Economic Activity, 2005.

15. 둘 다 필요하다: International Research Institute for Climate Prediction (IRI), Sustainable Development in Africa: Is the Climate Right?, IRI Technical Report Number IRI-TR/05/1, 2005.

16. 1970년대 중반에: Mario J. Molina and F. S. Rowland, "Strato spheric Sink for Chloro-fluoromethanes: Chlorine Atom-Catalyzed Destruction of the Ozone", Nature 249 (June 28, 1974): 810~12.

17. "공상과학소설": Chemical Week, July 16, 1975.

## 05 물 수요 확보 방법

1. 수리권의 사유화: 예컨대 개인 토지주가 자기 땅에 우물을 파 공유자산인 지하 대수층의 물을 모조리 끌어올리는 것 같은 경우다. 그 경우에 개인 토지주는 대수층의 물을 과다 사용할 인센티브를 갖게 된다. 하지만 자기 땅 내의 수리권이 개인에게 있다고 해도, 실제로는 공유지의 물을 끌어다 쓰고 있는 것이다.

2. 건조지대의 면적과 인구: 밀레니엄생태계평가. http://www.millenniumassess ment.org/en/index.aspx에서 온라인으로 찾아볼 수 있다.

3. 물 가용성의 변동폭: Casey Brown and Upmanu Lall, "Water and Economic Development: The Role of Variability and Framework for Resilience", Natural Resources Forum 30, issue 4 (November 2006): 306~17.

4. 유엔개발계획의 보고: United Nations Development Program (UNDP), Human Development Report 2006: Beyond Scarcity: Power, Poverty and the Global Water Crisis (Macmillan Palgrave, 2006), p. 140.

5. 최근의 연구: Xuebin Zhang et al., "Detection of Human Influence on Twentieth-Century Precipitation Trends", Nature, July 26, 2007.

6. 최근의 또 다른 연구: Fred Pearce, When the Rivers Run Dry: Water, the Defining Crisis of the Twenty-First Century (Boston: Beacon Press, 2006), p. 125. 케빈 트렌버스(Kevin Trenberth)를 인용하고 있다.

7. 대홍수와 물 부족: T. P. Barnett, J. C.Adam, and D. P. Lettenmaier, "Potential Impacts of a Warming Climate on Water Availability in Snow-Dominated Regions", Nature 438 (November 2005).

8. 사헬 지방: A. Giannini, R. Saravanan, and P. Chang, "Oceanic Forcing of Sahel Rainfall on Interannual to Interdecadal Timescales", Science 302 (October 9, 2003): 1027~30.

9. 인더스-갠지스 평원: Tushaaar Shah, Water Policy Research Highlight: Groundwater and Human Development: Challenges and Opportunities in Livelihoods and

Environment, Water Policy Program, 2005. http://www.iwmi.org/iwmi-tata.

10. 물 위기와 인구증가: 뒤의 인도 관련 정보는 인도의 물 위기에 관한 최고 전문가 중 하나인 나의 동료, 컬럼비아대학의 수문학자 우프마누 랠이 제공한 것이다.

11. 같은 문제: Richard Seager et al., "Model Projections of an Imminent Transition to a More Arid Climate in Southwestern North America", Science 316 (2007): 1181.

12. "아프리카의 강우량 감소": Edward Miguel, Shanker Satyanath, and Ernest Sergent, "Economic Shocks and Civil Conflict: An Instrumental Variables Approach", Journal of Political Economy 112, no. 4 (2004): 725~53.

13. "이 연구에서 분명하게 확인되는 사실": Edward Miguel, "Poverty and Violence", in Lael Brainard and Derek Chollet, eds., Too Poor for Peace? Global Poverty, Conflict and Security in the 21st Century (Washington, D.C.: Brookings Institute Press, 2007), p. 55.

14. "모두 합해서": Fred Pearce, When the Rivers Run Dry: Water, the Defining Crisis of the Twenty-First Century (Boston: Beacon Press, 2006), p. 178.

15. 0.03퍼센트: United Nations Development Program (UNDP), Human Development Report 2006, p. 8.

16. 유엔식량농업기구의 추산: Food and Agriculture Organization of the United Nations, World Agriculture: Towards 2015/2030, Summary Report, 2003. http://www.fao.org/docrep/004/y3557e/y3557e00.HTM.

17. 중국 간쑤 성: Qiang Zhu, "The Rainwater Harvesting Projects in Mainland China", International Rainwater Catchment Systems Association. http://www.eng.warwick.ac.uk/ircsa/factsheets/China RWH.pdf.

18. 가난한 농부들: 보다 깊은 논의로는 다음을 보라. J. N. Pretty et al., "Resource-Conserving Agriculture", Environmental Science and Technology 40, no. 4 (2006): 1114~19.

## 06  지구는 모든 생물종의 삶의 터전

1. 밀레니엄생태계평가: Millennium Ecosystem Assessment, "Ecosystems and Human Well-Being, Synthesis Report,World Resources Institute", 2005.

2. HIPPO: Edward O. Wilson, The Creation: An Appeal to Save Life on Earth (New York: W. W. Norton & Company), 2006.

3. 최근의 연구: Chris D. Thomas et al., "Extinction Risk from Climate Change", Nature 427 (January 8, 2004): 145~48.

4. 최근의 연구: 다음을 보라. Boris Worm et al., "Impacts of Biodiversity Loss on Ocean Ecosystem Services", Science 314, no. 5800 (November 3, 2006): 787~90.

5. 산호초: 다음을 보라. Michael Hopkin, "Oceans in Trouble as Acid Levels Rise", Nature News, June 30, 2005; T. P. Hughes et al., "Climate Change, Human Impacts, and the Resilience of Coral Reefs", Science 301 (2003): 929; John M. Pandolf, et al., "Global Trajectories of the Long-Term Decline of Coral Reef Ecosystems", Science 301 (2003): 955; the Royal Society Working Group on Ocean Acidification, Ocean Acidification Due to Increasing Atmospheric Carbon Dioxide (London: Royal Society, June 2005).

6. 양서류 개체군의 급격한 감소: 다음을 보라. Simon Stuart et al., "Status and Trends of Amphibian Declines and Extinctions Worldwide", Science 306 (December 3, 2004): 1783~88; Joseph R. Mendelson III et al., "Biodiversity: Confronting Amphibian Declines and Extinctions", Science 313, no. 5783 (July 7, 2006): 48; J. Alan Pounds et al., "Widespread Amphibian Extinctions from Epidemic Disease Driven by Global Warming", Nature 439 (January 12, 2006).

7. 꽃가루매개자: 개관으로는 다음을 보라. Committee on the Status of Pollinators in North America, "Status of Pollinators in America", National Research Council, 2007. 오스트레일리아 산 바이러스 감염으로 인한 벌의 개체수 감소를 설명한 최근의 글로는 다음을 보라. Erik Stolestad, "Puzzling Decline of U.S. Bees Linked to Virus from Australia", Science 317, no. 5843 (September 7, 2007): 1304~5. 다음 논문도

참조하라. Diana L. Cox-Foster, et al., "A Metaelgenomic Survey of Microbes in Honey Bee Colony Collapse Disorder", Science 318 (October 12, 2007).

8. 유인원: Alison Jolly, "The Last Great Apes?" Science 309, no. 5740 (September 2, 2005): 1457; Gretchen Vogel, "Scientists Say Ebola Has Pushed Western Gorillas to the Brink", Science 217, (September 14, 2007): 1484.

9. 자연재해의 급증: 한 가지 사례로, 뉴올리언스가 허리케인 카트리나에 더 큰 피해를 입게 된 원인 중 하나는 미시시피 삼각주의 자연습지 지역인 미시시피 델타 평원 (MDP)의 환경악화였다. 미시시피 강이 멕시코 만으로 흘러들어가는 강 하류에 제방을 쌓은 까닭에 강물이 MDP에 더 이상 모래흙을 퇴적시킬 수 없었고, 그에 따라 MDP 자체의 침식이 진행되고 있었던 것이다. 이는 인간의 활동이 자연재해를 격화시키는 방법 한 가지를 보여주는 사례다. John W. Day Jr. et al., "Restoration of the Mississippi Delta: Lessons from Hurricanes Katrina and Rita", Science 315 (March 3, 2007).

10. 그러한 농법: J. N. Pretty et al., "Resource-Conserving Agriculture Increases Yields in Developing Countries", Environmental Science and Technology, 2006.

11. 저경운법과 같은 경작법: Anthony Trewavas, "Fertilizer: No-Till Farming Could Reduce Run-Off", Nature 427 (January 8, 2004): 99.

12. 이러한 식습관 변화: Vaclav Smil, Feeding the World: A Challenge for the Twenty-First Century (Boston, Mass.: MIT Press, 2000).

13. 컨서베이션 인터내셔널이 내린 결론: E. O. Wilson, Acting Now to Save the Earth, School Matters Blog. http://schoolsmatter.blogspot.com /2007/04/schools-wont-matter-unless.html.

14. 웹을 기반으로 한 생명백과사전: 윌슨은 세계에 분류 정리된 생물종이 150~180만 종이고 그 10~50배에 달하는 종이 여전히 확인 또는 조사를 기다리고 있는 것으로 추정한다. 윌슨은 그런 생물들이 우리의 지독한 무지 속에 멸종상태로 내몰리지 않도록 그에 대한 우리의 지식을 넓히기 위한 활동을 체계적으로 펼쳐가야 한다고 주장한다. 생명백과사전은 생물종마다 그 내용을 추가 보완하며 늘려갈 수 있는 웹페이

지를 하나씩 두고서, 그 종의 게놈, 계통과 분류, 진화, 행동, 분포, 개체수, 다른 종과의 생태적 관계, 생존 위협 요인 등 그에 대해 알아낸 모든 면면을 차곡차곡 기록해갈 수 있다.

## 07 세계인구의 추이

1. "맬서스의 재앙과 같은": "How to Deal with a Falling Population", The Economist 284, no. 8539 (July 28, 2007): 11.

2. 사이먼 쿠즈네츠와 마이클 크레머: Michael Kremer, "Population Growth and Technological Change: One Million B.C. to 1990", The Quarterly Journal of Economics 108, no. 3 (August 1993): 681~716; Simon Kuznets, "Population Change and Aggregate Output", Demographic and Economic Change in Developed Countries (Princeton, NJ: Princeton University Press, 1960): 324~40.

3. 표준적인 검증작업: Robert J. Barro and Xavier Sala-i-Martin, Economic Growth, 2nd edition (Cambridge,Mass.: MIT Press, 2004).

4. 각국의 연평균 1인당 소득증가율: 최초 시점의 소득수준은 부정적인 영향을 미치는 것으로 상정한다. 수렴 현상이 일어나면서 부국들은 비교적 느리게 성장하고 빈국들은 빠르게 성장한다는 것이다. 학력수준은 기대수명, 법치수준과 마찬가지로 소득증가에 긍정적인 영향을 미치는 것으로 상정한다.

5. 높은 출산율의 부정적 영향: 구체적으로, TFR의 로그는 소득증가율에 직선적인 부정적 영향을 미치며, 그 계수는 -0.012이다. 한편, 6의 로그는 1.79이고 2의 로그는 0.69이다. 두 TFR의 로그의 차이는 1.10이고, 거기에 0.012를 곱하면 0.013이 된다. 따라서 출산율이 낮은 나라의 연간 소득성장률이 1.3퍼센트포인트(0.013 × 100) 더 높다.

6. "그건 우리 일이 아닙니다": Arthur M. Schlesinger, A Thousand Days: John F. Kennedy in the White House (Boston: Houghton Mifflin, 1965), p. 601.

7. 존 콜드웰과 공저자들의 글: John C. Caldwell, James F. Phillips, and Barkat-e-Khuda, "The Future of Family Planning Programs", Issues in Family Planning 33, no. 1 (March 2002): 1~10.

## 08 세계인구 안정시키기

1. 상관관계와 인과관계: 낮은 사망률이 낮은 출산율을 유발한다는 것을 확인하고 싶으면 다음을 보라. Jeffrey Sachs, Dalton Conley, and Gordon C. McCord, "Africa's Lagging Demographic Transition: Evidence from Exogenous Impacts of Malaria Ecology and Agricultural Technology", NBER Working Paper 12892, February 2007. 출산율 하락 효과가 사망률 하락 효과보다 더 클지 어떨지는 아동사망률만으로 결정되는 것이 아니고, 본문에 기술돼 있는 교육, 가족계획, 폭넓은 경제발전 등의 보완 활동도 큰 영향을 미친다.

2. 여아 교육: 물론 남아 교육도 매우 중요하다. 전반적인 교육수준 향상이 낮은 출산율과 관련이 있지만, 여아 교육 증대 효과가 훨씬 더 큰 것 같다.

3. 적극적인 출산 장려: John C. Caldwell and Pat Caldwell, "The Cultural Context of High Fertility in Sub-Saharan Africa", Population and Development Review 13, no. 3 (September, 1987): 409~37; John C. Caldwell and Pat Caldwell, "Africa: The New Family Planning Frontier", Studies in Family Planning 33, no. 1 (March 2002): 76~86.

4. 간접적인 인센티브 유발: Jeffrey D. Sachs, Dalton Conley, and Gordon C. McCord, "Africa's Lagging Demographic Transition: Evidence from Exogenous Impacts of Malaria and Agricultural Technology", NBER Working Paper Series, no. 12892, February 2007.

5. 프라이버시의 중요성: Caldwell and Caldwell, "Africa".

6. 일곱 가지 요건: Ibid., p. 84.

7. 2008년도 예산요구서: Population Action International, "Bush's Budget Slashes International Family Planning", February 12, 2007. http://www.populationaction. org/press_room/viewpoint_and_statements/2007/02_12_budget.shtml.

8. 아들 부시 정부: BBC News, "China Attacks U.S. Baby Fund Cuts", July 23, 2002. http://news.bbc.co.uk3/low/americas/2146160.stm.

9. 국제인구행동연구소: Richard Cincotta, Robert Engelman, and Daniele Anastasion, The Security Demographic: Population and Civil Conflict After the Cold War (Population Action International, August 2003). http://www.populationaction.org/Publications/Reports/The_Security_Demographic/Summary.shtml.

10. "나의 국내 무력분쟁 모델": Henrik Urdal, in Lael Brainard and Derek Chollet, eds., Too Poor for Peace? Global Poverty, Conflict, and Security in the 21st Century (Washington,D.C.: Brookings Institution Press, 2007), p. 96.

11. "젊은 병사들과의 인터뷰": Ibid., p. 92.

12. 청년층의 비율: United Nations Population Division, World Population Prospects: 2006 Revision, 2007.


## 09 경제발전 전략

1. 1인당 평균소득: Angus Maddison, The World Economy: A Millennial Perspective, (Paris: Development Centre of the Organization for Economic Cooperation and Development, 2001). 이 데이터는 PPP 조정 후 1990년도 불변달러가격으로 환산한 수치다.

2. 상품 수출도 잘 하는 나라여야: 시장 용어로, 수입국은 국내통화로 시장에서 외화를 사들이는 반면에 수출국은 외화를 팔고 그 대가로 국내통화를 받는다. 환율은 외화 대 국내통화의 수요공급을 결산한 수치다.

3. 지리에 따른 경제적 비용: 법칙에 반하는 것으로 자주 인용되는 두 가지 예외를 검토해보자. 스위스는 내륙국인데도 부국이고, 싱가포르는 열대 지방인데도 잘 산다. 이는 생각만큼 그렇게 당혹스런 사례들이 아니다. 내륙국이라는 조건은 고소득 시장으로의 수출 역량이 뛰어나고 무역이 대부분 바다를 통해 이루어질 수밖에 없는 발전도상국 지역에 특히 불리하다. 이런 조건에서는 해안국들이 먼저 발전하고 내륙지역의 발전은 나중에 이루어진다. 하지만 스위스의 경우에는 프랑스, 이탈리아, 독일, 오스트리아 국경을 통해 육지를 거쳐 부국들과 교역을 할 수 있다. 이 사례의 교훈은 어떤 나라가 내륙국일 수밖에 없다면 부자나라들에 둘러싸이는 것이 최선이라는 것이다! 싱가

454

포르의 경우 역시 특별하다. 대부분의 지역에서 열대 환경이 발전에 장애가 되는 이유는 열대성 질병과 낮은 식량 생산성의 문제다. 하지만 싱가포르는 1819년에 유럽과 아시아를 잇는 매우 중요한 해로상의 교역소로 건설되었다. 작은 섬인 싱가포르는 모기가 옮기는 질병을 통제할 수 있고, 또한 무역거점으로서의 입지가 매우 유리하기 때문에 다른 곳에서 기른 농산물을 사먹으면서 전 세계에 무역 서비스를 제공할 수 있었다. 다시 말해서 싱가포르는 궁핍한 농민의 흡수라는 통상적인 문제를 해결할 필요가 없었다.

4. 19세기에는: 유명한 사례로, 이집트는 1840년대와 1850년대에 건전한 산업전략으로 방직업을 주축으로 한 산업화를 시도했으나 공장에 전력을 공급하는 석탄의 수입비용이 비싸서 곤경에 처했다.

5. 자원의 저주: 풍부한 석유 매장량은 또한 보다 미묘한 방식으로 저주를 일으키기도 한다. 예컨대 환율의 과대평가를 유발하여 국제 경쟁력이 있는 산업 부문의 발전을 저해할 수도 있다. 석유자산이 강한 화폐와 상업 경쟁력의 약화를 유발하는 현상은 네덜란드 병(Dutch Disease)이라는 이름으로 알려져 있다. 자세히 알려면 다음을 보라. M. Humphreys, J. Sachs, and J. Stiglitz, eds., Escaping the Resource Curse (New York: Columbia University Press, 2007).

6. 아프리카의 말라리아 전염 모기: Anthony Kiszewski et al., "A Global Index Representing the Stability of Malaria Transmission", American Journal of Tropical Medicine and Hygiene 70, no. 5 (2004): 486~98.

7. 중동 인구: 여기서 인용한 것은 유엔인구국의 서아시아 지역 인구다. 이 지역에는 아르메니아, 아제르바이잔, 바레인, 키프로스, 그루지야, 이라크, 이스라엘, 요르단, 쿠웨이트, 레바논, 오만, 팔레스타인, 카타르, 사우디아라비아, 시리아, 터키, 아랍에미리트, 예멘이 포함된다.

8. 다수 인구가 해안에서 멀리 떨어져 산다: Nathan Nunn and Diego Puga, "Ruggedness: The Blessing of Bad Geography in Africa", discussion paper, Center for Economic Policy Research, March 2007.

## 10 빈곤의 덫 걷어내기

1. 고수확 품종: 여기서 고수확 품종이란 유전자변형생명체(GMO)가 아니라 전통적 방식으로 교배한 품종을 말한다. 가뭄 내성 등 아프리카의 특수한 수요에 부합하도록 적응시키는 데 성공한다면 GMO가 중요한 역할을 하게 될 것도 같지만, 그것은 잘해야 한참 뒤의 이야기다.

2. 농장의 77.2퍼센트: United States Department of Agriculture, Rural Electrification Administration, A Brief History of Rural Electrification and Telephone Programs, chart C-1, p. C-2, http://www.rurdev.usda.gov/rd/70th/rea-history.pdf.

3. 소득의 급상승: 도발적이면서도 정보가 가득한 다음 저서를 보라. Lant Pritchett, Let Their People Come: Breaking the Gridlock on Global Labor Mobility (Washington, D.C.: Center for Global Development, 2007). 특히 1장을 보라.

4. 이민자들의 송금 증가: Pritchett, Let Their People Come. 특히 4장과 참고문헌을 보라.

5. "분명한 재화": William Easterly, The White Man's Burden (New York: Penguin, 2006), p. 368~69.

6. 10개국: 최초의 10개국은 에티오피아, 가나, 케냐, 말라위, 말리, 니제르, 르완다, 세네갈, 탄자니아, 우간다이다. 2007년에 참여한 아프리카 국가는 라이베리아, 마다가스카르, 모잠비크이고, 몇몇 나라가 추가로 참여 의사를 밝혔다.

7. 비슷한 성과들: 더 자세히 알려면 다음을 보라. Pedro Sanchez et al., The African Millennium Villages, Proceedings of the National Academy of Sciences Special Feature: Sustainability Science, 2007; the Millennium Village Project Web site: http://www.millenniumvillages.org

8. "훌륭한 교통 기반시설": Robert Wade, Governing the Market: Economic Theory and the Role of Government in East Asian Industrialization (Princeton, N.J.: Princeton University Press, 1990).

9. "1954년에서 1967년": Shigera Ishikawa, Economic Development in Asian Perspective (Tokyo: Kinokuniya, 1967), p. 95.

10. 미국의 원조: United States Agency for International Development, The

Greenbook. http://qesdb.usaid.gov/gbk에서 온라인으로 찾아볼 수 있다.

11. 곡물 수확량은 헥타르당 3톤: World Bank, World Development Indicators 2007.

12. "제가 지금": Norman Borlaug, speech at India's Escort Tractor Factory, March 29, 1967. http://www.agbioworld.org/newsletter_wm/index.php?caseid=archive& newsid=2519에서 온라인으로 찾아볼 수 있다.

13. "발전도상국": William Gaud, "The Green Revolution: Accomplishments and Apprehensions." 1968년 3월 8일 워싱턴 DC에서 열린 국제경제개발협회(Society for International Development)에서 행한 연설.

14. "국경과 경계가": Lael Brainard and Derek Chollet, eds. Too Poor for Peace? Global Poverty, Conflict, and Security in the 21st Century (Washington, D.C.: Brookings Institution Press 2007), p. 1.

15. 이 점을 분명히 한 바 있다: Jeffrey Sachs, "The Strategic Significance of Global Inequality", (reprint) Woodrow Wilson International Center for Scholars, issue 9 (2003).

16. 다르푸르에서 확실하게 성장한 것: Encyclopedia Britannica, The Online Encyclopedia, 2007. http://www.britannica.com

17. "토양 악화": United Nations Environmental Program (UNEP), Sudan: Post-Conflict Environmental Assessment 2007, p. 8, at http://www.unep.org /sudan

18. "긴장을 조성하는 요인": Ibid., p. 79.

19. 다르푸르 평화협정 당사자들: 다음을 보라. Darfur Peace Agreement, May 2006. 이 협정에는 수단 정부와 몇몇 반란집단이 서명했고, 다른 나라들은 참여하지 않았다. 협정은 이행되지 않았지만, 개발 문제를 중요한 현안으로 다루고 있다. 협정문은 http://allafrica. com/peaceafrica/resources/view/00010926.pdf에서도 찾아볼 수 있다.


## 11  사회복지와 자유시장의 갈림길

1. R&D와 고등교육 투자: R&D 지출, 지식 투자, 고등교육에 관한 데이터는 다음에서 찾아볼 수 있다. OECD Factbook 2006: Economic and Social Statistics.

2. 달가워하지 않는다: Alberto Alesina, Edward Glaeser, and Bruce Sacerdote, "Why Doesn't the US Have a European-Style Welfare System?" NBER Working Paper Series, no. 8524 (October 2001). http://www.nber.org/papers/w8524에서 온라인으로도 찾아볼 수 있다.

3. "인종 간 불화가": Ibid., p. 4.

4. 이라크 전비: Peter Orszag, Director of Congressional Budget Office, Statement before the Committee on the Budget of the U.S. House of Representatives on the Estimated Costs of U.S. Operations in Iraq and Afghanistan and of Other Activities Related to the War on Terrorism, October 24 2007.

5. "청년층과 아이가 있는 가정": Jacob Hacker, The Great Risk Shift: The Assault on American Jobs, amilies, Health Care, and Retirement?nd How You Can Fight Back (Oxford and New York: Oxford University Press, 2006), p. 181.

## 12 대외 정책 전환의 필요성

1. 군사력의 유용성: Rupert Smith, The Utility of Force: The Art of War in the Modern World (London and New York: Allen Lane, 2005).

2. 심지어 아프가니스탄: Jeffrey Sachs. "Three Years and Three Lessons since 9.11", Facts, September 2004.

3. 콜린 칼은 특히: Colin H. Kahl, States, Scarcity, and Civil Strife in the Developing World (Princeton: Princeton University Press, 2006).

4. 미국은 세계의 경제적 건강 상태: George C. Marshal, 하버드 대학 연설, June 5, 1947.

5. 실질적인 경제발전: National Security Strategy 2006, p. 33. http://www.white house.gov/nsc/nss/2006/index.html에서 온라인으로 볼 수 있다.

6. BBC-PIPA 글로브스캔의 최근 조사: Program on International Policy Attitudes (PIPA), "World View of U.S. Role Goes from Bad to Worse," January 2007을 보라.

7. 일련의 국제보건규약: 이 규약에는 질병 발발 사례 보고, 모니터링, WHO에 데이터

제공, 국경 통과 통제, 자문 의무, 그리고 2005년에 합의하고 2007년에 시행에 들어간 그 밖의 규제들이 들어 있다.

8. 1퍼센트 독트린: Ron Suskind, The One Percent Doctrine: Deep Inside America's Pursuit of Its Enemies since 9.11 (New York: Simon & Schuster, 2006).

## 13 전 지구적 목표 달성을 위한 방안

1. 녹색혁명은 뚜렷한 목표: M. S. Swaminathan, ed., Wheat Revolution: A Dialogue (Madras, Macmillan India Ltd., 1993).

## 14 하나 됨의 힘

1. 개발경제학자 앨버트 허슈먼: Albert Hirschman, The Rhetoric of Reaction: Perversity, Futility, Jeopardy, (Cambridge, MA: The Belknap Press of Harvard University Press, 1991).

2. "인간의 역사를": Robert F. Kennedy, Day of Affirmation Address, delivered at University of Capetown, Capetown, South Africa, June 6, 1966. http://www.mtholyoke.edu/acad/intrel/speech/rfksa.htm에서 온라인으로 볼 수 있다.

3. "우리는 금세기 안에": John F. Kennedy, speech at Rice University, September 12, 1962. http://www.rice.edu/fondren/woodson/speech.html에서 온라인으로 볼 수 있다.

4. 클라우스 라이징어: Klaus M. Leisinger, "Corporate Philanthropy: The Top of the Pyramid", Business and Society Review 112, no. 3 (2007): 315~42.

5. "석유, 가스, 광물 채굴": Extractive Industries Transparency Initiative, http://www.eitransparency.org.

6. 과학자 약 170명: Rockefeller Foundation, Rockefeller Foundation: A History, February 2007. http://www.rockfound.org/about__us/history/1930__1939.shtml에서 온라인으로 볼 수 있다.

7. 〈포브스〉지 최근호: Forbes.com, "The World's Richest People", March 2007, http://www.forbes.com/2007/03/06/billionaires-new-richest__07billion aires__cz__lk__af__0308billieintro.html.

8. "학문이 갈수록": M. S. Swaminathan, ed., Wheat Revolution: A Dialogue (Madras, Macmillan India Ltd., 1993), p. 98.

| 참고문헌 |

Adema, Willem, and Maxime Ladaique. "Net Social Expenditure, 2005 Edition: More Comprehensive Measures of Social Support." Organization for Economic Cooperation and Development (OECD) Social, Employment and Migration Working Papers, no. 29, 2005.

Alesina, Alberto, and George-Marios Angeletos. "Fairness and Redistribution: U.S. versus Europe." NBER Working Paper Series, no. 9502, February 2003. http://www.nber.org/papers/ w9502.

Alesina, Alberto, Edward Glaeser, and Bruce Sacerdote. "Why Doesn' t the U.S. Have a European-Style Welfare System?" NBER Working Paper Series, no. 8524, October 2001. http://www.nber.org/ papers/w8524.

Alley, Richard. "Wally Was Right: Predictive Ability of the North Atlantic 'Conveyor Belt' Hypothesis for Abrupt Climate Change." *Annual Review of Earth and Planetary Sciences* 35 (2007): 241-72.

American Association of Port Authorities, World Port Rankings, 2005. http://www.aapa – ports.org/industry/content.cfm?itemnumber=900.

Amstrup, Steven C., Bruce G. Marcot, and David C. Douglas. *Forecasting the Rangewide Status of Polar Bears at Selected Times in the 21st Century.* Virginia: U.S. Geological Survey Administrative Report, 2007.

Angell, Norman. *The Great Illusion: A Study of the Relation of Military Power in Nations to Their Economic and Social Advantage.* London: W. Heinemann, 1911.

Attaran, Amir, and Jeffrey D. Sachs. "Defining and Refining International Donor

Support for Combating the AIDS Pandemic." *The Lancet* 357 (January 6, 2001): 57-61.

Auffhammer, Maximillian, V. Ramanathan, and Jeffrey R. Vincent. "Integrated Model Shows That Atmospheric Brown Clouds and Greenhouse Gases Have Reduced Rice Harvests in India." *Proceedings of the National Academy of Sciences Special Feature: Sustainability Science,* December 8, 2006.

Axelrod, Robert. *The Evolution of Cooperation.* New York: Basic Books, 1984.

Bairoch, Paul. *Cities and Economic Development: From the Dawn of History to the Present.* Translated by Christopher Braider. Chicago: University of Chicago Press, 1988.

Barnett, T. P., J. C. Adam, and D. P. Lettenmaier. "Potential Impacts of a Warming Climate on Water Availability in Snow-Dominated Regions." *Nature* 438 (November 2005).

Barro, Robert J., and Xavier Sala-i-Martin. *Economic Growth*, 2nd edition. Cambridge, Mass.: MIT Press, 2004.

BBC World Service/PIPA/GlobeScan. "View of United States' Influence." January 2007, p. 11. http://www.globescan.com/news_archives/bbcusop/.

Beddington, J. R., et al. "Current Problems in the Management of Marine Fisheries." Science 316 (June 22, 2007): 1713-16.

Bloom, David, and Jeffrey D. Sachs. "Geography, Demography, and Economic Growth in Africa." *Brookings Papers on Economic Activity,* issue 2 (1998).

Borlaug, Norman. Speech at India's Escort Tractor Factory, March 29, 1967. http://www .agbioworld.org/newsletter_wm/index.php~caseid=archive &newsid=2519.

Bourguignon, Francois, and Christian Morrisson. *Inequality Among World Citizens: 1820-1992.* Paris: Department et Laboratoire d' Economic Theorique et Appliquee, Ecole Normale Superieure, 2001.

Brainard, Lael, and Derek Chollet, eds. *Too Poor for Peace? Global Poverty, Conflict, and Security in the 21st Century.* Washington, D.C.: Brookings Institution Press, 2007.

Broecker, Wallace S., M. Ewing, and B. C. Heezen. "Evidence for an Abrupt Change in Climate Close to 11,000 Years Ago." *American Journal of Science* 258, no. 429, (June 1960): 429-48.

Brohan P., J. J. Kennedy, I. Harris et al. "Uncertainty Estimates in Regional and Global Observed Temperature Changes: A New Dataset from 1850." *Journal of Geophysical Research* 111 (2006).

Brown, Casey, and Upmanu Lall. "Water and Economic Development: The Role of Variability and Framework for Resilience." *Natural Resources Forum* 330, no. 4 (November 2006): 306-17.

Brundtland, Gro Harlem, ed. *Our Common Future: The World Commission on Environment and Development.* New York and Oxford: Oxford University Press, 1987.

Bush, George W. Address to the High-Level Plenary Meeting of the United Nations, September 14, 2005. http://www.whitehouse.gov/news/releases/2005/09/20050914.html.

Caldwell, John C., and Pat Caldwell. "Africa: The New Family Planning Frontier." *Studies in Family Planning* 33, no. 1 (March 2002): 76-86.

——. "The Cultural Context of High Fertility in Sub-Saharan Africa." Population and Development Review 13, no. 3. (September 1987): 409-37.

Caldwell, John C., James F. Phillips, and Barkat-e-Khuda. "The Future of Family Planning Programs." Issues in Family Planning 33, no. 1 (March 2002): 1-10.

Center for Systemic Peace. "List of Major Episodes of Political Violence 1946-2006." http://members. aol.com/CSPmgm/narlist.htm.

Chapman, J. L., and M. J. Reiss. *Ecology.* Cambridge: Cambridge University Press, 1998.

Chemical Weekly, July 16, 1975.

Chen, Shaohua, and Martin Ravallion. "How Have the World's Poor Fared since 1980?" The World Bank *Research Observer* 19, no. 2 (Fall 2004): 152.

Christensen, Villy, et al. "Hundred-Year Decline of North Atlantic Predatory Fishes." Fish and Fisheries 4, no. 1 (March 2003).

Cirincione, Joseph. *Bomb Scare: The History and Future of Nuclear Weapons.* New York: Columbia University Press, 2007.

Clausewitz, Carl Von. *On War.* London: Kegan, Paul, Trench, Trubner & Co., 1908.

Commission on Geosciences, Environment and Resources (CGER). *Sustaining Marine Fisheries.* Ocean Studies Board, 1999.

Commission on Macroeconomics and Health. *Macroeconomics and Health: Investing in Health for Economic Development.* Geneva: World Health Organization, 2001.

Commoner, Barry. "The Environmental Cost of Economic Growth." In *Population, Resources and the Environment.* Washington, D.C. Government Printing Office, 1972, pp. 339-63.

Comprehensive Nuclear Test-Ban Treaty. http://www.ctbto.org.

Conley, Dalton, Jeffrey D. Sachs, and Gordon C. McCord. "Africa's Lagging Demographic Transition: Evidence from Exogenous Impacts of Malaria and Agricultural Technology." NBER Working Paper Series, no. 12892, February 2007.

The Convention on Biological Diversity. http://www.biodiv.org.

Cox-Foster, Diana L., et al. "A Metaelgenomic Survey of Microbes in Honey Bee Colony Collapse Disorder." *Science* 318 (October 12, 2007).

Crookes, Sir William. "The Wheat Problem: Based on Remarks Made in the Presidential Address to the British Association in Bristol in 1898." New York: G. P. Putnam and Sons, 1900.

Crutzen, Paul J., and Eugene F. Stoermer. "The 'Anthropocene.'" *International Geosphere-Biosphere Programme Newsletter* 41 (May 2000): 17-18.

Dalgaard, Tommy. "Looking at Biofuels and Bioenergy." *Science* 312 (June 23, 2006): 1743.

The Darfur Peace Agreement. May 2006. http://allafrica.com/peaceafrica/resources/view/00010926.pdf.

Dasgupta, Partha. "Common Property Resources: Economic Analytics." In N. S. Jodha et al., eds., *Promise, Trust, and Evolution.* New Delhi: Oxford

University Press, 2007.

Day, John W., Jr., et al. "Restoration of the Mississippi Delta: Lessons from Hurricanes Katrina and Rita." *Science* 315 (March 23, 2007).

Demurger, Sylvie, Jeffrey D. Sachs, Wing Thye Woo, Shuming Bao, Gene Chang, and Andrew Mellinger. "Geography, Economic Policy, and Regional Development in China." *Asian Economic Papers* 1, no. 1 (Winter 2002): 146-97.

Diamond, Jared. *Collapse: How Societies Choose to Fail or Succeed*. New York: Viking, 2004.

Donnelly, John. "Prevention Urged in AIDS Fight." *Boston Globe,* June 7, 2001, p. A8.

Easterly, William. *The White Man's Burden*. New York: Penguin, 2006.

Eastwood, Robert, Michael Lipton, and Andrew Newell. "Farm Size." In volume 3 of *The Handbook of Agricultural Economics*. University of Sussex, June 2004.

Ehrlich, Paul R., and John P. Holdren. "Impact of Population Growth." *Science* 171 (1971): 1212-17.

Encyclopedia Britannica, The Online Encyclopedia, 2007. http://www.britan nica.com/.

Extractive Industries Transparency Initiative. www.eitransparency.org.

Faye, Michael L., Jeffrey D. Sachs, John W. McArthur, and Thomas Snow. "The Challenges Facing Landlocked Developing Countries." *Journal of Human Development* 5, no. 1 (March 2004).

Flannery, Tim. The Weather Makers. New York: Atlantic Monthly Press, 2006.

Food and Agriculture Organization (FAO) of the United Nations, *FAO STAT.* Rome 2007. http://faostat.fao.org.

————. *The State of World Aquaculture 2006*. Rome: FAO, 2006. http://www. fao.org/docrep/009/a0874e/a0874e00.htm.

————. *World Agriculture: Towards 2015/2030,* An FAO Perspective. London and Sterling, Va.: Earthscan, 2003.

Forbes.com. "The World' s Richest People." March 2007. http://www.

forbes.com/2007/03/06/ billionaires-new-richest__07billionaires__ cz__lk__af__0308billieintro.html.

Forslund, Anders, Daniela Froberg, and Linus Lindqvist. "The Swedish Activity Guarantee." OECD Social, Employment and Migration Working Papers 16 (January 2004).

Forster, Michael, and Marco Mira d'Ercole. "Income Distribution and Poverty in OECD Countries in the Second Half of the 1990s." OECD Social, Employment and Migration Working Papers 22 (March 2005).

Fosdick, Raymond Blaine. *Story of the Rockefeller Foundation.* New York: Harper, 1952.

Gallup, John Luke, and Jeffrey D. Sachs. "Agriculture, Climate, and Technology: Why Are the Tropics Falling Behind?" *American Journal of Agricultural Economics* 82 (August 2000): 731-77.

——. "The Economic Burden of Malaria." *American Journal of Tropical Medicine & Hygiene* 64, nos. 1, 2, supplement (January and February, 2001): 85-96.

Gallup, John Luke, Jeffrey D. Sachs, and Andrew Mellinger. "Geography and Economic Development." *International Regional Science Review* 22, no. 2 (August 1999): 179-232.

Gaud, William. "The Green Revolution: Accomplishments and Apprehensions." Speech delivered be – fore the Society for International Development, Washington, D.C., March 8, 1968.

Giannini, A., R. Saravanan, and P. Chang. "Oceanic Forcing of Sahel Rainfall on Interannual to Interdecadal Timescales. *Science* 302 (October 9, 2003): 1027-30.

The Global Fund Against AIDS, Tuberculosis and Malaria. Progress reports available at http://www.theglobalfund.org/en/performance/results/.

The Global Roundtable on Climate Change. *The Path to Climate Sustainability: A Joint Statement by the Global Roundtable on Climate Change,* 2007. http://www.Earth.columbia.edu/grocc/grocc4__ statement.html.

Grabowsky, Mark, et al. "Distributing Insecticide-Treated Bednets During

Measles Vaccination: A Low-Cost Means of Achieving High and Equitable Coverage." *Bulletin of the World Health Organization* 83, no. 3 (March 2005).

———. "Integrating Insecticide-Treated Bednets into a Measles Vaccination Campaign Achieves High,Rapid and Equitable Coverage with Direct and Voucher-Based Methods." *Tropical Medicine and International Health,* no. 11 (November 2005): 1151-60.

Hacker, Jacob. *The Great Risk Shift: The Assault on American Jobs, Families, Health Care, and Retirement—And How You Can Fight Back.* New York: Oxford University Press, 2006.

Haggett, Peter. *Geography: A Modern Synthesis,* 2nd edition.(New York: Harper & Row, 1975).

Hall-Spencer, Jason, et al. "Trawling Damage to the Northeast Atlantic Ancient Coral Reefs." *Proceedings of the Royal Society B* 269 (2002): 507-11.

Hansen, James. "Climate Catastrophe." *New Scientist,* July 28, 2007.

Hansen, James, et al. "Climate Change and Trace Gases." *Philosophical Transactions of the Royal Society A* 365 (May 2007): 1925-54.

Hansen, James, et al. "Dangerous Human-Made Interference with Climate: a GISS ModelE Study." *Atmospheric Chemistry and Physics* (2007): 2287-312.

Hardin, Garrett. "The Tragedy of the Commons." *Science* 162 (1968): 1243-48.

Hayek, Friedrich A. von. *The Road to Serfdom.* Chicago: University of Chicago Press, 1944.

Hiro, Dilip. *Blood of the Earth: The Battle for the World's Vanishing Oil Resources.* New York: Nation Books, 2006.

Hirschman, Albert. *The Rhetoric of Reaction: Perversity, Futility, Jeopardy.* Cambridge, MA: The Belknap Press of Harvard University Press, 1991.

Hopkin, Michael. "Oceans in Trouble as Acid Levels Rise." *Nature News,* June 30, 2005.

"How to Deal with a Falling Population." *The Economist,* July 26, 2007.

Hughes, T. P., et al. "Climate Change, Human Impacts, and the Resilience of Coral Reefs." *Science* 301 (2003): 929.

Humphreys, Macartan, Jeffrey D. Sachs, and Joseph Stiglitz, eds. *Escaping the Resource Curse*. New York: Columbia University Press, 2007.

The Institute of Electrical and Electronics Engineers. *Position Statement: Plug-In Electric Hybrid Vehicles*. Adopted by the Board of Directors, June 15, 2007.

Intergovernmental Panel on Climate Change. *Climate Change 2007: Fourth Assessment Report*, 2007. http://www.ipcc.ch.

———. *Carbon Dioxide Capture and Storage*, 2006. http://www.ipcc.ch/activity/srccs/index.htm.

International Conference on Population and Development, Program of Action. http://www.unfpa.org/icpd/icpd__poa.htm.

International Conservation Union for Nature and Natural Resources. *2006 Red List of Threatened Species*, 2006. http://www.iucn.org/themes/ssc/redlist2006/redlist2006.htm.

International Energy Agency. *CO2 Emissions from Fuel Combustion 1971-2005*. Paris: OECD, 2007.

International Monetary Fund. World Economic Outlook Database.

International Research Institute for Climate Prediction. "Sustainable Development in Africa: Is the Climate Right?" IRI Technical Report Number IRI-TR/05/1, 2005.

*International Vacation Survey*. Expedia.com, 2005.

Ishikawa, Shigera. *Economic Development in Asian Perspective*. Tokyo: Kinokuniya, 1967.

Jetz, Walter, Chris Carbone, Jenny Fulford, and James H. Brown. "The Scaling of Animal Space Use," *Science* 306, no. 5694 (October 8, 2004): 266-68.

Jolly, Alison. "The Last Great Apes?" *Science* no. 5740 (September 2, 2005): 1457.

Jones, E. L. *The European Miracle: Environments, Economies and Geopolitics in the History of Europe and Asia*. New York: Cambridge University Press, 1981.

Kagan, Frederick. *Finding the Target: The Transformation of American Military Policy*. New York: Encounter Books, 2006.

Kahl, Colin H. *States, Scarcity, and Civil Strife in the Developing World.* Princeton, N.J.: Princeton University Press, 2006.

Keele, Brandon F., et al. "Chimpanzee Reservoirs of Pandemic and Nonpandemic HIV." *Science* 313, no. 5786 (July 28, 2006): 523-26.

Keeling, Charles David, et al. "Atmospheric Carbon Dioxide Variations at Mauna Loa Observatory, Hawaii." *Tellus* 28 (1976): 538.

Kennedy, John F. Inaugural address, 1961. http://ww w.ame ricanrhetoric.com/speeches/jfkinaugural.htm.

———. Speech at Rice University, September 12, 1962. http://www.rice.edu/fondren/woodson/speech.html.

———. Spring commencement address at American University, June 10, 1963. http://www.american.edu/media/speeches/Kennedy.htm.

Kennedy, Robert F. Day of Affirmation address at University of Capetown, Capetown, South Africa, June 6, 1966. http://www.americanrhetoric.com/speeches/rfkcapetown.htm.

Kiszewski, Anthony, et al., "A Global Index Representing the Stability of Malaria Transmission." *American Journal of Tropical Medicine and Hygiene* 70, no. 5 (2004) 486-98.

Klare, Michael. *Blood and Oil: The Dangers and Consequences of America's Growing Dependency on Imported Petroleum.* New York: Metropolitan Books, 2004.

Kliesch, James, and Therese Langer. "Plug-in Hybrids: An Environmental and Economic Performance Outlook." Report no. T061, American Council for an Energy-Efficient Economy, September 2006.

Kremer, Michael. "Population Growth and Technological Change: One Million B.C. to 1990." *The Quarterly Journal of Economics* 108, no. 3 (August 1993): 681-716.

Kuznets, Simon. "Population Change and Aggregate Output." *Demographic and Economic Change in Developed Countries.* Princeton, N.J.: Princeton University Press, 1960.

The Kyoto Protocol to the United Nations Framework Convention on Climate

Change. http://unfccc.int/kyoto_protocol/items/2830.php.

Lackner, Klaus, and Jeffrey D. Sachs. "A Robust Strategy for Sustainable Energy." *Brookings Papers on Economic Activity,* issue 2 (2005).

Leisinger, Klaus M. "Corporate Philanthropy: The 'Top of the Pyramid.' " *Business and Society Review* 112, no. 3 (2007): 315-42.

Lindert, Peter. *Growing Public: Social Spending and Economic Growth since the Eighteenth Century,* vol. 1. New York: Cambridge University Press, 2004.

Lotze, H. K., et al. "Depletion, Degradation, and Recovery Potential of Estuaries and Coastal Seas," *Science* 312 (June 23, 2006).

McEvedy, Colin, and Richard Jones. *Atlas of World Population History.* New York: Viking Press, 1977.

McNeill, J. R. *Something New Under the Sun: An Environmental History of the Twentieth-Century World.* New York: Norton, 2006.

Maddison, Angus. *The World Economy: A Millennial Perspective.* Paris: Development Centre of the Organization for Economic Cooperation and Development, 2001.

Malthus, Thomas R. *An Essay on the Principle of Population: A View of Its Past and Present Effects on Human Happiness; with an Inquiry into Our Prospects Respecting the Future Removal or Mitigation of the Evils Which It Occasions.* 1798.

Marshall, George. Marshall Plan speech at Harvard University, June 5, 1947. http://www.georgecmarshall.org/lt/speeches/marshall_plan.cfm.

Marshall, Monty G. "Major Episodes of Political Violence 1946-2006." Center for Systemic Peace, 2007. http://members.aol.com/csprogram/warlist.htm.

Martin, P. S., and H. E. Wright, eds. *Pleistocene Extinctions: The Search for a Cause.* New Haven, Conn.: Yale University Press, 1967.

Mellinger, Andrew, Jeffrey D. Sachs, and John Luke Gallup. "Climate, Coastal Proximity, and Development." In Gordon L. Clark, Maryann P. Feldman, and Meric S. Gertler, eds., *Oxford Handbook of Economic Geography.* New York and Oxford: Oxford University Press, 2000.

Mendelson Joseph R., et al. III, "Biodiversity: Confronting Amphibian Declines and Extinctions." *Science* 313, no. 5783 (July 7, 2006).

Miguel, Edward, "Poverty and Violence: An Overview of Recent Research and Implications for Foreign Aid." In L. Brainard and D. Chollet, eds., *Too Poor For Peace?* Washington, D.C.: Brookings Institution, 2007.

Miguel, Edward, Shanker Satyanath, and Ernest Sergenti. "Economic Shocks and Civil Conflict: An Instrumental Variables Approach." *Journal of Political Economy* 112, no. 2 (2004): 725-53.

Miles, Marc A., Kim R. Holmes, Mary Anastasia O' Grady, Ana Isabel Eiras, and Anthony B. Kim. "2006 Index of Economic Freedom." Heritage Foundation, 2006.

Millennium Ecosystem Assessment. *Ecosystems and Human Well-Being: Current State and Trends.* Island Press, 2005.

———. *Ecosystems and Human Well-Being,* Synthesis Report. World Resources Institute, 2005.

The Millennium Village Project. http://www.millenniumvillages.org.

MIT Inter-Disciplinary Panel on Coal. *The Future of Coal: Options for a Carbon-Constrained World,* Cambridge, Mass.: MIT Press, 2007.

MIT Inter-Disciplinary Panel on Geothermal Energy. *The Future of Geothermal Energy.* Cambridge, Mass.: MIT Press, 2007.

MIT Inter-Disciplinary Panel on Nuclear Power. *The Future of Nuclear Power.* Cambridge, Mass.: MIT Press, 2003.

Molina, Mario J., and F. S. Rowland. "Stratospheric Sink for Chlorofluorome thanes: Chlorine Atom-Catalyzed Destruction of the Ozone." *Nature* 249 (June 28, 1974): 810-12.

The Montreal Protocol on Substances That Deplete the Ozone Layer. http://ozone.unep.org/Treaties__ and__Ratification/.B__montreal__proto col.shtml.

Mora, Camilo. "Coral Reefs and the Global Network of Marine Protected Areas." *Science* 312, no. 5781 (June 23, 2006): 1750-51.

National Research Council, Committee on the Status of Pollinators in North America. "Status of Pollinators in America." 2007.

Nelson, Richard, ed., *National Innovation Systems: A Comparative Analysis*. New York: Oxford University Press, 1993.

Normile, Dennis. "Getting at the Root of Killer Dust Storms." *Science* 317 (July 20, 2007): 314-16.

Nunn, Nathan, and Diego Puga. "Ruggedness: The Blessing of Bad Geography in Africa." Discussion paper, Center for Economic Policy Research, March 2007.

Organization for Economic Co-operation and Development. *Economic Outlook* 79 (May 2006).

———. *International Development Statistics*. Paris, 2007. http://www.oecd.org/dac/stats/idsonline.

———. *OECD Factbook 2006: Economic and Social Statistics,* 2006.

———. *OECD Productivity Database,* January 2006.

———. *OECD in Figures,* 2005 edition. http://www.oecd.org/infigures/.

———. *Social Expenditure Database 1980-2001,* 2004. http://www.oecd.org/els/social/expenditure.

Orszag, Peter, Director of Congressional Budget Office, Statement before the Committee on the

Budget of the U.S. House of Representatives on the Estimated Costs of U.S. Operations in Iraq and Afghanistan and of Other Activities Related to the War on Terrorism, October 24, 2007.

Ostrom, Elinor. *Governing the Commons: The Evolution of Institutions for Collective Action*. Cambridge and New York: Cambridge University Press, 1990.

Pacala, Steven, and Robert Socolow. "Stabilization Wedges: Solving the Climate with Current Technologies for the Next 50 Years." *Science* 305, no. 5686 (August 13, 2004): 968-72.

Pandolfi, John M., et al. "Global Trajectories of the Long-Term Decline of Coral Reef Ecosystems." *Science* 301 (2003): 955.

Pearce, Fred. *When the Rivers Run Dry: Water: The Defining Crisis of the Twenty-First Century*. Boston: Beacon Press, 2006.

——. *With Speed and Violence.* Boston: Beacon Press, 2007.

Pidwirny, M. *Fundamentals of Physical Geography,* 2nd Edition. 2006. http://www.physicalgeography.net/fundamentals/contents.html.

Pikitch, Ellen K., et al. "Ecosystem-Based Fisheries Management." Science 305, no. 5682 (July 16, 2004): 346-47.

Population Action International, "Bush's Budget Slashes International Family Planning," February 12, 2007.

——. "The Security Demographic: Population and Civil Conduct after the Cold War." August 2003. http://www.populationaction.org/publications/reports/The_Security_Demographic/summary.shtml.

——. "Trends in U.S. Population Assistance." Washington, D.C., 2007. http://www.populationaction.org/Issues/U.S._Policies/Trends_in_U.S._Population_Assistance.shtml.

Pounds, J. Alan, et al. "Widespread Amphibian Extinctions from Epidemic Disease Driven by Global Warming." *Nature,* January 12, 2006.

Pretty, J. N., et al. "Resource-Conserving Agriculture Increases Yields in Developing Countries." *Environmental Science and Technology* 40, no. 4 (2006): 1114-19.

Pritchett, Lant. *Let Their People Come: Breaking the Gridlock on Global Labor Mobility.* Washington, D.C.: Center for Global Development, 2007.

Program on International Policy Attitudes. "World View of U.S. Role Goes from Bad to Worse." January 2007.

Rappaport, Jordan, and Jeffrey D. Sachs. "The United States as a Coastal Nation." *Journal of Economic Growth* 8, no. 1 (March 2003): 5-46.

Rasmusson, R., A. Dai, and K. E. Trenberth. "Impact of Climate Change on Precipitation." In Mohamed Gad-el-Hak, ed., *Large-Scale Disasters, Prediction, Control and Mitigation.* London: Cambridge University Press, 2007, pp. 453-72.

Rhode, Robert A., Global Warming Art Project. http://www.globalwarmingart.com/wiki/image:Mauna_Loa_Carbon_Dioxide_png.

*Rockefeller Foundation: A History.* February 2007. http://www.rockfound.

org/about__us/history/1930_1939.shtml.

Rockstrom, J., N. Hatibu, T. Oweis, S. Wani, J. Barron, A. Bruggeman, J. Farahani, L. Karlberg, and Z. Qiang. "Managing Water in Rainfed Agriculture." Chapter 8 in D. Molden, ed., *Water for Food, Water for Life, A Comprehensive Assessment of Water Management in Agriculture.* London: EarthScan: International Water Management Institute, 2007.

Rodriguez, Francisco, and Jeffrey D. Sachs. "Why Do Resource-Abundant Economies Grow More Slowly?" *Journal for Economic Growth* 4 (September 1999): 277-303.

Rogner, H. H. "An Assessment of the World Hydrocarbon Resources." *Annual Review of Energy and the Environment,* 1997.

Rosenzweig, Michael L. "Paradox of Enrichment: Destabilization of Exploitation Ecosystems in Ecological Time." *Science* 171 (January 29, 1971): 385-87.

Roughgarden, Jonathan, and Fraser Smith. "Why Fisheries Collapse and What to Do About It." Proceedings of the National Academy of Sciences, volume 93 (May 1996): 5078-83.

Royal Society Working Group on Ocean Acidification. *Ocean Acidification Due to Increasing Atmospheric Carbon Dioxide.* London: Royal Society, June 2005.

Sachs, Jeffrey D. *The End of Poverty.* New York: Penguin Press, 2005.

———. "A Global Fund to Fight Against AIDS." *The Washington Post,* April 7, 2001.

———. "HIV Non-Intervention: A Costly Option." Speech at the International AIDS Conference in Durban, South Africa, July 13, 2000. http://www.Earth.columbia.edu/about/director/pwrpoint/AIDSDurban.htm.

———. "The Nordic Model in Comparative Perspective." Prepared for the Venice Summer Institute, organized by CES-Ifo and the Center on Capitalism and Society, Venice International University, San Servolo, July 2006, revised October 15, 2006.

———. "The Strategic Significance of Global Inequality." (reprint) Environmental Change and Security Project Report, Woodrow Wilson International Center for Scholars, Issue 9 (2003).

——. "Three Years and Three Lessons since 9/11." *Facts,* September 2004. *Scientific American,* September 2007.

Sachs, Jeffrey D., John W. McArthur, Guido Schmidt-Traub, Margaret Kruk, Chandrika Bahadur, Michael Faye, and Gordon McCord. "Ending Africa' s Poverty Trap." *Brookings Papers on Economic Activity,* issue 1,(2004).

Sachs, Jeffrey D., and Pia Malaney. "The Economic and Social Burden of Malaria." *Nature* 415, no. 6872 (February 7, 2002).

Sachs, Jeffrey D., and Andrew Warner. "The Big Push, Natural Resource Booms and Growth." *Journal of Development Economics* 59, no. 1 (June 1999): 43-76.

——. "The Curse of Natural Resources." *European Economic Review* 45 (May 2001).

——. "Sources of Slow Growth in African Economies." *Journal of African Economies* 6, no. 3 (1997).

Sanchez, Pedro, et al. "The African Millennium Villages." *Proceedings of the National Academy of Sciences Special Feature: Sustainability Science,* 104, no. 43 (October 23, 2007): 16775-80.

Schlesinger, Arthur M. *A Thousand Days: John F. Kennedy in the White House.* Boston: Houghton Mifflin, 1965.

Schon, Donald, *The Reflective Practitioner: How Professionals Think in Action.* New York: Basic Books, 1983.

Schumpeter, Joseph A. *Capitalism, Socialism and Democracy.* London: G. Allen & Unwin, 1947.

Scientific American, September 2007.

Seager, Richard, et al. "Model Projections of an Imminent Transition to a More Arid Climate in Southwestern North America." *Science* 316 (2007): 1181.

Sen, Amartya. *Identity and Violence: The Illusion of Destiny.* New York: W.W. Norton and Co., 2006.

Shah, Tushaaar. *Water Policy Research Highlight: Groundwater and Human Development: Challenges and Opportunities in Livelihoods and*

*Environment.* Water Policy Program, 2005. http://www.iwmi.org/iwmi-tata.

Sitch, S., et al. "Indirect Radiative Forcing of Climate Change Through Ozone Effects on the Land-Carbon Sink." *Nature* (August 16, 2007): 791-94.

Smil, Vaclav. *Enriching the Earth: Fritz Haber, Carl Bosch, and the Transformation of World Food Production.* Cambridge, Mass.: MIT Press, 2001.

——. *Feeding the World: A Challenge for the Twenty-First Century.* Boston, Mass.: MIT Press, 2000.

——. "Improving Efficiency and Reducing Waste in Our Food System," *Environmental Sciences* 1 (2004): 17-26.

Smith, Adam. *The Wealth of Nations.* Edwin Cannan, ed. London: Methuen and Co., Ltd., 1904. Originally published in 1776.

Smith, Rupert. *The Utility of Force: The Art of War in the Modern World.* London and New York: Allen Lane, 2005.

Stern, Nicholas. *The Economics of Climate Change: The Stern Review.* Cambridge: Cambridge University Press, 2006.

Stevens, Wallace. *Collected Poems.* New York: Knopf, 1955.

Stockholm International Peace Research Institute. SIPRI Military Expenditure Database, 2007. http://first.sipri.org/non-first/milex.php.

Stone, Richard. "Aquatic Ecology: The Last of the Leviathans." *Science* 316 (June 22, 2007): 1684-88.

Stuart, Simon, et al. "Status and Trends of Amphibian Declines and Extinctions Worldwide." *Science* 306 (December 3, 2004): 1783-86.

Suskind, Ron. *The One Percent Doctrine: Deep Inside America's Pursuit of Its Enemies since 9/11.* New York: Simon and Schuster, 2006.

Swaminathan, M. S., ed. *Wheat Revolution: A Dialogue.* Madras: Macmillan India Ltd., 1993.

Teklehaimanot, Awash, Jeffrey D. Sachs, and Chris Curtis. "Malaria Control Needs Mass Distribution of Insecticidal Bednets." *The Lancet,* June 2007.

Teklehaimanot, Awash, Gordon C. McCord, and Jeffrey D. Sachs. "Scaling Up

Malaria Control in Africa: An Economic and Epidemiological Assessment."
*American Journal of Tropical Medicine and Hygiene.* 77 (Suppl. 6)
December 2007.

Thomas, Chris D., et al. "Extinction Risk from Climate Change." *Nature* 427
(January 8, 2004).

Transparency International. *Corruption Perceptions Index (CPI)* 2006.
http://www.transparency.org/ policy__research/surveys__indices/cpi/2006.

Treaty on the Non-Proliferation of Nuclear Weapons. http://www.un.org/Depts/
dda/WMD/treaty/.

Trewavas, Anthony. "Fertilizer: No-Till Farming Could Reduce Run-Off." *Nature*
427 (January 8, 2004): 99.

United Nations Convention to Combat Desertification. http://www.unccd.entico.
com/english.

United Nations Development Program. *Human Development Report 2006:
Beyond Scarcity: Power, Poverty and the Global Water Crisis.* Palgrave
Macmillan, 2006.

United Nations Environment Program. *Sudan Post-Conflict Environmental
Assessment,* 2007. http://www.unep.org/sudan/.

United Nations Framework Convention on Climate Change. http://www.unfccc.
int.

United Nations Millennium Declaration. www.ohchr.org/english/law/millenni
um.htm.

United Nations Millennium Project. *Investing in Development: A Practical Plan
to Achieve the Millennium Development Goals.* London: Earthscan, 2005.

———. Public Choices, Private Decisions: Sexual and Reproductive Health and
the Millennium Development Goals. London and Sterling, Va.: Earthscan,
2006.

United Nations Population Division. *World Population in 2300.* 2003.
http://www.un.org/esa/population/publications/longrange2/longrange2.ht
m.

———. *World Population Prospects: 2006 Revision. New York,* 2007.

————. *World Population Prospects: 1998 Revision, New York,* 1999.

United States Agency for International Development. *The Greenbook.* http://qesdb.usaid.gov/gbk/.

United States Department of Agriculture, Rural Electrification Administration. *A Brief History of the Rural Electric and Telephone Program.* 1982. http://www.rurdev.usda.gov/rd/70th/rea-history.pdf.

The United States National Security Strategy 2006. http://www.whitehouse.gov/nsc/nss/2006/ index.html.

Vitousek, Peter M., et al. "Human Domination of Earth's Ecosystems." *Science* 277, no. 5325 (July 25, 1997): 494-99.

Vogel, Gretchen. "Scientists Say Ebola Has Pushed Western Gorillas to the Brink." *Science* 217, (September 14, 2007): 1484.

Vose, R. S., et al. *2007: The Global Historical Climatology Network: Long-Term Monthly Temperature, Precipitation, Sea Level Pressure, and Station Pressure Data.* ORNL/CDIAC-53, NDP-041, Carbon Dioxide Information Analysis Center, Oak Ridge National Laboratory. http://iri.columbia.edu.

Wade, Robert. *Governing the Market: Economic Theory and the Role of Government in East Asian Industrialization.* Princeton N.J.: Princeton University Press, 1990.

Weiner, Tim. *Legacy of Ashes.* New York: Random House, 2007.

White House Office of Management and Budget. *Budget of Fiscal Year 2008.* 2007. http://www.whitehouse.gov/omb/budget/fy2008/.

Wilson, E. O. *Acting Now to Save the Earth,* School Matters Blog. http://schoolmatter.blogspot.com/2007/04/schools-wont-matter-unless.html.

————. The Creation: An Appeal to Save Life on Earth. New York: Norton, 2006.

————. The Future of Life. New York: Albert A. Knopf, 2002.

World Bank. World Development Indications. Washington D.C., 2007. http://www.worldbank.org/publications/wdi.

World Christian Database. http://worldchristiandatabase.org/wcd/.

World Economic Forum. The Global Competitiveness Report 2006-2007.

Michael Porter, Klaus Schnab, Augusto Lopez-Claros, Xavier Sala-i-Martin. Palgrave Macmillan, 2006.

World Resources Institute, *Climate Analyisis Indicator Tool (CAIT),* Version 4.0, Washington D.C., 2007. http://cait.wri.org.

Worm, Boris, et al. "Impacts of Biodiversity Loss on Ocean Ecosystem Services." *Science* 314, no. 5800 (November 3, 2006): 787-90.

Yergin, Daniel. *The Prize: The Epic Quest for Oil, Money and Power.* New York: Free Press, 1993.

Yunus, Muhammad, with Alan Jolis. *Banker to the Poor: Micro-lending and the Battle Against World Poverty.* New York: Public Affairs, 1999.

Zhang, Xuebin, et al. "Detection of Human Influence on Twentieth-Century Precipitation Trends." *Nature* 448 (July 27, 2006): 461.

Zhu, Qiang. "The Rainwater Harvesting Projects in Mainland China." International Rainwater Catchment Systems Association. http://www.eng. warwick.ac.uk/ircsa/factsheets/ChinaRWH.pdf.

KI신서 2118

# 커먼 웰스

**1판 1쇄 인쇄** 2009년 9월 28일
**1판 1쇄 발행** 2009년 10월 15일
**1판 3쇄 발행** 2023년 10월 1일

**지은이** 제프리 삭스 **옮긴이** 이무열 **펴낸이** 김영곤 **펴낸곳** (주)북이십일 21세기북스
**출판마케팅영업본부 본부장** 한충희
**출판영업팀** 최명열 김다운 김도연
**제작팀** 이영민 권경민
**출판등록** 2000년 5월 6일 제10-1965호
**주소** (10881) 경기도 파주시 회동길 201(문발동)
**대표전화** 031-955-2100 **팩스** 031-955-2151 **이메일** book21@book21.co.kr
**홈페이지** www.book21.com

**(주)북이십일** 경계를 허무는 콘텐츠 리더

21세기북스 채널에서 도서 정보와 다양한 영상자료, 이벤트를 만나세요!
페이스북 facebook.com/jiinpill21         포스트 post.naver.com/21c_editors
인스타그램 instagram.com/jiinpill21       홈페이지 www.book21.com
유튜브 www.youtube.com/book21pub

서울대 가지 않아도 들을 수 있는 **명강의!** 〈서가명강〉
유튜브, 네이버, 팟캐스트에서 '서가명강'을 검색해보세요!

ISBN  978-89-509-2068-5  03320